교육혁신 리더십: 변하는 학교·변하는 역할

Educational Leadership: Changing Schools, Changing Roles

Judy Reinhartz · Don M. Beach 공저

김정일 · 최은수 · 기영화 공역

Educational Leadership: Changing Schools, Changing Roles

ISBN 0-205-34103-9

Printed in Korea

ISBN 89-954321-5-2

역자 서문

전 세계적으로 지구화·정보화·개방화·분권화의 거대한 격량의 대해에서 개인·조직·국가는 날로 격화되고 있는 국제 경쟁에 대비한 경쟁력의 확보에 온갖 노력을 다하고 있다. 21세기 지식정보사회는 각급 조직에 새로운 도전과 패러다임을 요구하고 있어, 학교를 비롯한 공공 부문의 개혁과 혁신의 당위성이 강조되고 그 대안으로 나타난 조직운영의 원리가 다름 아닌 리더십 모델이라는 공감이 국제적으로 확고해지고 있다.

미국의 경우 연방 공무원 교육기관들이 "미국을 위해 봉사하는 리더십의 학습" 기치 아래 공무원의 리더십교육을 강화하고 있으며, 교육리더십 분야는 종래 교육행정학 분야의 외곽지대 머물렀던 교육리더십이 80년대 이후 주목을 받기 시작한 이래 오늘날은 미국 대학의 교육행정학과의 명칭조차 리더십교육과(Department of Educational Leadership)로 개칭되고 있는 추세이며 장학이론도 교육리더십의 관점에서 정의되는 경향이다.

이처럼 미국을 비롯한 선진국들의 경우 교육리더십 프로그램의 연구와 교육이 활발하나 우리는 여전히 교육리더십 분야는 연구나 교육현장에서 불모지 상태에 머물러 있다. 더구나 우리나라는 입시제도나 국민의식 등의 여러 가지 요인으로 학교사회는 방황과 혼미의 늪 속에 위기와 도전을 벗어날 새로운 개혁과 혁신을 갈구하고 있다. 이러한 우리 교육의 현실을 타개하고 밝은 미래를 펼쳐나가기 위해서는 여러 가지 제도적 정비나 개혁적 조치가 요청되고 있으며, 그 중에서도 가장 중요한 요소이면서도 흔히 간과되고 있는 영역이 교육지도자의 교육리더십이라 할 수 있다. 그러한 논거는 거의 모든 개혁과 혁신을 선도하는 학교에는 어김없이 훌륭한 교육자와 그들의 빼어난 리더십이 뒷받침되었다는 사실은 많은 연구결과와 우리의 경험이 명백히 뒷받침하고 있다.

따라서 우리나라에서도 학교의 교육행정 관리자나 교장, 교사 등은 물론 교직을 준비하는 학생, 즉 교육자나 교육지도자들이 교육리더십을 체계적으로 이해하고 교육리더십 역량을 배양하는 과제야말로 그 어떤 교과목이나 교재에 못지않게 중요시 여겨진다. 아직 우리 교육계에서 교육리더십에 대한 관심은 미약하나 그 중요성은 점차 부각되고 있을 뿐 아니라 우리보다 교육의 경쟁력이 높은 선진국에서조차 학교개혁과 혁신의 대안을 교육적 리더십에서 찾고 있기 때문이다.

역자들은 대학이나 공무원 교육기관에서 교장이나 교사들을 상대로 리더십 과목을 강의해 오고 있으나, 일반 리더십 책이나 연구는 많아도 우리말로 된 교육리더십 분야의 교재가 없어 어려움을 느꼈고, 특히 교장, 장학사/교육연구사, 교육연수원 교수 등이 학교에서의 리더십교육에 비상한 관심을 표명하며 책의 추천을 요청하였지만, 우리말로 된 책은 거의 없는 실정이어서 난감한 때가 한두 번이 아니었다.

이러한 현실적인 요청을 감안할 때 교육리더십 관련 교재 집필의 필요성을 절실히 느끼면서도 쉽게 착수하기 어려운 것은, 무엇보다도 역자들의 광범위한 교육관련 전문성이나 경험 등의 역량 부족은 말할 것도 없고, 리더십의 개념과 접근 방법의 다양성 그리고 학교리더십의 고유 영역(범주)이나 주요내용 설정에 어려움을 평소 느끼고 있었다. 다행이 이 책 『교육혁신 리더십: 변하는 학교, 변하는 역할(Educational Leader- ship: Changing School, Changing Roles)』이 그러한 어려움을 해소해 줌은 물론 최신 리더십 이론과 학교 현장의 실제를 조화롭게 접근한 책으로서 교육리더십의 정수를 포함한다고 보았다.

이 책을 선정하여 번역을 하게 된 주요한 이유 또는 책의 두드러진 특징이라고 여겨지는 것들을 보다 구체적으로 제시해보면 다음과 같다.

첫째, 21세기형 리더십의 새로운 패러다임과 정의를 잘 반영하고 있는데 이는 종래의 리더십 개념이 지도자가 하향적으로 영향력을 미치는 과정으로 보았다면 오늘날 지식정보화 시대에 부합한 리더십의 개념은 지도자와 추종 간의 영향력의 상호작용으로서 관계적 리더십을 강조하는 최근 리더십연구 동향과 잘 부합되고 있다.

둘째, 리더십의 관점을 특정 이론이나 연구자의 관점에서 편협하게 보거나 자신의 논리 주장을 강요하기보다는 여러 리더십 연구, 특히 교육리더십 연구결과를 바탕으로 종합적이고 객관적으로 기술하여 리더십의 '나무가 아닌 숲'을 다루고 있다.

셋째, 교육리더십이 일반 리더십이나 조직과 차별화되는 고유한 영역, 즉 가치와 윤리, 교과과정, 학교개혁과 혁신과제, 학교문화 등이 부각되고 있으며 리더십의 주요 영역인 커뮤니케이션, 의사결정 등이 다루어져 교육리더십의 범위가 두루 다루어졌다.

넷째, 교육행정 관리자나 교육지도자들이 실제 교육현장에서 실제 부딪히고 해결해야 할 문제나 혁신과제들이 교육리더십과 잘 다루어져 실용성과 적용의 범위가 크다.

다섯째, 내용구성체계는 교육리더십의 주요 영역을 종합적으로 다루면서도 기술방식은 논문을 방불할 만큼 엄격한 참고문헌을 뒷받침하여 교육리더십을 전문적으로 연구하는데 길잡이 역할을 할 수 있다.

한편 이 책의 특징이며 최근 미국의 교육리더십 관련 책들이 준거로 삼고 있는 미국 주정부 학교 지도자 자격 컨소시엄(ISLLC)이 제시한 학교 지도자 표준은 미국의 교육개혁적인 흐름에 따른 것과 일부 내용은 미국적 교육현상을 설명하여 우리의 학교현실과는 유리되었거나 의미가 감소될 수 있는 흠이 될 수 있으나, 비교교육학적 관점에서 다른 나라의 교육개혁시도를 벤치마킹 아니면 타산지석으로 삼을 수 있는 시사점이 될 수도 있으리라.

이 책의 역자들은 학회의 리더십 소분과 회원으로서 함께 리더십을 연구하고 같은 대학에서 리더십 분야를 강의하고 있어 리더십교육/연구의 동반자라 할 수 있다. 본 역자의 요청으로 어려운 여건 속에서도 흔쾌히 동참해주시고 노고를 베풀어준 데 대하여 먼저 감사의 뜻을 표한다.

이 책의 번역 작업은 세 역자가 분담하였는데 역자들의 학문적 관심과 그간의 연구 경험 등을 고려, 반영하여 전체 장을 다음과 같이 나누어 번역을 하였다. 제1장 21세기 학교 리더십, 제2장 리더십과 학교문화, 제3장 리더십의 가치와 윤리, 제7장 학교 리더십: 자원관리는 김정일; 제4장 법률적 쟁점과 학교 리더십, 제5장 학교 지도자를 위한 액션 리서치, 제6장 조직의 리더십: 의사결정과 커뮤니케이션은 최 은수 교수, 제8장 교과과정 개발과 조정, 제9장 학교 개선을 위한 자료 활용, 제10장 학교 지도자를 위한 전문성 개발: 성찰, 성장, 변화는 기영화 교수가 각각 맡아 번역하였다.

이 책은 교장, 교감, 장학사, 부장교사 등 교육지도자는 물론 교직과목 수강자, 사범계 대학생 그리고 교육의 연구 및 실천 분야의 교육자들과 그 밖에 평생교육자 분들이 활용할 수 있을 것이며, 특히 리더십 연구자들에게도 교육리더십의 특성이나 연구 동향 등의 이해에 도움이 되리라 본다.

이 책의 번역작업을 함에 있어 최대한 영어원문에 충실하려고 하여 고유명사는 영문표기를 그대로 사용하였고 다만 "현장경험 사례"에서만 우리말로 표기만 하였을 뿐 책 전문에 일체 가감이 없었음을 부언한다. 다만 제목을 원서대로 "교육리더십(Educational Leadership)"으로 하지 않고 "교육혁신 리더십"으로 표현한 것은 교육의 혁신에 있어 리더십의 역할과 그 변화가 중요하다는 이 책의 취지와 내용에 잘 부합될 뿐 아니라 리더십을 통한 한국 교육의 개혁과 혁신이라는 역자들의 믿음과 소망이 담겨질 수 있다고 보아 예외적으로 표현의 융통성을 살렸을 뿐이다.

이 책의 번역 발간 요청을 흔쾌히 받아들여주시고 물심양면의 지원을 하여주셨음에도 발간 예정일을 수개월 미루어 약속을 지키지 못하는 등의 심려와 불편을 드렸음에도 인내로 책 발간에 모든 정성을 다하여 주신 아카데미프레스사의 홍진기 사장과 편집자께 깊은 사의를 표한다.

아울러 Reinhartz와 Beach 두 분 교수님의 교육리더십에 대한 광범위한 학문적 정열과 노력에 경의를 표하는 동시에 우리말 번역 발간을 허락한 두 분 교수님과 Pearson 출판사 측에도 감사의 뜻을 전한다.

끝으로 아무쪼록 이 책이 우리나라 교육계와 학교 지도자 분들이 학교에서 리더십 발휘의 의의와 그 당위성에 대한 인식을 바탕으로 21세기 지식정보화 시대에 부합한 새로운 패러다임의 교육리더십을 한층 더 발휘하는데 조금이나마 이바지하고 나아가 우리 교육의 개혁과 학교 혁신의 안내자이자 전파자가 되기를 기대한다.

2005년 봄
대표 역자 김정일

저자 서문

이 책 『교육혁신리더십: 변하는 학교, 변하는 역할(*Educational Leadership: Changing schools, Changing Roles*)』의 목적은 학교 지도자들에게 변화하는 환경에 역동적이고 창의적으로 적응하는 데 필요한 개념과 기술을 제공하는 것이다. 이 책은 교사·학생·학부모들과 함께 학습자 중심의 학교를 만들기 위해 협력적으로 일하는 학교문화를 창조할 수 있도록 지도자의 능력계발을 증진시키는 데에 있다. 현재 상황에서 학교 지도자들은 모든 학생들의 성공을 증진시킴으로써 그들의 학교생활을 바꿀 수 있는 필수적인 지식과 기술을 가져야만 한다. **주정부 학교 지도자 자격 컨소시엄(The Interstate School Leader Licensure Consortium) 표준이 전문가들의 실천을 지원하기 위한 틀을 제공해 왔다.** 이 표준은 제1장에서 소개되고 각 장에 걸쳐 학교 지도자들을 위한 표준이 기술되고 있다. 그림 1.2는 21세기의 변화하는 학교에 필요한 리더십 지식과 기술을 문서화한 각 표준을 소개하고 있다.

다음의 질문들은 이 책을 개발하는 데 있어 우리의 생각에 지침을 제공한다. '교장이나 학교 지도자들에게 학습자 중심의 학교를 만들고 모든 학생들의 성공을 증진시키기 위해 필요한 지식과 기술은 무엇인가?' '지도자들이 최고 수준의 전문성을 높이기 위해 무엇을 할 수 있을 것인가?' '학교 지도자들은 최상의 교수-학습을 만들기 위해 어떻게 학교 분위기를 조성할 수 있을 것인가?' 이런 질문에 대답하면서 우리는 학교 지도자를 매우 중요한 존재로 바라보게 되었다. 그 이유는 그들의 능력과 활동이 모든 학생의 학업적인 성공을 가져오기 위해 자활감을 부여하는 비전을 개발할 수 있기 때문이다. 또한 우리는 학교 지도자들을 학생과 학교의 성공을 위한 주요 촉진자로서 그리고 학교 리더십의 역할이 학교를 개선하는데 필수적인 요소라고 보고 있다.

이 책『교육혁신리더십: 변하는 학교, 변하는 역할』은 효과적인 학교 지도자와 관련된 최상의 실천에 대해 개관하고 있다. 리더십 분야의 이론적 연구의 기초는 특히 교장과 연관해 인용하고 종합했다. 학교 지도자라는 표현은 이 책 전체에서 사용되고 있는데 교수(instruction)와 교과과정(curriculum)을 위한 교장이나 교감, 전문교사, 교육장 그리고 구교육장 같은 학교 내 혹은 교육구 수준의 행정가들을 지칭한다.

학교 지도자들이 매일 직면하는 주된 주제는 긍정적인 리더십 행동을 보이는 것이다. '윤리적 법적 지침 준수' '학교문화 형성' '교과과정 개발과 조정' '조직의 리더십과 의사결정 증진' '협력적 팀웍 형성' '액션 리서치 향상' '학교 개선을 위한 학생자료의 활용' 등의 기준들은 특히, 주정부 학교 지도자 자격 컨소시엄(ISLLC)의 주 학교행정관리 대표자위원회(Council of Chief State School Officers)의 학교 면허나 자격과 관련된 국가의 표준을 제시하는 것이다.

이 책의 독특한 점은 각 장의 법적 쟁점과 액션 리서치, 그리고 학습자 책무성 기준을 개관한다는 점이다. 또한 이 책은 학교문화를 발전시키고, 다양한 인구층 속에서 모든 학생들의 성공을 증진시킬 윤리적 리더십의 비전과 사명의 창조를 강조하고 있다. 보조자료는 Allan & Bacon의 교육리더십 사이트, www.ablongman.com/edleadership에서 이용 가능하다.

이 책『교육혁신리더십: 변하는 학교, 변하는 역할』은 세 부분으로 나누어져 있다. 제1부 학교 리더십의 단계설정은 리더십 상황으로 학교에 대한 소개를 하고 있다. 제1부의 각 장들은 국가기준 내에서 학교 지도자의 준비와 리더십의 본질적 변화와 리더십 패러다임과 신뢰 형성, 교내 문화 형성, 가치와 윤리의 중요성에 대해 논의한다. 또한 제1부는 학교 운영의 법적 적용에 대해서 기술하고 학내에서 문화와 집단의 형성을 위한 학교 지도자의 역할을 검토하는 것으로 마무리짓는다. 이러한 시작의 장은 지도자들이 그들의 학교에서 협력적 학습문화를 형성할 때 활용할 수 있는 틀을 제시한다.

제2부 조직 리더십의 기초의 장들은 좀 더 실용적이다. 제1부가 리더십의 일반적인 지식과 이해를 포함한 반면, 제2부는 좀 더 실용적이며 적절한 리더십 행동과 기술의 적용을 강조하고 있다. 이 장들은 학교를 개선시키기 위한 액션 리서치의 중요성을 피력하고 있다. 또한 이 장들은 효과적인 커뮤니케이션을 통한 의사결정과 문제해결 관리를 포함한 조직 리더십의 중요성을 강조하고 있다. 마지막으로 제2부는 인적 자원

과 재정자원을 개발, 관리하고 교수적 수월성을 향상시키는 리더십의 중요성을 논의한다. 관리/리더십 과정에서 기술의 중요성 또한 학교 지도자들을 위한 기술표준을 포함하여 논의한다.

　제3부는 교과과정과 교수의 기초－학교 지도자를 위한 시사－를 논의한다. 그리고 이 장들은 교수-학습과정과 분석과 조정을 통한 질적인 교수를 하기 위해 교사들과 함께 학교 지도자들이 수행해야 할 역할을 강조하고 있다. 제3부는 학교가 진정으로 학습조직이 되기 위한 과정을 논의하고, 교과과정 개발과 교수의 중요성을 강조하고 자료를 바탕으로 한 결정과 책무성을 논의한다. 마지막으로 제3부는 학교 지도자의 지속적인 전문성 개발의 필요성을 논의하면서 마무리된다.

　이 책을 통틀어 학교 지도자들의 발전은 성장과 변화, 그리고 성찰을 통합하는 것으로 논의되었다. 성찰은 학교 지도자들이 학교 개선 노력을 좀 더 협력적으로 주도하고 유지하는 문화를 형성하도록 지원하는 의사결정의 핵심이 된다. 각 장은 독자들에게 그들이 학습한 것을 응용할 기회를 제공한다. 이런 응용 부분은 사례연구와 실천과제에 포함되고 독자들에게 각 장에 제시된 개념과 기술을 적용하고 성찰할 수 있는 기회를 제공한다. 그 응용 단계는 학교 지도자들에게 성찰적 사고를 기르고 현실상황에서 리더십 과정에 대한 이해를 평가하는 기회를 제공한다. 그리고 이 책은 다양한 교육적 여건에서 행정적 혹은 리더십의 직위를 가진 사람들과 저자의 경험이 결합되어 전개되고 있다. 이런 리더십 경험은 교내와 교육구 수준의 행정, 주정부 교육위원회, 주교육면허국 수장, 지방 혹은 주립 학교위원회 구성원, 교육구 혹은 교실 감독관뿐 아니라 대학 차원의 학과장까지 포함하고 있다. 더 중요하게는 '현장경험 사례'라고 불리는 부분이 다양한 학교 상황에서 교육 지도자들로부터 이야기와 경험을 나타낸다. 그들의 이야기는 다루어진 주제를 강화시킬 수 있는 현장의 목소리를 제공한다. 이 책은 협동작업이며 우리는 그 결과가 복합적인 경험과 관점이 독특하게 혼합되었을 것으로 믿는다. 이 책에 기여한 모든 사람들은 훌륭한 리더십을 발휘하였고 리더십의 쟁점과 개념을 논의할 때 적절한 목소리를 낼 수 있는 독특한 위치에 있는 분들이다. 이 책의 기여자들은 다음과 같다: Dr. Elaine Wilmore, Associate Professor, The University of Texas at Alington(제2장), Dr. Mark Littleton, Professor, Tarleton State University(제4장), Dr. Diane Porter Patrick, Assiatant Professor(제7장), 그리고 Dr. Trindad San Miguel, Director of the administrator assessment Center, ESC Region 13(제9장).

이 책은 검토자와 사용한 학생들의 다양한 제언과 그들의 사랑과 노력으로 이루어 졌다. 그런 의미에서 이 책에 있는 정보들은 현장에서 검증된 것이라고 할 수 있다. 또한 학교 지도자들이 모든 학생들의 학습과 성취를 위해 학교를 새롭게 하고 변화시키는 데 효과적인 실천과 절차를 제시하고 있다. 이 책이 학교 지도자들의 복합적인 역할과 책임을 보다 명확히 이해하는 데 도움이 되었으면 하는 바람이다.

감사의 글

원고를 친절하게 검토하고 최종적인 책이 나올 수 있도록 귀중한 조언과 영감을 주었던 다음과 같은 사람들에게 감사를 표하는 바이다: Tarleton State University의 Rose Cameron, Marshall Uniersity의 Dr. Michael Cunningham, Northern Illinois University의 Richard A. Fluck, 그리고 Sul Ross State University의 Kip Sullivan.

우리는 또한 텍사스(Texas)주의 포트워스(Fort Worth)에 있는 보더스서점 (Boarders Bookstore)의 스텝들에게 감사를 표하고자 한다. 그들의 지원과 관심 그리고 따뜻한 배려로 이 책을 쓸 수 있었고, 개념과 실제를 조화롭게 편집할 수 있도록 배려해 준 점에 감사한다.

저자에 관하여

Judy Reinhartz는 현재 Arlington에 위치한 텍사스 대학(The University of Texas)의 교육학과 교수(School of Education)이며 연구센터의 소장이다. 그녀는 뉴멕시코 대학에서 과학교육, 교과과정 그리고 교수적 리더십(instructional leadership) 분야로 박사학위를 취득하였다. 그녀의 석사학위는 Seton Hall 대학에서 수여받았다. 교육 분야에서 35년 이상의 경험을 가졌으며 뉴저지, 버지니아, 뉴멕시코 등의 모든 수준에서 다양한 교수과제나 장학 리더십의 직책을 수행하였다. 1985년에는 텍사스대에서 탁월한 교수자상(Amoco Foundation Outstanding Teaching Award)을 수여 받았다. 그녀는 교사연구 분야에서 다수의 재정지원사업을 의뢰 받았고 과학교수법의 우수성을 촉진시켰다. Reinhartz 박사는 미국교육연구협회, 전국과학교사협회, 교사교육자협회, 장학과 교과과정개발협회를 포함한 전문가 조직에 활기찬 참여를 하였다. 그녀는 다양한 교육 경험을 갖고 광범위한 연구물을 출간하였으며 효과적인 교수법, 조사연구, 장학리더십, 수업 평가와 같은 주제에 대하여 여러 교육구, 출판사를 대상으로 컨설턴트의 역할을 하였다.

Don M. Beach는 현재 Tarleton State University, Taxas A&M University System의 교육행정학과 교수이다. 그는 조지 피바디 대학(George Peabody College of Vanderbilt University)에서 교육과정과 교육리더십(educational leadership) 전공으로 박사학위를 받았다. 그의 석사과정 전공은 중등학교 교육과 행정으로서 텍사스 기술대학(Texas Tech University)에서 석사학위를 받았다. 그는 텍사스와 테네시 주에 있는 초등학교와 중등학교에서 가르쳤으며 여러 가지 교육 부문의 장학사 직책을 거쳤다. 그는 활동적인 작가, 연구자 그리고 교사이다. 그는 교사교육협의회, 장학과 교육과정개발협의회, 교수장학 교수위원회 등을 포함한 다수의 전문적인 조직에서 다양한 리더십의 역할을 수행해오고 있다. 그는 지속적으로 주 단위와 전국수준의 워크숍을 운영하고 있으며 전문 저널에 연구결과를 발표하고 있다. 그는 다수의 교과서의 저자이며 장학, 리더십, 초등학교와 중등학교의 교육과정에 관한 단행본의 저자이기도 하다.

차 례

제3장 리더십의 가치와 윤리 63

제4장 법률적 쟁점과 학교 리더십 91

제2부   조직 리더십의 기초

제5장 학교 지도자를 위한 액션 리서치   129

제6장 조직의 리더십: 의사결정과 커뮤니케이션   162

제7장 학교 리더십: 자원관리 191

제3부   교과과정과 교수의 기초: 학교 지도자를 위한 시사

제 **1** 부

학교 리더십을 위한 환경

1

21세기 학교 리더십

❋ 주정부 학교 지도자 자격 컨소시엄(ISLLC) 표준

표준 1: 학교 행정가는 학교사회에서 공유되고 지지를 받는 학습 비전의 개발, 형성, 실행, 그리고 배려를 촉진함으로써 학생들의 성공을 추구하는 교육 지도자이다.

표준 2: 학교 행정가는 학습자들의 학습과 교직원들의 전문가적인 성장에 도움이 되는 학교 문화와 교육 프로그램을 홍보하고, 육성, 유지함으로써 학생들의 성공을 추구하는 교육 지도자이다.

표준 3: 학교 행정가는 안전하고 효과적이며 효율적인 학습 환경을 조성하기 위해 조직 경영과 운영, 그리고 재정을 보장함으로써 학생들의 성공을 추구하는 교육 지도자이다.

표준 5: 학교 행정가는 통합성, 공정성, 윤리적 태도를 가지고 행동함으로써 모든 학생들의 성공을 추구하는 교육 지도자이다.

❋ 단원 목표

이 장의 목표는 다음과 같다.
- 학교 지도자로서 갖춰야 할 중요성을 설명한다.
- 학교 지도자 발굴의 기준을 밝히고 설명한다.
- 학교 환경과 학교 지도자의 역할 변화에 대해 언급한다.
- 리더십 과정과 신뢰 쌓기의 중요성에 대해 설명한다.

전국적인 교육체제는 21세기 학생의 요구에 부응하기 위한 변혁이 내부에서 일어나고 있다. 이 변혁에 대응하기 위해 교육 지도자는 자신을 혁신시킬 준비를 해야 한다. 그러나 교육 지도자가 되는 것은 좀처럼 흥분을 가져다 주지 않고 오히려 도전을 더 안겨 주게 된다. 이 변혁 중에는 "영혼에서 우러난 애정, 희망, 믿음이 있어야 한다. 남을 이끌어가는 것은 당신의 생활과 학교에 영혼과 열정을 불러일으키는 마음으로부터 선물을 주는 노력이 요망된다"(Bolman & Deal, 1995, p. 12). 주정부 학교 지도자 자격 컨소시엄(The Interstate School Leaders Licensure Consortium, ISLLC)의 소장인 Neil Shipman에 따르면 다가오는 미래의 과제는 학교 지도자들이 관리자의 역할에 의존하기보다는 교수와 학습에 중점을 두는 것이다(Franklin, 2000). 학교 지도자는 건물을 관리하는 것과 학생들의 학업성취에 대한 높은 책무성의 표준을 갖고, 교사들의 전문성을 개발하며, 학교와 지역사회에서 학부모와 공동체 구성원을 참여시키는 데 있어 균형을 유지해야 한다.

학교 리더십은 학교 지도자들이 실제 직면한 도전적·성공적인 운영과 교사진 및 직원 그리고 학생의 실질적 참여 유도 측면에서 향상된 학생의 발달 수준에 부응한 보다 높은 표준에 대처하려면, 학교 지도자는 교육자의 역할에만 국한하지 않고, 교사와 직원이 개선하고 새롭게 변화할 수 있도록 가르치고, 조언해야 한다는 사실을 인식해야 한다. 학교 지도자가 그들의 변화된 역할에 계속 적응하려면 효과적인 리더십 기술이 필수적이다. Green(2001)에 따르면 "실제적인 도전이란 학교의 전통적인 영역을 넓혀 가는 데 도움이 되는 리더십 유형을 제공하는 것이다"(p. 5). Lambert(2002)가 밝혔듯이, "수십 년간 교육자들은 모두 학생의 학습을 책임져야 한다고 여겼다. 최근에 교육자들은 교육자 자신의 학습에 대해 서로 책임을 져야 한다는 사실을 깨닫기 시작했다. 그러나 … 나는 동료들의 학습에 대해서도 역시 책임을 받아들여야 한다"(pp. 37-38).

Deal과 Peterson(1999)은 언급한 바 있다. "우리는 마음과 영혼을 담은 학교, 학습하고 성장할 수 있는 충분한 기회를 주는 학교를 학생들에게 만들어 주어야 한다. 학습하고 성장하는 데 있어 긍정적이고 목적의식을 지닌 장소를 구축하고 유지해 나가기 위해서는 학교 전반에 걸쳐 나오는 리더십이 요청될 것이다"(p. 137).

지도자와 리더십에 대한 연구는 유목민에서 오늘날 다문화 체제에 이르기까지 긴 역사를 갖고 있다. **효과적인 리더십**(effective leadership)이란 개념 자체가 누구의 기준을 적용할 것인가라는 의문을 제기시킨다. 과학적인 방법을 이용한 리더십 개념에 관한 연구는 비교적 새로운 연구 분야이다. Orozco(1999)에 의하면 타 조직에서처럼, 학교 리더십은 교사의 시각에서 검토될 수 있다. "… 리더십의 가장 중요한 자질을 분석하고 확인시키는 과정은 학생, 학부모, 지역사회와 정부기관과 복잡하게 얽혀 있다"(p. 10). Greenberg와 Baron(1997)은 "… 리더십은 사람들이 다 알고 있다고 생각하지만 한마디로 정의할 수 없는 사랑을 닮았다"는 표현으로 리더십 정의의 난해함을 지적하고 있다(p. 433). 리더십은 부분적으로 지도자와 추종자 간 발생되는 긍정적 감정에 기초하며 강제적이지는 않은 영향력을 갖는다(Greenberg & Baron, 2000). Cashman(2000)은 "리더십은 위계적인 것이 아니며, 조직 어디에나 있는 가치를 창조하는 진정한 자기표현이며, 그것은 조직의 모든 곳에 존재한다"(p. 20). Bolman과 Deal(1994)은 "리더십이란 베품과 마음에 관련된 것이며 긍정적인 리더십은 상호 존경과 신뢰를 가지고 상대방에게 신호를 주고받으며 거기에 맞추어 춤을 추는 것과 같다"고 했다.

역사적으로, 학교 지도자는 **학교 소속원들**(troop)을 성공적으로 이끄는 **책임을 혼자 맡고 있는** 사람으로 묘사되어 왔다. 이런 종류의 지도자는 손에 나팔을 들고 말을 타고 모두가 따르리라 여겨 전진의 나팔을 부는 사람과 유사하게 받아들여졌다. 근래의 리더십에 대한 견해는 그것이 상황 맥락적이고 복잡한 현상이며 "돌격"을 외치는 것보다 많은 것을 내포하고 있음을 암시한다. Hogan, Curphy와 Hogan(1999)에 의하면 "리더십은 개인적인 관심사를 일정기간 뒤로 하고… 집단에게 중요한 공통의 목적을 추구하라고 사람들을 설득하는 것이다"(p. 33). "리더십은 설득이지 지배가 아니다. 힘으로 타인을 명령에 따르도록 하는 사람은 지도자가 아니다. 리더십은 타인들이 자신들의 의지로 집단의 목적을 기꺼이 받아들일 때만 생겨난다"고 주장한다(p. 33).

리더십은 집단이 목표를 성취하고 사명을 완수하기 위해 함께 일할 수 있는 응집력과 목적 지향적인 팀을 구축하는 것을 의미한다. 리더십과 집단의 성과 간에는 인과적이고 명백한 관련성이 있다. Blanchard, Hybels와 Hodges(1999)는 "리더십은 내부적으로 시작하며 외적으로는 타인을 향한 섬김이다"라고 한다. 리더십은 타인의 이익에 대한 관심을 갖고, 타인의 성장과 발전을 돕거나 귀 기울이며 성과에 대한 책임 의식을 가진 나머지 자신을 덜 생각하는 것이다. Lambert(1998)에 의하면 "리더십은 공유된 믿음 하에 일을 성찰하고 의미를 가지고 이러한 새로운 이해에서 나오는 행동들을 창조하기 위해 함께 학습하고 집단적·협력적으로 의미와 지식을 구성하는 것을 말한다"(pp. 5-6).

지난 20년간의 연구결과도 효과적인 리더십과 효과적인 조직 간에는 깊은 관련성이 있음을 밝혀 왔다(Lezotte, 1997; Sergiovanni, 1995; Bolman & Deal, 1994; Boyan, 1988, Griffiths, 1998). Hogan, Curphy와 Hogan(1999)은 "많은 증거가 리더십에 관련된 일반적인 믿음을 입증한다"고 주장한다(p. 34). Fullan(2002)은 말하기를 "학교는 조직 내에서 무엇을 사람들이 가치 있다고 보며, 어떻게 그들이 함께 일해 그 가치를 실현할 수 있을 것인가에 대해 변화를 가져올 지도자를 필요로 한다"(p. 19). 또한 그는 "학교는 학교의 학습 문화와 가르치는 전문성 그 자체를 근본적으로 변혁시킬 지도자를 필요로 한다"고 주장한다(p. 18). Beach와 Reinhartz(2000)는 "… 리더십은 학생들의 성취감을 촉진시키고 전체적인 교육 프로그램을 성공으로 이끄는 데 필요한 비전을 창조하는 데 불가결한 요소이다"라고 말한다(p. 72). 우리가 생각하는 교육 리더십(educational leadership)이란 한 개인이 교사와 교직원, 학생, 학부모, 다른 교육자와 그리고 지역사회의 구성원을 포함한 다양한 구성원의 행동에 영향을 미치는 상호적, 비강제적 과정으로서 학교나 지역의 목적과 목표를 달성하기 위한 것이다. 리더십과 효과적인 학교 간의 상호 관계는 그림 1.1에서 볼 수 있고 학교의 사명과 목표를 달성하는 데 꼭 필요한 것이다.

그림 1.1이 설명하듯, 학교 지도자는 교육적 목적과 학교나 지역의 목표를 달성하기 위해 다양한 구성원(교사와 직원, 학생, 학부모, 다른 교육자, 지역사회 구성원)을 비강압적인 방법으로 상호작용하게 해야 한다. 이런 노력의 결과는 지도자가 필요에 따라 상호작용이나 목적을 수정할 수 있도록 피드백을 제공한다.

특히 이 장에서는 구체적으로 지도자들에게 학교 리더십에 관한 견해를 제공하고 학교와 지역 수준의 효과적인 리더십의 주요 개념에 대해 다룬다. 이 장에서는 학교 지도자의 새로운 기준을 제시한다. 이 새로운 기준은 학생들의 성공을 촉진시킬 기술뿐만 아니라 학교 지도자의 믿음에 근거한 지도자의 행동도 강조한다. Lezotte(1997)는 "오늘날 학교 지도자는 모든 학생들이 학업에서 성공할 수 있도록 관심을 기울여야 한다"고 주장한다. 변화하는 상황에서 학교 지도자는 모든 수준에 있어 신뢰를 구축하는 가운데 그들 업무의 실제적인 일을 다루어야 한다. Fullan(2002)은 "지도자는 보다

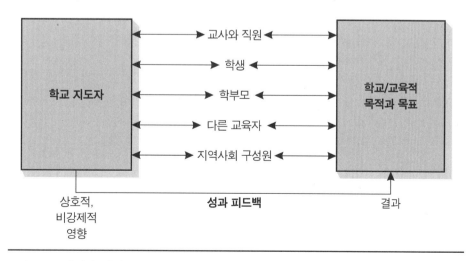

그림 1.1 리더십 과정

심오하고 지속적인 영향력을 지니며⋯ 지도자들의 관심대상은 높은 표준을 뛰어 넘는 폭넓은 리더십을 제공함으로써 불변의 위대함을 추구하는 상황조건을 만들어낸다"고 주장한다(p. 17).

변화하는 학교의 상황 내에서 과거의 리더십 모델은 비효과적이라는 사실이 드러나고 있어 새로운 리더십의 패러다임이 요구되고 있다. 이 장은 신뢰 형성의 중요성을 논하고 학교 지도자가 효과적이기 위해서 해결해야 할 문제들을 논의함으로써 결론을 짓는다. 학생들이 성공하기 위해서는 성공적인 교사들이 필요한 동시에 효과적인 지도자도 필요하다.

1. 학교 리더십과 표준

학교 리더십에 관한 어떠한 논의라도 학교 교직원에 대한 자격과 면허의 기준을 포함시켜야 한다. 학교 행정가의 준비를 위한 표준은 리더십 이론의 현대적 관점을 반영하고 전문적인 프로그램을 안내할 뿐 아니라 학교 지도자들의 직무기술로서 역할을 해준다. 각 주정부마다 학교 지도자 준비에 필요한 일련의 표준은 있지만, 주 학교행정 관리자 대표 위원회(Council of Chief State School Officer)의 주정부 학교 지도자 자격 컨소시엄(the Interstate School Leader Licensure Consortium, ISLLC)은 가르치고 배우는 과정에 있어 리더십의 중요성을 인식하고 6가지 표준을 제안한 바 있다. 학교 행정가는 아래의 표준들에 의거 모든 학생들의 성공을 추구하는 교육 지도자이다.

- 학교사회에서 공유되고 지지를 받는 학습 비전의 개발, 형성, 실행, 그리고 촉진
- 학습자들의 학습과 교직원들의 전문가적인 성장에 도움이 되는 학교 문화와 교육 프로그램의 홍보하고, 육성, 유지
- 안전하고 효과적이며 효율적인 학습 환경을 조성하기 위해 조직 경영과 운영, 그리고 재원을 보장
- 가족과 지역사회 구성원들과 협력하여 다양한 지역사회의 이해와 요구에 부응하고 지역사회의 자원을 동원
- 통합성, 공정성, 윤리적 태도를 가지고 행동
- 보다 큰 정치적, 사회적, 경제적, 법률적, 문화적 맥락을 이해하고 반응하며 영향

을 끼침(ISLLC, 1997, np)

그림 1.2는 각 표준을 이해하고 적용하는 데 도움이 되는 기본적인 틀(framework)을 보여준다. 그림은 표준과 장을 구분해 주며 그리고 그 표준이 이 장의 어디에서, 어떻게 다루어지고 있는지를 나타낸다. 예를 들어, '현장경험 사례(View from the Field)'에서 다룬 학교 지도자들에 관한 이야기는 학교 지도자들이 어떻게 합당한 개념을 적용했는지를 잘 설명한다. 각 표준은 여러 장에서 여러 번 적용된다. 그림 1.2는 표준이 어떻게 언급되며 필요한 지식과 기술은 무엇인가를 보여준다.

ISLLC 표준에서 강조했듯이, 학교 지도자는 단지 일부 학생이 아닌 모든 학생들의 성공을 촉진시키는데 헌신해야 한다. 각 표준은 모두의 학습을 위한 헌신과 더불어 시작한다. 학교 지도자는 학교 공동체 모든 구성원으로부터 비전에 대한 헌신을 유도해야 할 뿐 아니라 학교를 위한 공유된 비전도 창조할 수 있어야 한다. 비전의 공유와 더불어, 지도자는 교직원 발전을 독려하는 한편 학생의 학습에 가치를 부여하고 정당화하는 학교 문화를 선도하고 육성하며 지속화해야 한다. 자원 관리를 통해, 지도자는 안전하고, 효과적이고, 효율적인 학습 환경을 조성하도록 돕는다. 학교 지도자는 학습 공동체 내의 다양한 요구와 관심사에 맞춰 모든 구성원들이 협력하도록 해야 한다. 학교 지도자들이 다루어야 할 가장 중요한 영역 중 하나는 누구에게나 공정하면서도 순수하게 대하는 도덕적·윤리적인 태도라 할 수 있다. 결국, 학교 지도자는 일반적으로 정치, 경제, 사회의 더 넓은 영역을 이해하고, 대처하고, 영향을 미침으로써 그들의 정치적 역할을 인식해야 한다.

이러한 표준들의 개별사항은 이 책의 여러 장에서 다루어진다. 각 장들은 학교 지도자들이 모든 학생들의 성공을 촉진해야할 필요성을 다루고 있다. 과거의 리더십은 그동안 흔히 비전 제시적인 기능보다는 관리의 기능으로 보아왔다. 이러한 새로운 표준들은 책에서뿐만 아니라 교육의 전문 분야 자체에서도 전반적인 특성을 부여하고 있다. Murphy(2001)에 의하면, 이러한 표준들은 다음과 같은 내용을 담고 있다.

(1) 학생의 학습을 중점적으로 반영, (2) 학교 지도자의 역할 변화 인정, (3) 학교 리더십의 협동적 성격 인식, (4) 전문직의 자질 향상, (5) 성과 중심의 교육 지도자 측정과 평가 시스템의 공지, (6) 통합성과 일관성, (7) 모든 학교 공동체 구성원을 위한 접근, 기회 그리고 임파워먼트(empowerment) 개념에 의거함(p. 4).

표준	장	장에서 표준이 어떻게 제시 · 적용되었나를 나타내는 근거
표준 1 학교사회에서 공유되고 지지를 받는 학습 비전의 을 개발, 형성, 실행, 그리고 촉진	1	• 현장경험 사례는 학교 지도자 한 명이 어떻게 효과적으로 개념과 기술을 적용했는가를 보여준다. • "리더십 패러다임"은 효과적인 지도자의 특성, 행동, 자질을 제시한다.
	2	• "학교 문화 개발"은 학교 문화의 개발을 설명한다. • "지역사회의 지도자 발굴"은 학교의 학습 비전을 개발하고 이루도록 돕는 과정을 설명한다.
	4	• 현장경험 사례에서 학교 지도자 한 명이 공동체 가치를 포함한 법적 상황을 분석한다. • 사례연구는 지역사회의 관심사를 다루기 위한 법적 원칙을 적용하는 기회를 제공한다.
	5	• 현장경험 사례에서는 학교 지도자가 어떻게 학습의 비전 실현을 위한 액션 리서치를 실제적으로 어떻게 사용했는지 정보를 제공한다. • 사례연구는 독자들로 하여금 액션 리서치의 원칙이 교수 과정에서 어떻게 사용될 수 있는지 그 원칙을 적용해 보도록 했다.
	6	• "학교 작업 집단과 팀 구축"에서는 학습에 대한 학교 내의 비전 실천을 위해 학교 작업 집단과 팀을 구축하는 과정을 설명한다. • "커뮤니케이션"에서는 비전을 구체화하고 지원을 조성하는 커뮤니케이션 과정의 중요성에 대해 논의한다.
	8	• "교과과정과 개발"에서는 학습의 비전 개발과 그 실천과정에서 교과과정에 대한 의사결정에 지침이 되는 주요 문제를 제기한다. • 그림 8.2는 학습 비전의 구체화와 그 실현에 도움이 되는 교과과정 편성의 요소를 설명한다. • 현장경험 사례로 한 학교 지도자가, 학생들의 학습에 관한 비전과 사명에 초점을 둘 수 있도록 교과편성 과정을 어떻게 수행하는지 설명한다.
	9	• "책무성 모델"은 학습자가 자신의 교육적 책무성을 향상시키고 모든 사람을 위한 학습이 되는데 방향제시가 되는 5가지 문제를 제시한다. • 현장경험 사례는 학교 계획의 성공과 학습 비전을 실행하고 관리할 수 있는 자료를 어떻게 사용하는지 설명한다. • "학생 학업성취 향상: 학교 개선 계획"은 개선 계획의 구성 요소와 비전을 위한 실행 계획이 어떻게 되는가를 설명한다.

그림 1.2 각 장별 ILLSC 표준의 항목 설명서

1. 학교 리더십과 표준 11

표준	장	장에서 표준이 어떻게 제시·적용되었나를 나타내는 근거
표준 2 학습자들의 학습과 교직원의 전문가적인 성장에 도움이 되는 학교문화의 교육 프로그램을 홍보하고, 육성, 유지	1	• 현장경험 사례는 샘 스터너 교장 선생님이 학습사회를 선도하고 양육하고 지속시킬 수 있는 수업 지도자로 변신하는 과정을 설명한다. • "학습 패러다임"은 다양한 리더십의 자질과 원칙을 확인하고 설명한다. • "지도자 되기"는 리더십 프로그램을 만드는 데 필요한 일련의 문제들을 제기한다.
	2	• "학교 문화 개발"은 문화 구축의 과정을 설명한다. • 현장경험 사례에서는 지도자가 협동성 및 동료 관계의 가치를 중시하는 학교 문화를 창조하는 방법과 학습 공동체를 개발하는 전략을 열거하고 있다. • "지역사회 구성원의 참여"는 문화 구축에 있어 보다 넓은 지역사회에의 필요성을 강조하고 타인을 어떻게 참여시키는지에 관한 예를 제시한다. • "변혁적 리더십 구축"은 변혁적 지도자가 갖는 일곱 가지 특징을 규명하고 문화 구축에서 중요성에 대해 논의한다. • "학교 개선 주도"는 지도자들이 학습 공동체 문화를 선도하고 양육하며 유지하기 위해 할 수 있고, 해야 하는 세 가지 일을 규명한다. • 현장경험 사례에서는 레이 박사가 성공을 강화하기 위해 축하표현을 함으로써 학교를 학습 공동체로 인도하고 전환시키는 과정을 설명한다. • 사례연구는 독자들로 하여금 자료를 통합하고 노어우드 중학교가 학습자의 공동체로 전환되기 위한 계획을 수립하도록 한다.
	5	• 그림 5.2는 개선된 학생 성취와 학교 성공을 이끌 수 있는 액션 리서치에서의 단계를 보여준다. • 현장경험 사례에서, 메사 선생님이 학교에서 학생들의 학습을 증진시키기 위해 액션 리서치를 어떻게 사용했는지 설명한다.
	6	• '조직 구성원'은 조직 행동의 중요성을 학교 내에서 교사와 학생의 관계가 유지되며 육성되는 정도의 지표로서 설명한다. • '학교작업 집단과 팀 구축' 그리고 그림 6.1은 학생의 학습과 학교 공동체의 특성을 강화하기 위해 집단이 조직하는 방법을 제시한다. • 현장경험 사례에서는 라본 선생님이 학습 공동체를 만들기 위해 수준별 팀을 어떻게 활용했는가를 설명한다.
	8	• 현장경험 사례에서는 주디 그레이브 선생님이 학습 공동체를 지원하고 유지시키는 교육과정의 쟁점에 어떻게 교사진을 참여시켰는지를 설명한다. • '최상의 실천사례와 교과과정 기준'은 교수-학습 과정을 선도하고 강화하기 위해 시도할 때 지도자에게 지침이 될 수 있는 13가지 원칙을 설명한다.

그림 1.2 각 장별 ILLSC 표준의 항목 설명서(계속)

표준	장	장에서 표준이 어떻게 제시·적용되었나를 나타내는 근거
표준 2 (계속)	10	• '학교 지도자를 위한 전문성 개발'은 학교 공동체의 전 구성원, 특히 여러 가지 성찰적 질문을 갖고 새로 시작한 지도자의 전문성 개발경험을 갖는 것의 중요성에 대해 설명한다. • '성찰 저널'은 전문성을 개발하는 전략으로서의 성찰을 촉진하는 정기적인 역할과 중요성에 대해 다룬다. • '지도자 평가와 전문성 개발"은 평가과정을 전문성 개발에 연결하고 몇 개의 평가 모형을 보여준다. • 그림 10.3은 전문성 계획을 수립할 때 준수할 지침의 실례를 보여준다. • 그림 10.5는 각 표준에 적합한 기술을 평가하기 위해 ISLLC 표준을 사용한 자기보고서를 제시한다.
표준 3 안전하고 효과적이며 효율적인 학습 환경을 조성하기 위해 조직 경영과 운영, 그리고 재원을 보장	1	• '학교 지도자 되기'는 독자들 스스로가 지도자가 될 수 있는지 질문들을 제시한다. • 사례연구는 성공적 학교 지도자가 초등학교에서 성적을 높이기 위해 효과적이며 적용하는데 필요한 원칙을 독자가 적응해 보도록 했다.
	2	• '학습자의 공동체 만들기'는 효과적인 학습 공동체를 개발하는 데 있어 사용하는 전략을 지도자에게 제공한다.
	4	• '학교 안전'은 안전한 학습 환경을 제공하는 데에 다루어져야 되는 법적 조항에 대해 논의한다. • 그림 4.3과 4.4는 학교 안전과 학교 운영에 관한 결정을 할 때 학교 지도자에게 도움이 될 점검표를 제공한다. • 현장경험 사례는 학교 안전의 강화를 위해 학교 지도자가 다루어야만 하는 것들을 설명한다. • 그림 4.5는 법적 지침은 안전의 강화, 그 효과적인 운영을 위해 학교 지도자가 참고사항을 신속하고 쉽게 찾아볼 수 있게 해 준다.
	5	• 현장경험 사례는 교실 학습 환경을 효과적으로 검토하는 데 액션 리서치가 어떻게 활용될 수 있는지에 대한 예시를 보여준다. • '자료 수집의 세 가지 출처'는 효과적인 학습 환경을 만드는 자료의 예를 제공한다.
	6	• '조직 구성원'은 조직에서의 행동에 관한 복잡한 역동성에 대해 논의하고 능률적 운영에 필요한 작업 집단과 팀을 조직하는 방법을 제시한다. • 현장경험 사례에서 제리 스톤−지역 교육전문가−은 작업 집단의 활용을 통해 어떻게 능률적으로 학습에 필요한 과학 교과과정을 수립하는지를 설명한다. • '집단 효율성을 개선하기 위한 전략'에서는 지도자가 학교상황에서 효율성과 효과성을 제고하는 데 사용할 수 있는 네 가지 접근법에 대해 논의한다.

그림 1.2 각 장별 ILLSC 표준의 항목 설명서(계속)

표준	장	장에서 표준이 어떻게 제시·적용되었나를 나타내는 근거
표준 3 계속	6	• 사례연구는 독자들이 새로운 교과과정을 실행할 때 조직적 작업과 의사결정의 원리를 적용해 보도록 했다.
	7	• '예산 과정'은 안전하고 효과적, 효율적 학습 환경을 위해 자원을 배분하는 과정을 설명한다. • 그림 7.1과 7.2는 예산과정의 단계와 어떻게 예산 과정이 지도자로 하여금 학교의 요구와 목적에 부응하도록 재정, 교육과정, 인적자원을 잘 조정할 수 있는 기회를 제공하는지를 보여준다. • 그림 7.3과 7.4는 지도자가 예산지출을 검색해 자원을 최대한 활용할 수 있는 수입원과 일반적 범주를 설명한다. • 사례연구는 독자들이 전환기에 처한 학교가 재정문제를 예견하도록 해준다.
	9	• '책무성 모델'은 학교 지도자가 효과적이고 효율적인 학습 환경을 운영하고 경영해 책임져야 하는 다양한 방법을 보여준다. • '학교 개선을 위한 자료 활용과 분석'은 지도자가 학교 교수 학습과정에 효과를 증진시키기 위한 자료를 수집하고 분석하는 전략을 제시한다. • 그림 9.1과 9.2는 지도자가 학교의 효과성과 효율성을 강화할 때 사용할 수 있는 다양한 종류의 자료를 제시한다. • 현장경험 사례는 한 학교 지도자가 학습의 결과와 목적에 대한 자료 분석작업에 교사진을 어떻게 참여시켰는지 보여준다.
표준 4 가족과 지역사회 구성원들과 협력하여 다양한 지역사회의 이해와 요구에 부응하고 지역사회의 자원을 동원	2	• '학교 문화 개발'은 학교 지도자가 공동체의 일상생활의 사건에 적극적으로 관여하는 방법을 논의한다. • '지역사회 구성원의 참여'에서는 학부모와 지역사회 구성원의 새로운 역할에 대해 설명하고 활동을 계획하며 자원을 확보하여, 그들을 참여시킬 수 있는 전략을 제시한다. • '학교 공동체를 강화시키는 축하행사'는 학교의 성공을 가져오도록 전체 지역사회가 참여하는 축하 사례를 제시한다. • 사례연구는 독자들에게 학교 주위의 전환기에서 야기되는 문제를 확인하는 데 지역사회를 참여시킬 수 있는 방법을 보여준다.
표준 5 통합성, 공정성, 윤리적 태도를 가지고 행동	1	• '신뢰구축'은 리더십 행동의 윤리적 기초로서 신뢰구축의 중요성에 대해 논의한다. • '윤리적 실천과 행동'은 지도자가 윤리적 문제를 다루는 데 있어 스스로 질문해야 할 문제들을 제시한다.
	3	• 그림 3.1은 학교 지도자에게 윤리적 행동의 지표가 될 행동 규범을 제시한다.

그림 1.2　각 장별 ILLSC 표준의 항목 설명서(계속)

표준	장	장에서 표준이 어떻게 제시·적용되었나를 나타내는 근거
표준 5 (계속)	3	• 현장경험 사례는 독자들이 공정성과 형평에 관련된 비밀엄수 문제를 다루기 위해 윤리적인 딜레마를 제시하고 있다.
	4	• '당신의 윤리적 지수는 얼마입니까?'지도자의 윤리적 행동을 측정하는 목록(inventory)을 제공한다. • 사례연구는 독자가 적절한 윤리적 반응을 하는 접근 틀을 갖도록 윤리적 딜레마를 제시한다. • 그림 4.2는 실무에서 법적인 사항을 결정할 때 필요한 점검표를 제공한다. • 현장경험 사례는 한 지도자가 학교에서 면접 시 질문과 면접과정에서 생기는 법적사항에 대해 기술하고 있다. • 그림 4.5는 지도자들이 법적, 윤리적 행동양식으로 행동하는 것을 돕기 위해 그들이 해야 할 것과 하지 말아야 할 행동의 법적 지침서를 제공한다.
표준 6 보다 큰 정치적, 사회적, 경제적, 법률적, 문화적 맥락을 이해하고 반응하며 영향을 끼침	4	• 판례는 더 넓은 상황에서 학교의 적법성에 관한 기초지식을 지도자에게 제공한다.
	7	• '재정지원관리 기본 관점'에서는 사회정치적 맥락에서 교육재정에 대해 논의한다. • '공립학교 재정과 평등화 모델'은 주정부가 교육을 지원하기 위해 수익금을 분배하는 방식을 지도자들에게 이해하도록 예비지식을 제공한다. • 그림 7.2는 교수-학습 과정을 지원하기 위해 예산 과정이 교과과정, 인적자원을 다루는 예산 과정의 방법에 대해 설명한다. • 현장경험 사례는 예산수립 과정에서 한 학교 지도자가 다양한 집단으로부터의 정보를 요청하는 과정을 설명한다.

그림 1.2 각 장별 ILLSC 표준의 항목 설명서(계속)

다음 현장경험 사례에서 샘 스터너가 중학교 교장으로서 그의 역할을 논의하고 있다. 스터너 교장 선생님의 리더십은 학교에서 관리자에게 모든 어린아이가 배울 수 있도록 하기 위해 지도자로서 발전함에 따라 발생한 변화를 성찰하며 논의한 과정 속에 학교 지도자에게 요구되는 개념과 기술이 나타나 있다.

2. 리더십 패러다임: 특질, 행동, 자질

역사적으로, 리더십에 관한 연구는 특질(trait), 행동(behavior) 그리고 더 최근에는 리더십을 발현하는 자질(quality)에 초점이 맞춰졌다. 리더십의 특질적 관점은 **적절한 기**

◇ 현장경험 사례

그가 중학교 교장 3년째일 때, 샘 스터너 교장 선생님은 다음과 같이 말한다. "나는 학교 지도자로서 직무를 수행할 권한이 있다고 느꼈습니다. 난 조직적으로 우선해야 할 일—예산 세우기, 관리하기, 교사 발령, 학교 운영에 매달리기—을 하던 첫해부터 변화를 알아챘습니다. 우선, 나는 교육적 지도자가 되기에 시간이 모자랐고, 나의 중학교에서 모든 학생들의 성공을 이끌 수 없어 좌절했습니다." 초봄에 주 당국이 시행한 시험 결과, 그의 학교의 학생들은 당국의 인정을 받을 만한 꽤 괜찮은 성적을 냈다. 그 결과를 돌아보며 "나는 학생들이 최고의 성적을 받기를 바랐습니다. 그러나 여러 부문에서 미흡했습니다. 각 수준마다 몇 명의 학생들은 최고의 성적을 얻는 데 차이를 보여주는 듯했습니다."

18개월이 지난 후, 스터너 교장 선생님은 점차 소수의 학생들을 위한 전략을 개발했다. 스터너 교장 선생님은 "나는 교육 지도자처럼 느껴지기 시작했습니다. 각 학년에 있는 교사들에게 시험 점수를 관찰하라고 했고, 시험을 잘 보지 못하는 학생들 각자에게 학습의 필요성에 대해 말해주라고 권장했습니다."라고 말했다. 이런 학생들 모두가 일반적으로 갖고 있는 한 가지는 자신감의 부족이었다. 스터너 교장 선생님은 상담교사에게 이런 학생들에게 자아개념 테스트를 시켜보도록 요청했다. 상담교사는 또한 이 학생들이 생활 경험이 제한되어 있는 것 같다는 사실도 알려 주었다. 이런 관찰에 기초해서 교감 선생님은 이런 학생들에게 다양한 장소로 여행할 것을 허락하는 허가서를 써 주었다. 스터너 교장 선생님은 "우리 학교에서 모든 학생들의 성공을 도울 수 있는 첫 시도를 해 보았다. '탁월한 문화'를 만들기 위해 선생님들과 연구했고, 지역사회 기관과 접촉함으로써 여러 프로젝트를 시행할 수 있는 자금을 확보하기 위해 노력했습니다."라고 말했다.

스터너 교장 선생님에 따르면, "관리자로서 나의 역할은 더 이상 어린아이들과 놀아주거나 질서를 유지하는 데 있지 않았습니다. 나의 역할은 내 학교에서 필요한 자원을 확보하기 위해 도와주는 것뿐 아니라, 교수진의 끊임없는 성장과 발전을 도모하여 높은 사기를 유지하도록 애쓰는 촉진자의 하나입니다."

질(right stuff)에 초점을 맞추고 누가 지도자인가가 관심의 대상이다. 다른 관점은 지도자의 행동을 대상으로 삼아 관찰한다. 그 이유는 Greenberg와 Baron(2000)이 지적했듯이 "우리가 지도자로서의 '적절한 기질'을 가지고 태어나지 않았는지 모르지만 명백히 '올바른 일'을 하려고 노력한다—다시 말하면 지도자가 되는 데 필요한 것을 하려고 한다."(p. 449). 보다 최근에는 역사적으로 지도자의 행동을 연구하고 지도자와 추종자 간의 역동적인 상호작용에 관련된 다양한 자질에 대해 고찰해 오고 있다.

리더십의 특질

리더십의 특질적 관점에서는 개인이 가지고 있는 특질 때문에 지도자가 된다고 주장한다. "간단히 말해, 어떤 특수한 측면에서 그들이 다른 사람과 다르기 때문에 지도자가 된다"(Greenbert & Baron, 2000. p. 447). 이런 흔적은 명확히 확인되고 정의될 수 있다. Green(2001)은 "그런 특질이나 특성은 능력, 다정함, 성취, 책임감, 참여도와 지위와 같은 명칭으로 분류될 수 있다"(p. 7). House, Shane과 Herold(1996)는 성공적인 지도자는 다음의 특질을 많이 갖고 있다는 사실을 밝혀냈다: 추진력, 정직, 순수성, 리더십 동기, 자신감, 인지적 능력, 창의성, 그리고 유연성 등이다. 이런 특질을 가지고 있는 사람들이 특히 업무수행에 있어 성공적이고 성과를 가져오는 데 효과가 있다면 훌륭한 지도자로 간주된다. 조직이 목적을 성공적으로 달성하면 할수록, 지도자는 그만큼 더 효과적일 수 있다(Green, 2001, p. 7). Kirkpatrick과 Locke(1991)의 연구는 다음과 같은 사실을 명백히 밝히고 있다.

> 지도자들은 다른 사람과 같지 않다. 지도자들은 지도자가 되는 데 적절한 기질이 있을 필요가 있으며, 이런 기질은 모든 사람에게서 동일하게 나타나지는 않는다. 리더십은 끊임없이 과제를 다루는 것이다. 지도자를 평범한 사람이라고 치부한다면 그것은 지도자들에 대한 지나치게 부당한 대우가 될 것이다. … 리더십의 영역에 있어 … 개인은 중요하다(p. 58).

또한 특질이론(trait theory)에 따르면 지도자가 보다 많은 특질을 소유하면 할수록 그만큼 더 효과적인 지도자가 된다고 한다. 지도자가 요구되는 특질을 보여주었을 때 그들은 조직에서 발전하게 된다. 특질이론은 위계적인 조직구조와 성공적인 지도자들을 연결시키기도 하는데, 중요한 특질을 가진 성공적인 지도자가 조직에서 최고의 지위를 갖게 된다고 본다.

리더십 행동

리더십 행동을 논할 때, 지도자가 추종자에게 영향을 미치는 정도를 나타내는 연속체를 사용하는 것이 도움이 된다. 이 연속성은 그림 1.3에 설명되어 있고, 한 면에는 독재적·권위적 행동을, 다른 면에는 민주적·참여적 행동을 보여 준다.

그림 1.3에서 보듯이, 독재적·권위적 행동은 지도자에게 주어지는 의사와 행동 결정과 함께 단독 책임 때문일 수 있다. 그러한 사람들은 타인에게 그들의 행동을 지시하고 조절하려 한다. 연속성에서 이쪽 면에 속해 있는 지도자의 행동은 과시하려는 경향이 있다. 언제 어디서 무엇을 해야 할지 사람들에게 말하고, 권위나 결정권, 행동에 대한 질문을 좋아하지 않는다. 연속성에서 민주적·참여적인 면에 있는 지도자들은 의사결정이나 행동의 과정을 공유하려 한다. 그들은 타인들이 그들이 매일 직면하는 무엇을, 언제, 어떻게와 같은 질문에 참여하기를 권하며 결국 그들의 행동은 평등한 권한을 가지고 협조적으로 보인다.

이 리더십 행동의 연속성은 가끔 업무 중심적 관심과 인간 중심적 관심이라는 이분법으로 나타난다. House(1971)는 지도자는 상황에 따라 목적이나 과제 수행을 돕는 네 가지 다른 유형 행동을 할 수 있다고 주장한다. 이런 지도자의 행동은 다음과 같이 제시되어 있다:

1. **후원적 리더십**(supportive leadership)은 직장에서 상호 보완적 관계를 유지하고 타인의 필요에 대해 인식하고 배려한다.
2. **지시적 리더십**(directive leadership)은 성공에 기준을 정해 놓고 수행 기준을 전달하고, 업무 일정을 짜고 과업을 수행하기 위한 명확한 지시를 한다.
3. **참여적 리더십**(participate leadership)은 타인과 상의하고 과업 완성이나 다른 업

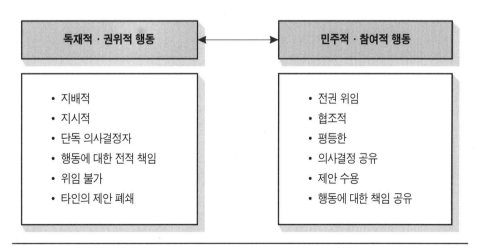

그림 1.3 리더십 행동의 연속성

무에 관계된 활동에 관해 타인의 의견을 구한다.

4. **성과 지향적 리더십**(achievement-leadership)은 과업 완성에 있어 탁월함을 강조하고 도전이기는 하나 성취할 수 있는 목표를 설정한다.

Greenberg와 Baron(2000)은 오늘날 많은 조직이 자율 관리 팀으로 나아가는 움직임이 있다. 이런 움직임은 명백히 민주적·참여적 행동을 넘어선 차원이다. 그러한 관점에서 "그 어느 때보다 지도자는 그들의 비전을 실현하라는 지시사항을 다른 사람이 실행하도록 하는 책임이 훨씬 줄어들 수 있다. 대신 그들은 집단에게 자원을 제공해야만 하는 상황에 처하게 된다. 이런 지도자들은 명령을 하지 않는다. 오히려 그들은 타인이 그들 자신의 일에 대한 책임을 맡도록 도와준다"(p. 452).

자율 관리 팀의 (업무의) 효율적인 수행을 위해서, Blanchard, Carew와 Parisi-Carew(2000) 그리고 Zenger, Musselwhite, Hurson과 Perrin(1994) 등은 팀을 구축할 때 지도자에게 도움이 되는 다음 사항을 제안했다.

- 신뢰를 구축하라, 팀워크를 고취하라, 타인에게 권한을 줘라―"권한 주기(empowerment)는 타인이 할 수 있는 모든 것을 할 수 있도록 하는 것이다"(Blanchard et al., 2000, p. 104).
- 팀의 목적과 추구하는 바를 명확히 하라―"우리 모두가 현명한 것과 마찬가지로 우리 중 다수도 못지않게 현명하다"(Blanchard et al., 2000, p. 15).
- 최상의 결과를 인지하고 확인해 팀 능력을 증대시켜라.
- 관계 구축과 의사소통으로 팀의 정체성(identity)을 만들어라.
- 융통성이 있어야 하며 팀을 차별화시켜라.

학교는, 다른 어떤 조직보다 더 자율 관리 팀을 만들 수 있을지도 모른다. 고성과 자율 관리 팀 구축에서 지침을 보았듯이, 지도자의 역할은 크게 다르다. "기존 행동을 하면서 새로운 팀을 이끈다는 것은 명확한 것처럼 실패가 따른다(Greenberg & Baron, 2000, p. 453)."는 이유 때문에 이러한 팀들의 속성상 지도자의 행동은 수정이 요구된다.

리더십 자질

지도자를 보는 또 다른 준거 틀은 지도자의 전반적인 자질과 리더십의 상호작용적인 측면에 초점을 두는 접근법이다. 자질이란 개인이 조직이라는 상황 내에서 상호작용을 할 때 개발되며 리더십 과정의 교환 관계를 반영하게 된다. 문헌 연구를 기초로 Beach와 Reinhartz(2000)는 다음과 같은 리더십 자질을 밝히고 있다:

- 조직 구성원 전체를 이끌 수 있는 문화를 창조하는 능력
- 신뢰를 형성하고 타인과 더불어 업무를 하는 대인관계 기술의 사용 능력
- 사명, 목적, 전략을 의사소통하고 구체화하는 능력
- 타인과 상호작용할 때 통합성과 책임성의 본보기를 보여주는 능력
- 문제를 진단하고 평등에 기초해 원안과 절차를 선택하고 위험을 감수하는 능력
- 성과를 거두기 위한 목적과 노력을 일치시키는 능력

피상적으로 보면 이러한 자질들은 특성이나 행동과 연관이 있는 듯이 보인다. 그러나 주요한 차이는 대인관계가 적용된다는 점이다. 지도자가 학교 조직의 다양한 구성원들과 상호작용을 하기 때문에 지도자와 추종자 간의 이러한 상호작용의 성격은 카리스마적 또는 변혁적 리더십의 특징으로 나타날 수 있다. 카리스마적인 지도자는 그들에게 무언가 특별한 것(something special)이 있다. "그리고 추종자에게 특별히 강력한 영향을 미친다"(Greenberg & Baron, 2000, p. 460). 자질이 지도자의 행동과 통합되면 보통의 성과 이상의 결과를 가져오며 커다란 헌신감과 충성심 그리고 높은 수준의 열정과 열광을 가져다 주는 특수한 형태의 지도자-추종자의 관계로 발전하게 된다(Bass, 1985; House, 1977). Conger(1991)가 말하듯이 카리스마적인 지도자는 "평범한 사람으로 하여금 비범한 일을 하게 만든다"(p. 32).

변혁적인 지도자(transformational leader) 역시 카리스마(charisma)를 소유할 수 있으며 조직을 혁신시키고 변화를 도모할 수 있는 지도자의 자질을 발휘할 수 있다. 변혁적인 지도자는 추종자를 고무시킬 뿐 아니라 강렬한 정서를 끌어들여 가르치고 변화시킨다(House & Podaskoff, 1995). 그들은 다른 사람들이 문제 해결자가 되도록 도움으로써 인지적 과정에 자극을 주는 한편 관심과 용기를 북돋아 줌으로써 개인에게 후원을 해주기도 한다. 한 연구(Koh, Steers, & Terborg, 1995)에 의하면 교사는 교장이 더 변혁적일수록, 교사들이 직무에서 더 만족감을 느끼고 학교에 더욱 헌신한다고 했다. 변혁적 리더십은 제2장에서 보다 상세히 다룰 것이다.

최근의 리더십 이론은 리더십에 대한 폭넓은 관점을 취하고 있으며 자율적인 학습

환경 속에서 협동적으로 비전을 만들어야 할 필요성을 강조하고 있다. 참여적 의사결정, 성찰, 자기인식과 같은 전략들이 이러한 리더십의 관점에서 중요시된다. 이러한 전략들은 과거의 권위적인 방법으로는 더 이상 효력을 발휘하지 못한다는 사실을 보여주는 리더십 이론으로 전개되고 있다. 오늘날 사람들은 계속 학습을 할 때 그들의 일과 기능에서 활력감을 최상으로 느낄 필요가 있다.

아마도 리더십에 관한 새로운 견해는 Lambert(1998)에 의해서 가장 잘 요약되고 있는데 Lambert는 오늘날 학교에서의 리더십 구축에 관해 아래와 같이 언급하고 있다.

- 리더십과 지도자는 동일하지 않으며, 리더십은 특성에 기초하는 것이 아니다.
- 리더십은 개인들로 하여금 공유된 학교의 목표와 목적을 실현할 수 있는 의미를 구성하고 확인하도록 하는 상호 학습의 과정이다.
- 리더십은 건설적인 변화를 가져오고, 학습은 그 과정의 결정적인 요소이다.
- 리더십은 학교 공동체 구성원 모두가 참여하는 정교하고 복잡한 과업을 포함하는 과정이다.
- 리더십은 타인과 더불어 의사결정을 하고, 집단적으로 노력하는 것이며, 리더십을 배우는 여정(journey)은 목적과 실천의 공유를 위한 것으로서 인식되어야 한다.
- 리더십은 본질상 협력적인 것이며 힘과 권위는 타인에게 능력을 부여하기 위해 공유되어야 한다.

Lambert(2002)는 "고독한 교육적 지도자이던 교장의 시대는 막을 내렸다. 더 이상 한 명의 행정 관리자가 다른 교육자의 실질적인 참여 없이 학교 전체를 위한 교육 지도자로서 역할을 수행할 수 있다고 믿고 있지 않는다."라고 말한다(p. 37).

리더십에 관한 개념은 조직과 사회가 변하듯, 변화를 계속해야 한다. 학교 조직에서 리더십을 배양하고 끊임없이 교직원의 개발을 장려하는 문화가 요청된다. Barth(2002)는 "해로운 학교 문화를 바꾸어 학생과 성인 사이에 평생 학습을 고취하는 건강한 학교 문화로 전환시키는 과제야 말로 교육 리더십이 해결해야 할 최대의 도전이라 할 수 있다"(p. 6). Pigford(1999)와 Carrow-Moffett(1993)는 21세기의 학교 지도자가 성공적이기 위해 준수할 필요가 있는 다음의 원칙들을 표명하고 있다:

- 리더십은 엄수되어야 할 신뢰이지 부여된 권리가 아니며, 우리의 핵심적 가치를 아는 것에 관한 것이다.
- 리더십은 교사, 학생, 직원, 학부모와 타인 등의 모든 소리에 경청하는 것에 관한 것이다.
- 리더십은 당신과 나의, 우리들의 "풍요로운 비전"을 창조하는 것과 관련된다.
- 리더십은 우리가 진실이라 믿는 것을 불확실하다고 보고 자료를 찾는 불편한 것에 관한 것이다.
- 리더십은 숙고와 성찰로 시작하는 여정에 관한 것이다.
- 리더십은 정보를 공유하고 의사결정을 함께함으로써 우리 자신과 타인에게 자활감을 부여하는 것에 관한 것이다.
- 리더십은 개인과 조직 모두의 변화에 장애가 되는 요소를 확인하고 처리하는 것을 뜻한다.

교장 개발(building principal)이라는 제목은 특정 리더십의 위치하는 의미를 전달하지만 그 직책만으로는 학교의 성공을 가져오는데 충분하지 않다. 질서 정연한 학교환경을 유지하는 것은 더 이상 학교의 성공을 위한 충분조건이 되지 못한다. Fullan(2000)은 "교육 부문의 리더십이 공립학교 체제에서 오늘날처럼 결정적으로 중요시하게 여겨진 적은 결코 과거에는 없었다. 체제가 복잡하고 그러한 체제의 추세가 과부화되고 파편화되어 감에 따라 리더십이 상승효과와 응집력을 창출해야 할 필요성이 절실하다"(p. xix).

3. 신뢰 구축

한 지도자가 만든 신뢰의 수준은 성공의 기초가 된다. Kerfoot(1999)은 지도자는 "구성원 사이에서 신뢰를 쌓을 수 있어야 특출한 성과를 낼 수 있는 생산적이고 협력적인 환경을 만들 수 있다"고 주장한다(p. 79). Bennis와 Townsend(1995)에 의하면, 언행 일치성(congruent), 일관성(consistent), 배려심(caring), 그리고 유능성(competent)을 가진 지도자의 능력은 신뢰를 쌓는데 필수적이다. 그들은 이런 4C가 집단을 결집시키고 목적을 향해 움직이게 하는 팀워크를 창조하는 에너지라고 한다. Levering(1988)이 표현한 바대로 신뢰는 조직과 집단을 유지하는 접착제라고 한다. 학교 교사진이 목적에서뿐만 아니라 서로에게 헌신적일 때, 더 훌륭한 결과를 만들 수 있다. Glaser(1999)는 신뢰를 언급하기를 "… 모든 관계를 결속시키는 시멘트이며, 사회를 움직이고, 리더십을 무성하게 하며, 변화가 일어나게 하는 기반을 제공하는 것"이라고 했다(p. 82). 신뢰는 추종자 자신을 지키고 위험을 감내하게 하는 자질이다. Bennis와 Goldsmith(1994)는 지도자는 일관성, 언행 일치성, 신뢰성과 통합성을 보여줄 때 신뢰를 낳고 유지한다고 한다. 학교 지도자는 신뢰하는 환경을 조성하기 위해 유능하고, 접근 가능해야 할 필요성이 있으며, 솔직함과 동정심을 갖고 대하며 타인을 위해 기꺼이 베풀어야 한다고 주장한다.

Glaser(1999)는 지도자가 신뢰를 쌓는 방법에 대해 말하고 있다. 첫째, 지도자는 자기 생각과 행동의 격차를 줄임으로써 그들이 신념을 갖고 말하는 것에 대해 모범을 보여야 한다. 행동이 생각과 일치될 때 신뢰는 강화된다. 둘째, 지도자는 자기 생각을 타인에게 알리고 반응을 관찰해야 한다. 그런 반응의 확인은 모든 당사자들을 보다 일관성 있게 하고 신뢰성과 정열을 갖고 행동하게 한다. 지도자는 타인을 비난하기보다는 문제를 해결하는 방법을 구해야 한다. 지도자는 문제들을 학습 기회로 삼고 그 과정에서 그들의 역할과 몫을 생각해야 한다. 지도자가 지켜야할 비밀을 엄수해 신뢰를 유지하고 다른 사람에게 누설하지 않는 것이 매우 중요하다. 비밀을 지켜야 할 정보를 떠들어 대거나 타인에게 누설하는 것처럼 신뢰 형성을 훼손하는 것도 없다. 지도자는 자신이 지지하는 것과 이루고자 하는 바를 사람들에게 알림으로써 자기의 가치와 목적을 타인과 공유해야 한다. 가치와 희망을 공유함으로써 학교의 비전과 문화가 구축될 수 있다.

또한 지도자는 타인이 편안한 마음으로 공유하고 위험을 감수할 수 있도록 안전한 환경을 만들어야 한다. 이러한 과정에서 지도자는 훌륭한 경청자이어야 하며, 재판관의 입장이 되어서는 안 된다. 학교 지도자는 지도자로서 그리고 팀 구성원으로서 각자의 전문적 기술과 역량을 보여주어야 한다. 학교 지도자는 타인에게 정직함과 높은 순수성 및 헌신성을 보여주어야 한다. 그 어느 때보다도 리더십은 순수하고 윤리적인 행동에 기초해야 한다. 지도자는 자기 자신과 자신의 성향과 그것들을 형성하고 표현하는 개인적 성격특성(장·단점)을 알아야 한다. 결론적으로 지도자는 자신이 이미 약속한 사항을 일관성 있게 전달함으로써 신용도와 신뢰도를 나타내 주어야 한다.

4. 과학기술과 학교 리더십

학교 지도자들은 **과학기술**(technology)이란 용어를 대하게 됐을 때, 종종 두려워한다. 그렇지만 Slowinski(2000)가 지적한 대로, 과학기술은 공립학교에 보급되었고, 90%가 넘는 모든 공립학교는 인터넷에 접속되어 있다. Donovan(1999)은 과학기술의 적절한 사용은 학교를 개선시킨다고 강조하고 있으며, 관리자는 보조적인 용도가 아닌 전적으로 활용되는 교과과정 방법으로 과학기술을 활용할 수 있도록 시간을 기꺼이 투자해야 한다고 말한다. 2000년 현재, 45개의 주가 졸업생들에게 적용되는 졸업시험 영역에 기준을 마련하고 있다(Slowiniski, 2000). 2001년에는 노스캐롤라이나(North Carolina) 주와 아이다호(Idaho) 주에서는 교사들이 자격을 위한 과학기술의 숙달 수준을 실연해 보이도록 요구하고 있다(Slowinskin, 2000). 과학기술은 학교생활에서 많은 부분을 차지하고 있기 때문에 학교 지도자들은 그것을 두려워 할 대상이라기보다는 과학기술이 단지 활동과 시설, 그리고 업무가 제대로 작동하는 데 유용한 지식이란 것을 인식해야 한다(Greenberg & Baron, 2000). 과학기술은 자료를 가용한 정보로 바꾸는 신체적, 정신적 과정이다. 이러한 관점을 감안할 때, 과학기술은 학교 지도자가 일이 되게끔 도울 수 있는 가치 있는 수단이 된다.

Lezotte(1992)에 의하면 학교 개선은 "아마도 컴퓨터나 정보처리 기술의 적극적인 활용 없이는 이루어질 수 없을지 모른다(혹은 접근조차 불가하다)"(p. 72). 과학기술은 학교 지도자가 점검하고 과정을 조정하며, 자료의 수집과 분석, 다양한 구성원과 널리 의사소통할 수 있는 필수적 수단이다. 과학기술은 교수-학습 과정에 참여하는 학생과 교사에 관계된 데이터베이스를 구축하고 유지하는 데 결정적인 것이다. 또한, Lezotte(1992)는 "그런 정보체계는 학교 지도자가 교수 체계를 점검하고 시의 적절한 방식으로 조절하는 데 필수적이다"(p. 72).

자료를 분석하는 능력은 학교 개선(school improvement) 노력에 중요하다. Creighton(2001)은 기술, 특히 컴퓨터 소프트웨어 프로그램에서, 학교 지도자가 (1) 범주(예: 하위 집단)에 따라 학생 수를 표(list)로 만들고, (2) 주제와 학년수준에 맞춰 단계를 나누고, (3) 범주(예: 학년, 성, 민족)에 따라 성적을 비교하고, (4) 다른 범주 내 혹은 범주(예: 운동 대 비운동, 남학생 대 여학생) 간에 통계적으로 의미 있는 차이를 나타내는 학교 자료를 분석할 수 있다. 학교 지도자는 의사결정에 지침을 제공하기 위해 자료를 사용할 수 있어야만 한다. 그리고 "자료를 수집, 분석하는 기술적 지원과 통계 분석의 전문기술로 개개인에게 접근하는 것은 필수적이다"(Holcomb, 2001, p. 133).

자료의 수집과 분석의 관리 측면 외에도, 과학기술은 수업을 돕기도 한다. 학교 지도자는 교사들에게 스크린 영상, 호출기, 조명 같은 전자 장비를 교실 안으로 정보화 시대를 끌어들여야 한다는 사실을 인식하도록 해 주어야 한다(Gross, 1997, p. 105). 또한 과학기술이 가져다 주는 교과과정과 학습에의 시사점은 "비전과 추진력, 집착을 가지게 됨으로써 정보를 전달하는 새로운 양식이 지식 구성에 대한 새로운 접근방식으로 전환되는 원격 학습(distance learning)도 포함된다(Gross, 1997, 105). 과학기술을 교수 방법의 하나로 지원할 때, 학교 지도자는 "여러 측면에서 미개발된 학생의 학업성취를 높일 수 있는 공학기술의 잠재력을 알아야 한다"(Allen, 2001, p. 2). Allen(2001)은 과학기술이 명실상부하게 학습과 학생의 학업성취를 극적으로 변화시키려면 … 학교체계가 과학기술을 다른 부문과 같이 중요한 개혁적 조치로 받아들이고 학교 지도자 및 최고위층에서도 과학기술을 구입해야 한다"고 주장한다(p. 6). 또한 과학기술은 웹 페이지(Web page)에 "수업 과제, 웹 강의, 성적표, 학교 메모, 학생 등급 등"을 게재하는 교사의 교육 개선 노력에 사용되고, 그것은 "학부모에게 자녀들이 무엇을 학습하고 있는지를 보다 잘 알 수 있도록 돕는다"(Allen, 2001, p. 7).

마지막으로, 과학기술은 교사와 지도자들 자신이 교육자로서 성장·발전하도록 도와줄 수 있다. 교사와 지도자들이 온라인 전문 네트워크를 이용해 그들이 "교실이나 학교를 벗어나지 않아도 각자의 전문적 성장"을 이룰 수 있다(Slowinski, 2000, p. 4). 21세기 교사 네트워크(The 21st Country Teacher Network)는 "국가 차원에서 실제적 상호작용과 지역적 자원에서 협조해, 체계뿐만 아니라 내용면에서 잘 정리된 온라인 지원 체계이다"(Slowinski, 2000, p. 4).

5. 학교 지도자 되기

이 장에서 살펴보았듯이, 학교 리더십의 세계는 진화되어 가고 있으며 학교 지도자에 대한 새로운 패러다임과 표준 그리고 기대가 있다. Gate(1999)는 교사를 위한 몇 가지 질문을 제기했다. 그런데 이러한 질문이 보완되면 그것들은 교사의 복잡한 업무를 고려할 때 학교 지도자를 위한 자극제로서 활용될 수 있다. 이 책을 읽을 때, 당신이 학교 지도자의 역할수행이나 앞으로 지도자가 되는 데 도움이 되는 지침이 되도록 다음의 질문을 활용하라. 다음의 질문은 학교 지도자가 되려는 당신에게 도움이 될 것이다. 각 질문을 읽을 때, 학교 지도자의 입장에서 생각해보라.

나는 적합한 자질을 가지고 있나, 또는 학교 지도자가 되려면 무엇이 필요한가?

훌륭한 학교 지도자들은 자신의 학교에서 차이를 가져올 만한 어떤 것을 갖고 있다고 믿는다. 학교에서 빼어난 성과를 거두기를 열망하는 지도자는 하나의 기본적 목적, 즉 모든 학생의 성공을 추구한다.

나는 교사와 학생을 좋아하는가?

나는 교사들이나 학생과 더불어 효과적으로 일을 할 수 있는가? 나는 교수-학습 과정에서 모든 이해당사자들과 함께 일하는 것을 좋아하는가? 나는 교사진과 직원들에게 호감을 주는 것뿐만 아니라, 나의 학교 학생들의 학습과 성공을 높이기 위해 무엇을 할 수 있는가?

나는 견실한 직업윤리와 도전 정신을 가지고 있는가?

학교 지도자가 되기 위해서는 몰입하는 시간이 요구된다; 많은 일들이 학교업무가 끝난 후나 저녁시간에도 생기므로 오전 9시부터 오후 5시까지만의 업무는 아니다. 학교 지도자가 됨은 단지 한 가지 역할만 있는 게 아니다. 정규적인 학교 출근시간 외에도 많은 시간이 필요하다. 나는 기꺼이 이러한 필요한 시간을 투자하거나 헌신할 수 있는가?

나는 계속적인 학교 개선 작업에 참여하고 고무시킬 것인가?

효과적인 학교 관리자는 자신의 업무를 깊이 성찰해 보고 자신의 경험으로부터 지속적으로 배움을 추구하며, 자신이 원하는 것뿐 아니라, 타인의 발전을 독려하면서, 자신의 전문성의 향상을 위해 노력한다.

당신은 갈등문제를 어떻게 처리할지 알고 있는가?

학교 지도자로서 교사, 학생, 학부모와 지역사회 구성원을 포함한 다양한 구성원들 사이에서 발생하는 갈등문제를 처리해야만 한다. 갈등문제가 발생하면, 학교 지도자는 모든 관계자의 생산적인업무상의 관계를 유지할 필요가 있다. 당신은 갈등을 유발했던 계획일정 또는 쟁점이 확인되고 만족스럽게 해결할 수 있도록 효과적인 경청 기술, 타협의 기법, 판단을 유보하는 사고의 유연성, 그리고 동의가 이루어지게 하는 방법 등을 실천해야만 한다.

나는 지역사회에 헌신적인가?

효과적인 학교 지도자는 지역사회와 연계하여 학교의 목적을 성취하고 지역사회 구성원의 참여를 유도한다. 학교 지도자는 학부모가 자녀의 교육을 위해 적극적으로 참여할 수 있는 모든 기회를 활용함으로써 긴밀한 유대관계를 형성한다. 관리자는 지역사회, 특히 학부모들이 상호협력하고 서로 이해하도록 하며, 학교의 목적 – 모든 학생의 성공 – 을 달성하도록 협조를 도모한다.

나는 교수와 학습에 중점을 둔 학교 문화를 창조할 관리와 조직 기술이 있는가?

효과적인 학교 지도자는 교수와 학습에 높은 가치를 부여하는 문화를 만든다. 그런 문화를 만들기 위해서는 지도자는 타인의 성공을 도울 수 있는 역량을 가지고 있어야 한다. 교사에 대한 지원은 교수와 학급연구를 위한 적절한 자원뿐만 아니라 칭찬, 인정과 격려도 함께 포함된다. 학생에게는 자기 주도적 학습을 권장하는 정책과 절차가 효과를 거둘 수 있는 기회가 제공되어 자기개발과 평생학습의 태도 개발에 도움을 줄 수 있어야 한다.

나는 유머 감각이 있는가?

학교 지도자는 대범한 태도가 필요하며, 자신과 난처한 상황에 직면해서는 웃어넘기는 능력을 개발할 필요가 있다. 학교 지도자의 역할은 무엇을 요구하는 것이며 학교 지도자는 때로는 실패하기도 하고 즐거울 수도 있다. 지도자로서 당신은 자신의 관점을 가질 수 있어야 한다. 당신의 역할과 직위를 사적으로 받아들여서는 안 된다. 일상적인 좌절의 상황에서도 미소를 짓고 유머를 찾게 되면 위기를 극복하는 데 도움이 된다.

지금까지 위의 질문을 살펴보았으므로 각 질문에 대한 답의 요지를 적어 봄으로써 당신의 전문성개발 작업에 착수해 보라. 정기적으로 이 질문과 항목을 다시 읽어 보고 1(매우 잘함)에서 7(노력을 요함)까지 점수를 매겨 보라. 이 책을 읽으며, 질문과 점수를 참고하라. 점수가 변했는가? 왜? 왜 아닌가? 이러한 자기 측정은 학교 지도자로서 당신이 누구인지를 인식하는 계기(시도)가 된다. 따라서 자신의 관점을 갖는 수준에 따라 각 주제에 대해 윤리적으로 대응하게 된다.

6. 사례연구

커플(R. J. Couple) 교장 선생님의 사례를 읽어 본 후, 당신의 생각을 동료와 토의할 준비를 하고 아래에 있는 질문에 답해 보라.

커플 교장 선생님은 회사 중역에서 은퇴해 초등학교(예비 유치원에서 6학년) 교장이 된 분이다. 그는 새로운 직위를 요구하지 않았지만, 이 직위를 받아들이거나 그렇지 않으면 "다른 데를 찾아보시오"라는 말을 들었다. 그는 단지 3년간의 계약직 교장이었다. 여러 해 동안 자리만 지켜오고 극도로 비지시적인 교장의 후임자가 되었다. 이 학교는 지난 10년간 교수진의 이직자가 거의 없었다. 게다가, 이 학교는 지역에서 행정기관과 학부모 평가가 제일 잘되는 초등학교 중 하나이었다. 주에서 실시한 평가 성적이 좋았지만 개선의 여지는 있었다. 학부모는 자녀와 학교에서 일어나는 일에 지나치게 관여했다.

커플 교장 선생님은 9월의 일정에 토의하고자 학교 끝나기 전에 이틀 동안 교직원회의를 소집했다. 교직원회의에서 그는 다음 학년도에 일어날 다음과 같은 변화가 있을 것임을 직원들에게 주지시켰다:

- 6명의 학년 담임선생님이 바뀔 것입니다.(대부분 15년 이상 같은 학년이었음)
- 3학년과 4학년은 쉬는 시간을 없애, 주정부 시행 시험에서 성적이 좋지 않은 학생들을 위해 개인 수업을 할 것입니다.

- 학업에 열중하기 위해 현장견학은 중지될 것입니다.
- 학년별로 같은 층을 사용하지 않을 것입니다.(교실 위치변경)
- 1, 2, 3, 4학년 반은 4개 단위로, 5, 6학년 반은 2개 단위로 편성할 것입니다.
- 학년별 대신 집단별로 함께 식사하고 함께 휴식을 할 것입니다.
- 학교 업무 시간이 25분 늘어날 것입니다.

중앙 행정실 특히, 교육장과 교과과정 책임자들은 이러한 변화를 의논했다. 교사진이나 학부모의 의견은 사실상 반영되지 않았다. 커플 교장 선생님은 교사의 등급 수준의 변화나 성적 향상을 위해 지시적 방식으로 접근했다. 이런 결정은 혼자서 내렸고, 모두가 그를 믿고 따라 줄 것을 확신했다. 그는 자신이 전문가이므로 모든 사람들에게 수행해야 할 사업에 대한 훨씬 좋은 청사진을 갖고 있다고 주지시켰다. 중앙 행정실에서는 몰랐던 사실은 커플 교장 선생님이 직원과 학부모 간의 변화에 필요한 능력을 결정함에 있어 어느 정도로 피드백을 구하지 않았나 하는 점이다.

생각해 볼 질문

1. 교사들의 반응은 어떠했으리라 생각하는가?
2. 학부모의 반응은 어떠했으리라 생각하는가?
3. 커플 교장 선생님이 예상했던 만큼 변화가 순조롭게 이루어지겠는가? 그가 요구한 대로 교사진들이 그를 신뢰하겠는가? 왜? 왜 아닌가?
4. 커플 교장 선생님은 그의 학교에서 보다 효과적인 리더십의 본보기가 되기 위해 무엇을 달리 행동할 수 있겠는가?
5. 만일 당신이 커플 교장 선생님이 되어 다시 시작할 수 있다면, 이 학교를 성공적으로 변화시키기 위해 신학기에 무엇을 할 것인가?

7. 요약

이 장에서는 리더십의 개념과 학교에서 그 중요성을 소개했다. 리더십은 역사적으로 깊은 뿌리가 있으며 사회, 문화, 정치, 경제적 조건에 따라 오랜 기간에 걸쳐 패러다임의 변화를 거듭해 왔다. 학교 리더십은 학교의 성공과 결부되어 더 중요해졌다. 오늘날 교육 지도자의 도전적 과제는 관리자가 되기보다는 지도자가 되는 것에 초점이 맞춰져 있다. 학교가 모든 학생들로 하여금 학업에 성공할 수 있도록 적극적이고 의도적인 환경을 유지해야 한다는 압력이 높아감에 따라 학교 리더십은 날로 복잡해져가고 있다. 이 장에서는 학교의 목적과 목표를 달성하도록 교사, 교직원, 학생과 보다 넓은 교육 공동체 모든 구성원들을 움직일 수 있는 상호 협력적이며 비강제적인 영향력을 강조하는 교육적 리더십의 관점을 제시했다.

학교 행정가에게 자격을 부여하는데 지침의 역할이 될 수 있는 제시안을 줄 새로운 표준이 주 행정관리자 대표자 위원회(The Council of Chief State Officer)의 주정부 학교 지도자 자격 컨소시엄(ISLLC)에 의해 마련되었다. 이 표준은 비전을 개발하고 구체화해 생산적 학교 문화를 창조, 육성하고, 안전하고 효과적인 학습 환경을 조성할 정책과 방법을 모색하고, 학생과 지역사회의 다양한 요구에 부응해, 윤리적으로 행동하며, 사회·정치적으로 이해하고 영향력을 행사함으로써 모든 학생의 성공을 도울 필요성을 강조했다. 이러한 표준들은 개인이 리더십의 지위를 추구하는 데 있어 직무기술서로 활용될 수도 있다.

학교 지도자에 대한 기대가 변하고 있다. 기존의 권위적이고 독재적인 방법은 효과가 없다. 리더십의 새로운 패러다임이 요청된다. 이 장에서는 특질, 행동과 자질을 갖춘 리더십의 여러 견해를 논의했다. 성공하려면, 학교 지도자는 협력적이고 동반자적인 분위기를 만들어야 한다. 마지막으로 지도자는 신뢰를 쌓아야 한다. 신뢰는 공통의 목적과 목표를 함께 이룰 수 있도록 집단을 결속시키고 활력을 불러일으킨다.

8. 실천과제

1.1. 학교 캠퍼스의 행정 관리자(교장 또는 교감)를 면접하라. 관리자가 성공에 결정적이라 여기는 중요 리더십 행동에 초점을 맞춘 4~6개의 질문을 적어라. 예를 들어, 학교 단위에서 적용 시에 이러한 행동을 상황에 활용토록 요청하라. 질문은 교과과정과 연관된 것일 수 있다. 모든 학생의 요구를 충족시키는 교과과정이 되기 위해서는 어떠한 리더십 행동이 필요하겠는가? 다음 질문은 당신의 학생집단에게 유용한 교과과정

이 되기 위해서는 당신은 무엇을 하는가? 관리자를 인터뷰할 때 대답을 기록할 준비를 했는가?

1.2. 이 장에 있는 학교 지도자의 자격 표준을 보라. 당신에게 특별히 관심을 갖게 하는 것 하나 또는 두 개를 골라라. 만약 당신이 이 표준과 관련해 이 지도자가 어떻게 행동했는지에 관한 프로파일을 작성해야 한다면 이 지도자의 행동은 어떻게 보일까? 최종 사물은 그 표준에 대한 사례연구가 될 것이며, 학교와 지역사회에서 지도자 그 표준을 어느 정도 지키는지를 설명해준다(참고: 사례연구에 관한 자세한 정보는 5장을 참고할 것).

1.3. 친구나 동료 한두 명과 학교 지도자가 다음 상황이 주워졌을 때 신뢰 구축을 위해 할 수 있는 5가지 방법을 브레인스토밍 하라. 어떤 교사가 부서장에 대한 정보를 갖고 학교 지도자에게 다가온다. 부서장에 대한 이야기를 그에게 하기 위해서는, 관리자는 부서장에 관한 사실여부를 판단하기 어려운 정보나 부서장의 권위를 손상시키는 정보를 듣게 된다. 관리자는 부서장에 대한 권위를 유지하면서 동시에 어떻게 교사에게 신뢰를 받을 수 있을까? 관리자는 교사를 만날 때 어떤 말과 행동을 해야 하는가? 그 어떤 것이든, 그 정보는 관리자에게 사담으로 당사자 모르게 전달되었기 때문에 부서장에 관해 그가 가진 정보를 갖고 관리자는 무엇을 해야 할 것인가?

1.4. 교감과의 면접에서, 당신은 리더십에 대한 자신의 견해나 철학에 대해 질문을 받게 된다. 당신은 어떻게 답변할 수 있을 것인가? 학교에서 필요한 리더십에 대한 당신의 핵심적인 생각을 간략히 기술하라.

참고문헌

Allen, R. (2001 Fall). Technology and learning: How can schools map routes to technology's promised land? *Curriculum Update*. Alexandria, VA: Association of Supervision and Curriculum Development.

Barth, R. (2002). The culture builder. *Educational Leadership*, *50*, 8, 6-11.

Bass, B. M. (1985). *Leadership and performance beyond expectations*. New York: Free Press.

Beach, D. M., & Reinhartz, J. (2000). *Supervisory leadership: Focus on instruction*. Boston:

Allyn & Bacon.

Bennis, W., & Goldsmith, J. (1994). *Learning to lead*. Reading, MA: Addison-Wesley.

Bennis, W., & Townsend, R. (1995). *Reinventing leadership*. New York: William Morrow.

Blanchard, K., Carew, D., & Parisi-Carew, E. (2000). *The one minute manager builds high performing teams*. New York: William Morrow.

Blanchard, K., Hybels, B., & Hodges, P. (1999). *Leadership by the book*. New York: William Morrow.

Bolman, L., & Deal, T. E. (1995). *Leading with soul*. San Francisco: Jossey-Bass.

Bolman, L., & Deal, T. E. (1994). Looking for leadership: Another search party's report. *Educational Administration Quarterly, 30*, 1, 77-96.

Boyan, N. J. (1988). Describing and explaining administrative behavior. In N. J. Boyan (ed), *Handbook of research on educational administration*. New York: Longman.

Carrow-Moffett, P. A. (1993). Change agent skills: Creating leadership for school renewal. *NASSP Bulletin, 77*, 57-62.

Cashman, K. (2000). *Leadership form the inside out*. Provo, UT: Executive Excellence Publishing.

Conger, J. A. (1991). Inspiring others: The language of leadership. *Academy of Management Executive, 5*, 31-45.

Creighton, T. B. (2001). *Schools and data*. Thousand Oaks, CA: Corwin Press.

Deal, T. E., & Peterson, K. D. (1999). *Shaping school culture: The heart of leadership*. San Francisco: Jossey-Bass.

Donovan, M. (1999 Sept/Oct). Rethinking faculty support. *The Technology Source*. Publication of the Michigan Virtual University.

Franklin, J. (2000). Evaluating the principal. In *Education update*. Alexandria, VA: Association for Supervision and Curriculum Development. *42*, 8, 1, 4, 8.

Fullan, M. (2000). Introduction. In *Educational leadership*. San Francisco: Jossey-Bass.

Fullan, M. (2002). The change leader. *Educational Leadership, 50*, 8, 16-20.

Gates, R. (1999). *Classroom leadership*. Alexandria, VA: Association for Supervision and Curriculum Development.

Glaser, R. (1999). Paving the road to trust. In L. Orozco (ed), *Educational leadership*. Bellevue, WA: Coursewise.

Green, R. L. (2001). *Practicing the art of leadership*. Upper Saddle River, NJ: Prentice-Hall.

Greenberg, R. A., & Baron, J. (2000). *Behavior in organizations* (7th ed). Upper Saddle River, NJ: Prentice-Hall.

Greenberg, R. A., & Baron, J. (1997). *Behavior in organizations* (6th ed.). Upper Saddle River, NJ: Prentice-Hall.

Griffiths, D. (1988). Administrative theory. In N. J. Boyan (ed), *Handbook of research on ed-*

ucational administration. New York: Longman.

Gross, P. A. (1997). *Joint curriculum design*. Mahwah, NJ: Lawrence Erlbaum Associates.

Hogan, R., Curphy, G. J., & Hogan, J. (1999). What we know about leadership: Effectiveness and personality. In L. Orozco (ed), *Educational leadership*. Bellevue, WA: Coursewise.

Holcomb, E. L. (2001). *Asking the right questions: Techniques for collaboration and school change* (2nd ed). Thousand Oaks, CA: Corwin Press.

House, R. J. (1977). A 1976 theory of charismatic leadership. In J. G. Hunt & L. L. Larson (eds), *Leadership: The cutting edge*. pp. 189-207. Carbondale, IL: Southern Illinois University Press.

House, R. J. (1971). A path-goal theory of leader effectiveness. *Administrative Science Quarterly, 16*, 331-333.

House, R. J., & Podaskoff, P. M. (1995). In J. Greenberg (ed), *Leadership effectiveness: Past perspectives and future directions for research*. Hillsdale, NJ: Erlbaum.

House, R. J., Shane, S. A., & Herold, D. M. (1996). Rumors of the death of dispositional research are vastly exaggerated. *Academy of Management Review, 21*, 203-224.

Interstate School Leaders Licensure Consortium (ISLLC) of the Council of Chief State School Officers (1997). Candidate Information Bulletin for School Leaders Assessment. Princeton, NJ: Educational Testing Service.

Kerfoot, K. (1999). Creating trust. In L. Orozco (ed), *Educational leadership*. Bellevue, WA: Coursewise.

Kirkpatrick, S. A., & Locke, E. A. (1991). Leadership: Do traits matter? *Academy of Management Executive, 5*, 48-60.

Koh, W. L., Steers, R., & Terborg, J. R. (1995). The effects of transformational leadership on teacher attitudes and student performance in Singapore. *Journal of Organizational Behavior, 16*, 319-333.

Lambert, L. (2002). A framework for shared leadership. *Educational Leadership, 50*, 8, 37-40.

Lambert, L. (1998). *Building leadership capacity in schools*. Alexandria, VA: Association for Supervision and Curriculum Development.

Levering, R. (1988). *A great place to work*. New York: Avon Books.

Lezotte, L. W. (1997). *Learning for all*. Okemos, MI: Effective Schools Products.

Lezotte, L. W. (1992). *Creating the total quality effective school*. Okemos, MI: Effective Schools Products.

Murphy, J. (2001). The interstate school leaders licensure consortium—Standards for school leaders. *The AASA Professor, 24*, 2, 2-4.

Orozco, L. (1999). *Educational leadership*. Bellevue, WA: Coursewise.

Pigford, A. (1999). Leadership: A journey that begins within. In L. Orozco (ed), *Educational leadership*. Bellevue, WA: Coursewise.

Sergiovanni, T. J. (1995). *The principalship: A reflective practice perspective.* Boston: Allyn & Bacon.

Slowinski, J. (2000). Becoming a technological savvy administrator. ERIC ED 438593. ERIC Digest Number 135.

Texas Education Agency. (2000). *Instructional leadership development manual.* Austin, TX: Texas Education Agency.

Zenger, J. H., Musselwhite, E., Hurson, K., & Perrin, C. (1994). *Leading teams: Mastering the new role.* Homewood, IL: Business One Irwin.

2

리더십과 학교 문화

✺ 주정부 학교 지도자 자격 컨소시엄(ISLLC) 표준

표준 1: 학교 행정가는 학교 사회에서 공유되고 지지를 받는 학습 비전의 개발, 형성, 실행, 그리고 배려를 촉진함으로써 학생들의 성공을 추구하는 교육 지도자이다.

표준 2: 학교 행정가는 학습자들의 학습과 교직원들의 전문가적인 성장에 도움이 되는 학교 문화와 교육 프로그램을 홍보하고, 육성, 유지함으로써 학생들의 성공을 추구하는 교육 지도자이다.

표준 3: 학교 행정가는 안전하고 효과적이며 효율적인 학습 환경을 조성하기 위해 조직 경영과 운영, 그리고 재원을 보장함으로써 모든 학생들의 성공을 추구하는 교육 지도자이다.

표준 4: 학교 행정가는 가족과 지역사회 구성원들과 협력해 다양한 지역사회의 이해와 요구에 부응하고 지역사회의 자원을 동원함으로써 모든 학생의 성공을 추구하는 교육 지도자이다.

✺ 단원 목표

이 장의 목표는 다음과 같다.

- 높은 기대를 설정하고 학습의 가치를 중시함으로써 학교 문화의 개발을 설명한다.
- 다양한 이해당사자를 참여시켜 학습자 공동체를 형성한다.
- 변혁적 리더십과 동반적인 관계와 협력적 집단 속에서의 그 역할에 대해 토의한다.
- 비전의 공유와 재원의 효과적인 사용 및 모험의 시도를 위한 학교 개선 계획을 촉진, 실천하는 기능을 정의하고 분석한다.

사람들이 어떤 학교나 다른 조직에 들어갈 때, 순간적으로 그곳에 대한 느낌을 갖게 된다. 이러한 느낌은 흔히 막연하고 순전히 직관에서 나오며, 어떤 때는 그 느낌이 다정한 태도에서부터 그곳에서 일하는 직원들 사이의 동료의식에 이르기까지 다양한 요소를 통해 확인될 수 있다.어느 곳의 분위기나 느낌은 일상의 일, 의식, 좌절감과 같은 방식으로 나타난다(Deal & Peterson, 1990; Deal & Kennedy, 1982). 그럼에도 불구하고, 개인들은 어떤 조직에 대한 미묘한 차이를 느낄 수 있고 고고학자와 사회과학자는 모두 이것을 **조직 문화와 분위기**(organizational culture and climate)로 지칭한다. Peterson과 Deal(1998)은 학교 문화에 대한 그들의 연구에서, 이러한 느낌을 학교의 **기풍**(ethos)이라고 부른다.

학교 지도자는 학생의 학습을 유도하고 교사와 직원의 전문성 개발을 촉진하는 학교 문화를 선도하고, 육성하며, 지속시킬 수 있어야 한다. 건강한 조직 분위기와 문화의 개발은 궁극적으로 학교 생산성에 있어 필수적이다(Newmann, 1996; Schien, 1991). (1) 사명을 협동적으로 개발하고 명확히 구체화하며, (2) 목적을 개발하고 실천하고자 긴밀히 협력해 일하거나, (3) 동일한 가치를 공유하는 구성원을 가진 조직들은 그러한 것을 가지지 못한 조직보다 더 성공적이었다(Covey, 1995). 교육자가 변화 추진의 요원이 되면, 그는 학생이 달라지게 만들 수 있는 강력한 문화와 학습 공동체를 육성할 수 있다(Fullan, 1996). 이러한 변화를 만들어 내는 것은 실천하는 것보다는 말하기기 쉽다. 다양한 학년과 내용 영역을 담당하고 있는 교사들 간에 목적과 전략에 관해 합의 공통 기반을 찾아내는 목표를 이루는 일은 좀처럼 용이한 일이 아니다. 학교 지도자는 각자의 학교에서 모두가 동의하는 공동의 동기와 기본적 신념을 찾도록 개인을 도와야 할 뿐 아니라, 그들이 **근거 없는 근거**(groundless ground)를 벗어나는 위험을 감수할 수 있도록 도와주기도 해야 하는데, 이것이 학교의 성공에 필수적인 요소이기도 한다(Palestini, 1999; Schmieder & Cairns, 1996).

일부 학교가 성적점수나 출석률을 근거로 성공적인 듯이 보이기도 한다. 그러나 모두가 같은 가치체계와 학생, 학교, 가족 공동체 구성원 사이에 협력하는 노력이 있었더라면 훨씬 더 성공적이었을 것이다(Sergiovanni, 1995, 1992). 보다 구체적으로 말하면, 문화는 학교나 조직이 어떻게 일을 하는 것에 관한 것이며, 분위기는 느껴지는 것인데 이 두 가지는 서로 얽혀 있다(Peterson & Deal, 1998; Bolman & Deal, 1993; Deal & Peterson, 1994). 성과를 극대화하려면, 협력적 문화와 생산적인 분위기 모두가 필수적이다(Holye, English, & Steffy, 1998). 학교에서 개인 또는 어느 한 부문에서 이루어진 성공은 모든 사람들로부터 축하받아 마땅하다(Daresh & Playko, 1997; Deal & Peterson, 1990). 또한 마찬가지로 학교의 어떤 부문에서의 관심사와 약점은 모두가 알고 있어야 한다(Creighton, 2000; Holcomb, 1998). 함께 획득하거나 실패함으로써 이러한 유대감과 기풍은 학교 문화를 조성하는 데 중요한 요소가 된다. 바람직한 학교 기풍을 만들고 육성하는 지도자의 역할은 모든 학생의 학업성취를 돕는 데 있어 절대적인 것이다(Lunenburg & Ornstein, 2000; Palestini, 1999; Owens, 1995; Robbins & Alvy, 1995; Hoy & Miskel, 1996).

이 장에서는 높은 기대를 가져야 할 필요성과 학습의 가치, 다양한 이해당사자의 참여를 포함하는 학습자의 공동체의 창조 등을 강조함으로써 학교 문화의 개발을 논의한다. 그리고 평등한 관계와 협력적 집단을 육성하는 변혁적 리더십과 그 역할에 대해 설명한다. 또한 공유된 비전, 효과적인 자원의 사용, 그리고 모험의 감수 등을 개발하고 실천하는 학교 개선 계획을 만들고 실행하는 과제의 중요성에 대해 탐구한다.

1. 학교 문화를 개발하기

학교 지도자, 교사, 학생, 부모, 직원과 지역사회 구성원들의 관계 내에서 깃들여진 기조적인 가치, 신념, 그리고 전통은 학교 문화에 반영된다(Deal & Peterson, 1990). 신규 또는 현재 학교 지도자들이 학교의 기능과 특히 학교 개선과 개혁적 노력의 측면에서 교수진, 직원, 그리고 학교 공동체의 구성원을 잘 지켜보고 귀 기울이는 것은 중요한 일이다. 새로운 프로그램으로 바꿔 보려거나 시작할 때, 지도자는 모든 이해당사자의 투입과 참여 없이 학교의 정서적 기풍(ethos)을 바꾸는 것은 주의해야만 한다. 예를 들어, 추가적인 공간이 필요할 때 새로운 관리자는 창고를 비우고 쓰레기로 생각되는 것들을 버린다. 지도자는 새로운 공간을 조성했다는 사실에 대해 자부심을 가지게 될지 모르나 교사진은 같은 방식으로 반응을 보이지 않는다. 교사진은 중요한 학교 유물이 던져버려졌다고 생각하며 따라서 이것은 자기들의 전통을 홀대한 것으로 느끼게 된다(Bolman & Deal, 1993).

모든 학교나 조직은 각기 그 학교에서 그리고 심지어 그 지역에서 어떤 일이 행해지는 방식을 표현하는 전통, 의식, 축하행사 그리고 상징물을 가지고 있다. 그것들이 새로 온 사람들에게는 이해되지 못하고 가치를 인정받지 못하더라도, 그 결정은 기존의 사람들에게는 그것이 중요한 것이다. 전통과 의식은 새로운 사람들이나 외부인사들에게는 아주 하찮은 것일지라도, 학교 조직 내에서 오랫동안 존중되어 온 전통의 상징이고 학교 문화의 중심 부분이다.

지도자 업무의 문화적 차원은 중요시된다. 지도자는 자원 관리자와 교수적 지도자(instructional leader)의 역할을 하는 것 외에 다른 역할도 감당하게 된다. Deal과 Peterson(1994)에 의하면, 효과적인 지도자는 다음과 같은 역할을 한다.

- 일상적인 일, 복장과 행동을 통해 학교 가치의 본보기가 되는 상징

- 학교의 영웅, 예의, 의식, 축하행사 그리고 상징을 만들고 그러한 것들에 의해 형성되는 사람
- 가치를 높이는 언어를 사용하고 학교 자체의 최상의 이미지를 유지하는 시인
- 학교생활의 드라마에서 즉흥적 연기할 수 있는 배우
- 학교 사건에서 전환과 변화를 두루 살펴보는 치료자

지도자는 표준을 설정하고 지도자가 주도하는 것을 실행함으로써 학교에서 수용 가능한 가치, 일상적인 일, 복장과 행동의 본보기를 보여준다. 예를 들어, 한 학교에서는 교장이 학교가 시작되는 시기에 "배움의 등불"이라는 상징물로 촛불을 밝혔다(Deal & Peterson, 1990). 가치를 표현하고 그런 행동을 보여줌으로써, 지도자는 학교생활에 통합되고 학교 문화 전체의 일부가 되는 가치와 태도의 본보기(model)가 된다.

지도자는 영웅과, 의식, 축하행사 그리고 학교의 상징을 정의하고 형성하는 데 있어 중요한 역할을 하기도 한다. 예를 들어, 한 학교에서 누구에게나 사랑받고 존경받는 교장은 행정의 중심적 역할을 하는 지위를 갖고 있다. 그 교장은 이 학교가 가졌던 유일한 교장이었고 이 학교와 동의어로 여겨졌다. 교장으로의 승진은 학교 내에서의 기쁨과 자부심을 가져왔지만 상실감도 있었다. 다음 해에, 교장은 학교와 친밀한 유대관계를 유지하는 위치를 갖는데 어려움을 겪게 되었으나, 한편 이 새로운 지도자는 새로운 문화와 분위기를 만들기 시작하는 시간과 자치를 부여받기도 했다.

언어와 말은 학교 문화를 만드는 데 있어 역시 중요한 도구이다. 지도자가 사용하는 말은 학습 공동체에게 강력한 메시지를 전달한다. 예를 들어, 회색곰(Grizzly Bear)은 한 초등학교에서 마스코트였다. 이 상징물을 이용해, 교장은 "최상의 인내"의 집이라는 모토를 창조해 한 단계 앞서자는 이미지를 그려냈다. 교장은 일관되게 학업적성과, 출석과 행동수준을 마스코트에 연결하는 언어를 사용함으로써, 학교생활의 전 영역에서 높은 기대 수준을 재미있게 설정했다. 단순한 슬로건이 평범해 보일지라도, 언어를 상징물에 연결시키는 과정은 학교 문화 조성에 핵심 부분이 된다.

또한 학교 지도자는 학교와 지역사회 내의 일상생활의 사건에 적극 참여한다. 한 학교에서는 교감이 일부 학생, 학부모와 교직원의 도전에 응했다. 한 중학교에서 지각과 결석업무를 담당했던 이 교감은 6주 동안 출석률이 평균 95%이거나 그 이상이 되면 돼지에게 키스를 했다. 이 교감은 돼지에게 키스할 것을 동의하는 학교생활에의 적극

참여로 전반적인 학생들의 출석률 향상시키고 높은 기준을 확립시켰다. 일반적으로 인정하듯이 돼지에게 키스한다는 것은 모든 사람에게 적합한 행위는 되지 못한다. 그러나 중요한 것은 지도자는 성공적인 문화를 키우기 위해서 필요한 것은 무엇이든지 기꺼이 해야만 한다는 것이다. 매일의 학교생활에서 즐거운 활동에 참여함으로써 지도자는 **관습이라는 케이크**(cake of custom)를 그 학교에서 만들도록 돕는다.

또한 학교 지도자는 학교에서 전환점을 두루 살펴보아야 한다. 때로는 전환기는 지역사회 내의 인구 통계의 변화로 초래되며, 다른 때는 학습 공동체 내에서 극적이고 급격한 변화에 기인하기도 한다. 한 학교에서 존경받던 교장이 사고로 사망하게 되어 학교가 정서적 공백 상태로 변했다. 교장직을 수행하는 새로운 지도자는 학교생활, 분위기, 그리고 문화의 전환과 변화를 감독하지 않으면 안 되고 동시에 학교의 슬픔과 치유를 역시 존중심을 가지고 대해야 한다. 새 지도자는 충격과 고통의 기간 동안 학교가 원활하게 돌아가도록 해야만 했다. 그러한 행동은 변함이 없는 파도를 뚫고 방향타를 잡는 것과 유사하다.

학교는 또한 교장의 가치, 신념, 그리고 관리와 리더십의 스타일을 반영한다. 앞서 예를 들은 촛불을 밝히거나 돼지에 키스하는 따위는 무의미해 보이기도 하지만, 보다 큰 맥락에서 보면 학교 지도자가 자기 학교에서 할 수 있는 문화적이고 상징적인 역할을 보여주는 것이다. 학교 문화를 구축하는 작업은 학교 마스코트나 슬로건 또는 돼지에 키스하는 것 이상의 것이 필요하다. 교수진, 직원, 학생과 부모들이 알게 되고 나아가 가장 중요시되는 학교 지도자에 대한 신뢰는 오랜 시간이 걸리는 어려운 작업이다.

지도자는 학교 문화를 만들고 육성하는데 필수적이다(Lunenburg & Ornstein, 2000; Hoyle, English, & Steffy, 1998; Hoy & Miskel, 1996; Owens, 1995). 다른 지도자들이 학교 문화의 개발을 다루는 방식은 그들 자신의 개성과 리더십 스타일에 따라 달라진다. 어떤 지도자는 자기 학교의 모든 면에서 응원단장 같다(Reavis, Vinson, & Fox, 1999). 어떤 이는 자기 행동에 있어 규칙적이고 신중하며 자제력이 강하다. 개인의 특성을 바람직한 변화를 가져다 주는 비전과 연결할 수 있는 것은 일종의 예술이다(Leithwood, Leonard, & Sharratt, 1998; Peterson & Deal, 1998; Hoyle, 1995; Starrat, 1995; Wallace, 1995; Deal & Peterson, 1994; DePree, 1989; Peters & Waterman, 1982).

학교 문화를 변화시키기 위해서는 교사진, 학부모, 학생 그리고 교직원 등 전체 학

◎ 현장경험 사례

다음 교사 질문지를 이용해 시골 지역의 고등학교 교장 선생님의 행동을 2년간 연구했다; 학교 문서분석; 학생과 교사의 자문단체 회의관찰; 교장 선생님을 그림자처럼 따라다니기; 교사와 학생 그룹에 초점 맞추기; 교감, 교장과 장학사 인터뷰. 학교는 경제적으로 낙후하고, 외떨어져 있고, 학업성적도 좋지 않았다. 교장 선생님이 이야기를 하시며, "난 교사, 직원, 자원 봉사자뿐 아니라 학생 자신들을 포함한 학습 공동체 모든 구성원에게 높은 기대를 강조해 학교 문화를 만들려고 노력했습니다. 내가 여기 있는 3년 동안, 이 짧은 기간 동안 주당국의 성취 시험에서 10학년의 통과율이 38%에서 93%로 올라가는 것을 보았습니다. 최근에는, 파란 리본 학교로 지정된 우리 학교의 성공에 대해 발표하는 특별 조회를 위해 지역 중개자를 초청했습니다. 난 교사들에게 알려 박수치게 하고, 학생들을 일어서게 해서 자신들의 성공에 박수를 보내도록 했습니다. 모두에게 학생들의 노력을 자랑했고, 이루지 못할 거라 생각했던 것을 성취했다고 강조했습니다. 학생들은 노력했고, 견디고, 성공했습니다. 나는 정말 자랑스러웠습니다." 작은 시골 학교의 지도자는 성공으로 인도하는 높은 기대를 체현하는 학교 문화를 만들었다.

습 공동체가 내부적으로 그들에게 새로운 방향이 요구된다는 사실을 인식하게 하는 것이 요구된다. 학교가 이러한 자각을 갖지 못하면, 어떠한 새로운 학교 지도자의 제안이라도 기껏해야 부분적으로만 받아들여질 것이다. 어떤 지도자가 학교를 바꾸려는 개인적 사명을 띠고 학교에 왔을 때, 학교 교직원이 학교가 개선되어야 할 변화의 필요성을 인식하지 못한다면, 지도자의 시도는 장애에 부딪치게 되고 실패를 벗어나지 못할 것이다(Daresh & Playko, 1997; Bolman & Deal, 1993). 지도자가 직면한 도전은 무엇이 학교에서 이루어져야 한다고 그들에게 말하기보다는 그 필요성을 의식할 수준으로 끌어내고 학교 공동체가 이를 찾아내도록 해주는 과제이다. 목적을 개발하는 과정 전체와 학교 개선 계획을 개발하는 데 있어 자치는 성공에 필수적이고 학교 문화의 중요한 부분이 된다(Short & Greer, 1997; Hoyle & Crenshaw, 1997).

　행정가의 리더십 스타일은 학교의 가치와 신념과는 분리하기 어려울 정도로 연계되고 있으며 학교 문화 형성을 돕는다. Goldman(1998)이 수행한 자신의 리더십 스타일을 바꾸는 지도자에 관한 연구결과는 개인의 다른 재능, 장점, 관심을 인정하고 또한 그것들을 적절히 사용해야 할 필요성을 지지한다. 개인의 장점을 학교의 요구와 적절히 연계할 수 있는 방안을 찾는 것이 학교와 개인의 생산성과 직무 만족감에 있어 중요하다. 위에서 본 현장경험 사례는 높은 기대를 가진 학교 문화 창조의 중요성을 설명하고 있다.

Covey(1989)가 말했듯이 우리가 항상 해오던 것을 계속하고 있는 한, 우리가 늘 얻은 결과를 갖게 될 뿐이다. 우리가 가진 것에 만족하지 않으면, 변화해야 하는 때이지만, 변화란 용이한 것이 아니다(Owens, 1995; Hershey & Blanchard, 1993; Goldring & Rallis, 1993). 어려운 결정은 흔히 사람, 프로그램, 그리고 철학의 문제들을 내포하고 있다(Lunenburg & Ornstein, 2000; Palestini, 1999; Reavis, Vinson, & Fox, 1999). 이러한 변화의 많은 것들은 인기를 끄는 대상이 되지 않을 것이나, 지도자는 모든 학생들의 높은 성취를 강조하는 새로운 문화 표준의 전달자가 되어야만 한다. 학교로 하여금 목적에 초점을 두도록 하고 어떻게 되어 가는지를 지속적으로 평가하는 것은 지도자에게 달려 있다. 성찰적인 지도자는 학교 공동체가 끊임없이 묻도록 만든다. "어떻게 하면 우리가 더 잘할 수 있을까?" DuFour와 Eaker(1999)가 밝히듯, 학교 지도자들은

> 결과에 집중해야 한다. 학습 공동체의 교장은 명확하고 측정 가능한 목적을 제시해 자기의 직원들과 함께 일하고, 진행의 근거를 나타내는 지표를 확인하고, 지속적으로 이를 관리하는 체계를 만든다. 그들은 실천 여부를 알리고, 성공을 축하하며, 지속적인 관심이 필요한 부문을 찾아낸다(p. 47).

이것은 학교 개선을 위해 설계되는 액션 리서치와 평가의 기초가 된다(Glanz, 1998). 액션 리서치와 학교 개선의 역할에 대한 보다 상세한 내용은 제5장에서 다루게 된다.

특정 학교가 지닌 가치는 학교 문화의 매우 중요한 요소이다. 학교가 지닌 가치는 학교의 사명과 목적에 직접적인 관련을 맺게 된다. 학교 지도자들이 부임 초반기에 스스로 처신하는 방식은 그들이 궁극적인 리더십의 효과성에 직접적인 관련성을 갖게 될 것이다(King & Blumer, 2000; Deal & Peterson, 1999; Hoyle, 1995; Bolman & Deal, 1993, 1995). 이러한 과도기에는 흔히 과거의 실수를 간과하기가 어렵기 때문에 사려 깊고 적절한 의사결정을 내리는 것은 중요하다.

새로운 지도자는 학교에서 학년이나 교육내용을 관장하는 대표나, 현장에서 의사결정 권한이 있는 팀 원, 학부모이거나 기타 사람이건 간에 중요한 권력 행사자를 활용

하는 것이 중요하다(Bolman & Deal, 1993). 이러한 비공식적인 지도자들은 일들이나 사람들이 왜 그렇게 존재하는지에 대한 역사적 배경과 상황맥락을 알고 있다. 간단히 말해 그들은 몸이 어디에 묻혔는지를 알 수 있다. 그들은 학교의 문화나 분위기를 알고 있어 그들의 도움은 성공에 결정적인 영향을 미친다.

일반 다른 조직에처럼 학교조직도 사회적 압력과 태도의 영향을 받는다. 사회는 인간 행동을 형성하는 가치와 기준에 영향을 준다. 그 결과, 사람의 집단에서의 리더십은 문화와 문화, 학교와 학교마다 달라진다. 이런 문화적 규범이 달라짐에 따라, 기본적인 특정 리더십 개념 활용했던 지도자는 한 학교에서 성공한 것을 다른 학교로 옮겨갈 수 있어 같은 방법을 사용했더라도 그 결과는 매우 다를 수 있다. Hallinger와 Leithwood(1998)는 사회적 문화와 가치는 알게 모르게 학교 지도자에게 강한 영향을 준다고 한다. 그리고 학교 리더십의 실제적인 면은 학문만큼이나 중요하다고 주장한다. 그러므로 지도자는 각자의 교사진, 직원, 그리고 학생들을 그들이 속해 있는 공동체의 가치와 문화를 반영하는 사회의 최소 체제로 이해해야 한다. 지역사회가 갖는 가치는 학교 자체의 가치에 직접적인 영향을 주며, 학교의 전통과 문화로 연구하고 이용해야 한다. O'Neill(2000)이 제안했듯이 "과거에 대해 이야기하는 것은 학교가 그동안 위치했던 곳과 앞으로 나아갈 방향을 설정하는 데 도움이 된다"(p. 63).

2. 학습자 공동체 창조

성공적인 지도자는 학교 그 자체를 넘어서는 학습자 공동체 만들기를 배운다. Fullan(1994)은 모든 교육자는 지역사회 기관들과 협력해 보다 넓은 지역사회의 공동과제(agenda)의 일부로서 학습 공동체를 선도적으로 창조해 나아가야 한다. 학습 공동체는 학생, 교사진, 그리고 직원 외에 가족, 이웃, 기업과 교회, 더 나아가 학생, 교수진과 직원들로 구성된다. 이러한 견해에 따르면, 부엌에서 일을 하거나, 건물을 청소하거나, 농사를 짓거나 버스를 운전하는 사람 모두가 학교의 학습 공동체의 일원이 될 수 있다. McChesney와 Hertling(2000)은 말한다. "많은 개혁을 위한 시도들이 가족과 지역사회의 지지를 얻고자 하는 노력을 소홀히 하고 있다. 학부모와 교사는 프로그램 등의 연구를 위한 어떠한 위원회에서든 능동적인 역할을 해야만 한다."고 한다(p. 13).

학교가 생산적이기 위해 최선을 다하자면 지역사회에 살고 있는 모든 사람이 지역사회의 복지에 대해 관심을 기울여야 한다. 그렇게 함으로써, 각자는 학교에서 활동에 앞장서는 데 혁신적인 역할과 책임을 지게 된다. 학습 공동체는 최상의 학교를 만드는 팀워크의 태도를 기르게 된다. Kugelmass(2000)는 다음과 같이 주장한다. 학교 지도자들은 단지 성공하는 문화를 창조하는 데 책임만을 맡고 있는 것이 아니라 교수적인 새로운 시도를 지원하고, "교사에게 활력을 줄 수 있는 교사개발 기회를 부여함으로써 그들이 새로운 조직구조를 만들고 협력을 고무하며 혁신을 가져오는데 도움을 주게 된다"(p. 26). 학교가 성공적일 때, 전 지역사회뿐만 아니라 전체로서의 사회도 성공적일 수 있다. 반대로 학교가 성공적이지 못하다면, 다른 모든 부문도 역시 어려움을 겪게 된다. 학습 공동체를 개발하기 위해 학교의 여러 부문과의 유대를 형성시키는 과제는 학교 지도자의 역할이라 할 수 있다. 이러한 유대감을 만들고, 지키고, 육성할 수 있는 지도자는 성공적인 학교 문화를 창조해낸다(Schmieder & Cairns, 1996). 강화된 상호 의존적 의식을 통해 학교는 지역사회 생활의 중심 무대가 되고 관심의 초점이 될 수 있다(Cartwright & D'Orso, 1993).

비록 학습 공동체의 의식을 개발하는 처방전은 제시할 수 없지만 공통적은 전략은 다음 사항을 포함한다.

- 학교가 어떠한 모습을 보여야 할지에 대한 비전
- 가치에 부합한 직원을 채용하기
- 갈등을 피하기보다는 확인하기
- 일상에서 핵심 가치와 일치하는 모범을 보이기
- 학습 공동체를 강화시키는 전통, 의식, 축하행사 그리고 상징 육성하기(Deal & Peterson, 1999, 1994)

어떤 지도자든 학교가 가져야 할 공통적인 비전의 개발을 장려해야 하되 지시해서는 안 된다. 비전이 갖는 힘은 비전이 일선 대중 수준(grassroot level)에서 개발될 때 나온다. 비전은 모든 사람이 학교가 할 수 있고 바람직한 것으로 되어야 한다고 동의하는 것이어야 한다.

직원의 결정은 명백히 중요하다. 학습 공동체를 건설할 때 학교가 추구하는 비전과 가치를 공유하는 직원의 선발이 중요한 요소이다. Kugelmass(2000)는 학교 지도자는 학교에 이미 존재하는 공유된 신념을 지지할 수 있는 새로운 교사를 채용해야 한다고 주장한다. 학교의 비전과 사명이 확인되고, 개발되고, 구체화되기 전에 오랫동안 학교의 요구, 희망과 꿈을 숙고하고, 토의하며 분석할 수 있는 기회가 주어져야 한다. 토의, 투입, 분석의 과정을 거친 후, 이를 동의하지 않는 기존의 직원이 있다면, 그 직원에게는 자기의 비전, 개인적 사명, 그리고 가치가 보다 잘 부합될 수 있는 다른 학교로 옮길 기회를 주어야 한다. 학교의 핵심 가치를 명확히 실현하는 과정에서, 몇 사람은 떠나려고 결심하겠지만, 이는 장기적 관점에서 조직의 이익이 된다(Collins & Porras, 1996).

Collins와 Porras(1996)는 조직의 핵심 가치를 만들고 구체화하는 데 적합한 **화성집단**(Mars Group)이라고 불리는 한 과정을 제안했다. 그 구성원들은 다른 행성에 자기들 조직의 최상의 특성을 재현해야만 하는 상상을 한다. 5~7명이 탈 수 있는 우주선에 누굴 보낼까? 대부분 그렇듯, 조직의 핵심 가치를 이해하고, 신뢰할 수 있고 능력 있는 사람을 선발할 것이다. 교사진과 직원에게 적합한 이런 가치를 개발할 때, 지도자는 개인에서 조직까지를 고려해야 한다. 각 개인은 다음 질문에 답해야 한다: 작업을 위해 어떤 핵심 가치를 생각해낼 수 있나? 그 가치가 현재 그러하듯 몇 해가 지나도 여전히 유효할 것인가? 조직의 산업은 불문하고 새로운 조직에서 어떤 핵심 가치를 도입할 것인가?

말해야 할 적절한 내용과 그것을 표현하는 원리를 알고 있는 지도자들이 있다. 그러나 그들은 믿을 만하다고 주장하는 것을 계속해서 적용하지는 않는다. 스트레스와 피로가 있을 때에는, 이런 사람들은 특정 학교의 문화와 일치 혹은 그렇지 않은 내적 리더십과 관리 스타일로 되돌아간다. 자기의 핵심 가치에 도전을 제기하는 의사결정, 담화, 그리고 갈등 등을 두려워하는 지도층 인사들이 조직을 과거로 되돌려 놓는다. Peters(1987)는 말한다. 약동하고 성장하는 조직은 창조적인 사람들이 새로운 생각을 만들고 모험을 두려워하지 않고 혁신을 탄생시킬 때 발생하는 혼란(chaos)을 기반으로 번영하게 된다. 오늘날 변화 주도적인 학교는 사람들이 공동의 핵심 가치를 만들고 구체적으로 실천하기 위해 함께 일함으로써 일어나는 혁신을 요청하고 있다.

학교 내에서 변화와 개혁을 추구할 때, 지도자는 학생들이 어떻게 무엇을 배우는지에 대해 끊임없이 주의를 집중해야 한다(Leithwood, Leonard, & Sharratt, 1998). 이렇게 학습에 집중함은 리더십의 개념뿐만 아니라 교수(instruction) 그 자체를 바라보는 새로운 방식이 요구된다(Elmore, 1999-2000). 전체 학습 공동체는 지도자의 지원과 격려로 학생의 요구를 결정하고, 액션 리서치에 참여하고, 학교에서 발생하고 영향을 미치는 모든 것을 분석하고 평가하기 위한 노력을 하지 않으면 안 된다(Brainard, 1996; Creighton, 2000; Walford, 1998). 이러한 부분들이 제 역할을 할 때, 학습자의 공동체를 촉진시키는 적절하며 정보에 기초한 의사결정이 내려질 수 있다. 너무나 흔히 비생산적인 학교의 교육 프로그램이 효과적이라기보다는, 그것이 제 역할을 한다는 이유만으로 지속되고 있다. 학교는 잘 계획된 반성적인 평가 없이 프로그램이 생산적인지, 비용이 효과적으로 투입되었는지를 알 수 없다. 적합하고 적절한 현장과 평가 연구를 함으로써, 학교 개선에 관한 결정이 자료에 근거를 두게 된다(Creighton, 2000; Holcomb, 1998). 그리하여 의사결정과 변화는 직관이나 편견이 아닌 사실에 기초하게 된다. 제9장은 책무성이라는 맥락에서 자료의 수집과 활용을 상세히 다루고 있다.

일반적인 목적을 위한 영감적 리더십(inspired leadership)도 개인의 요구를 위해 많은 것들을 할 수 있다. 교사, 직원, 학부모와 지역사회가 공통의 비전을 만들고 공유할 때, 단체뿐만 아니라 각 개인이 개인과 학교 개선을 위한 목적을 개발한다. 사람들은 목적을 세우고, 시행하고, 평가하는 데 있어 권한을 갖게 됨으로써 노력과 결과는 극대화된다. 개인과 집단의 강점과 약점은 학교 목적, 목표 그리고 전략에 일치될 수 있다. 개인은 학교 개선 계획의 모든 부문에서 창조적이고, 모험을 감수할 수 있는 효능감을 갖게 된다. 노력이 성과를 거두는 한 요소가 될 때 만족과 희열이 발생하게 된다(Blanchard & Johnson, 1982). 개인들은 자신들이 하는 일이 장단기 학교의 목적의 보다 큰 혜택에 중요한 역할을 한다는 것을 알 수 있게 되면 자신들에 대한 효능감을 갖게 된다. 사람들과 조직은 성공적인 일을 하고 그 과정의 일원으로 참여했을 때 성장한다. 이와 같이 학교 그 자체는 물론, 모든 학습 공동체의 구성원은 개인적, 직업적으로 성장하게 된다.

3. 공동체 구성원의 참여

학교 공동체가 상호 설정된 일련의 목적을 중심으로 함께 결속될 때 그것은 보다 효과적이게 된다(Wilmore & Thomas, 2001; Hoyle, English, & Steffy, 1998). 지역사회 공개토론회(forum)와 학부모 리더십 훈련은 성공적인 기획, 시행, 그리고 평가를 돕는 두 가지 전략이다(Buysse, Wesley, & Skinner, 1999). 지역사회는 학교 개선과 학교의 기획적 노력에 적극 참여해야 한다. Fege(2000)는 "교육적 개선은 공동의 비전과 목적을 중심으로 지역사회를 규합하는 것이 필요하다"(p. 42). 학부모와 다른 지역사회 구성원은 학교 목적과 목표를 수립하는데 투입되어야 한다. 이는 목표에 도달할 수 있는 전략짜기, 학교 개선 계획의 승인, 시행, 평가 등의 과정에 관여함을 말한다.

Fege(2000)는 학부모의 새로운 역할을 "학습을 책임지는 성과중심의 교과과정 (results-oriented curriculum)은 학부모가 전략적인 교수 자원이 되는 것을 의미한다" 고 설명한다(p. 39). 그는 계속해서 "학교 지도자는 학부모를 학교교육의 부속물이나 업무 참견자로 여겨서는 안 된다. 학교 지도자는 더 이상 학부모를 무시하거나 거드름을 피우면서 학부모들을 대해서는 안 된다. 지역사회의 지원 없이, 학교 개선은 결코 존재할 수 없다"고 주장한다(p. 39). Edmondson, Thorson과 Fluegel(2000)은 Minne-sota에 있는 교육구의 상황을 다음과 같이 설명한다. 지속 가능한 변화란 의미 있는 대중의 참여가 있을 때만 일어나며 지역의 전략적 계획에 대한 지역사회의 주인의식이 있을 때 장기적으로 지속 가능한 변화를 위한 단계를 설정하게 된다(p. 52).

어떠한 프로그램이라 하더라도 그것이 지속적으로 성공하기 위해서는, 전체 학습 공동체에서 모든 이해당사자들 사이 임파워먼트와 주인의식이 일어나지 않으면 안 된다(Palestini, 1999; Short & Greer, 1997; Starratt, 1995; Covey, 1992). 이해당사자는 학교의 직원, 주위의 이웃, 가족, 간병인, 기업, 시민단체 등의 모든 사람들이 포함된다. 학교 공동체 구성원은 그들이 필요를 잘 알게 될 때, 자신들이 해야만 하는 것을 수행하게 될 것이다(Heskett & Schlesinger, 1996; Taylor, 1947). Edmonson, Thorson과 Fluegel(2000)은 지역 회의에서 "교사, 교장, 퇴직자 등의 합의를 끌어낼 포럼을 열어, 학생과 학부모들은 무엇이 학교에 최선인가에 대해 자신들의 의견을 개진했다"(p. 52). 그러나 시간이 지나면서 참여한 사람들이 자기가 하고 있는 일에 생각과 마음을 기울이지 않는다면 이러한 노력들은 생산적이지 못하게 될 것이다(Palestini, 1999; Deal & Kennedy, 1982). 궁극적인 생산성은 머리와 가슴 양자가 모든 사람의 성공을 위한 헌신에 바쳐질 때 발생하게 된다.

사람들은 자기가 개발하고자 도운 것을 후원하게 된다. 학습 공동체가 목적을 실천하기 위해 함께 일을 했을 때 사람들은 거기에 소유감을 갖게 되고 성공을 위해 일한다. 구성원들은 목적이나 프로그램이 정말로 자기들 것이 아니라고 느끼고 위계적인 방식으로 그것이 자기들에게 추가되어졌다고 느끼게 되면 그 목적과 프로그램을 지지하지 않을 것이다. Moffett(2000)은 언급하기를 "다른 어떠한 요인보다, 학교에서는 전문적인 공동체 의식이 학생의 성취를 높여 준다"(p. 36). 더 나아가, 개인들은 변화를 향한 노력이 시들해져가고 이는 문제를 야기하게 된다. 프로그램이나 아이디어가 궁극적으로 성공하기 위해서는 그것들이 철저하게 개발되고 실천되지 않으면 안 된다(Helgesen, 1996). 물론 학교 지도자가 교과과정, 교수 전략, 프로그램 설계를 촉진할 수 있거나 개발하는 데 도움을 줄 수 없다는 것을 뜻하는 것은 아니다. 프로그램이나 아이디어가 성공하기 위해서는 지도자는, 자기 생각을 다른 사람들에게 이행할 것을 외치는 피라미드 맨 꼭대기에 있는 독재자가 아니라, 팀의 구성원이어야만 한다는 것이다(Short & Greer, 1997).

지역사회가 학교에 참여하는 예는 조직화된 자원봉사 프로그램에서 볼 수 있다. 이를테면, 어떤 교육구는 학생들이 참여할 수 있는 다양한 프로그램, 자원, 정규 과목에 병행한 활동과 과외 활동이 있다. 이 교육구는 주의 학업성취도 평가에서 점수가 높고, 종종 다른 곳의 모형이 된다. 다른 교육구는 이 지역을 보고 그런 재원을 갖게 되길 원하게 된다. 그러나 다른 교육구가 원해야 하는 것은 이 지역에서 양성한 자원봉사자와 교사가 가르치고, 학생이 배울 수 있도록 도움을 주어 모두를 성공시킨 효과적인 학부모와 지역사회 프로그램이다.

자원봉사 프로그램은 부유한 지역에만 국한되는 것은 아니다. 어떤 학교 지역은 자원봉사 프로그램으로 VIP(교육 프로그램 자원봉사자) 상을 받았다. 체계적인 학부모, 시민단체, 기업 프로그램을 통해, 해마다 많은 시간이 대안 고등학교를 포함한 각 학교에 봉사활동으로 할애되었다. 자원봉사자들은 어린이들이 읽는 것을 들어주는 것에서, 교사를 위해 개별지도, 서류의 복사, 얇은 판을 합치는 일 따위에 이르기까지 모든 일을 한다. 일부 자원봉사자들은 또한 게시판을 세우는 것을 돕고, 한편 다른 이들은 통역의 역할을 하기도 한다. 기업들은 종업원들이 학교에서 자원봉사할 시간을 유급으로 지원하며 다른 기업들은 필요한 물자를 제공한다. 아마도 가장 눈에 띄는 활동이 '여인클럽'이라 볼 수 있는데, 이 모임은 매년 장학금 신청을 한 모든 대안 고등학교 졸업생에게 1년간 장학금을 준다. 다른 지역은 학교와 자매결연을 맺고 자원봉사자를 보낸다. 그들은 오찬모임에 초대되거나 학기 동안 학교 게시판에 공개된다. 자원봉사자를 발굴하고 이용한다는 사실은 기업과 개인들에게 자긍심을 심어줄 수 있다.

가능한 여러 가지 방법으로 지역사회를 참여시킴으로써 비용이 적게 들거나 전혀 들지 않는 막대한 재원을 학교에서 확보하게 된다. 학부모와 다른 지역사회 구성원은 지식, 기술, 호의를 학교에 가져다 준다. 이들이 학교에 더욱 능동적으로 참여하고 교수 학습과정을 관찰하면 할수록 그만큼 더, 학교 문화의 일부로서 소속감을 느끼고, 성공을 목표로 일하게 된다. 지역사회의 참여가 높아질수록, 보다 넓은 지역사회 내에서 학교를 후원하는 사람들이 더욱 많아질 것이다. 학교가 지역사회 구성원들과 자원봉사자를 의사결정, 기획, 목표설정, 예산수립, 평가 등에 더욱 많이 참여시키면 학교는 더욱 활력을 받게 될 것이다(Carr, 1997; Starratt, 1995). 사람들은 성공한 팀의 일원인 것을 좋아한다. 학교와 지역사회는 많은 사람들이 학교에서 자긍심, 주인의식, 활력감을 가지게 될 때 최종 혜택을 얻게 된다. Fege(2000)는 이 과정을 이렇게 표현하고 있다. "뒤따르는 대중 없이, 학부모의 학교에 대한 주인의식 없이, 공동의 목적으로 학부모와 모든 피부색, 인종, 언어의 공동체를 결속시키는 구체적인 비전 없이는, 개인주의는 모든 아이들이 질 높은 공교육을 받을 수 있을 것이라는 우리의 희망을 퇴색시키게 될 것이다"(p. 43).

4. 변혁적 리더십의 개발

변혁적 리더십의 개념은 초기의 이론인 거래적 리더십(transactional leadership)에서 파생되었으며 흔히 James MacGregor Burns(1978)가 제창한 것으로 인정되고 있다. Burns의 이론에 따르면 리더십은 기본적으로 일에 대한 보상으로 금전을 받는다거나 사람들에게 교환의 대가로 무엇인가를 상대에게 주는 것과 같은 거래 중심 구성개념으로 이해되었다(Kuhnert & Leweis, 1987).

변혁적 리더십은 이러한 형태의 동기를 벗어나서 "공유된 가치와 미래에 대한 비전을 제시할 수 있는 지도자의 능력"에 초점이 옮겨지게 되었다(Riggio, 2000, p. 362). Bass(1985), Bennis 그리고 Nanus(1985)는 변혁적 지도자를 비전 제시적이고 영감을 고취하는 특성으로 설명하고 있다. Hoy와 Miskel(1996)에 의하면 변혁적 지도자는 다음과 같은 특성을 보여주고 있다.

- 변화의 필요성을 규정한다.
- 새로운 비전을 만들고 그 비전에 대한 헌신을 불러일으킨다.
- 장기적인 목적에 집중한다.
- 추종자들을 고무해 그들 자신의 이익을 초월한 보다 높은 목표를 향하게 한다.
- 기존의 비전보다는 새로운 전망을 받아들이도록 조직을 변화시킨다.
- 자기 자신의 개발과 동시에 타인 개발에 대한 책임을 지도록 추종자들에게 조언
  한다. 추종자가 지도자가 되고, 지도자는 변화 추진요원이 되며, 결국은 조직을
  변화시킨다(p. 393).

Day(2000)는 변혁적 지도자는 "독재적 경계와 민주적인 의사결정을 관리하며, 가치 지향적, 인간 중심적, 성취 지향적이며 많은 지속적인 긴장과 딜레마를 관리할 수 있다"고 주장한다(p. 56). 또한 효과적인 지도자는 "통합성과 기술을 갖고 그것을 비전, 가치, 그리고 실천으로 통합해 변화를 관리"할 수 있다(p. 59). Greenberg와 Baron(2000)은 변혁적 리더십을 "지도자가 카리스마를 이용해 자기 조직을 바꾸고 활력을 불어 넣는 것"이라고 정의한다(p. 462). 그러나 이들이 말한 대로, 카리스마만을 갖고 조직을 바꾸기에는 충분치 않다; 변화 과정의 일환으로 지도자가 교사진, 직원, 학생 그리고 학습 공동체의 모든 구성원들과 함께 일할 때 그들에게 지적 자극, 개별화된 배려, 고취하는 동기를 부여해야만 한다. 개별화된 배려란 학습 공동체의 구성원들이 최상으로 일을 수행할 수 있도록 하기 위해 지원, 관심, 격려, 그리고 자원을 제공하는 것을 말한다. 결국, 교육 지도자는 학교의 임무와 목적을 명확히 밝혀 학생의 학습과 모두의 성공을 위해 노력을 경주하도록 해야만 한다.

변혁적 지도자는 학습 공동체의 심장부에 위치하고 있다. 조직에서 당면한 요구를 초월해 볼 줄 알고 장기적 목적에 관심을 기울이는 변화추진 요원이다(Wilmore & Thomas, 2001; Starratt, 1995; Leithwood, 1992). 변혁적 리더십은 지도자의 강한 개인적 신념 체계와 공동의 장기적 목표를 위해 다른 사람에게 영감을 주는 능력에 기초한다. 고유하고 능동적인 분위기와 함께, 문화와 이야기에 대한 공동의식은 변혁적 지도자를 개발하는 데 필수적인 도구이다. 이러한 맥락에서, 사람들은 자기 일터의 기풍과 신념 체계를 바꾸어 전에는 불가능하리라 여겨졌던 보다 높은 목적과 기대를 실현하게 된다. 이 변혁적 리더십 모델은 학습 공동체의 모든 구성원으로 하여금 현재의

모습 대신 어떻게 일을 할 수 있고 해야 하는지에 대한 동일한 비전을 추구하도록 지원한다(Starratt, 1995).

변혁적 지도자가 되기란 쉽지 않다; 그러나 개인들은 다음 제안을 따르도록 노력해야 한다. (1) 명확하고 호소력 있는 비전을 개발하고 구체화한다. (2) 비전을 현실로 옮기는 과정을 설명한다. (3) 비전을 달성할 수 있는 타인의 능력에 대한 자신감을 개발한다. (4) 영감과 동기를 부여한다. (5) 적합한 본보기와 모범을 보인다. (6) 성공을 축하할 수 있는 기회를 찾는다. (7) 지적으로 정직하라(Podsakof, MacKenzie, Moorman, & Fetter, 1990; House & Podasakof, 1995; Yukl, 1998). 변혁적 지도자는 조직 내에서 내부적, 본질적 변화를 고취하고자 애쓰며 이러한 리더십 모델은 고된 일과, 지구력, 그리고 대의명분을 위한 열정적인 헌신이 요구된다. 일부 학교에서 상황 때문에 변화를 성취하기가 어렵기는 해도, 결과는 역동적일 수 있다(Wilmore & Thomas, 2001; Sarratt, 1995).

교사진과 직원들 사이의 평등한 관계로 발전하고 협력적인 집단에서 일할 수 있는 능력을 기르는 것은 조직의 문화와 분위기에 중요하다. 변혁적 지도자는 개인으로서 그리고 팀의 구성원으로서 다른 사람의 일의 의미와 그 일의 도전적 과제 양자를 제공하는 데 도움을 준다. 그러한 지도자는 교사, 직원, 학부모와 지역사회 구성원이 자기 일에서 그리고 단체의 공동 노력에서 자율성과 권한을 가지도록 해주는 능력이 있다. 그러한 학교 지도자는 공동의 비전에 대한 동의를 끌어내는 데 뛰어나므로 팀이 높은 목적, 목표, 그리고 어떻게 그것들에 도달할 것인지에 대한 전략을 세울 수 있도록 팀에 힘을 실어준다(Leithwood, 1992).

변혁적 지도자는 Covey가 마음 속에서 끝이라고 생각한 것에서부터 시작한다(Covey, 1989). 변혁적 지도자는 모든 이해당사자가 1년 이상의 긴 기간에 걸쳐 미리 예상하고 목적을 설정하도록 그들에게 힘을 실어준다. 변혁적 지도자들은 특성상 발전적이고 모든 이해당사자들로부터 지지를 받을 수 있는 학교 개선 계획을 만드는 팀으로서 일한다. 그들은 관계 구축에 헌신하고 다른 사람들이 생각할 기회를 주며, 학교가 될 수 있는 것, 학생들이 잘 배울 수 있는 방법, 학교의 환경을 얼마나 훌륭하게 할 수 있는지에 대한 비전을 만든다. 평등한 관계와 협력적인 집단행동을 촉진시키고자 시간을 투자함으로써 목적을 성취하고자 하는 내부적 동기가 유발되며 궁극적으로는 큰 성공에 이르게 된다. 후속적인 효과는 **변혁적**이 되거나 조직의 특성을 바꾼다.

대의명분을 위해 고무된 헌신을 통해 학교의 모든 구성원 간에 강한 유대감이 쌓이고 이것은 모든 학생을 위한 보다 높은 학업성취를 가져오게 한다.

5. 학교 개선 주도하기

개선을 위한 캠퍼스 기획은 학교와 지역의 발전을 위해 궁극적으로 매우 필요하다. 학교 개선 계획의 과정은 제9장에 자세히 설명된다. 학교 지도자는 계속적으로 개선을 추구하는 학교 문화를 개발할 책임이 있다. 학교 문화를 계속적으로 개선하기 위해서는 학교 지도자는 다음의 제안을 따라 할 수 있다.

- 지도자는 학교 목적을 수립할 때 전체 학습 공동체를 참여시킬 수 있다. 이러한 목적은 협동적으로 만들고, 상호 간에 동의하고, 헌신이 따라야 한다. 그 목적은 학교가 도달하기에 충분히 높은 수준이어야 한다. 목적이 달성되었을 때는 축하해야 하며, 다음 해에는 성공의 기준선으로 이용되어야 한다. 매년 목적은 교사와 학생, 학습 공동체의 다른 이들에게도 모두 도전의식을 불러일으키고 점진적으로 개인과 학교의 성장과 개선을 가져와야 한다.

- 지도자는 공통적으로 지지를 받는 각 목적에 부합한 특정한 전략을 수립할 수 있다. 그 전략을 통해 학교가 각 설정된 목적에 도달하기 위해 맡게 될 활동들이 확인된다. 전략을 실행하고 평가하는데 필요한 재원은 학교 예산에 직접적으로 연결되어야 한다. 학교의 재원은 학교 목적과 예산 모두에 연계되지 않으면 안 된다. 그러므로 지도자는 학교 목적과 그 실행을 위한 전략과 관련이 없는 것에는 예산 책정을 하지 말아야 한다. 지도자는 끊임없이 "이것은 학교 개선 목적에 관련된 것인가?" 하고 물어야 한다.

- 지도자는 계획하고, 실행하며 목적을 평가할 수 있는 구체적인 시간일정을 확정할 수 있다. 전략들이 목적과 직접 연관되어 있으므로, 학교 목적의 수정을 가져올 수 있는 형성적이고 총괄적인 평가를 계속적으로 수행하는 과제는 학교 지도자들이 지속적인 학교 개선을 위한 학습 공동체를 지도해 나갈 때 그들이 맡아야 할 기본적인 책임으로 받아들여야 한다.

지속적인 개선의 과정에서, 목적은 학기 년도 전반에 걸쳐서 재검토되어야 한다. 목적이 달성되면, 새로운 목적이 설정될 수 있다. 평가 연구의 결과 목적이 너무 높게 세워졌거나 더 이상 적정하지 않다는 것이 밝혀지면 목적은 수정되어야 한다. 학교 지도자가 학교의 개선과 성장에 깊은 관심을 가진다면 최소한 체계적 요구분석, 조사, 인터뷰, 그리고 학교 공동체 안팎에서의 광범위한 토의가 정기적으로 행해져야 한다.

학교 목적과 지속적 개선의 과정은 성공을 위한 청사진이 된다. 학교 목적에 대한 적절한 토의, 개발, 실행과 평가 없이는, 학교는 파편화되고 명확한 목표에 대해 초점이 흐려지게 된다. 목적은 가르치고, 배우고, 학교 성취 활동으로 이끌고자 협동적으로 개발된 학교 비전과 사명의 부산물이다. 학교 지도자는 생산적인 문화를 만들고 학교 비전을 구체적인 목적과 모두를 위한 개선 전략에 연결시키는 데 도움이 되어야 하며 그렇게 함으로써 학교는 궁극적으로 생산성을 갖게 된다.

6. 학교 공동체를 강화시키는 축하행사

축하행사(celebrations)는 학교 문화와 공동체 의식을 강화시키는 중요한 요소이다 (Hoyle, English, & Steffy, 1998; Starratt, 1995). 축하행사는 학교에서 가치가 있다고 보거나 중요시 여기며 정당하게 명예가 돌려질 수 있는 사물, 사건, 그리고 사람에 초점을 맞춘다. 찬사(credit)는 그것을 받을 만한 가치가 있는 바로 그곳에서 주어져야 한다. 너무나 흔히 지도자들과 학부모들이 견책은 즉시 하지만 칭찬은 더디게 하는 경향이 있다(Podesta, 1993; Blanchard & Johnson, 1982). 사람이나 사건에 대해 가능한 한 자주 축하하는 계기를 마련함으로써, 학교 지도자는 적극적인 행동을 강화시킬 수 있는 기회를 갖게 된다. Costa와 Kallick(2000)에 의하면 "가르칠 때 경험에서 비롯된 의미를 극대화하기 위해서는 성찰이 필요하다", 그리고 축하행사는 이러한 반성에서 발생된다(p. 61).

모든 사람들은 받아들여지고, 감사를 받고, 인정을 받는다는 느낌을 가질 필요가 있다. Maslow가 밝힌 인간의 공통 욕구가 그림 2.1에 제시되어 있다. Maslow의 욕구단계 중 위의 3 단계는 사회적 욕구, 자아 존중의 욕구, 자아실현의 욕구이다(Maslow, 1954). Maslow(1998)에 의하면, "보다 높은 쪽의 욕구는 보다 계몽적인 경영 정책을

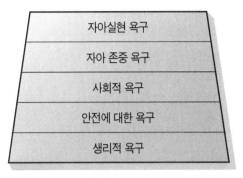

그림 2.1 Maslow의 욕구 단계

지향한다고 단정하는 것과 아주 유사하다. 다시 말하면 계몽적인 경영정책은 보다 높은 욕구를 충족시키기 위한 … 작업상황이 내재적으로 보다 높은 만족을 주는 시도로 정의될 수 있다"(p. 239).

학교의 유산이란 맥락에서 사람, 사물, 그리고 사건에 대해 축하행사를 하는 것은 보다 높은 창의성, 인간의 자아실현, 그리고 보다 명확한 개인과 조직의 성공에 대한 의식을 가져다 줄 수 있다. Cunningham(1991)은 격려는 사람들에게 자신감과 자기 존중감을 개발시키는 그들의 강점에 전념하도록 도움을 주기 때문에, 활력을 주는 것과 같다고 믿고 있다. 확신과 격려의 기회는 교수, 학생과 학생으로 하여금 자기 자신과 능력을 믿도록 해주므로 성공의 문화를 창조하는 데 중요하다.

오늘날의 학교는 결코 현상유지에 만족해서는 안 된다. 학교는 끊임없이 교수와 학습을 개선시킬 방법을 구해야 한다. 학습 공동체의 모든 구성원은 자아실현이 된 상태를 추구하기 때문에, 학교 개선책을 찾고 모두가 성공하는 분위기와 문화를 만들 수 있는 새로운 방법을 찾기 위해 학교 지도자는 보다 창의적이고 모험을 감수하지 않으면 안 된다.

학교에서 축하할 거리를 찾는 것은 쉬운 일이다. 지도자는 일을 잘하고, 개선시키고, 그리고 학교나 지역사회에 좋은 평판을 학교나 지역사회에 안겨주는 학생, 직원과 교사의 성공을 축하할 수 있다. 전임 학교 지도자와 지역사회 지도자가 축하행사에 참여하게 되면 학교의 문화는 더욱 강조될 수 있다(Hoyle, English, & Steffy, 1998; Daresh & Playko, 1997; Bolman & Deal, 1993, 1995). O'Neill(2000)은 그러한 축하행사에 다른 사람을 포함시킴으로써 "우리의 집단적 조직 역사의 양식, 순환주기, 추세를 함께 성찰할 수 있는 기회로 삼을 수 있다"고 말한다(p. 64). 조회와 학부모 회의, 공동 지역사회 특별행사, 학교 이사회, 저녁, 파티, 학교 대항 경기 집회, 학교 차양, 포스터, 공고, 신문기사와 이수중 같은 것들은 학교가 크든 작든 간에 일어났던 많은 사건들이 모두 축하대상의 예시가 된다. 성공은 성공을 낳고, 축하행사는 성공에 박수를 보내는 것이다.

축하행사를 위한 재원은 학교 예산에 편성시켜야 하고 학교 목적과 연결되어야 한다. 학교 전체를 대상으로 공개연설을 하면서 강열한 표현의 칭찬과 같은 축하에는 비용이 별로 들지 않는다. 상자나 현관의 현수막에 글씨 등을 통한 멋진 격려의 표현은 비용이 거의 들지 않는다. 주의를 끌 만한 사건을 보도매체에 전달하는 것고 공공서비스 성명이나 뉴스로 방영될 때는 비용이 거의 또는 전혀 들지 않는다. 비용이 최소로 드는 인증서, 조회, 집회 같은 또 다른 축하의 방법이 있다. 저녁 식사 같은 큰 행사는 비용이 많이 들지만, 기부금, 지원금, 후원금, 재정보증금과 같은 지역사회 재원으로 해결할 수 있다. 기업은 학교에서 성공을 축하할 수 있는 훌륭한 명분을 좋아하므로 학교 지도자는 기업들을 활용해야 한다. 현장경험 사례에서, 교장은 돈이 많이 들지 않는 축하 방법을 창안해 학교와 지역사회에서 기쁨과 자긍심 그리고 성공을 만들어 냈다.

학교 지도자는 성공적인 시도에 대해 진정한 기쁨과 흥분의 상태에서 자연스럽게 축하를 함으로써, 학교 공동체의 강한 유대감을 만들어 줄 수 있다. 우수함을 나타내는 지표는 한 단계 더 높이 올라가고, 학업성취도는 높아지며, 사람들은 잘 수행한 일에 대해 인정을 받게 된다. 모든 사람을 위한 성공이라는 학교의 문화는 강화되며 이것은 지속적인 개선을 강조하는 것이다. 축하는 선의를 낳으며 사람으로 하여금 기분이 좋아지게 만든다. 어둠을 면할 수 없는 오늘날 세계에서, 학교는 모든 이들이 올 수 있고 성공할 수 있으며, 스스로에 대해 긍정적으로 느끼고, 존중과 인정을 받을 수 있는 안전한 장소가 되어야만 한다. 지도자는 축하행사를 통해 건설적인 학교 문화와 분위기를 만들고 촉진하게 된다.

◇ 현장경험 사례

레이 박사는 업무상 높은 성과를 보여주지만 인정은 받지 못하는 초등학교의 교장 선생님이다. 최근에, 학생들은 스트레스를 많이 주는 주정부의 학업성취도 검사에 참가했다. 학교구와 레이 교장 선생님의 학교에 성적이 통보되기까지 여러 달이 경과했다.

레이 교장 선생님과 다른 학교 지도자들은 교육청 사무실에 소집되어 그들의 시험성적표를 받는 날을 불안스럽게 기다리고 있었다. 학교의 성적 결과표를 배부해 주기 전에, 교육장은 "성적 향상을 위해 많이 노력해야 해요!"라고 교장들에게 주의를 환기시켰다. 예외는 없었다. 두말할 여지 없이, 모든 교장은 학교의 성적 결과표를 받는 것에 불안을 느꼈다.

레이 교장 선생님이 전하는 이야기에 따르면 "우리 학교 성적표를 받았을 때, 정말 잘해서 난 무척 기뻤습니다. 교육구 내에서 우리가 가장 잘

했다는 걸 나중에 알게 되었습니다. 3등은 높은 성적이고, 사실, 우리 학교 역사와 가구에서 최고였죠. 그런데 교육장은 이 성적에 대해 아무런 말도 없어 나는 놀라움을 금할 수 없었지요."

"학교로 돌아와, 3학년 복도로 달려갔죠. 현관으로 교사들을 불러 시험결과를 얘기하고, 학교를 칭찬하고, 3학년 어린이를 칭찬하고, 3학년 담임 선생님의 이름을 각각 부르며 칭찬했지요. 우리는 우리가 이룬 성공에 무척 기뻐하면서, 교사들은 서로 부둥켜안고 펄쩍 뛰면서 축하했습니다. 이 모든 일은 채 5분도 걸리지 않았고, 돈은 전혀 들지 않았습니다. 이 일로 교사들이 자신들, 학생 그리고 그들의 성취에 대해 자부심을 느꼈다는 것을 이 경험을 통해 알 수 있었습니다. 나는 비서에게 컴퓨터로 인쇄한 현수막을 준비하도록 했고 다음날 아침 우리의 성공을 널리 알리 현수막을 현관에 걸어놓았습니다."

7. 사례연구

노어우드 중학교의 왓슨 신임 교장 선생님은 앞으로 추진해야 할 일에 난관이 있음을 알았다. 이 학교는 도시의 변두리에 위치하고 있으며 해이한 기강, 지역사회의 빈약한 지원, 최하위의 학업성적을 가진 학생들 같은 문제가 산적해 운영이 어려운 학교로 알려져 있었다. 학생들은 거의 동기가 없고 수업시간에 열심히 하지 않아 주정부 위임 성취도 시험은 물론 학교 시험성적도 좋지 않았다. 지난 3년간 이 학교의 중도 탈락률은 평균 35%나 될 정도로 높았다. 겨우 몇 명만이 고등학교에 진학해 졸업할 계획을 세우고 있다. 학생 전체의 과반수가 사회경제적으로 하위계층에 속하는 가정출신으로 분류된다. 세월이 지나면서 형성된 것이 있다면 그것은 학생들의 행동과 학업성취에

대한 낮은 기대감을 주는 분위기이다. 학생들 중 30% 미만이 정규과목과 병행한 활동에 또는 스포츠 프로그램에 참여하고 있다. 교사의 이직률은 지난 3년간 평균 40%～50%에 달했다. 전임 교장 2명은 행정기관, 학교 이사회와의 마찰, 또는 스트레스와 연관된 건강상의 문제로 그만 두었다.

중학교의 첫 여성 교장인 왓슨 교장 선생님은 교사들이 그녀가 추수감사절이나 겨울 방학 전까지 버틸 수 있을 것인지 여부를 놓고 내기를 했다는 말을 들었다. 왓슨 교장 선생님은 교사들이 틀렸다는 것을 입증하고, 노어우드 중학교의 문화를 바꿀 수 있는 리더십을 발휘할 것이라는 두 가지 결심을 했다.

왓슨 교장 선생님은 첫 번째 조치가 학교의 이미지를 바꾸는 일이 되어야 한다는 사실을 알고 있다. 첫 직원회의에서 학교 이미지, 역사, 학업성적, 그리고 미래에 대해 교사와 직원들과 허심탄회하게 이야기를 나누었다. 교사들은 신임 교장의 솔직함, 온화함, 정직함, 진정한 관심에 대해 반응을 보였다. 그들은 다 같이 학교의 사명과 목적을 바꾸는 계획의 수립을 시작했다. 직원 개발의 첫날, 교사들이 함께 연구하면서 학생의 학업성취를 확인하고, 학교의 문화와 분위기에 긍정적인 영향을 미칠 수 있는 방법으로서 빼어난 비전을 개발한다.

시간이 지난 후 왓슨 교장 선생님은 교사들과 직원들이 현재의 상황을 고려한 학교의 새로운 비전을 개발하기 위해 학부모들을 만나기 시작할 것이라는 희망을 품고 있다. 그들이 함께 일한다면, 노어우드의 비전을 찾을 구체적인 목적과 전략들을 개발할 수 있을 것이다.

학교 지도자로서 왓슨 교장 선생님은 학교의 새로운 비전의 안내자가 되고, 학교와 지역사회 내에서 그 비전을 선명히 가시화되도록 하며 높은 기대와, 강한 성취욕, 그리고 지역사회의 참여 등을 위한 목소리를 내고 촉매제가 되는 역할을 끊임없이 수행했다. 새로운 아이디어가 권장되었으며 일부 옛 아이디어도 다시 검토해 보기도 했다.

새로운 아이디어 중 하나는 가을에 기숙사 시설 개방(open house)을 하자는 것이었다. 비록 일부가 학부모는 누구도 오지 않을 것이라고 말하면서 이 아이디어에 반대했지만, 왓슨 교장 선생님과 학교 지도층은 행사가 그 반대의사를 거부했다. 왓슨 교장 선생님은 학생들이 학교시설 개방에 참가하고 재미있어 하면, 학부모도 오게 될 것이라는 가망성을 높게 보았다. 교사 각자가 간담회 시간에 학부모와 의논할구체적인 항목을 만들었다. 학교의 새로운 사명, 비전, 그리고 목적이 그것을 다룰 수 있는 시간과 함께 학부모에게 전달되었다. 교과과정, 숙제, 평가를 포함한 학급운영의 쟁점과 정책들이 제시되었다. 당신이 왓슨 교장 선생님이라면, 아래 질문에 어떻게 답할 것인가?

- 어떠한 변혁적 리더십 기술을 활용할 필요가 있는가?
- 학교 기숙사 개방행사를 성공시키려면 어떠한 구체적인 전략이 사용되어질 수 있을 것인가?
- 학부모의 참여와 지지를 끌어내는데, 예견되는 애로사항은 무엇이라 보는가?
- 어떻게 학교는 새로운 임무와 목적을 가시적으로 표현할 수 있을 것인가?
- 어떻게 학부모와 교사는 전 학기에 거쳐 계속적인 개선을 위해 헌신적인 노력을 할 수 있을 것인가?
- 어떻게 하면 학교 기숙사개방을 축하행사로 만들 수 있을까?

8. 요약

조직의 문화와 분위기는 성공의 중요한 척도이다. 지도자는 학습 공동체 전체의 가치와 기풍을 고취하는 의례, 의식, 그리고 축하행사를 육성, 개발하는 데 특별한 관심을 기울여야 한다. 학교는 지역사회 안에서 존재하며 그 가치와 문화를 드러내는 일종의 지역사회의 하위체계이다.

지도자는 자신을 포함한 모두에게 높은 기대의 역할 모델을 해야 한다. 말과 행동이 일치해야 한다. 학교 안이나 주위의 모든 사람들은 학교의 비전, 사명, 계획, 목적설정, 의사결정에 참여하고 권한을 위임받아야 한다. 비전은 지도자로부터 하향 지시되어서는 안 되고, 모든 구성원의 참여로 개발되고 구체화되어야 한다.

변혁적 리더십의 특성을 잘 보여주는 효과적인 학교 지도자는 장기적, 협력적인 목적에 정열과 헌신을 불어넣고, 학교와 지역사회를 활력화시킨다. 학습 공동체 내의 모든 이해당사자들을 포함한 평등한 관계와 협력적 집단을 개발하고 육성하는 것은 적극적이고 발전적인 학교 분위기 조성에 필수적이다. 끝으로 학교에서 모험의 감수와 창의성의 발휘는 계속적으로 교수와 학습을 개선하는 방법을 찾는데 중요하다. 지도자들은 임파워먼트, 의사결정의 공유, 지속적인 개선, 그리고 학교 안에서의 진정한 학습이 가능한 문화를 개발함으로써 모든 사람들을 참여시키고 관심을 갖도록 격려해야 한다. 학교 지도자는 모든 사람들을 위해 성장, 온정, 성공을 조장하고 축하를 할 수 있는 기회를 제공할 수 있는 학교 문화를 만들어나가는데 헌신적 노력을 기울여야 한다.

9. 실천과제

2.1. 최근 당신은 성과 수준이 낮은 학교의 교장으로 발령을 받았다. 시험성적이 낮고 학교의 사기도 낮다. Deal & Person(1994)이 개발한 문화적 차원 도표를 이용해 당신이 학교 지도자로서 어떻게 하면 학교 문화를 개선시킬지 계획을 수립해 보라.

2.2. 당신은 최근 성공적으로 운영되는 학교에 교장으로 부임했는데 그 학교에서 크게 존경을 받았던 전임 교장이 교통사고로 갑자기 사망해 교사진, 직원, 학생과 지역사회는 슬픔에 잠겨 있다. 당신은 제일 먼저 무엇을 하겠는가?

2.3. 당신은 최고 수준은 아니지만, 성공적인 학교의 직책을 맡게 되었다. 당신이 학교에 도착하자마자 교수진, 직원, 지역사회가 우수한 학교를 만들고자 헌신적이라는 사실을 알게 되었다. 이들은 현재 성공의 범위를 더 확장시키기를 원하고 있다. 당신은 이를 위해 우선 무엇을 할 것인가?

2.4. 학교 지도자로서 당신은 현 직위에서 몇 년 지나면, 학교 문화가 퇴색될 것으로 보여진다. 여전히 열심히 일함에도, 교수진과 직원은 향후 더 큰 목적을 향한 열망과 활기를 잃어가고 있는 듯하다. 변형적 리더십의 원리를 이용한다면, 당신의 학교가 장기적 성공과 생산성을 고무시키기 위해 당신은 무엇을 할 것인가?

2.5. 당신 학교의 교수진과 직원이 부지런하고 믿을 만하지만, 과외 활동이나 학생들의 일을 후원하고자 자발적으로 나서지 않는다. 학교 근무시간 동안에 의무적으로 수행되어야 할 것만 하고 그 이상은 하지 않겠다는 태도가 지배적이다. 당신은 어떻게 하면 직원들이 근무시간의 기본적으로 필요한 것을 넘어 헌신의 불꽃을 살릴 수 있을까?

2.6. 당신 학교에서 학부모와 지역사회는 학교 일에 거의 참여하지 않는다. 학부모 회

의에는 몇 명만 참석한다. 학부모-교사 조직은 관심과 참여 미흡으로 해체 직전이다. 당신은 학교 지도자로서 학부모-교사 조직을 재활성화하려면 무엇을 할 수 있는가?

참고문헌

Bass, B. M. (1985). *Leadership and performance beyond expectation.* New York: Free Press.

Bennis, W. G., & Nanus, B. (1985). *On becoming a leader.* New York: Harper & Row.

Blanchard, K., & Johnson, S. (1982). *The one minute manager.* New York: William Morrow.

Bolman, L. G., & Deal, T. E. (1991/1995). *Leading with soul.* San Francisco: Jossey-Bass.

Bolman, L. G., & Deal, T. E. (1993) *The path to school leadership.* Thousand Oaks, CA: Corwin Press.

Brainard, E. A. (1996). *A hands-on guide to school program evaluation.* Bloomington, IN: Phi Delta Kappa.

Burns, J. M. (1978). *Leadership.* New York: Harper Torchbooks.

Buysse, V., Wesley, P., & Skinner, D. (1999). Community development approaches for early intervention. *Topics in Early Childhood Special Education, 19,* 4, 236-243.

Carr, A. A. (1997). Leadership and community participation: Four case studies. *Journal of Curriculum and Supervision, 12,* 2, 152-168.

Cartwright, M., & D'Orso, M. (1993). *For the children.* New York: Doubleday.

Collins, J. C., & Porras, J. I. (1996). Building your company's vision. *Harvard Business Review,* 65-77.

Costa, A., & Kallick, B. (2000). Getting into the habit of reflection. *Educational Leadership, 57,* 7, 60-62.

Covey, S. R. (1995). *First things first.* New York: Fireside.

Covey, S. R. (1992). *Principle-centered leadership.* New York: Fireside.

Covey, S. R. (1989). *The 7 habits of highly effective people.* New York: Simon & Schuster.

Creighton, T. B. (2000). *The educator's guide for using data to improve decision making.* Thousand Oaks, CA: Corwin Press.

Cunningham, W. (1991). *Empowerment: Vitalizing personal energy.* Atlanta, GA: New Age Press.

Daresh, J. C., & Playko, M. A. (1997). *Beginning the principalship: A practical guide for new school leaders.* Thousand Oaks, CA: Corwin Press.

Day, C. (2000). Beyond transformational leadership. *Educational Leadership, 57,* 7, 56-59.

Deal, T. E., & Kennedy, A. (1982). *Corporate cultures: The rites and rituals of corporate life.* Reading, MA: Addison-Wesley.

Deal, T. E., & Peterson, K. D. (1999). *Shaping school culture: The heart of leadership*. San Francisco: Jossey-Bass.

Deal, T. E., & Peterson, K. D. (1994). *The leadership paradox: Balancing logic and artistry in schools*. San Francisco: Jossey-Bass.

Deal, T. E., & Peterson, K. D. (1990). *The principal's role in shaping school culture*. Washington, DC: U.S. Department of Education, Office of Educational Research and Improvement.

DePree, M. (1989). *Leadership is an art*. New York: Dell.

DuFour, R., & Eaker, R. (1999). *Professional learning communities at work: Best practices for enhancing student achievement*. Alexandria, VA: Association for Supervision and Curriculum Development.

Edmonson, J., Thorson, G., & Fluegel, D. (2000). Big school change in a small town. *Educational Leadership*, *57*, 7, 51-53.

Elmore, R. F. (1999-2000). Building a new structure for school leadership. *American Educator*, *23*, 4, 6-13.

Fege, A. F. (2000). From fund raising to hell raising: New roles for parents. *Educational Leadership*, *57*, 7, 63-65.

Fullan, M. (1994). Change forces: Probing the depths of educational reform. school development and the management of change series: 10. ERIC Document Reproduction Service No. ED373391.

Fullan, M. (1996). Professional culture and educational change. *School Psychology Review*, *55*, (4), 496-500.

Glanz, J. (1998). *Action research: An educational leader's guide to school improvement*. Norwood, MA: Christopher-Gordon Publishers.

Goldman, E. (1998). The significance of leadership style. *Educational Leadership*, *55*, 7, 20-22.

Goldring, E. B., & Rallis, S. F. (1993). *Principals of dynamic schools*. Thousand Oaks, CA: Corwin Press.

Greenberg, J., & Baron, R. A. (2000). Behavior in organizations (7th ed). Upper Saddle River, NJ: Prentice-Hall.

Hallinger, P., & Leithwood, K. (1998). Unseen forces: The impact of social culture on school leadership. *Peabody Journal of Education*, *73*, 2, 126-151.

Helgesen, S. (1996). Leading from the grass roots. In F Hesselbein, M. Goldsmith, & R. Beckhard (eds), *The leader of the future*, pp. 19-24. San Francisco: Jossey-Bass.

Hershey, P., & Blanchard, K. H. (1993). *Management of organizational behavior*. Englewood Cliffs, NJ: Prentice-Hall.

Heskett, J. L., & Schlesinger, L. A. (1996). Leaders who shape and keep performance-oriented culture. In F Hesselbein, M. Goldsmith, & R. Beckhard (eds), *The leader of the future*. pp. 111-119. San Francisco: Jossey-Bass.

Holcomb, E. L. (1998). *Getting excited about data: How to combine people, passion, and proof*. Thousand Oaks, CA: Corwin Press.

House, R. J., & Podsakof, P. M. (1995). Leadership effectiveness: Past perspectives and future directions for research. In J. Greenberg (ed), *Organizational behavior: The state of the science*. Hillsdale, NJ: Erlbaum.

Hoy, W. K., & Miskel, C. G. (1996). *Educational administration: Theory, research, and practice* (5th ed). New York: McGraw-Hill.

Hoyle, J. R., English, F. W., & Steffy, B. E. (1998). *Skills for successful 2lst century school leaders*. Arlington, VA: American Association of School Administrators.

Hoyle, J. R. (1995). *Leadership and futuring: Making visions happen*. Thousand Oaks, CA: Corwin Press.

Hoyle, J. R., & Crenshaw, H. (1997). *Interpersonal sensitivity*. Princeton, NJ: Eye on Education.

King, M., & Blumer, I. (2000). A good start. *Phi Delta Kappan, 81*, 5, 356-361.

Kugelmass, J. W. (2000). Not made for defeat. *Educational Leadership, 57*, 7, 25-28.

Kuhnert, K. W., & Lewis, P. (1987). Transactional and transformational leadership: A constructive/developmental analysis. *Academy of Management Review, 12*, 4, 648-657.

Leithwood, K. (1992). The move toward transformational leadership. *Educational Leadership, 49*, 5, 8-12.

Leithwood, K., Leonard, L., & Sharratt, L. (1998). Conditions fostering organizational learning in schools. *Educational Administration Quarterly, 34*, 2, 243-276.

Lunenburg, F. C., & Ornstein, A. C. (2000). *Educational administration: Concepts and practices*. Belmont, CA: Wadsworth/Thomson Learning.

Maslow, A. H. (1998). *Maslow on management*. New York: John Wiley & Sons, Inc.

Maslow, A. H. (1954). *Motivation and personality*. New York: Harper & Row.

McChesney, J., & Herding, E. (2000). The path to comprehensive school reform. *Educational Leadership, 57*, 7, 10-15.

Moffett, C. A. (2000). Sustaining change: The answers are blowing in the wind. *Educational Leadership, 57*, 7, 35-38.

Newmann, F., & Associates. (1996). *Authentic achievement: Restructuring schoolsfor intellectual quality*. San Francisco: Jossey-Bass.

O'Neill, J. (2000). Capturing an organization's oral history. *Educational Leadership, 57*, 7, 63-65.

Owens, R. G. (1995). *Organizational behavior in education* (5th ed). Boston: Allyn & Bacon.

Palestini, R. H. (1999). *Educational administration: Leading with mind and heart*. Lancaster,

PA: Technomic Publishing Co.

Peters, T. J. (1987). Thriving on chaos: *Handbook for a management revolution.* New York: Alfred A. Knopf.

Peters, T. J., & Waterman, R. H. (1982). *In search of excellence: Lessons from America's best-run companies.* New York: Harper & Row

Peterson, K. D., & Deal, T. E. (1998). How leaders influence the culture of schools. *Educational Leadership, 56*, 1, 28-30.

Podesta, C. (1993). *Self-esteem and the six-second secret.* Thousand Oaks, CA: Corwin Press.

Podsakof, P. M., MacKenzie, S. B., Moorman, R. H., & Fetter, R. (1990). Transformational leader behaviors and their effects on followers' trust in leader, satisfaction, and organizational citizenship behaviors. *Leadership Quarterly, 1*, 107-142.

Reavis, C. A., Vinson, D., & Fox, R. (1999). Importingacultureofsuccessviaastrongprincipal. *Clearing House, 72*, 4, 199-202.

Riggio, R. E. (2000). *Introduction to industrial/organizational psychology* (3rd ed). Upper Saddle River, NJ: Prentice-Hall.

Robbins, P., & Alvy H. (1995). *The principal's companion.* Thousand Oaks, CA: Corwin Press.

Schien, E. H. (1991). *Organizational culture and leadership.* San Francisco: Jossey-Bass.

Schmieder, J. H., & Cairns, D. (1996). *Ten skills of highly effective principals.* Lancaster, PA: Technomic Publishing Co.

Sergiovanni, T. (1995). *The principalship: A reflective practice perspective.* Boston: Allyn & Bacon.

Sergiovanni, T. (1992). *Moral leadership: Getting to the heart of school improvement.* San Francisco: Jossey-Bass.

Short, P., & Greer, J. (1997). *Leadership in empowered schools.* Columbus, OH: Merrill, Prentice-Hall.

Starratt, R. J. (1995). *Leaders with vision: The quest for school renewal.* Thousand Oaks, CA: Corwin Press.

Taylor, F. (1947). *Scientific management.* New York: Harper & Row.

Walford, G. (1998). *Doing research about education.* Bristol, PA: Falmer Press, Taylor & Francis.

Wallace, R. (1995). *From vision to practice.* Thousand Oaks, CA: Corwin Press.

Wilmore, E. L., & Thomas, C. (2001). The new century: Is it too late for transformational leadership? *Educational Horizons, 79*, 3, 115-123.

Yukl, G. (1998). *Leadership in organizations* (4th ed). Upper Saddle River, NJ: Prentice-Hall.

3

리더십의 가치와 윤리

> ### ✤ 주정부 학교 지도자 자격 컨소시엄(ISLLC) 표준
>
> 표준 5: 학교 행정가는 통합성, 공정성, 윤리적 태도를 가지고 행동함으로써 모든 학생들의 성공을 추구하는 교육 지도자이다.
>
> ### ✤ 단원 목표
>
> 이 장의 목표는 다음과 같다.
> - 학교의 지도자에게 있어 윤리적 행동의 중요성을 토의한다.
> - 학교의 지도자의 윤리 규범(codes)의 주요 개념을 확인한다.
> - 윤리적 리더십 행동을 기술한다.
> - 윤리적 실천을 개인적·직업적 행위와 연결시켜 그것을 개발하고, 명확히 하며 성찰한다.
> - 학교 지도자의 윤리적 딜레마가 갖는 시사점을 토의한다.

오늘날의 교육적 상황에서 많은 행정가들은 의사결정을 내려야 하는 윤리적 딜레마에 직면해 있기 때문에 리더십과 윤리는 동반자적 위치에 있다. 지도자의 행동을 깊이 있게 검토해 보면, 특히 대중의 신뢰를 받는 사람의 경우 윤리적 행동은 보다 큰 관심대상이 되어가고 있다. Enron, World Com, Arther Anderson의 회계회사 등의 몰락 이후 미국 기업의 높은 윤리적 행동을 요구하는 머리기사 때문에 지도자의 윤리적 행동을 깊이 검토하는 계기가 되었다. 윤리적 행동이란 가치 속에 내재하는 것이고 조직에서 지도자들의 행위와 동기에 관련을 맺게 된다. 학교 지도자들에 있어 윤리적 행동이란 비전과 영감을 제시하는 것뿐 아니라 교육적 과정에 목적과 의미를 가져다 주는 것을 포함한다. Yates(2000)는 말한다. "훌륭한 지도자란 먼저 훌륭한 사람이 되어야 한다"(p. 57). 그들은 미덕을 갖추고 진실성, 통합성, 헌신, 정열과 같은 가치의 본보기를 제시해 줌으로써 높은 표준을 지니고 있을 뿐 아니라 훌륭한 성품도 지녀야 한다. Maxwell(1999)은 말한다. "인성의 개발(character development)은 지도자로서 개발뿐 아니라 인간으로서 개발의 핵심대상이 된다." 이러한 리더십은 흔히 **가치중심**(value-centered)이라고 불려 왔으며, Behr(1998)는 이러한 가치중심의 리더십은 공동체의식을 형성하며 공유된 목적(shared goals), 가치(values),

그리고 헌신(commitments)을 강조하는 조직의 통합성(organizational integrity)을 창출한다고 주장한다.

성공적인 학교 지도자들은 비전, 성품, 가치, 임파워먼트 그리고 지구력을 포함한 특정한 윤리와 관련된 기술(ethics-related skills)을 가져야 한다. 윤리적인 행위(ethical behavior)란 몇 가지 요소의 결합의 결과인데, 그것은 지식과 행위의 규범에 깃들여진 근본적인 철학적 원리를 명확히 이해하는 것을 포함한다(Bersoff, 1996). 윤리적 행위란 성숙한 사고의 종합 산물이며 사려 깊은 판단력이며 현명한 관찰이자 신중한 생각이다. "가치란 행위의 동기를 부여하는 결정요인이다…. [그리고] 공유된 가치(shared values)가 조직의 개성을 결정하며 조직에 의미를 가져다 준다"(Razik & Swanson, 2001, 366-367). 때때로 윤리와 가치는 혼용해 사용되기도 한다. 그러나 Corey, Corey와 Callanan(1998)에 따르면 "… 이 두 용어는 동일한 것이 아니다; 가치(values)란 일상생활에 방향을 제시하는 믿음과 태도에 관련된 것이고, 반면 윤리(ethics)란 올바른 행위를 구성하는 어떠한 것에 대해 우리가 지니고 있는 믿음과 관련된 것이다"(p. 3). 학교 지도자들은 그들의 일상행동을 안내하는 가치와 태도가 요구되고 올바른 행위를 하는 데 필요한 도덕적 나침반을 제공할 수 있는 윤리가 역시 요망된다.

최근까지도 윤리적 주제들에 대한 관심이 거의 주어지지 않았다(Beck & Murphy, 1994). 그리고 역사적으로 학교 지도자들이 공식적으로 윤리적인 문제를 다룰 수 있도록 훈련을 받은 이들이 거의 없다. Czaja와 Lowe(2000)는 새롭거나 새로 인식된 가르치는 윤리(teaching ethics)에 대한 관심이 학교 지도자의 행위가 도덕적·윤리적인 지침과 의무에 따라야 한다는 사실을 인식하는 데서 나와야 한다고 주장한다. 다른 학자들도 책임자의 위치에 있는 사람들이 자신들의 가치를 알고 윤리적 행동에 따를 필요가 있음을 인정하고 있다. 아마도 지도자들은 그들 행위의 영향력을 윤리적 관점에서 이해할 것을 과거보다는 더욱 요청받고 있을 뿐 아니라, 그들의 가치와 신념을 구체화하도록 요구받기도 한다. Creighton(1999)은 말하기를 "지도자에게 필요한 중요한 교훈 중 하나는 … 일상생활의 환경에서 도덕적 가치가 깊이 자리 잡고 있으므로 그 중요성을 인식하는 것이다"(p. 3). Henderson(1992)은 다음과 같이 말하고 있다.

윤리적 기준은 그것이 공식적이든 비공식적이든 가릴 것 없이 지난 세기(20세기)에 엄청나게 변했다. 대체로 누구도 윤리적 기준이 20세기 후반기에 붕괴되었다고 말할 수는 없다. 그 역의 주장도 사실이다…. 사람들은 감수성이 보다 예민한 실천적인 행동을 기대할 수 있다…. 중요한 이슈는 단지 표준을 가지고 있다는 것 자체가 아니다. 중요한 문제는 그러한 표준에 합당하게 생활하느냐에 달려 있다(p. 24).

비록 윤리적 원칙(ethical principles)이 실제적이기보다는 흔히 심오한 것으로 여겨질지라도 학교 지도자들이 학교 공동체의 실제 문제를 다룸에 있어 일상적 사고와 행동에 지침 역할을 하지 않으면 안 된다. Czaja와 Lowe(2000)는 지적하기를 "윤리를 문자 그대로 실천하는 경험이야말로 삶을 변화시킨다"(p. 10). 윤리적 행위의 중요성은 아무리 강조해도 지나치지 않다. 리더십에 관해 사람들이 어떻게 생각하고 무엇을 믿느냐 하는 문제는 제도화된 가치와 실천으로 전환된다(McKerrow, 1977, p. 214). 명백히, 지도자에게 부여하는 가치란 그들이 학교 수준에서 어떻게 기능하는가와 관계된다. 그리고 Campbell(1997)이 언급했듯이 많은 문헌들은 "… 교육 지도자들이 그들의 행동이나 의사결정에서 윤리적 중요성에 대한 의식을 더욱더 개발하고 명확하게 하지 않으면 안 된다는 사실을 제시하고 있다"(p. 228). 윤리적 행위를 고무시키고자 한다는 조직들은 개인이 윤리적으로 규정된 표준에 따라 개인들이 행동할 것을 기대한다는 의사소통을 하게 된다. 이러한 조직들은 역시 그러한 행동의 본보기를 보여주고 비윤리적 행위를 삼가도록 하거나 벌주는 지도자들을 채용하는 한편, 모든 구성원에게 윤리적 이슈에 대한 담화와 토의를 촉진시킴으로써 윤리적으로 결정하는 방식을 가르쳐준다(Osland, Kolb, & Rubin, 2001).

이 장은 학교 지도자의 윤리 규범(code of ethics)을 검토함으로써 윤리적 행동의 중요성을 토의하며 윤리적 의사결정을 하는 지침을 제공한다. 또한 이 장은 학교 지도자들이 직면하는 윤리적 딜레마에 대한 가능한 선택들을 탐색해 보고자 한다. 현장경험 사례는 학교 지도자들이 일상적으로 대결해야 윤리적 결정에 초점을 두고 다룰 것이다. 우리가 볼 때 윤리적인 학교 지도자는 모든 학생들의 성공을 촉진시키며 인격과 평등, 공정 그리고 통합성에 대한 의식을 반영하는 가치체계에 따라 행동한다. 또한 윤리적 지도자는 그들이 학교나 지역사회의 구성원과 함께 일을 할 때 행위의 가장 높은 표준을 시범으로 보여준다.

1. 행위의 윤리적 규범

대부분의 직업이나 조직은 그들의 행동을 안내하는 일종의 행동 규범(code of behav-ior)을 가지고 있다. Osland, Kolb와 Rubin(2001)은 지적하기를 "윤리란 도덕적 의무와 옳고 그름에 관한 원칙에서 나오는 도덕적 의무(moral duties)와 미덕(virtues)에 기초해 사람들이 어떻게 행동해야 하느냐를 지시하는 행동의 표준을 지침한다"고 했다 (p. 111). Corey, Corey와 Callanan(1998)은 "… 윤리, 가치, 도덕성, 공동체 표준 (community standard), 법률 그리고 전문성(professionalism) 등은 전문직의 윤리에 대한 토의에서 결정적으로 중요한 요소이다"(p. 3). 지도자들은 이러한 행동의 규범을 알아야 한다. 그 이유는 행동 규범들은 지도자들이 문제와 딜레마에 봉착했을 때 그들이 취할 수 있는 행동노선을 제시하기 때문이다. Maxwell(1999)은 말한다. "지도자가 인생의 국면에서 어떻게 윤리를 다루느냐 하는 문제는 우리들로 하여금 그의 인격을 알 수 있도록 해준다"(p. 3). 비록 윤리적 규범이 지도자가 의사결정을 할 때 안내자 역할을 하는 데 도움이 되기는 하나 규범들 자체가 윤리적 책임을 시현하는 데는 충분하지 못하다. 실제 다른 전문가들도 여러 가지 전문직의 규범에 있어 한계와 문제가 있다는 사실을 인정하고 있다(Lanning, 1977; Herlihy & Remley, 1995; Bersoff, 1996). 지도자들이 규범을 현장에 적용하려고 할 때 겪을 수 있는 문제들은 다음과 같은 것들이 포함된다.

- 일부 딜레마 혹은 상황은 윤리 규범에 구체적으로 명시되지 않는다.
- 일부 윤리 규범은 특수성이나 명확성이 부족하다.
- 단지 규범을 아는 것이 윤리적 실천을 보장하는 것은 아니다.
- 윤리적 규범이 조직의 정책이나 실천과 갈등관계에 놓일 수 있다.
- 하나의 윤리 규범이 여러 문화적 상황 내에서 고려되지 않으면 안 된다.

Kitchener(1984), Meara, Schmidt와 Day(1996)는 카운슬러에게 필요한 6가지 기본적인 원리를 설명한 바 있는데, 이것들은 학교 지도자들이 최상의 윤리적 결정을 함에 있어 방향제시가 될 수 있을 것이다. 이러한 원리들은 자치, 비악의성, 자비, 정의, 성실성, 진실성이다. 자치(autonomy)란 다른 사람의 권리를 존중하고 자신들의 고유한 가치와 신념에 따라 선택하고 행동할 수 있도록 허용하는 것이다. 어느 면에서 이것은 학문적 자유와 교과과정에 사전 제시된 것과 정제된 균형을 이루는 것과 관련을 맺고 있다. 비악의성(nonmalifience)이란 기본적으로 남에게 해를 가하지 않는 것을 말한다. 지도자들이 다른 이들에게 해를 끼쳐서는 안 될 뿐 아니라 다른 사람의 복지를 증진시키는 의사결정을 내리지 않으면 안 된다. 정의(justice)라는 것은 개인을 대하는 데 있어 성, 연령, 인종 혹은 종족, 혹은 사회경제적인 지위를 불문하고 공정성과 평등성을 표현하고 있다. 모든 사람의 성공을 강조하는 문화를 구축할 때 지도자들은 학습공동체의 모든 구성원과 더불어 일하는 데 있어 정의의 시범을 보여야 한다. 성실성(fidelity)은 지도자가 다른 사람에게 정직하고 헌신함을 중시할 것을 요구하고 있으며 조직에서 신뢰를 개발함으로써 조성된다. 제1장에서 제시한 바 있지만 신뢰란 조직을 결합시키는 접착제 역할을 하고 있으며 성실성은 신뢰를 창조하는 데 결정적인 요소이다. 진실성(veracity)이란 지도자가 교직원, 직원, 학생, 부모 지역사회 주민과 상호 대면할 때 요구된다. 지도자가 교사나 학생들에게 피드백을 제시할 때 열의를 갖고 진실을 말할 수 있어야 한다는 사실이 중요하다.

원칙중심(principle-centered)의 지도자가 되기 위해서는 Blanchard와 Peale(1988) 역시 그들의 행동을 안내하는데 도움이 될 수 있는 일반적 원칙을 제시하고 있다. 이러한 원리들은 목적, 자긍심, 인내, 끈기, 전망들이며 이것들이 높은 윤리적 결정을 바라는 사람들에게 지침을 제공하게 된다. 목적(purpose)은 우리가 매일 아침 거울 앞에 서서 우리를 만나며 우리가 누구인지에 대한 좋은 느낌을 가지도록 양심을 갖고 행동하도록 해준다. 자긍심(pride)이란 의사결정을 위해서 타인의 수용에 신경을 쓰지 않는 건강하고 균형된 자기 존중감에 기초를 두고 있다. 인내(patience)란 평온하다는 의식의 결과를 말하며 일들이 결국에 가서는 잘 이루어질 것이라고 생각하는 것이다. 끈기(persistence)는 불편을 겪으면서도 특정 사람이나 계획된 일에 매달리는 것을 포함한다. 마지막으로 전망(perspective)이란 지도자로 하여금 그들의 시대를 검토하고 사람들에 관심을 기울이고 이슈에 대해서도 보다 명확히 파악하는 것을 말한다.

지도자들은 조직에서 기능을 수행하고 있기 때문에 대부분의 지도자들은 그들의 행동을 만들어내고 안내하는 일련의 가치와 원칙을 갖고 있다. 여러 유형의 조직들은 조직 구성원들의 행동과 관련된 그들 고유의 원칙과 가치 체계를 갖고 있다. 학교 행정가들을 위해서 미국학교행정가협회(American Association of School Administrators) 는 학교 지도자들이 지침을 받는 데 도움이 되고 전문적 행동을 취할 수 있는 윤리 규범을 채택한 바 있다. 이 규범은 여러 측면에서 관념적이기는 하나 동시에 다양한 역할과 상황에 적용될 수 있을 정도로 실제적이기도 하다. 행정가들은 학교가 모든 사람들에게 교육적 기회를 제공할 목적으로 봉사하는 공공 조직에 속한다는 사실을 인정한다. 그러나 교육 지도자들은 학교와 지역사회에서 윤리적 리더십(ethical leadership)을 발휘해야 할 책임을 떠맡지 않으면 안 된다. 이러한 책임은 각 개인으로 하여금 그들의 교육적 실천을 위한 전문적 행위의 모범적인 표준을 유지할 것을 요구하고 있다. 또한 지도자들은 학교 조직 내에 있는 사람들로부터 검토, 평가되기 마련이다. 따라서 전문가들은 표 3.1에 제시된 진술과 표준을 따라야 할 것이다.

비록 행정가들의 윤리 규범이 채택된 지 20여 년이 지났지만 많은 학교지도자들은 이 문서에서 확인된 구체적인 행동에 대해 잘 알지 못할지도 모른다. 학교 지도자들은 여기에 포함된 행동들을 이해해야 할 뿐 아니라 학습 공동체를 위한 최상의 통합성(integrity)의 시범을 보여야 하기 때문에 그것들을 매일의 일상적 생활에 접목해 나가지 않으면 안 된다.

표 3.1에 제시된 학교 지도자의 윤리 규범에 추가하여, Kidder(1995)는 윤리적 이슈

표 3.1　행정가를 위한 윤리 규범

1. 학생들의 복지를 모든 의사결정과 행동에 기초가 되게 한다.
2. 전문가로서 정직과 청렴성을 갖고 책임을 완수한다.
3. 공정한 과정의 원리를 지지하고 모든 개인의 시민적, 인간적 권리를 보호한다.
4. 지역, 주 그리고 국가 법률을 준수하고 간접적 또는 직접적으로 정부의 전복을 도모하는 조직임을 알고 가입하거나 지지하지 않는다.
5. 교육위원회의 정책과 행정 규칙과 규정을 실천한다.
6. 건실한 교육목적과 일치하지 않는 법률, 정책 그리고 규정 등을 수정할 수 있는 적절한 조치를 강구한다.
7. 정치적, 사회적, 종교적, 경제적 또는 다른 영향력을 통해 개인의 직위를 이용하는 것을 삼간다.
8. 정당한 자격인증기관으로부터 받은 학위나 전문적 자격증만을 인정한다.
9. 연구와 계속적인 전문성 개발을 통해 표준을 유지하고 전문직업의 효과성을 추구한다.
10. 계약 당사자들이 계약상에 상호 동의한 발표나 미해결 사항이 충족될 때까지 모든 계약을 존중한다.

출처: American Association of School Administrators Executive Committee, 1981 – American Association of School Administrators.

를 확인하는 다른 전략 등을 제시했다. 그 전략들은 다음과 같은 것을 포함한다.

- 결과 중심의 사고(ends-based thinking): 최대 다수의 사람들에게 최선인 것을 수행하고 "행동의 영향과 결과를 확인하는 데 역점을 두는 것"
- 규칙 중심의 사고(rule-based thinking): 최상의 양식 또는 내적 양심에 따르며 "…보편화될 수 있는 모범(maxim)이나 인식에 기초해 행동하는 것"
- 배려 중심의 사고(care-based thinking): 다른 사람이 당신에게 해주기를 바라는 것을 행하는 것인데 이것은 그들의 입장에서 충분히 배려해 주는 것이 요구된다 (p. 159).

이러한 원칙들은 제시된 윤리 규범과 다른 지침과 마찬가지로 지도자가 의사결정하는 데 안내자 역할을 할 수 있다. 그러나 Kidder(1995)는 만병통치식의 원칙은 없다는 것을 지적하고 있다. "당신은 한쪽만을 고수하는 딜레마에 빠져서는 안 된다. 길을 잘 못 들었을 때는 비켜서고 다른 쪽에서 해결책을 찾지 않으면 안 된다"(p. 163). 궁극적으로 윤리적 의사결정은 개인들로 하여금 "… 판단력, 성품, 도덕적 의식, 인식, 판별력 등 계량할 수 없는 여러 가지 요소를 고려해 내리게 된다"(p. 163). 살아 있고 본보기가 되는 윤리적인 행위는 학교 리더십에 있어 가장 어려운 측면에 속한다.

2. 윤리적인 실천과 행위

학교 지도자들은 그들의 학교 공동체의 다양한 요구를 충족시킬 때 어려운 도전적 상황에 직면하게 된다. 역사적으로 사회는 윤리적 행위를 늘 변화하는 환경에 적용하려고 온갖 노력을 경주해 왔는데 그러한 환경 속에서 옳고 그름의 의미는 시대와 상황의 특성에 따라 애매하고 불분명해질 수 있다. Adams와 Maine(1998)은 윤리적 행위 (ethical behavior)란 "무엇이 옳은 지, 선한 것인지 혹은 무엇이 보람이 있는지를 사람들이 판단하는 데 사용되는 표준과 가치의 결과이다. 다시 말하면 그들의 도덕적 기준 (moral stadards)이다"(p. 1). 지도자들이 윤리적 딜레마 혹은 상황에 놓이게 되면 그들은 무엇이 옳으며 선한 것인지에 대한 자신의 신념을 비판적으로 검토한 후 의사결정을 하거나 문제를 해결하기 위해 윤리적 규범이나 방향에 지침이 되는 원칙을 사용해야 한다.

지도자들이 학교에서 일어나는 복잡하고 급변하는 상황에서 협상을 할 때 지도자들은 각 학생들의 이익을 위해서 뿐만 아니라 학교와 지역 역시 고려의 대상으로 삼지 않으면 안 된다. Adams와 Maine(1998)은 윤리를 이해함으로써 이슈에 대처할 수 있고, 상황의 복잡성을 이해할 수 있고, 문제해결의 대안을 고려하고 해결책을 찾는 방식을 알게 된다고 했다. 해결책은 공평하고 공정해야 하며 많은 윤리적 행위의 방향을 제시하는 척도에 부합되어야 한다.

어떻게 학교 지도자들이 윤리적 행위를 반영하는 적절한 결정을 내릴 수 있을 것인가? Blanchard와 Peale(1988)은 지도자가 윤리적 결정을 내려야 할 때 윤리적 점검을 신속히 할 수 있는 질문을 다음과 같이 제시하고 있다.

1. 이것이 법적으로 타당한가?
2. 이것은 균형적인가?
3. 이것은 나 스스로에 대해 어떤 느낌이 드는가?(p. 27)

이러한 질문에 대한 대답을 할 때 지도자들은 먼저 그들의 행동이 법령이나 규범 혹은 학교 정책을 위반하지 않나 검토하지 않으면 안 된다. 다음에는 그들의 행동이 단기간 그리고 장기에 걸친 모든 이해당사자들에게 공정한 것인지를 결정해야 한다. 마지막으로 지도자들은 그들의 결정과 행동으로 말미암아 마음의 평온을 유지할 수 있을 것인지를 자문해 보아야 한다. 만약 교육 지도자들의 결정이 저녁 뉴스나 신문 편집기사의 관심 대상이 되었을 때 그들은 자신에 대해서 좋게 느껴질 것인가?

학교 공동체에서 반영된 다양한 신념이 문화적이든 종교적이든 간에 그러한 것이 있기 때문에 학교 지도자들은 흔히 갈등적인 가치체계를 다루지 않으면 안 된다. Kidder(1995)가 윤리적인 결정은 자신의 고유한 가치체계를 인정하는 데서 시작되는 것이라고 지적했지만, 학교 지도자들은 자신의 개인적 신념이 명확하지 않고 확신이 없거나 내부적 지침이 부족할 때는 윤리적 딜레마(ethical dilemma)가 생기게 되며 그들은 적절히 대처하지 못하게 될 수 있다. 지도자들은 그들의 사고와 행동을 규제하고 학교에서 일어나는 상황을 분석할 수 있는 능력을 부여하는 일련의 개인적 가치를 가지고 있다. 현장경험 사례에서 보는 바와 같이 학교의 지도자인 존(John)이 접근하게 된 예산 정보를 어떻게 할 것인가에 대한 일련의 의사결정을 내려야만 하는 윤리적 딜

◈ 현장경험 사례

최근에 존은 그의 교육구에서 모든 캠퍼스의 행정가들과 함께 예산에 관한 브리핑을 하는 자리에 참가하게 되었다. 교육구에서의 인구 이동으로 인해 일부 학교는 재정이 감소하게 된 반면 다른 학교는 예산의 증가분을 받게 되기도 했다. 비록 어떠한 결정이 구체적으로 확정된 것은 아니지만 존과 다른 행정가들은 학교에서의 잠재적인 등록규모와 그들의 내년도 예산을 검토해 보라는 요청을 받았다.

존이 전하는 이야기는 다음과 같다. "회합이 끝나고 참가자들은 비공식적으로 모여서 그들의 학교에 주는 시사점에 대해 토론을 했다. 나는 맨 마지막으로 자리를 떠나게 되었는데 내년도 예산에 대한 제안을 설명하는 서류철이 책상에 놓여있음을 발견하게 되었다. 그것은 재무부장인 그녀가 발표를 마치고 놓고 간 것이 명백했다. 나는 즉시 이 상황이 중요하다는 것을 깨달았다. 학교 이사회에 보고될 예산 제안 자료에 대해 알고 있다면, 나는 다른 학교의 예산을 비교함으로써 학교의 필요 사항을 옹호할 수 있는

유리한 상황에 놓이게 된다. 나는 나의 예산을 보호할 수 있는 입장이거나 또는 추가적인 지원 조차도 가능할 수 있었다. 갑자기 이 상황이 딜레마라는 것을 알게 되었다. 내가 예산서를 보아야 하나, 보지 말아야 하는가? 비록 이러한 기회가 나에게 주어진 것이 우연한 사건일지라도 그것을 보는 것은 잘못된 것이 아닐까? 만약 내가 저 서류를 보지 않고 단지 재무부장에게 그것을 돌려준다면 그녀는 내가 그 서류를 보았다고 생각 할 것이다. 내가 고려하지 않으면 안 될 또 다른 딜레마는 내가 그 서류를 단지 놔두고 떠나게 된다면 어느 정도 경쟁적인 예산 과정에서 다른 사람이 그것을 이용해 유리한 입장을 취하게 되는 것은 아닐까? 나는 그것이 한쪽은 손해 다른 편은 이익이 되는 양상이 된다는 생각이 들었다. 그러나 나는 모두가 이익을 얻는 입장이 되기를 원했다. 나는 윤리적 행위가 추상적인 어떤 생각이 아니라 매우 현실적인 것(real)이라고 인식하게 되었다.

레마에 빠져 있다. 이 사건의 시나리오를 전부 읽고 나서 당신이 이런 상황에 놓여 있었으면 어떻게 반응했을 것인가에 대해 생각해 보라.

이 시나리오가 설명하고 있듯 존은 몇 가지 대안을 선택해야만 하는데 그것 모두가 어떠한 결과를 가져오게 된다는 점이다. 존이 그의 딜레마를 해결하기 위해서는 윤리적 결정을 내리기 위한 다양한 가이드라인을 적용할 줄 알아야 한다.

Kidder(1995)는 사람들이 거짓말, 절도, 살인과 같은 커다란 윤리적 문제에 대해 고통을 받는 경우는 거의 없다고 말한다. 그러나 위의 사례인 예산철(budget folder)과 같은 미묘한 딜레마는 매일 직면하는 것이다. 이러한 분류는 진실 대 충정; 개인 대 공

동체; 단기 대 장기 그리고 정의 대 자비로 구분된다(Kidder, 1995). 진실 대 충정 (truth versus loyalty dilemma)의 딜레마는 학교 지도자가 진실의 어느 측면을 억제할 때 일어난다. 예를 들면 최근 어느 학교에서 한 교사가 정규 학급에서 특수 학급의 담당 보직을 맡게 되었다. 그 교사의 재배치는 특수한 교육 요구를 가진 학생에게 적합한 교사의 잠재력이 있기 때문에 그 보직이 결정된 것이라고 했다. 실제로는 그 교사의 재배치는 그가 맡은 정규 학급이 주에서 실시한 성과 시험결과가 낮게 나왔다는 사실에 상당한 원인이 있었다. 그 행정 관리자는 교사의 입장을 고려하는 측면에서 충정을 보였으나 전적으로 진실한 것은 아니었다.

지도자는 한 학생의 요구와 학교의 요구가 대립 관계에 있을 때 개인 대 공동체의 딜레마(individual versus community dilemma)를 겪게 된다. 한 학교에서 어느 학생이 심한 정서적 장애가 있어 하루 종일 한 교사에게 맡겨졌다. 비용 측면에서 이것은 공정하지 못하며 단지 한 학생의 교육적 요구를 충족시키기 위해 일대 일의 상황을 제공하는 것은 비용에 비해 효과적이지 못하다. 만약 그 교사가 다른 학생들도 담당하게 된다면 더 많은 학생들이 교육적인 서비스를 받을 수 있을 것이다. 다른 학생의 학습을 보호하기 위해서는 한 학생마다 교사 1인이 필요하나 그것은 엄청난 재원을 필요로 한다.

단기 대 장기의 딜레마(short-term versus long-term dilemma)는 편의성 여부가 이슈가 될 때 나타난다. 예를 들면, 학교 지도자들은 당장 해결해야 하며 장기적 계획이 아닌 것을 확인할 수 있어야 할 경우가 있다. 예를 들면, 긴급히 처리해야 할 일을 당했을 때(건물의 손상 등) 예산을 다시 원상회복하거나 더 큰 희생 없이 추가적인 예산을 찾아 연간 예산을 운용하려는 희망을 갖고 예산이 수반되지 않은 문제를 해결하기 위해 편성된 예산을 사용할 수밖에 없는 경우가 있다. 이러한 딜레마는 흔히 장기 목표나 프로젝트의 희생으로 신속한 처리를 요구하게 된다.

정의 대 자비의 딜레마(justice versus mercy dilemma) 역시 학교에서는 흔히 일어나는 일이다. 지도자들은 범법자들을 처벌하거나 정의를 행사할 수밖에 없는 상황에 놓이게 되는 한편 동시에 자비를 베풀기 위해 노력을 하기도 한다. 어떤 고등학교에서 한 학생이 체포되어 정학 처분을 받았는데 그 이유는 일반 주차지역 시찰기간 그의 차에서 총포물이 발견되었기 때문이다. 그날 아침 그 학생은 학교에 늦어 뛰어가고 있었다. 그래서 그의 아버지는 "내차를 가지고 가라" 말했다. 그 차는 그의 아버지의 소유였는데 그 학생은 총이 차의 좌석 아래 있다는 것을 알지 못했다. 이사회가 채택한 무관용(zero tolerance) 정책을 준수해야 하기 때문에 학교 지도자들은 학생을 정학시킬 수밖에 없었다. 학교 지도자들은 자비를 희생해가며 정의를 행사할 것인가 아니면 참작할 수 있는 정상이 있음에도 그를 처벌할 것인가 하는 딜레마에 빠지게 된다.

Kidder(1995)는 또한 윤리적 딜레마를 해결하는 데 도움이 된다고 볼 수 있는 조치 단계를 제시하고 있다. 이러한 조치들은 지도자의 정직하고 진실로 올바른 결정을 할 수 있는 능력과 의지에 기초를 두고 있다. 첫 번째 단계의 조치는 진정으로 도덕적 혹은 윤리적 딜레마가 있는가를 결정해야 한다. 일부 상황은 처음에는 윤리적 이슈를 포함하고 있는 듯이 보이나 실제 그 이슈는 피상적이며 예절이나 사회적 관습에 해당되는 경우도 있고 경제적, 기술적 혹은 심미적 관심에 기초를 두고 있는 경우도 있다. 예를 들면, 줄을 서 있는 곳에서 새치기하는 것은 윤리적 딜레마의 문제라기보다는 사회적 관례에 더 가까울 수 있다.

두 번째 단계의 조치는 만약 윤리적 문제가 존재한다는 것이 결정된 다음에는 개인은 그 상황에서 무엇인가를 해야 하는 도덕적·윤리적 책임이 있는지 결정해야 한다. 정직과 통합성(integrity)은 지도자로 하여금 개인적 혹은 정치적인 편의를 기호하기보다는 학교 행정가로서의 전문성을 가진 책임이라는 맥락에서 상황을 분석할 것을 요구한다. 답에 대한 근본적인 질문은 "나는 여기서 책임이 있는가?" 예를 들면 어떤 학생이 학교 지도자에게 그녀가 임신한 것 같아 두렵다고 고백했다. 그 지도자는 지도자의 책임이 무엇인지를 결정하지 않으면 안 된다.

세 번째 단계의 조치는 모든 관계 자료와 정보를 수집하는 것이다. 윤리적 결정을 내릴 때 지도자들은 가급적 많은 사실을 알아야 하며 그것을 얻기 위한 노력을 기울여야 한다. 단지 긴박한 상황에서만 지도자들은 이슈에 대해 즉각적인 결정을 내려야만 한다. 적절한 사실과 적합한 정보 없이 의사결정을 하는 것은 그 과정이 전횡적인 것으로 보일 수 있다. 학교 지도자들은 행동을 취하기 전에 이슈와 상황에 대한 모든 자료를 구할 수 있는 시간을 마련하고 가져야 한다. 단지 피상적인 내용이 파악된 상태에서 훈계적 조치를 취하고자 학생들을 교무실로 불러들였을 때 이러한 상황이 발생한다. 행동을 취하기 전에 학교 지도자들은 모든 구체적인 사항에 대한 자료가 필요하다.

일단 지도자가 자료나 관련 정보를 갖고 있다면, 네 번째 조치는 옳음과 그름 그리고 옳음과 옳은 이슈를 검증하기 위한 절차를 가져야 한다. 옳고 그름에 대한 분석을 할 때 먼저 이것은 법률적 성격인가? 법률적으로 위배되지 않는가? 두 번째 질문이 옳다면 그 때는 그 결정은 법률과 규범을 적용해야 할 대상이 되는 것인지를 확인해야 한다. Kidder(1995)는 만약 법률적 이슈와 관련된 사항이라고 보기가 어려운 경우 다른 유용한 검사를 제안하고 있다. 첫 번째 하위 검사는 **악취 테스트**(stench test)인데 이것은 "이것이 나의 내적 도덕 원칙, 나의 도덕적 표준(compass)과 상충되지 않는가? 하고 질문하는 것이다. 만약 처음의 반응이 무엇인가 냄새가 나면 당신의 옳고 그름에 대한 의식에 일치시켜 한다." 두 번째 테스트는 **앞면 테스트**(front-page test)인데 "당신은 이 결정이 신문에 첫 지면에 머리기사에 실리기를 바라는가"라고 질문하는 것이다. 만약 당신이 대중독자들이 면밀히 검사함으로써 발생하는 당혹스러움에 마음이 걸린다면 당신은 당신의 감정에 따라야 한다. 그리고 마지막 테스트는 **어머니 테스트**(mom test)인데 이것은 "당신은 행동과 결정이 당신의 어머니가 아시기를 바라는가"를 물어보는 것이다. 그런데 그 답이 부정적이라면 마음으로부터의 옳음에 대한 안내를 받는 것이 바람직하다.

옳음 대 옳음의 패러다임(right versus right paradigm)을 검증하기 위해서는 지도자는 앞서 논의된 4가지 윤리적 표본(benchmarks)을 사용해 분석하지 않으면 안 된다. 즉, 진실 대 충정, 개인 대 공동체, 단기 대 장기, 정의 대 자비가 그것이다. 지도자는 옳고 그름을 결정하지 않으면 안 되고 동시에 깊숙이 자리 잡은 핵심가치가 충돌하는지 여부를 역시 결정해야 한다. 어느 학교의 상담교사는 학교에서 콘돔을 배부했다. 그녀가 십대의 임신을 방지하고자 노력한 점에서는 그 동기가 정당하다고 할 수 있으나, 일부 학부모는 콘돔을 나누어줌으로써 학생들의 난잡한 성행위가 조장된다고 믿게 되어 학교 공동체에서 갈등이 발생되었다. 학교 지도자는 두 가지 옳은 일에서 어느 하나를 선택해야 할 상황에 놓이게 된다.

이슈가 명확해지고 학교 지도자가 행동을 위한 윤리적 의무가 있다는 것을 확인한 후에는 현안 이슈에 적합하고 적절하다고 여겨지는 이성적 노선을 채택하지 않으면 안 된다. 학교 지도자들은 여러 상황에서 명확히 금을 그을 수 있는 해답이 명백해지는 경우가 드물며 협상, 타협, 그리고 상호 이익이 되는 합의 그 쟁점의 양측이 타당하다는 것을 인정하기 위해 활용될 필요가 있다는 사실을 인식해야 한다.

마지막으로 학교 지도자들은 흔히 철저하고 지적인 오랜 검토 과정을 거친 후 행동을 취해야 한다. 이러한 과정을 밟은 후에도 Kidder(1995)가 언급한 "유사학문적" 고정관념(quasi-academic mind-set)으로 빠지게 될 위험이 있는데, 이는 지도자가 분석을 행동으로 혼란을 느끼며 실제적인 방법으로 딜레마나 상황을 다루지 못하게 된다. 각 공동체는 학교 지도자로 하여금 다루기 곤란하고 영향력이 크게 미치는 의사결정을 하도록 강요하고 있다. 윤리적 의사결정(ethical decision)이란 고립된 상황에서 이루어지는 것이 아니며 책임을 맡아야 할 위치에 있는 사람들은 모든 관계자들에 대한 최상의 이해를 바탕으로 의사결정을 내리지 않으면 안 된다.

예산철에 관한 존과 그의 딜레마를 다시 생각해 보자. 이러한 기회가 당신에게 주어졌다면 당신은 무엇을 할 것인가? 어떠한 가치와 믿음이 당신의 추론을 뒷받침할 것인가? 이러한 질문은 그 상황의 윤리를 반영하고 있으며 당신이 무엇을 할 것인가라는 결정과 씨름을 할 때 옳고 그름에 대한 어떤 표준을 적용할 것인가를 검토하도록 해준다. 당신의 믿음과 확신을 비판적으로 검토할 때 비로소 당신은 윤리적 추론을 하게 된다. 만약 다른 교육 행정가들에게 기회가 주어졌다면 예산철을 가져갈 것이라고 당신은 추론할 수 있다. 다시 말하면 당신은 당신의 교사진과 직원을 예산 삭감으로부터 보호하려는 좋은 의도를 갖고 그 서류철을 보는 행위를 정당화할 수도 있을 것이다. Adams와 Maine(1998)이 말하기를 "우리들 중 누구라도 부딪히게 되는 가장 심각하고 도전적인 질문들 중 일부는 이러한 윤리적 의사결정이 된다"(p. 2).

3. 윤리적 결정과 성 차이

지도자로서의 위치에 있는 교육자들이 윤리적 선택을 해야 할 때, 그들은 상황도 고려해야 하며 학교에 존재하는 차별(difference)에 민감하게 대응하지 않으면 안 된다. 성의 평등성(gender equity)은 학생들과 교사진 모두에게 관계되므로 학교 지도자들은 특히 성의 평등성에 대한 의식을 가져야 한다. 흔히 학교 지도자들은 남성이나 여성들에게 동등한 기회를 제공해야 하는 딜레마에 봉착하나 그러한 평등을 강화할 수 있는 규칙이 부족하다.

성의 평등

성(gender)과 관계없이 동일한 권리와 동일한 기회에 대한 원칙을 인정하는 법률이 최근 발효되었다. 그러나 성의 평등에 있어 진보는 더디게 이루어져 왔다. 그리고 여성이나 소녀들에 대한 고정관념(stereotypical view)도 여전히 남아 있으며 많은 분야에 있어 현저하게 나타나기도 한다. Kirkpatrick(1996)에 따르면, 여성 지도자의 수는 늘었다고 하나 최고 관리자 지위는 남성들이 계속 지배하고 있으며 여성은 관리자 직위의 30%, 임원직의 불과 2%만을 차지하고 있다. Adams와 Maine(1998)은 다음과 같이 지적한다. "많은 여성들의 일들은 여전히 남자들의 일에 비해 과소평가되고 있으며 전통적으로 여성들의 직업 영역인 … 가르치는 직업(teaching) … 등이 최근 예산삭감의 주된 대상이 되었다…"(p. 285).

모든 이를 위한 평등권의 긍정적 조치에도 불구하고 많은 여성들은 차별이 주는 실망스러운 현실로 계속적인 어려움을 겪고 있다. 교육 지도자들은 성 차별이 존재하는 모든 이슈에 대해 감수성을 지녀야 하며 공정과 평등에 기초해 의사결정을 해야 하고 행동을 취해야 한다. 학교 지도자가 겪는 한결같은 딜레마는 한 집단의 평등과 권리를 육성해줄 때 다른 집단의 권리가 타협의 대상이 되지 못한다는 사실이 명확하다는 데에 있다. 차별을 받아온 사람들의 입장을 옹호하는 것이 때때로 그들에게 혜택을 주는 것이 될 수 있다. 행정가와 이사회 임원들은 성이나 다른 주관적 기준에 관계없이 리더십 지위에 적합한 최상의 자질을 갖춘 인사를 선택하는 결정을 채택해야 한다.

기념비적인 시민권리법(civil right raw)인 Title IX가 1972년 통과되었으며, 이는 모든 미국인들은 평등한 권리와 기회를 가져야 한다는 신념을 강화했다. Title IX는 대부분의 공·사립학교를 포함한 유치원에서부터 대학원 혹은 전문대학에 이르기까지 모든 학생과 근로자들의 차별을 금지하는 것이다. 이 법은 정책과 프로그램이 소년과 소녀들에게 질 높은 교육을 위한 충분하고 평등한 접근 기회를 제공하고자 구상되었다(Ornstein, 1994). Title IX가 학교 교육(scholling), 성취업적(achievement), 그리고 고용(employment) 등 전반에 거쳐 영향력을 미쳐왔다. 이 법의 통과는 임신한 고등학교 소녀들의 중도 탈락률을 낮추고 수학과 과학의 기회를 향상시켰으며 중등학교 후 대학원 그리고 전문학위과정의 수료를 촉진시켰다(Office of Civil Rights, 1990).

비록 Title IX의 통과와 실천으로부터 많은 진보가 이루어졌지만 여전히 성 간에 불균형 영역이 남아 있다. 학교 지도자들은 평등법을 어떻게 해서든지 이해하고 성의 편견과 관련된 프로그램과 정책에 대한 윤리적 결정을 내리도록 힘써야 한다. 명백하게 성의 평등에 관한 윤리적 결정은 역시 법적 시사점을 갖고 있으나 법률은 물론 옳음에 대한 의식(sense of rightness)이 결정을 내리는 데 지침의 역할을 해야 한다.

평등한 기회와 공정성은 보다 넓은 문화와 사회 내에서 증진되어온 두 가지 윤리적 원리이다. 학교의 학생들은 성적 이슈와 관련된 딜레마를 공정성과 평등성을 갖고 다루는 교사들에 의존하고 있다. 예컨대, 자기 이미지와 학교에서 구체적 성과 관련된 역할 모델의 활용 또는 그 활용의 미흡함 사이의 관계성을 결정하는 간단한 방법은 존재하지 않는다. 그러나 많은 학교에서 교사 직원의 압도적인 수가 여성인 반면 행정 직원들은 남성들이 다수를 이루고 있다. 이러한 사실은 조용하나 강력한 메시지로 학생들에게 전달된다. 그 전달되는 메시지는 소녀는 교사가 되기를 열망하고 소년은 행정가가 되는 포부를 갖게 될 수 있다(Nieto, 1996; Sanders, 1999).

연구결과에 따르면 학교는 수학이나 과학 그리고 공학 부문은 여성들에게 흔히 불평등하고 우호적이지 못하며 그 결과 남학생과 여학생 사이의 점증하는 성취도의 격차가 존재한다(Lockheed, 1985; Lucidi, 1994; Sadker & Sadker, 1994). 학문적 주제에 대한 성적 선호도를 암시하는 자료와 함께 문화적 편견 역시 많은 여성 차별적 신념을 영속화한다. Cardenas(1994)에 따르면 소수집단과 혜택을 받지 못하는 소녀들은 여러 형태의 차별을 받는 자들이다. 교과과정의 학습교재가 성에 대한 편견이 있는 언어와 내용을 포함하고 있으며, 소년들은 능동적이며 활기 있게 그려지는 반면 여성들은 본다든지 기다리는 수동적인 모습으로 그려지고 있다(Love, 1993). 성에 대한 편견의 관행은 일부 분야는 소년에게 적합하고 또 다른 분야는 여성에 유리하다는 관념을 강화시키고 있다(Colby & Foote, 1995). Flynn과 Chambers(1994)에 따르면 소년과 소녀는 학교에서 다르게 대해지고 있으며 성인이 갖는 여러 가지 미묘하고 의도되지 않은 문화적 편견의 메시지가 소년 소녀들 간에 성 때문에 성공할 수 없는 분야가 있다는 생각을 갖게 해 준다. 그 결과 흔히 많은 소녀들은 소년들보다 낮은 자기 존중감(self-esteem)을 갖고 있으며 자신들의 성공을 능력보다는 행운으로 돌리곤 한다(Sanders, 1999).

성에 대한 이슈의 한 예는 다음의 현장경험 사례에 기술되어 있다. 신임 체육국장인 수잔 반즈(Susan Barnes)는 운동경기 예산에 있어 몇 가지 딜레마에 직면하고 있다.

교육 리더십 분야는 기업 부문처럼 여전히 남자의 세계이며 특히 최고 경영자(CEO) 또는 교육감(superintendent) 직위에서 더욱 그러하다(Skrla, 2001). 기업의 세계에서 여성은 주요 기업의 CEO 중 불과 10 %를 차지하고 있다(Himelstein, 1996). 교육 분야

◎ 현장경험 사례

수잔 반즈(Susan Barnes)는 방금 커다란 교외 학교구의 체육국장(Athletic Director)로서의 위치를 수락했다. 그녀는 이 교육구에 첫 번째 여성 체육국장이며 전체 주에서 5명 중 한 명이다. 그녀의 근무 첫 번째 주에 여학생 배구 코치가 찾아오게 되었는데 500달러의 추가 자금을 요청하는 건이었다. 여학생 배구팀은 과거에 매우 성공적이었으며 향후 다른 승리의 시즌도 기대된다.

수잔은 이야기를 다음과 같이 전한다. "배구팀을 위해 추가 자금을 검토하는 동안 나는 교육구에 배정된 예산에 현저한 불평등이 있음을 발견했습니다. 남학생과 여학생의 수가 동일했음에도 불구하고 남학생의 체육예산이 전체 예산의 2/3로 계상되었습니다. 나는 또한 파워 리프팅 (power lifting)에서 남학생들은 코치를 두고 있으며 교육구가 유니폼과 여행자금까지 제공했습니다. 여학생들도 남학생과 함께 운동을 했으나 그녀들은 자신의 유니폼을 자신들이 직접 구입해야 했고 그녀들이 경연장으로 가는 비용도 자신들이 부담했습니다." 단순한 요청으로 시작한 것이었으나 체육예산의 불평등을 확인하는 동안 그것은 매우 실제적인 딜레마가 되었다.

차별(discrepancies)과 관련된 법률적 이슈가 있기는 하지만 체육 프로그램에 있어 공정성과 평등성에 관련된 윤리적 이슈도 역시 포함되어 있었다. 반즈는 윤리적 딜레마에 직면하기 시작했는데 그녀의 말에 따르면 "내가 내린 의사결정에 따라 나는 나의 직업을 잃는 결과를 가져올 수도 있습니다."고 했다.

에 있어 더 많은 여성들이 대학의 학위를 갖고 있고 더 많은 학급 경험을 갖고 있음에도 학교 지도자들은 매우 적은 편이며 특히 교육감의 직위는 그러하다. Skrla(2001)에 따르면 "미국에서 모든 교육감 자리의 90%는 남자들이 차지하고 있다"(p. 1). 가르치는 것은 역사적으로 여성들이 수행해온 직무이지만 어느 점에서 보면 여성들은 리더십이 직위와 관련해서는 더 이상 막다른 길(더 이상 승진이 없는 곳)에 도달한 셈이다. Skrla는 이에 대해 다음과 같이 논평하고 있다. "교육에 관한 한 미국의 메시지는 명확하다. 즉, 여성은 가르치고 남성은 관리한다"(p. 1). 명백히 학교 지도자와 그들을 고용하는 학교 이사들을 훈련시키는 대학들은 윤리적 딜레마에 직면해 있다. 다시 말하면 대학들은 리더십의 위치에 적합한 여성들을 어떻게 효과적으로 훈련시키고 충원할 수 있을 것인가?

4. 윤리적 결정과 문화적 다양성

학교 지도자들은 사회에서 일어나는 변화와 일반 인구집단에서 나타나는 광범위한 문화적 다양성을 인식하지 않으면 안 된다. Greenberg와 Baron(2000)은 다음과 같은 추세를 규명했는데 이는 일터와 사회의 다양성을 반영한다.

- 그 어느 때보다도 더 많은 여성이 일터에서 일한다.
- 인종적·민족적 다양성은 일종의 현실이다.
- 사람들은 과거 어느 때보다도 더 오래 살며 일하고 있다(pp. 20-21).

1995년에 Carnevale와 Stone은 아시아계, 라틴아메리카계, 아프리카계 미국인의 수가 점차 많아져 여러 주와 지역사회에서 소수 민족이라는 용어가 진부해지고 있음을 밝혀냈는데 이는 2000년도 인구조사에서 확인된 것이기도 하다. 오늘날의 학교는 오늘날 사회에 팽배한 문화적 다양성을 반영하고 있다. Smither(1998)에 따르면 보다 많은 소수집단과 다른 문화에서 온 사람들이 고용됨에 따라 조직들은 지난 수십 년 전에 일터를 구성했던 전통적인 백인과 함께 일하는 과거의 방식은 더 이상 효과적이지 못하다는 현실에 직면하게 되었다. 그는 계속 언급하기를 "많은 사람들이 느끼기에 놀랍게도, 인종과 성문제 등은 너무 복잡해서 법률을 통해 해결하지 못한다(p. 34). 한때 학교를 동질적 문화의 창조 수단으로서 활용된 사회는 문화적 다양성을 긍정적으로 받아들이고 그 차이를 긍정하고 받아들이며 존중하는 사회가 되어야 한다.

매일 학교 지도자들은 어느 측면에서는 다양성의 이슈를 확인하는 윤리적 결정을 다루지 않으면 안 된다. 그리고 하나 또는 그 이상의 민족 또는 종족 집단이 학교 정책 때문에 불리한 위치에 놓이게 될 때 윤리적 딜레마가 일어나게 된다. 행정가와 교사들은 계속적으로 장애가 있는 학생들을 어느 정도 정규교육에 참여시키는가 하는 문제뿐만 아니라 두 개 언어를 사용하는 이민자나, 낮은 경제사회적 수준, 그리고 소수민족 어린아이들의 교육요구를 수용한 프로그램을 개발할 때 윤리적 결정을 내리지 않으면 안 된다. Smith, Moallem과 Sherrill(1997)에 의하면 4가지 요소가 교육자들이 가진 신념의 변화를 주도하는데 도움이 된다고 한다. 이러한 4가지 요소는 교육, 여행, 차별에 대한 경험, 그리도 문화적 차이의 접촉이다.

학교 지도자들이 평등과 공정을 반영해야 할 윤리적 결정을 내릴 때 자신의 사고에 영향을 미치는 민감한 문화적 이슈를 확인해야 하며, 그러고 나서 위험을 겪게 될 것이나 타협의 대상이 되는 문화적 또는 평등의 원리를 확인해야 한다.

5. 당신의 윤리적 IQ는 어느 정도인가?

학교 지도자가 된다는 것은 개인으로 하여금 윤리적 결정을 내리도록 요구한다. White와 Wootten(1986)은 윤리적 행동이란 4가지 개념구성물(constructs), 즉 가치, 과학, 규범 그리고 법률이 합류하는 데서 유래한다고 주장한다. 그들은 이러한 개념구성물이 윤리적 딜레마와 문제에 대한 우리의 반응을 형성하는 데 도움이 된다고 했다. 다음에서는 교육으로 발생하는 10가지 실제생활의 딜레마가 있다. 각 딜레마는 선택을 요구한다. 각 질문에 대한 당신의 첫 번째 반응을 '아니오', '상황에 따라', 그리고 '예'로 답하라. 당신의 반응은 그 상황에서 실제 행동을 했으리라 믿는 것을 표하고 당신이 최선의 답이라고 생각하거나 믿는 것을 답하지는 말라.

1. 당신은 교외 교육청에 새로운 교과과정 부서 책임자로 지금 막 채용되었다. 당신은 주 교육당국이 주관하는 회의에 참석하고 있는 중이다. 당신은 토요일에 비행기를 타고 집으로 갈 계획을 갖고 있었다. 그러나 당신이 회의에서 만난 이웃학교 교육구 출신의 친구들이 같이 차를 타고 귀가하자고 제안했다. 또한 차를 같이 타고 간다면 회의에서 제시되었던 교과과정의 변화를 논의할 수 있을 것이라고 했다. 비행기는 2시간 소요되지만 차를 타고 가는 것이 비록 4시간이나 걸리지만 다른 사람과 연결고리를 형성하는 것이 좋은 기회일 것으로 여겨졌다. 게다가 그들이 당신을 차로 집에까지 데려다 준다 하니 당신의 가족이 공항으로 차를 타고 30분 정도 걸리는 수고를 하지 않아도 된다. 당신의 새로운 친구와 함께 차를 타고 집으로 돌아오는 것은 매우 유혹받기 쉬운 일이다. 당신은 추가 여행시간은 당신의 호주머니에서 나왔지 교육청에서 나온 것은 아니라고 생각한다. 새로운 친구와 함께 차를 타고 집으로 향했다. 그리고는 그들에 여정의 중간지점에서 개스를 사도록 그들에게 20달러를 주었다.

   질문: 당신은 귀가용 비행기표를 환불시키고 그 돈을 가질 것인가?

   아니오   상황에 따라   예

2. 교육청은 사무실의 물품을 개인적으로 부당하게 사용하는 것에 대해 엄격한 정
   책을 갖고 있다. 가장 유능하고 장기간 직책을 가진 비서가 컴퓨터 디스크를 통
   에 넣어가지고 집으로 가지고 가는 모습이 그녀의 상관인 당신에게 발각되었다.
   집에서 작업을 하는 경우 물품을 확보하는 명확한 규정이 있기도 하지만 이러한
   행위는 규정상 금지된 것이다. 학교의 정책에 따르면 당신은 그 비서를 해임해
   야 한다.

   질문: 이 충실한 근로자에게 예외적 조치를 취할 것인가?

   아니오   상황에 따라   예

3. 당신은 관할 교육청에서 방금 학생들의 성적을 추적 관리할 수 있는 값 비싼 컴
   퓨터 소프트웨어 프로그램을 구매했다. 당신의 기술자가 집에 가져갈 수(take-
   home) 있는 복사물(copy)을 원하는가 물었다. 당신은 그것이 지적 소유권으로
   보호되고 있다는 사실을 안다.

   질문: 당신은 그 기술자가 당신에게 프로그램 복사를 해 주도록 할 것인가?

   아니오   상황에 따라   예

4. 당신은 관할 교육청의 평가국장(director)이다. 캠퍼스 담당 교장(building prin-
   ciple) 중 한사람인 당신의 친구는 교육감(superindent)이 학교 단위 교육 행정
   가들이 주에서 실시한 학생들의 학업성취평가에 대한 모호하고 정확히 판단할
   수 없는 정보를 제공하기를 바란다는 사실을 은밀히 알려주었다. 당신의 친구는
   그 문제에 관심이 높고 당신이 조언을 해주기를 바란다.

   질문: 당신은 당신의 친구가 교육감의 제안에 따르도록 할 것인가?

   아니오   상황에 따라   예

5. 세 달 전에 당신은 교육컨설팅 회사를 설립했다. 당신의 첫 번째 주요 고객은 교
   과과정 개발회사인데, 그 회사에서는 "즉시 성과를 가져오는 것이 보장되는" 새
   로운 수학 프로그램을 당신이 개발하기를 원했다. 당신의 거듭된 요청에도 프로
   그램 개발자나 프로그램 개발회사는 당신에게 그들의 주장을 뒷받침할 자료를
   당신에게 주지 못했다.

   질문: 당신은 보다 실질적인 증거 없이 그 회사의 컨설턴트 업무를 계속할 것인가?

　　　　아니오　　　　　　상황에 따라　　　　　　　예

6. 당신은 큰 규모의 학교 캠퍼스의 지도자이다. 인사 사무국에서 당신의 학교에 수학을 담당할 직위에 응모한 두 사람의 후보자를 확인하게 되었다. 두 후보자 중에서 보다 자질이 있는 우수한 사람이 수학과의 큰 기여를 할 수 있었으나 인터뷰과정에 그가 다소 냉담하고 거리감이 있어 보였으며 당신의 퍼스낼리티와 마찰을 빚을 듯했다. 비록 그 부서에서 그의 역할이 크게 기여되지는 않지만 자질이 떨어지는 후보자를 당신이 선택할 수 있다.

   질문: 당신은 자질이 떨어지는 후보자를 선택할 것인가?

　　　　아니오　　　　　　상황에 따라　　　　　　　예

7. 당신은 체육감독이며 당신의 책임 중 하나는 체육활동의 적정성을 감독하는 업무이다. 당신 학교의 팀은 주에서 결승경기로 나아가는 좋은 기회를 맞고 있다. 그러나 이번 중에는 지역의 강력한 경쟁자를 물리쳐야 한다. 경기에 임하는 첫 번째 선수의 정당성을 인정할 수 없는 위태로운 상태에 놓이게 되었다. 교사 중 한 사람이 당신에게 다가와서 그 학생이 선수로서 정당하다는 것을 확인해 달라는 제안을 했다.

   질문: 당신은 그 교사의 제안을 받아들여 이 경기가 정당하게 되도록 도와줄 것인가?

　　　　아니오　　　　　　상황에 따라　　　　　　　예

8. 당신은 최근 큰 고등학교 교장의 직책을 수락했다. 당신이 첫 번째로 처리해야 할 직무는 상급반 후원자를 위해 여행하는 데 소요되는 모든 비용을 공식인정하는 것이다. 라스베이거스로 가는 4일간의 여행 경비는 상급반이 반지와 당신 학교의 초대장을 파는 업자로부터 지불되었다. 그 여행은 스폰서에게 일등급 차표가 포함되었으며 고급 호텔에서 사교모임이 있으며 모든 음식이 제공되며 500달러의 사례금도 포함되어 있다. 당신은 교육구 정책이 명시적으로 이러한 행사를 금지하지 않으며 과거에도 이러한 사례는 흔히 있었던 일이라는 것을 알고 있다.

   질문: 당신은 상급반의 여행을 허가할 것인가?

아니오   상황에 따라   예

9. 당신은 정책검토 위원회의 위원 중 한 사람이다. 교육구에서는 중도 탈락자를 줄이려고 하나 중도 탈락자의 비율이 높은 편이며 특히 여학생의 경우 그러하다. 지역의 행정가와 인터뷰를 할 때 당신은 교육감이 그의 "깊은 종교적 확신" 때문에 임신한 학생은 학교를 그만두어야 한다는 정책을 실천해 오고 있음을 알게 되었다.

질문: 당신은 교육감의 개인적 신념이 도전 없이 실천되도록 허용할 것인가?

아니오   상황에 따라   예

10. 당신은 두 사람의 코치가 당신의 건물에서 새로운 장치에 대해 토의하는 소리를 듣게 되었다. 새로운 장치를 갖게 되어 그들이 흥분되어 있었지만 그 장치의 디자인 때문에 그것이 비록 심각한 상해를 가져올 가능성은 희박하기는 하나 학생들을 제대로 보호하지 못할 것이라는 걱정의 소리를 내고 있었다.

질문: 당신은 사고를 당할 학생에 대한 책임을 직접적으로 지고 있는 것은 아니므로 그들의 언급을 전적으로 무시할 것인가?

아니오   상황에 따라   예

당신의 윤리적 지수(IQ)를 계산할 때 아니오, 상황에 따라, 혹은 예라고 반응한 수를 계산하라. 3개의 범주 중에서 가장 높은 숫자가 나온 것을 취해 거기에다 100을 곱하라. 그리고 그 결과치를 5로 나누라. 이것이 당신이 윤리적 IQ이다. 평균은 100이고 완벽한 점수는 200점이다. 만약 당신의 점수가 3개의 특정 영역에서 160점 이상이 된다면 당신은 강력하고 일관된 윤리적 의사결정 패턴을 가진 사람이다(Greenberg & Baron, 2000에서 일부 수정; Henderson, 1992).

6. 사례연구

윤리적 IQ에 있는 첫 번째 딜레마로 돌아가 보자. 당신은 교외 교육청에 새로운 교과과정 부장으로 고용되었다. 귀하는 회의에 참가했다. 당신은 비행기를 타고 집으로 돌아오려는 계획을 세웠다. 친구를 사귀고 일의 절차나 방법을 배우기를 열망했으므로

당신은 이웃 교육구에서 온 두 동료를 만났다. 그리고 당신은 비행기를 탑승할 것인가 아니면 그들과 함께 차를 탈것인가를 결정하지 않으면 안 된다. 당신이 '예', '아니오', 혹은 '상황에 따라'라는 반응을 보였을 때, 생각이 당신의 마음속에 스쳐갈 것이다. 반응을 보일 때 무엇이 마음속에 나타나는가? 어떠한 윤리적 이슈를 확인하게 되는가? 당신의 계획을 변경하는 것이 중요한가? 만약 그렇다면 왜 그런가, 혹은 아니라면 왜 아닌가?

당신은 새로운 교과과정 담당 부서장으로서 당신의 위치를 활용해 이 사례에 부합되는 윤리적 경계선을 개발하게 된다. 다음 질문에 대해 글로 써 답변해 보라.

1. 교육구의 규모는 어느 정도인가? 무엇이 학업내용이며 학생 표본 집단의 인구분포(demographics)는 어떠한가?
2. 당신의 구체적인 책임은 무엇인가?
3. 이 시나리오에서 당신에게 핵심적인 윤리적 이슈는 무엇인가?
4. 무엇이 당신의 관심사인가?
5. 당신이 결론에 도달하기 위해 어떠한 조치단계를 밟는가?

당신의 신념체계나 윤리적 입장에 통찰력을 제공할 수 있는 어떠한 패턴을 볼 수 있는가?

7. 요약

이 장은 학교에서의 리더십에서 가치와 윤리의 역할에 대한 개관을 해 보았다. 실제 모든 전문직에서는 행위를 규제하는 규범과 신념체계가 있기 마련이다. 학교 지도자들은 윤리의 규범이 있을 뿐 아니라 의사결정 과정에 도움을 주는 다른 지침을 갖고 있다.

학교 지도자들이 윤리적 딜레마에 직면하게 될 때 가능한 최상의 결정을 내리기 위해 노력을 경주해야만 한다. 그러한 노력을 할 때 그들은 스스로에게 물어야 한다. 즉, 이것은 법률적으로 부합하는가? 이것은 균형이 맞는가? 이것이 나로 하여금 어떤 느낌을 주는가? 교육 지도자들이 윤리적 딜레마를 해결하려고 할 때 4가지를 모범사례

(benchmark)로 삼아야 한다. 즉, 진실 대 충정, 개인 대 공동체, 단기 대 장기, 그리고 정의 대 자비가 그것이다.

학교 지도자들은 학교 내에서 성이나 다양성 등을 윤리적으로 찾아내는 책임을 지고 있다. 여성들이 학교 행정의 최고 위치까지 오르지 못하는 경우가 많기 때문에 학교에서 '여성들은 교사'이고 '남성들은 지도자이다'라는 말이 회자되는 듯하다. 끝으로 이 장에서는 당신의 윤리적 지수(IQ)를 측정할 수 있도록 했다. 이 설문조사는 독자들이 윤리적 딜레마에 반응할 때 자신의 도덕적 지향점(compass)을 측정할 수 있는 기회를 독자에게 주고자 한 것이다.

8. 실천과제

3.1. 잠시 시간을 내서 성 이슈에 관한 KWL차트를 구성해 보라(무엇을 알고 있는지, 무엇을 알기를 원하는지 그리고 당신이 무엇을 배웠는지). 그리고 나서 각 난에 몇 가지 내용을 기재하라. 성의 주제에 대해서 귀하가 이미 알고 있는 것이 있고 이 장에서 배운 것이 있을 것이다. 한편 아직도 알고 싶은 것이 무엇인가? 성 평등에 관한 주제에 대해 다음의 참고문헌이 도움이 될 것이다.

AAUW Report: How schools shortchange girls. (1992). Annapoils Junction, MD: American Association of Women.

AAUW Report: Growing smart: What's working for girl in schools. (1995).

Checkley, K.(1996). Reducing gender bias in school. *Association for supervision and curriculum development: Education update. 38*, 1, 1, 6 and 8.

Derman-Sparks, L., & the A. B. C. Task Force. (1989). *Anti-bias curriculum: Tools for empowering your children*. Washington, DC: National Association for the Education of Young Children.

Renema, E., & Peterson, P. (1987). Effective teaching for girl and boys: The same or different. In D. C Berliner & B. V. Rosinshine (eds), *Talks to Teachers* (pp. 111-125). New York: Random House.

Gollnick, D., & Chinn, P. (1944). *Multicultural education in pluralistic society*. New York: Merrill.

Grossman, H., & Grossmanm S. H.(1944). *Gender issues in education*. Boston: Allyn & Bacon.

Paley, V. (1984). *Boys and girls*. Chicago: University of Chicago Press.

3.2. 당신은 캠퍼스 지도자로서 교사의 편견 관련 이슈에 대해 정보를 제공받을 수 있도록 어떠한 조치를 취할 수 있는가? 교사가 계획을 수립하고 가르칠 때 그들의 직업 생활을 풍요롭게 하기 위해 무엇을 할 수 있는가? 다른 사람을 돕는다는 것은 먼저 자기 자신부터 시작하는 것을 의미한다.

  a. 다양성에 대한 귀하의 태도와 편견은 무엇인가? 어렸을 때를 생각해 보라. 집에서 학교에서 혹은 친구와 함께 있으면서 편견이라고 볼 수 있는 첫 번째 사건을 기억할 수 있는가? 이러한 사례들이 준 영향 정도를 적고 깊이 생각해 보라. 여기에 패턴과 추세가 있는가?

  b. 다음 며칠 동안, 당신은 학생들과 교사들 간에 어떻게 상호 접촉할 것인지를 생각하고 이러한 것을 당신의 기록물에 적어보시오.

  c. 다음 몇 주 후에 학교 도서관을 찾고 교실을 방문한 후 활용할 수 있는 자료와 참고문헌을 분석하라. 어떠한 문헌이 제공되고 있는가? 그리고 교과서와 매체자료를 분석하라. 어떠한 전통적 그리고 비전통적 모델이 제시되고 있는가?

3.3. 당신의 행정적인 역할은 변하고 있으며 점차 도시화되고 극도로 다양화되어 있어 한때 농촌지역에 위치하고 있으나 오히려 도시학교가 되어가고 있는 초등학교 교장이 된 지 15년이 지났다. 당신은 지금 당신의 교사들에게 순응 모듈(compliance modules)의 완성을 요청받고 있다. 당신은 각 학급 수준에서 온 대표들의 작은 모임을 개최하는 것이 동시에 같은 학년의 모든 구성원이 참가하는 대규모 모임보다는 더 효과적이라는 것을 결정해야 한다. 당신의 목적은 수직적으로 일치하는 집단적 사고의 결과를 얻는 것이다. 당신은 고정관념을 갖는 것에 대한 토의가 시작될 수 있도록 책들을 활용하는 것을 결정해야 한다. 이러한 모임의 준비를 위해 다음의 아동도서들을 읽어 보라.

dePaulo, T. (1979). *Oliver button is a sissy*. New York: Harcourt, Brace, Jovanovich.
Hoffman, M. (1991). *Amazing Grace*. New York: Dial Books for Young Readers.
Zolotow, C. (1972). *William's doll*. New York: HarperCollins.

  당신이 이러한 책들을 읽었다면, 당신은 교사들과 정직한 대화를 열어가기 위해 어떻게 이것들을 사용할 것인가? 당신은 그들의 진정한 성찰과 느낌을 촉진할 것인가? 어떠한 질문이 토의를 촉진할 것인가?

참고문헌

Adams, D. M., & Maine, E. W. (1998). *Business ethics for the 21st century*. Mountain View, CA: Mayfield Publishing.

Beck, L. G., & Murphy,J. (1994). *Ethics in educational leadership programs: An expanding role*. Thousand Oaks, CA: Corwin Press.

Behr, E. T. (1998). Acting from the center. *Management Review, 87*, 3, 51-60.

Bersoff, D. N. (1996). The virtue of principle ethics. *The Counseling Psychologist, 24*, 1, 86-91.

Blanchard, K., & Peale, N. V. (1988). *The power of ethical management*. New York: William Morrow

Campbell, E. (1997). Ethical school leadership: Problems of an elusive role. *Journal of School Leadership, 7*, 3, 287-300.

Cardenas, J. (1994 March). A comprehensive approach to gender equity. *IDRA Newslette, 21*, 3, 3-4.

Carnevale, A. P., & Stone, S. C. (1995). *The American mosaic: An in-depth report on the future of diversity at work*. New York: McGraw-Hill.

Colby, A., & Foote, E. (1995). Creating and maintaining a diverse faculty. ERIC Clearinghouse for Community Colleges, Los Angeles, CA. ERIC Document Number ED 386 261.

Corey, G., Corey, M. S., & Callanan, P. (1998). *Issues and ethics in the helping professions* (5th ed). Pacific Grove, CA: Brooks/Cole Publishing.

Creighton, T. (1999, April 6). Spirituality and the new principalship: Leadership for the new millennium. *International Electronics Journal for Leadership in Learning, 3*, 11 [on-line]. Available http://wwwucalgary.ca/iejll.

Czaja, M., & Lowe,J. (2000). Preparing leaders for ethical decisions. *The AASA Professor, 24*, 1, 7-11.

Flynn, V., & Chambers, R. D. (1994). Promoting gender equity: What you can do. *Learning, 22*, 5, 58-59.

Greenberg, R. A., & Baron, J. (2000). *Behavior in organizations* (7th ed). Upper Saddle River, NJ: Prentice-Hall.

Herlihy, B., & Remley, T. P. (1995). Unified ethical standards: A challenge for professionalism. *Journal of Counseling & Development, 74,* 2, 130-134.

Henderson, V. E. (1992). *What's ethical in business.* New York: McGraw-Hill.

Himelstein, L. (1996, October 28). Shatterproof glass ceiling. *Business Week, 55.*

Kidder, R. M. (1995). *How good people make tough choices.* New York: Simon & Schuster.

Kirkpatrick, D. D. (1996, October 18). Women occupy few top jobs, a study shows. *Wall Street Journal,* p. A7A.

Kitchener, K. S. (1984). Intuition, critical evaluation, and ethical principles: The foundation for ethical decisions in counseling psychology. *The Counseling Psychologist, 12,* 3, 43-45.

Lanning, W (1997). Ethical codes and responsible decision-making. In J. A. Kottler (ed), *Finding your way as a counselor.* Alexandra, VA: American Counseling Association.

Lockheed, M. (1985). Sex equity in the classroom organization and climate. In S. Klein (ed), *Handbook for achieving sex equity in education.* pp. 189-217. Baltimore, MD: Johns Hopkins University Press.

Love, R. (1993 February). Gender bias: Inequities in the classroom. *IDRA Newsletter, 20,* 2, 8, 11-12.

Lucidi, A. D. (1994 April). Gender equity in education: A review of the literature. ERIC Document Number ED 374 044.

Maxwell, J. C. (1999). *The 21 indispensable qualities of a leader.* Nashville, TN: Thomas Nelson.

McKerrow, K. (1997). Ethical administration: An oxymoron? *Journal of School Leadership, 7,* 2, 210-225.

Meara, N. M., Schmidt, L. D., & Day, J. D. (1996). Principles and virtues: A foundation for ethical decisions, policies, and character. *The Counseling Psychologist, 24,* 1, 4-17.

Nieto, S. (1996). *Affirming diversity.* New York: Longman.

Office of Civil Rights (1990). Women in school administration: Overcoming the barriers to advancement. Washington, DC. ERIC Document Number ED 336 608.

Ornstein, P. (1994). School girls: Young women, self-esteem, and the confidence gap. *WEEA Digest.* Washington, DC: AAUW Educational Foundation.

Osland, J. S., Kolb, D. A., & Rubin, I. M. (2001). *Organizational behavior* (7th ed). Upper Saddle River, NJ: Prentice-Hall.

Razik, T. A., & Swanson, A. D. (2001). *Fundamental concepts of educational leadership* (2nd ed). pp. 366-367. Upper Saddle River, NJ: Merrill Prentice-Hall.

Sadker, M., & Sadker, D. (1994). *Failing at fairness: How America's schools cheat girls.* New York: Macmillan.

Sanders, J. (1999). Teacher education and gender equity. ERIC Clearinghouse on Teaching and Teacher Education. ERIC Document Number ED 408 277.

Skrla, L. (September 9, 2001). Textbook example of a gender gap. *Fort Worth Star Telegram:* Fort Worth, 1F, 6F

Smith, R., Moallem, M., & Sherrill, D. (1997). How preservice teachers think about cultural diversity: A closer look at factors which influence their beliefs towards equality. *Educational Foundations, 11*, 2, 41-61.

Smither, R. D. (1998). *The psychology of work and human performance.* New York: Longman.

White, L. P., & Wooten, K. C. (1986). *Professional ethics and practice in organizational development: A systematic analysis of issues, alternatives, and approaches.* New York: Praeger.

Yates, A. C. (2000). Good leaders must first be good people. In L. Orozco (ed), *Educational leadership*, pp. 56-57. Bellevue, WA: Coursewise.

4

법률적 쟁점과 학교 리더십

🌟 주정부 학교 지도자 자격 컨소시엄(ISLLC) 표준

표준 1: 학교 행정가는 학교 사회에서 공유되고 지지를 받는 학습 비전의 개발, 형성, 실행, 그리고 배려를 촉진함으로써 학생들의 성공을 추구하는 교육 지도자이다.

표준 3: 학교 행정가는 안전하고 효과적이며 효율적인 학습 환경을 조성하기 위해 조직 경영과 운영, 그리고 재원을 보장함으로써 모든 학생들의 성공을 추구하는 교육 지도자이다.

표준 5: 학교 행정가는 통합성, 공정성, 윤리적 태도를 가지고 행동함으로써 모든 학생들의 성공을 추구하는 교육 지도자이다.

표준 6: 학교 행정가는 보다 큰 정치적, 사회적, 경제적, 법률적, 문화적 맥락을 이해하고 반응하며 영향을 끼침으로써 모든 학생들의 성공을 추구하는 교육 지도자이다.

🌟 단원 목표

이 장의 목표는 다음과 같다.

- 교육과정에 영향을 주는 법률적 필요조건에 대해 논의한다.
- 교육과정의 한 부분으로서 종교의 법률적인 측면에 대해 규정하고 논의한다.
- 학교개혁과 보다 높은 학문적 기준들과 연관된 법률적 쟁점에 대해 논의한다.
- 고용과 해고를 포함한 인사결정과 관계된 연방법과 정책에 대해 규정하고 적용한다.
- 사생활, 학교의 안전, 성희롱을 포함해 학생들과 관련된 결정에 관한 연방법과 정책에 대해 규정하고 적용한다.
- 학생지도, 수송, 특별활동들을 포함한 학교운영과 프로그램에 관련된 법률적인 의미에 대해 논의한다.

'어떠한 아동도 낙오가 없게 하는 법'(*No Child Left Behind Act*)이 통과됨으로써 학교 지도자들에게 주 법령뿐만 아니라 연방 입법안에 대한 지식이 중요하게 되었다. 교육환경에 대한 법체제의 기본 지식이 필요한데 그것은 그 법안이 교육과정 활동에서 특별활동까지 전 학교 운영에 영향을 미치기 때문이다. 공식적인 법적 훈련은 확실히 유익한 것이지만, 교육자들에게 그러한 훈련이 필요할 것으로 기대되지 않았다. 그러나 우리 사회의 특성이 점점 법적인 문제가 중시되고 있어 학교에 영향을 미치는 법적 논쟁들에 대한 확고한 기초 작업이 오늘날의 학교 지도자들에게 도움을 줄 수 있다. 예를 들면, 현재 시행되고 있는 주의 특수교육에 대해 검토해보면 그 법이 교수 및 학습에 얼마나 널리 스며들어 있는가를 알 수가 있다(Redfield, 2001). 법의 여러 가지 출처들은 학교 지도자들의 행동에 정보를 주고 지침을 제공해줄 수 있다. 미국에서는 헌법이 법의 기본적인 출처지만 연방정부 헌법에는 연방정부가 공교육을 제공해야 한다는 그 어떠한 조항도 없다. 미국 헌법의 열 번째 수정안에 따르면 교육 권한은 연방정부에 위임되지 않았거니와 헌법에 의해 금지되지도 않은 채 주가 갖고 있음을 보여준다. Rothstein(2000)은 "모든 주들은 그러한 권위에 힘입어 주 헌법이나 주 법규 혹은 두 가지에 의해 공교육을 제공해왔다"라고 기술했다(p. 1).

법률은 또 다른 출처로서, 연방정부와 주정부 차원의 입법부서에서 통과된 입법안으로 구성된다. 예를 들면, 공교육에 직접적으로 영향을 미치는 연방 법규는 '장애자 교육법안'(*Individuals with Disabilities Education Act*)과 '미국학교증진법안'(*Improving America's School Act*)을 포함한다. 그러나 공교육에 관한 조항이 주 법안에 존재하기 때문에 주 법규는 공교육에 가장 큰 영향을 미친다. 각 주에 적용되는 법률적 일관성이 있음에도 불구하고, 각 주는 개별적으로 독특한 법규를 제정한다(Yell, 1998).

또 다른 출처는 사례법(case law)인데, 이것은 법제도를 통해 개발되었다. 사례법은 종종 법제도에서 가장 쉽게 볼 수 있기 때문에 미국의 법제도를 논의할 때 가장 많은 사람들이 구현하는 법의 유형이다. 공교육과 관련된 사례법 제정을 통해 연방 법원과 주 법원은 학교교육에 주요 영향을 미친다. 예를 들면, 1954년의 브라운 대 토페카 교육청(*Brown v. Board of Education of Topeka*) 소송에서 대법원의 판결은 공교육에서 인종차별 금지와 미국 사회의 더 나은 통합의 결과를 낳았다.

입법기관에 의해 통과된 법들은 종종 "특별한 쟁점과 관련된 정책의 일반적인 체제"를 제공할 뿐이다(Rothstein, 2000, p. 2). 입법기관의 구성원은 통과된 법안에서 다루어지는 분야에 대해 전문성이 없기 때문에 행정부서에 권한을 위임해 규정을 통해 정책을 잘 다듬도록 한다. 그러므로 규정 법(regulatory law)은 또 하나의 출처가 되고 그것이 성안되었을 때에는 현행 효력을 발휘하는 법률과 일관성을 갖게 된다. 규정 법의 결과로서 특정한 정책 실행 지침서가 나오게 된다(Yell, 1998). 예를 들면, 주 의회가 모든 학생들이 졸업 전 시험에 합격해야 한다는 법률을 통과시키게 되면, 주 의회는 주 교육청에 위임해 시험문제를 출제하고 이에 대한 관리 지침서를 개발하는 권한을 부여한다.

이 책의 전체 부분들이 기본적으로 학교법을 다루고 있지만, 이 장은 특히 법적인 시사점들을 갖는 주요 교육의 쟁점들에 관한 개관을 제공한다. 법적 쟁점들에 대한 논의는 소모적인 것이 아니고, 오로지 학교 지도자들이 소수자들을 임명하기 위해 인사와 시험의 안전성, 행정, 그리고 Title IX를 통해 다수를 가려내고자 할 때에 사용할 수 있는 일반적 체계로서 제공될 뿐이다. 이 장은 주로 법률안과 사례법에 초점을 맞추고 있다. 이 장은 학교 지도자들이 일상생활에서 직면하는 교과과정 쟁점들에 대한 논의로부터 출발한다. 또한 이 장은 종종 학교 지도자들이 법정으로 안고 가는 학생과 학교 인사에 대한 쟁점들을 다룬다. 특히 증가하는 학원 폭력 때문에 학원 폭력에 대한 문제에 더 큰 관심을 둔다. 마지막으로 이 장에서는 학교 운영과 프로그램, 특히 학생 수송과 학생들의 학교 밖에서 활동에 대한 관리를 다루고 있다.

1. 법적인 필요조건과 교과과정

종교, 언론, 언어에 관한 헌법적인 자유를 언급하는 것과는 달리, 법원은 공립학교 교과과정에는 거의 영향을 미치지 않았다. 일반적으로, 교과과정 쟁점들은 주와 지방 교육 당국자들의 손에 넘겨져 왔다. 정치적 힘은 교과과정의 개발과 집행에서는 법적인 힘보다는 큰 영향을 미친다. 이와 같이, 교과과정을 둘러싼 갈등은 흔히 문화와 힘에 대한 갈등을 반영한 것이다(Spring, 1998). Pullin(1999)이 언급한 것처럼, "교과과정의 결정은 교과과정이 채택되는 시점에서 사회적, 문화적, 경제적, 정치적 힘에 의해 영향을 받게 된다"(p. 18).

판사들이 공립학교 교과과정에 직접적으로 영향을 끼치는 판결을 해왔음에도 불구하고, 사법관들은 법원을 통해 교과과정을 개발하는 것을 주저해왔다. 이러한 불간섭적인 태도는 *School District of Abington Towship v. Schempp*(1963) 소송에 반영되어 있는데, 여기에서 Brennan 판사는 교과과정 결정은 사법관에 의해서가 아니라 교육자들에 의해서 결정되어야만 한다고 주장했다. 이어서, 그는 "교육자들이 이러한 문제에 더 전문적이지, 우리 판사들은 전문가가 아니다… 그리고 교과과정에 대한 기준들을 발표하기 위해 법원이 판결을 내린다면, 그것은 모두 획일화되고 경직된, 그리고 우리 판사들이 일관성을 견지함으로써 수많은 학교 위원회들에게 적용되어야 할 변하지 않는 기준들만 제공할 것이다"라고 주장했다(p. 303).

그러나 몇몇 주목할 만한 교과과정의 쟁점들은 직접적으로 일반 대중에게 영향을 미침과 아울러, 종교적 열정도 나타나게 한다. 종교, 성, 인종이 학교 교과과정에 포함되는 것은 지역사회의 다양한 구성원들의 감정을 나타내는 경향이 있다. 종래의 졸업기준을 강화시키고 형편없는 시험제도에 대한 개혁 노력은 동일한 흥분을 생성시켰다. 기준을 높이는 것에 대한 논의에서, Monk와 Hussain(1998)은 기준을 높이는 것에 대해 상당한 지지가 있음에도 불구하고 문제가 있다고 설명한다. 최초의 문제는 기준을 높이는 것을 실행하는 데에 드는 비용과 교사들에게 미치는 의미에 집중된다. 다른 문제는 "예상된 수준에서 수행하는 것이 불가능하지 않다면, 그것이 어떤 까닭에서든지 어렵다고 생각하는 학생들에게 무슨 일이 일어날 것인가"에 초점을 맞춘 것이다(p. 245).

대중적인 신념과 반대로, 대법원은 종교가 공립학교에서 배제되어야 한다고 판결하지는 않았지만, 대법원은 특별한 쟁점들에 관련해서 방향을 제공했다. 예를 들면, 학교는 합법적으로 종교에 대해 공부할 수 있지만(*Florey v. Souix Falls School District*, 1980), 학교 예배와 성경 읽기는 헌법에 위배되는 것이다(*Abington v. Schempp*, 1963). 십계명을 게시하는 따위의 정치적으로 인기를 끄는 행동 역시 위헌적인 것으로 생각되었다(*Stone v. Graham*, 1981).

그러나 연방 법률은 주로 특수교육과 이중 언어 교육, 장애를 가진 학생들을 위한 교육 부문에서의 공립학교 교과과정을 설계하는 데 적용되어 왔다. 연방정부의 관여는 정책을 고수하기 위해 주정부와 개별 학교들에게 연방 자금을 지원하는 등의 여러 방법을 동원해 효과를 거두었다. 강제적 수단을 동원해 교육 쟁점에 관여하게 된 연방정부에 의한 노력은 성공적이지 못했으며(Jaffe, 1999), 그와 같은 행동은 연방법과 직접적으로 상충되었다. U.S.C.S. 1232(a)에서 미 하원은 다음과 같이 선언한다.

> 어떠한 프로그램의 조항도 그 어떠한 부서나 기관, 공무원 또는 미국의 고용인들로 하여금 교과과정, 교수 프로그램, 행정 또는 어느 교육기관, 학교, 학교제도의 인사 문제 등에 대해 여하한 방향제시, 감독, 또는 통제를 실행할 수 있는 권한을 부여하지는 않는다.

그럼에도 불구하고, 연방 정책은 공교육에 중요한 영향을 미치고, 전통적인 공교육의 대안들을 학부모에게 제공하는 것이 현재의 일반적인 흐름이다. 학부모들이 선택할 수 있는 것들은 차터 학교(charter schools)와 바우처 제도(voucher systems)다. 차터 학교는 공립학교나 "교육청의 통제를 받지 않고 운영하는 또 다른 정부 운영 실체"다(Perkins-Gough, 2002, p. 90). 최근의 여러 주의 법률안들은 주정부가 차터 학교 개념을 지지해야 한다고 표명하고 있다(Dagley, 2001). 차터 학교들이 정부조직이고 아울러 정부기관으로서 운영하기 때문에 차터 학교에 대해 연방정부 차원의 헌법적 권리 주장은 거의 일어나지 않는다.

한편, 바우처 계획(Voucher plans)은 종종 정부의 직접적인 통제로부터 벗어난다. 바우처 계획은 공립학교 학생들이 공립 또는 사립학교를 선택할 때에 해당 학교에서 주정부가 제공한 증서(voucher)를 되찾도록 한다(McCarthy, Cambron McCabe, & Thomas, 1998). 결과적으로 바우처와 관련된 연방 법률과 소송이 증가 일로에 있다.

2001년 '어떠한 아동도 낙오가 없게 하는 법'(*No Child Left Behind Act*)은 1965년 '초중등교육법'(*Elementary and Secondary Education Act*)을 수정하고 재인정한 것으로 "장애아들과 젊은이들에게 교육 서비스를 제공하기 위한 주요 연방 정책 집행 수단이 되고 있다"(American Association of Colleges for Teacher Education, 2002, p. 1). 다른 정책적 제안들과 더불어 '어떠한 아동도 낙오가 없게 하는 법'(*No Child Left Behind Act*)은 K-3 읽기 교육에 중점을 두면서, 가장 시급한 아동들의 교육을 향상시키기 위한 주정부 및 지방 정부의 시도를 지원하기 위해 연방 재원들을 제공한다. 동 법안에 따르면, "학업성적이 낮은 학교의 학생들은 보다 높은 질의 교육을 받을 수 있도록 대안이 마련되어야 한다."(20 U.S.C. Section 6301 [4]). 공교육의 대안들은 법원에서 지지받았다. *Zelman v. Simmons-Harris* 등의 소송(2002)에서 미국 대법원은 오하이오 파일럿 프로젝트 장학금 프로그램(Ohio Pilot Project Scholarship Program)에 따라 프로그램에 참여한 대부분의 학생들이 종교계 학교에 다니기 위해 정부에서 제공한 돈을 사용했지만, 이는 '장로교 조항'(Establishment Clause)을 어긴 것이 아니라고 판결했다. 오하이오 파일럿 프로젝트 장학금 프로그램은 미국에서 질이 낮은 공립학교 제도에 속하는 저소득층 학생들을 돕기 위해 실행되는 바우처 프로그램이다. 오늘날에 와서 바우처 계획은 더 확대되지는 않지만, 학교선택 옹호자들은 Zelman 소송에 힘입어 바우처 프로그램을 더욱더 확대 실행하고자 하고 있다.

　　차터 학교와 바우처 프로그램의 효율성에 관한 연구는 아직 끝나지 않았다(Perkins-Gough, 2002). 연방정부는 이와 같은 학교 선택을 위한 두 가지 대안을 기꺼이 지지할 것으로 보이지만, 주 의회는 주의 교육적 기능을 수행할 충분한 힘을 갖고 있고 주 법원들도 주 법이 제기하는 의문들에 대해 판결한다. 그래서 공립학교의 교과과정을 관장하는 절대적 힘과 통제력은 각 주가 갖고 있다.

교육과정에 대한 주정부의 통제

모든 주는 공립학교 교과과정과 관련한 법적 규정을 갖고 있고(Reutter, 1994), 모든 주는 공립학교의 교과과정을 구체화하기 위해 입법부에 의존한다(Imber & van Geel, 2000). 1983년 『위기에 처한 국가(*A Nation at Risk*)』의 편찬 이후, 각 주들은 학생의 수행능력을 향상시키기 위한 기제로서 교과과정을 개선했다(Kemerer & Walsh, 2000). 사실상, Imber와 van Geel(2000)은 "최대한도로 구체적인 교과과정까지 규정하기를 원한다면, 주 입법부는 아마 …"라고 설득적으로 논쟁한다(p. 60). 그러나 주 입법부는 아직 결정을 내리지 못하고 있다. 최소의 기준들과 특정한 기본 내용을 세우는 것과는 별도로, 다른 수준에서 주들은 주 행정기관들 또는 지역 위원회에 교과과정을 위임했다(Reutter, 1994). 뉴욕과 같은 주들이 엄격한 주의 심사에 맞추어 기준들을 높이기를 권장하는 반면에(Monk & Hussain, 1998), 다른 주들은 의무적인 주 전체 단위의 교과과정을 개발하도록 주 관리들에게 광범위한 권위를 부여한다. 이 때에 지역 위원회는 각 교육구의 학생들을 위해 합리적인 규칙과 기준들을 채택한다(Alexander & Alexander, 1984, p. 30).

　　공립학교들의 성취결과에 대한 불만 때문에, 각 주들은 학생의 수행능력을 향상시키고자 수많은 개혁안을 집행하고 학교 지도자들은 이러한 노력의 최전선에 서 있었다. 이러한 개혁의 궁극적인 이익에 대해서는 여전히 의문으로 남아 있음에도 불구하고, 1980년 이후부터 적어도 45개의 주들이 고등학교 졸업자 취득 요건을 높였다(Rebell & Hughes, 1996). 학사 기준을 높이는 것은 종종 감정과 연관된 문제이고, 학부모와 옹호 단체들은 많은 개혁 정책에 대해 주와 지역 정책 입안자들의 권위에 도전했다. 일반적으로 지역과 관련된 요소들이 정책 집행의 수준을 제시한다는 것을 감안하면(Spillane, 1998), 법정은 일반적으로 과목들과 과목 내용을 위한 궁극적인 책임으로서 지역 정책 입안자의 권위를 인정했다(Reutter, 1994).

지역 정책을 정하는 데에 몇 가지 예외가 있음은 당연하다. 예를 들면, 종교 의식은 공립학교에서 이루어지지 않는다. 이러한 행사는 교육자들로 하여금 이러한 활동들이 학교 교과과정에 포함되어야 한다는 지역사회의 요구를 어떻게 해결해야 하는지 딜레마에 빠지게 한다(Fischer, Schimmel, & Kelly, 1999, p. 211). 학교 지도자들은 교사들과 협력해 비종교적인 의식을 강조해야 한다. 그런데 이러한 의식들은 종종 종교 의식을 수반하기도 한다. 예를 들면, 산타클로스와 비슷한 것을 나타내고 선행에 대해 가르치는 것은 탄생 장면을 나타내고 하누카(Hanukkah)의 이야기를 해주는 것보다 법의 지지를 받기가 쉽다.

성교육 교과과정은 종종 지역적인 논쟁을 만들어내는 또 다른 분야다. 성교육에 대한 논쟁은 종종 종교적인 측면에서 불을 당기고, 다른 이데올로기로 인한 갈등으로 번진다(Wirt & Kirst, 1997). 그러나 각 주들은 종종 종교보다는 성교육에 관한 것을 더 확실하게 교과과정에 포함시키는 경향이다. 예를 들면, 루이지애나 주의 법률은 명백하게 성교육을 "실제적인 생물학적, 병리학적 정보의 전달"이라고 정의하고, 이에 더해 어떻게 그 주제를 가르칠 것인가를 제시한다(Imber & van Geel, 2000, p. 64).

법과 관련해 교과과정의 또 다른 **뜨거운 주제**(hot topic)는 학교에서 창조론과 진화론의 충돌이다. 가장 주목할 만한 충돌은 스콥스 몽키 재판(Scopes Monkey Trial)이다(*Scopes v. State*, 1926). 이 판례에서 테네시 주 법은 진화론의 가르침이 불법이라고 하고 결국 그것을 뒤집지 못했다. 스콥스는 재판에서 유죄가 입증되었으나 이에 따라 주에서 집행되지는 않았다(Alexander & Alexander, 2001). 부분적으로는 장로교 조항(*Establishment Clause*)에 근거해, 다른 주들이 진화론에 대한 창조론을 가르치도록 요구하는 것을 위법으로 판결이 내렸다(*Epperson v. Arkansas*, 1968; *Freiler v. Tangipahoa Parish Board of Education*, 1999 참조). 균형 잡힌 접근방법에 근거해 가르치기 위해, 각 주들은 몇 가지 대안을 시도한 결과 어느 정도 성공을 거두었다. *Edwards v. Aguillard*(1985)의 재판에서, 창조론과 진화론을 동등하게 취급하고자 한 루이지애나 주의 법이 뒤집혔다. 두 개의 다른 주들은 창조론 대 진화론의 쟁점을 해결하기 위해 정치적 전략들을 사용함으로써 법정을 피해갔다. 1999년에 캔사스 주 교육위원회는 교과과정에서 진화론을 없애기로 결정했고, 켄터키 주 교육위원회는 "캔터기 주 내의 고등학교의 수업 교재에서 '진화'라는 단어의 사용을 중단하기로 결정했다"(Alexander & Alexander, 2001, p. 316). 이러한 정치적인 움직임은 가까운 미래에 도전받을 것이다. 부가적인 쟁점들은 "인간의 기원에 대한 유물론자의 설명을 가르치는 것은 세속적 인간주의를 진작시킨다는 주장 등이다"(Valente & Valente, 2001, p. 66).

　지역 학교 지도자들은 학교에서 무엇을 가르쳐야 하는지 결정하는 데 상당한 재량권을 갖고 있다. 흔히, 주의 규율을 만드는 부서는 일반 교과과정과 더불어 지역교육을 위한 지침서를 제공한다. 그러나 더 중요한 것은, 학교 지도자들은 지역의 교과과정을 결정하는 지역정책들을 인식하고 있어야만 한다. 현명한 학교 지도자는 특히 이러한 결정들이 성, 종교와 같이 정서적으로 과격하기 쉬운 주제와 관련되었을 때 교과과정의 결정으로 인한 법적, 정치적인 결과에 대해 현실적으로 대처하게 된다. 그림 4.1은 학교 지도자들이 교과과정의 쟁점들의 합법성과 관련한 결정을 내릴 때에 사용할 수 있는 질문들을 모은 점검표이다.

　법적 쟁점들이 어떻게 교과과정에 영향을 미치는지 설명하기 위해, 다음의 현장경험 사례에 나오는 교장은 생물 교과과정에서 진화를 가르치는 것에 대한 학부모의 불평을 처리하고 있다.

예	아니오	문 제	비 고
		교과과정은 특정한 종교를 다른 종교들보다 훨씬 장려하고 있는가?	
		교과과정은 주 또는 국가의 기준, 그리고 학생들을 성공으로 이끌게 하는 시험 목표들과 잘 맞는가?	
		교과과정은 지방과 주 수준에서 정치적으로 받아들여질 수 있는 범위에서 성, 인종과 같은 정서와 관련된 쟁점들을 처리하고 있는가?	
		교실과 학교의 의식은 학생들에게 모든 다양한 문화와 종교적 신념을 가진 학생들에 대해 민감하게 대처하고 있는가?	

그림 4.1　교과과정 쟁점에서 법적인 점검표. 당신의 교과과정과 교과실습을 검토할 때, 잠재적인 법과 정치 문제들에 대해 점검하라. 검토하는 동안 차트를 이용해 스스로 질문해보고 답해보라.

◊ 현장경험 사례

대도시 지역의 한 고등학교의 교장인 오팔 워싱턴 선생님은 최근에 학부모로부터 생물수업에서 가르친 내용에 대해 불평을 들었다. 헤르난데즈 선생님이 생물시간에 진화론을 가르쳤다는 것이다. 워싱턴 교장 선생님이 진상을 알아본 결과, 헤르난데즈 선생님이 해당 단원을 시작하면서 "어떻게 인간이 발생되었는지에 대해 두 가지 경쟁 이론이 있는데, 나는 그 중에서 과학계에서 더 지지되고 있는 이론을 소개할 것입니다"라고 말했음을 알게 되었다. 생물수업을 들었던 학생의 부모와 지역사회의 유지가 이의를 제기하면서 교과과정에서 성경에서 말한 창조론에 대한 논의가 이루어져야 한다고 요구했다. 워싱턴 교장 선생님은 이러한 교과과정 결정과 관련된 정치적 의미를 인식했지만, 지금 그녀는 "나는 부모의 우려에 대한 문제를 다룸에 있어 법적인 관계를 고려해보아야만 합니다. 나는 주 교육위원회와 교육헌장의 법률에 의해 정해진 규칙뿐만 아니라 주의 교과과정 체계도 검토하기 시작할 것입니다"라고 말한다.

2. 과학기술과 법

과학기술은 급속도로 발전하고 있다. 동시에, 학교 지도자들은 과학기술 발전에 따르는 많은 도전들을 해결하도록 요구받고 있다. 한편, 학교 지도자들은 학교에서 과학기술을 실행하기 위해 주 정책 입안자들의 노력을 반영한 법률을 처리해야만 한다. 다른 한편, 학교 지도자들은 학교에서 과학기술 사용에 관련된 법률과 소송을 해결해야만 한다.

비디오 테이프, 비디오 녹음된 텔레비전 방송 사용과 같은 과학기술 사용은 상당히 오랫동안 학교에서 일반화된 것이다. 그러나 컴퓨터, 컴퓨터 소프트웨어, 인터넷의 사용은 상대적으로 새로운 과학기술 발전이다. 정책 입안자들과 법정은 과학기술적 하부조직, 판권 지침, 받아들여질 만한 사용 정책들과 같은 관련 쟁점과 투쟁하고 있다.

동시에, 학교 행정가들은 "웹 사이트에 접근할 수 없는 '미국장애인법'(*American with Disabilities Act*)하에 교육기관들에 대항하는 거대한 소송의 잠재성"을 인식해야만 한다(Issues faced by schools, 2002, p. 2). '미국장애인법'(*Americans with Disabilities Act*)은 장애인들에 대한 차별을 금지한 1973년 '사회복귀법'(*Rehabilitation Act*)의 504항(section 504)과 유사하다. 인터넷을 통해 지역 보호자에게 정보를 전달하고자 하는 열정에서 학교 지도자들은 장애 학생들과 보호자들에 대한 접근성 문제를 무심하게 간과할지도 모른다. 예를 들면, 언어나 그래프가 없는 청각 클립은 청각에 손상을 입은 학생들에게는 접근할 수 없다. 지역이 어느 정도까지 장애인들에게 접근성을 제공해야 할 것인가는 여전히 명확하지 않다. 그러나 학교 지도자들은 웹 사이트를 고안할 때 이러한 접근성을 현명하게 고려해야 할 것이다.

교육적 시도들

주 입법부는 학교로 하여금 교과과정 안에 과학기술을 도입시키는 것을 장려하거나 요구하기 위한 법률안을 통과시켰다. 캘리포니아, 하와이, 일리노이, 오클라호마, 오하이오, 텍사스를 위시한 많은 주들은 그들의 교수 프로그램 안에 기술을 통합하는 학교들에게 자금 등 재정적 도움을 지원했다(Dagley, 2001). 결과적으로, 교사들은 "이러한 자원들을 교수와 학습에 더 많은 융통성을 제공하기 위해 원래의 작품에 통합시키는 것"이다(Lane, Van Berkum, & Richardson, 2000, p. 341). 교사들과 다른 학교 관계자들이 기술 도입의 결과로서 저작권법에 대한 더 많은 고려가 필요함에도 불구하고, 필요한 부가적 훈련이 제공될 것 같지는 않다. 확실한 예방 조치는 관련 저작권법에서 필요한 부가적 훈련을 제공하는 것이다. 아무튼, Lane, Van Berkum과 Richardson은 학교 관계자들이 판권이 걸린 작품을 사용할 때 허가를 얻도록 해야 하고, 많은 작품들이 저작권으로 보호되어 있기 때문에 인터넷으로부터 자료를 다운로드할 때 지속적으로 주의를 기울여야 함을 제안했다. 그리고 학교 지도자들은 "또 다른 작품을 변경할 때 순수성을 유지해야 하며 청중에게 그 대안들을 안내해 주어야 한다고 제안했다"(p. 348).

과학기술과 정보의 접근이 증가함에 따라, 학교 지도자들은 정보에 대한 학생들의 권리와 정보의 접근을 통제하기 위한 학교의 권위(예를 들면, 학교위원회, 학교 설립자, 학교 관계자) 사이에서 발생되는 갈등을 겪게 된다. '아동 인터넷 보호법'(*Children's Internet Protection Act*)하에서 연방정부는 인터넷에 연결된 컴퓨터에 필터를 설치하기 위한 연방 자금을 받는 기관을 필요로 하고 있다. 많은 교육구들이 연방정부에 의해 제시된 안을 따랐고 부적절한 인터넷 사이트의 접근을 가려내기 위한 소프트웨어 개발을 위한 정책들을 시행했다. 학교 시스템에서 여과 소프트웨어에 관련한 사례법은 거의 드물며, 펜실베이니아 연방 지법은 연방정부가 도서관으로 하여금 소프트웨어 필터를 설치하기 위한 연방 자금을 받도록 요구할 수 없다고 판결을 내렸다(Library filtering law, 2002). 그럼에도 불구하고, 교수 기자재와 관련한 검열 쟁점들이 1980년대와 1990년대에 증가한 것처럼, 인터넷과 과학기술의 다른 부분들에 대한 검열 싸움은 늘어날 것으로 보인다(McCarthy, Cambron-McCabe, & Thomas, 1998).

3. 교원

교과과정을 전달하는 교원들과 그것을 받는 학생들은 공립학교의 중심부를 구성한다. 교원과 학생들에 대한 의사결정이 이루어질 때에 학교 지도자들은 지역 법과 주 법, 그리고 연방 법과 정책에 대한 지식을 활용해야만 한다. 전체 과정은 교원들과 자원 경영에 바치고, 여기에 있는 내용은 지도자들이 교원의 결정에 관련해 고려해야 할 주요 쟁점들을 강조하는 것이다.

학생 수행능력이 직접적으로 교수의 질과 연결되기 때문에, 학교 지도자의 중요한 임무는 능력 있고 자격을 갖춘 교원을 고용하는 것이다(Darling-Hammind, 2000). 현안이 되고 있는 교사 부족의 영향에 대한 최근의 논쟁에서, 수년 안에 수백만의 교사들이 교실을 채울 수 있도록 채용되어야 한다는 필요성에 모두 공감했다(Wayne, 2000; Fetler, 1997). 자격 있는 교사를 배치하는 것은 일반적으로 주에서 발급하는 교사 자격증을 가진 교사를 배치함을 의미한다(Imber & van Geel, 2000). 한 주에서 받은 교사 자격증이라도 다른 주나 지역에서 별도의 다른 조건들을 요구하기 때문에 바로 채용이 보장되지는 않는다(Reutter, 1994). 예를 들면, 어떤 주 또는 지역은 지원자에게 (1) 교육구 안에 거주할 것, (2) 주 또는 연방 헌법에 충성을 서약할 것, (3) 주 또는 국가시험에 합격할 것, (4) 범죄 기록에 대한 조사를 받을 것 등을 요구한다(Alexander & Alexander, 1998).

능력 있는 교사를 채용하는 것에 더해 학교 지도자들은 또한 능력이 없거나 부적절한 교사들을 퇴출시키는 책임도 갖고 있다. 무능력한 교사를 해고하는 것은 시간이 걸리며 종종 중요한 문서작성을 필요로 하는 어려운 과정이다. 결과적으로, 빈틈없는 학교 지도자는 그 자리에 최고의 교사를 배치하기 위해 최선을 다한다. 능력 있는 교사를 배치하고 고용하는 것에 더 주의를 기울이면 후에 인사결정에 대한 반대를 줄일 수가 있게 된다. 이러한 선발 과정에서, 학교 지도자들은 Greenberg(1997)가 "채용 선발은 그 어느 인사 조치보다 더욱더 큰 직업 차별 문제를 야기한다"라고 언급했듯이, 더 성실해야 하고 공평하며, 일관된 태도를 보여야 하고 일에 관련된 기준을 세워야 한다(p. 37).

미래에 있을 법한 소송을 피하기 위해 학교 지도자들은 교사를 선발할 때에는 시민 권리법규에 대해 잘 알고 있어야만 한다. 1964년의 민권법 7항(*Civil Rihgts Act*, Title Ⅶ)은 고용주들이 "개인의 인종 색깔, 종교, 성, 국적"에 근거해 차별을 두지 않아야 한다고 요구한다. 다음 사항들은 법적으로 존중되는 고용 가이드라인이다.

- 고용은 동일한 방법으로 이루어져야만 한다. 각 신청자들의 선별과정이 다를 때 차별이 이루어질 수도 있기 때문이다(Aquila & Petzke, 1994).
- 고용이나 직무 기준은 직무와 관련된 것이어야만 한다(Greenberg, 1997; *Griggs v. Duke Power Company*, 1971 참조).
- 고용 결정은 인종, 종교, 성, 국적(*Civil Rights Act of 1964*, Title Ⅶ), 장애(*Americans with Disabilities Act of 1990*) 또는 나이(*Age Discrimination in Employment Act of 1967*)로부터 영향을 받아서는 안 된다.

고용 결정이 종종 인사과나 감독자의 주요 책임인 반면, 많은 학교들, 특히 작은 학교의 학교 지도자는 모든 직원들의 채용 책임을 이사진들에게 맡긴다. 학교 지도자들이 직원을 고용하는 것을 돕기 위해 Rebore(1995)는 10단계 과정을 제시한다.

1. 직업 책임, 직무과업, 최소한의 자격, 조직 안에서 다른 사람들과의 일 관계를 포함하는 직무 기술서를 작성하라.
2. 직무의 성공을 보장해줄 개개인의 특성을 규정짓는 선발 기준을 정하라. 그리고 면접 질문을 개발하는 데 선발 기준을 사용하라.
3. 직무 발표를 하고 일자리를 광고하며 마감 날짜를 정하라.
4. 신청을 받고 검토하라.
5. 면접할 후보자를 선정하라. 면접하게 될 후보자들의 수는 직무의 지원자와 직무

의 속성(예를 들면, 교사 자리일 경우, 3~5명을 면접하는 것이 일반적이다)에
의존한다.

6. 후보자를 면접하라.

7. 추천서와 자격증을 점검하라. 추천서를 평가하는 것은 돈이 많이 들고 많은 시
   간을 요하는 작업이다. 특히 많은 주에서 요구되는 범죄의 배경을 점검할 때는
   더욱 그렇다. 배경 점검을 처리하는 데에 실패할 경우에는 지역에 상당한 책임
   을 묻게 될 수도 있다.

8. 최고의 지원자를 선택하라. 최고의 지원자는 보통 선발 기준에서 가장 높은 점
   수를 받은 사람이 될 것이다.

9. 직업을 제공하고 받아들이겠다는 동의서를 받아라.

10. 탈락한 지원자들에게 그 자리가 채워졌음을 통보하라.

의사결정 과정에서 학교는 더욱더 포용적이기 때문에 교사집단에 의해 실행되는 면
접이 일반적인 것으로 되어간다. 면접하는 구성원들이 법적으로 부적절한 질문을 묻
는 것을 방지하기 위해 미리 질문을 준비해놓고 모든 지원자들에게 같은 질문을 하는
것이 가장 좋다. 팀의 구성원들은 미리 준비된 점수 규정을 기반으로 한 질문에 대한
지원자의 반응에 따라 평가를 매긴다. 면접이 진행되는 동안, 면접을 하는 사람은 선
별 기준의 판단 아래 지원자들의 반응을 평가한다(Rebore, 1995). 그들의 학군에서 사
용되는 고용 실제를 확인하기 위해 교장 선생님들은 그림 4.2의 점검표를 이용해 도움

예	아니오	문 제	비 고
		고용 과정이 법적으로 보호된 범주 안에서 개인의 처지(예를 들면, 성, 나이, 인종, 민족, 종교적 신념, 장애, 국적)에 따라 차별을 하고 있는가?	
		면접관들은 공고된 자리와 일치하는 목표, 직무와 관련된 성격 들에 초점을 맞추도록 훈련되었는가?	
		고용 과정은 가장 적절한 지원자가 선택되는 것을 보장하는가?	

그림 4.2 고용을 위한 법률적인 점검표. 공립학교의 고용절차는 많은 법적인 검토하에 이루어져야 한다.
당신의 고용절차를 검토해보고 차트를 이용해 스스로 질문하고 답하라.

을 받을 수 있다.

　다음에 제시된 현장경험 사례에서, 교장은 교원 결정에 교사들을 포함하지만 진행 과정에서 면접 질문에 포함되는 법적 쟁점과 부딪치게 되었다.

　교사들이 해고되어야 할 불행한 상황에서 학교 지도자들은 이미 확립된 절차를 성실하게 따라야만 한다. 학교 지도자들은 교사의 전문적인 능력을 결정해야 하고, 교사의 해고는 독단적으로 이루어질 수 없다. 전형적으로, 주 법률은 해고의 절차뿐만 아니라 해고당한 교사가 받아들일 수 있는 이유를 결정한다(LaMorte, 1999). 해고 이유 중 많은 부분은 학급에서 교사로서 개인적인 수행능력과 관련되어 있지는 않다(Trebilcock, 2000). 일반적인 규칙과 같이 주 법률은 대체로 불복종, 무능력, 비도덕적 행동, 의무의 소홀, 계약이나 규칙 위반, 교사 자격증의 취소, 또는 해고를 제시한다(Alexnader & Alexander, 2001; LaMorte, 1999; Elizalde, 1998; Brown & Scheider-Vogel, 1996; Aquila & Petzke, 1994). 또한 주 법률은 공정한 절차 과정을 밟을 권리를 요구함으로써 해고 과정에서 공정성을 보장하기도 한다. Aquila와 Petzke(1994)에 따르면, 공정한 절차 보호(due process protections)는 일반적으로 해고의 사전 통보, 해고의 이유, 해고에 대한 규정을 포함한다. 교사들은 또한 증거를 검토하고 고소인들과 직면하며, 법률에 의해 의견을 표현하고 그들 자신의 행동에 대한 증인과 증거를 제시할 기회를 갖는다.

◈ 현장경험 사례

최근, 교사 중 한 명이 명문 마그넷 스쿨인 맥아더 과학고등학교로 떠났기 때문에 교원 한 자리가 비게 되었다. 교장인 나이균 씨는 "나는 고용절차에서 학교 교원을 포함시켜야 한다고 생각합니다. 그래서 나는 예비교사를 위한 면접 과정에 기존 교사들을 참여시키기로 결정했습니다"라고 설명했다. 나이균 씨는 일관성과 공평성을 유지하기 위해, "나는 교사들과 함께 회의를 진행했고 회의 때 우리는 (1) 교사 지망자들에게 물을 질문 리스트를 만들고, (2) 답변시에 공평하게 점수를 매길 수 있도록 각각의 질문들에 점수를 부여해놓고, (3) 그다지 중요하지 않은 질문들(서로 알기 위한 것)의 형태도 논의했습니다"라고 말했다. 그러나 면접 과정 동안, 교사들 중 한 명은 사려 깊지 않게 그녀가 참석하는 교회에 대해 후보자에게 질문했다. 이것은 나이균 씨에게 잠재적인 법적 쟁점을 일으켰고, 그는 면접 과정 동안 일어난 부적절한 질문들을 그들에게 알리기 위해 면접 위원회를 소집했다.

아직 결정이 나지 않은 교사 부족 문제는 점증하는 책무성 문제와 더불어 자질을 갖춘 능력 있는 학교 직원의 채용과 선발의 중요성을 강조하는 것이다. 결과적으로, 학교 지도자들에게는 교원들을 고용하고 해고하는 데 있어서 지역, 주, 연방 지침에 친숙해야 한다는 것이 그 어느 때보다 중요하게 되었다. 법적으로 지지할 수 있는 최신의 고용과 해고 방침을 알지 못한다면 학교 지도자들은 법 소송에 연루될 가능성은 말할 것도 없고, 능력이 부족한 직원들을 채용할 수밖에 없으며 학생들로 하여금 열악한 학습 환경 속에 방치할 수밖에 없다.

4. 학교 안전

콜로라도 주의 리틀톤에 있는 콜럼빈 고등학교에서 일어난 총격사건과 같은 학교의 비극들은 학생의 안전이 중요함을 강조한 사건이다(Kemerer & Walsh, 2000, p. 61). A Phi Delta Kappa와 Gallup Poll에 따르면 "미국 내의 모든 학교가 마약과 폭력에서 자유로워지고 조직화된 학습 환경이 제공되도록"(20 U.S.C.S Section 5961 [a]) 1994년에 의회에서 '학교안전법'(Safe Schools Act)이 통과되었음에도 불구하고 부모들은 다른 무엇보다도 규율의 부족, 싸움 · 폭력 · 폭력단, 마약 사용(Rose & Gallup, 2000)에 대해 걱정하고 있는 것으로 나타났다.

학생 폭력

정책 입안자들은 증가하는 학생 폭력 문제를 어떻게 해결할 것인가 고심해 왔다(Chamberlin, 1999). Rose와 Gallup(2002)은 학교 안전 문제가 **무관용**(zero tolerance) 정책에 대한 더 많은 부모의 지지를 이끈다고 강조했다. 매사추세츠 주와 미시간 주 같은 주들에는 학생 추방을 급진적으로 증가시켜온 강력한 무관용(zero tolerance) 법이 존재한다(Pullin, 1999, p. 14). 다른 주들도 동등하게 학생 폭력을 저지하는 입장에서 왔으나, 그러한 입장들이 학생들을 보호해야 한다는 것도 명백한 사실이다(Kemerer & Walsh, 2000, p. 272).

마약, 총, 폭력을 규제하기 위한 주, 연방 당국자에 의한 이러한 노력들에 더해(Chamberlin, 1999), 지역 위원들은 학생 행동과 훈육 절차를 위한 안전한 학교 지침과 규율을 마련할 권한을 가진다. Imber와 van Geel(2000)은 "법은 학교 당국자들이 안전과 질서를 촉진하기 위해 합리적으로 행동할 때 그들을 지지해줄 것이다. 그러나 그렇게 할 합법적인 이유가 없을 때에는 좋지 않은 행동이라 할지라도 처벌해서는 안 됨을 유의해야 할 것이다"라고 지적했다(p. 140).

학생들의 안전을 증진시키기 위해, 학교 관계자들은 합리적인 행동규칙을 세우고 그 규칙들을 명문화하고 학생들과 부모들에게 그 규칙들을 주지시켜야 한다. 그 규칙들은 학생들이 해도 좋을 것과 그렇지 못한 것들을 학생들이 이해할 수 있도록 하기 위해 충분히 자세하게 기록되어야만 한다. Welsh(2000)는 "아동들에 대한 학교 노력을 진작시키고 긍정적인 관계를 장려하며, 그 규칙에 따르는 것이 가치 있는 보상을 가져올 것임을 주장하는 학교 기반 프로그램들"을 제시한다(p. 103). 헌법에서 보장하는 자유, 즉 회합의 자유, 언어의 자유, 종교적 신념을 실행할 자유 등과 같은 것을 학생들로부터 비합리적으로 제한하는 규칙이 만들어져서는 안 된다(*Tinker v. Des Moines*, 1969와 *New Jersey v. TLO*, 1985 참조).

체벌

학교는 빈번히 폭력과 다른 부적절한 행동들을 규제하기 위해 훈육의 기법으로서 체벌을 사용한다. 체벌에 대한 보편적 정의는 없지만, 일반적으로 아이들의 행동을 바로잡고 통제하기 위해 힘이 사용되는 것으로 간주된다(Imbrogno, 2000). 대부분의 사람들은 때리는 것으로 체벌을 연상하지만, 체벌은 그 외에도 학생들이 어느 시간 동안 무거운 물체를 들고 있는 것, 어느 거리까지 달리기 또는 학생들의 귀나 팔을 꼬집는 것까지도 포함될 수 있다.

미국 대법원은 체벌이 미국 헌법의 8번째 개정안에 위배되는 것은 아니라고 했으나(*Ingraham v. Wright*, 1977), 논쟁의 여지가 높은 규율 기법은 계속 이어졌다. 많은 주들이 학교에서 체벌을 금지했음에도 불구하고, 24개의 주는 현재 행동 관리 기법으로서 체벌을 허용하고 있고(Essex, 1999), 매년 백만 번이 넘게 체벌이 가해지고 있다(Adams, 2000).

체벌을 지지하는 사람들은 체벌이 존경심을 불어 넣으며, 학생들이 권위에 복종하도록 하고 성격을 형성한다고 주장한다. 학교 폭력의 예방은 공격적인 행동에 대응하는 사회적으로 받아들일 수 있는 수단으로서 폭력의 사용(체벌)을 정당화한다. Imbrogno(2000)는 체벌에 대해 반대하는 사람들은 체벌을 "별 효과 없는 것으로 여기고, 어린이들에게 해를 끼칠 수 있는 것으로 본다"고 지적했다(p. 141). 이러한 주장들은 미국 소아과학 아카데미(American Academy of Pediatrics, 2000)와 같은 권위 있는 집단들을 납득시키기에 충분히 설득력이 있기 때문에 모든 주에서 체벌을 폐지하도록 요청할 정도가 되었다. 이러한 건의에도 불구하고 체벌이 모든 주에서 금지되지 않는다면 부모들의 소망에도 불구하고 훈육 기법으로서 사용될지도 모른다(Baker v. Owen, 1975). 그러나 체벌을 사용하기 전에 학교 관계자들은 "위반 행위에 대한 본질, 학생의 지난 기록, 나이, 성, 정신적・육체적 조건, 사용된 도구의 적합성과 힘" 등을 고려해야만 한다(Valente & Valente, 2001, p. 103). 법적 견지에서, 학교 관계자들이 체벌을 행동 관리의 수단으로서 사용하는 것을 피해야 한다는 주장은 일반적으로 합의가 이루어졌다.

성희롱

Imber와 van Geel(2000)에 의하면 허용되지 않는 행위로서 성희롱은 그 기원을 고용법에서 찾을 수 있다. 성과 관련한 희롱은 '1964년의 민권법'(*Civil Rights Act of 1964*)의 Title VII에 위반되고, 연방 법은 어느 고용주든지 "개인의 인종, 피부 색깔, 종교, 성, 국적과 같은 것으로 개인을 차별하는 것"은 불법적인 행위로 간주한다(42 U.S.C.A. 2000-e [a][1]). 연방정부의 대인관계 법전(Code of Federal Relations)은 성희롱을 "개인의 업무 수행을 비합리적으로 간섭하는 것 또는 개인의 업무 환경을 위협하고 적대감을 갖게 하며 도발적인 업무 환경을 조성하는 목적 또는 그런 결과를 나타내는 행위"라고 규정한다(29 Code of Federal Relations, 1604.11). 이러한 정의는 성희롱의 첫 형태다. 즉, 비우호적인 환경의 성적 괴롭힘이다. 성희롱으로 간주되는 행동은 심각하고 널리 퍼져 있으며, 환영받지 못하는 것이며 피해자의 성에 근거한 것이다(Grover, 2000, p. 229). 비우호적인 환경으로 인한 성희롱의 예로서 끊임없이 성적인 의미를 암시하는 언행이나 원치 않는 부적절한 접촉을 들 수 있다("성희롱 지침", 1997). 개인이 원하는 이익을 위해 성적인 호의성을 교환하기를 요구받을 때에는 이는 **대용성** 성희롱(*quid pro quo* sexual harassment)으로 불린다. 예를 들면, 원하지 않은 성적 호의성에 학생이 복종한 것에 근거해 학교 프로그램이나 활동에 학생 참여를 명시적이거나 묵시적으로 조건부로 승낙하는 것은 대용성 성희롱으로 간주되는 것이다("성희롱 지침", 1997).

성희롱 소송을 피하는 가장 좋은 방법은 좋은 정책과 지침을 확립하고 시행하는 것이다(Hairston, 1998). 학교들은 학생들로 하여금 성희롱에 대한 불만을 서류로 접수하도록 하기 위해 불평 처리 절차도 가져야 한다(34 Code of Federal Relations, 106. 8b). *Brigham Young University Education and Law Journal*(2000)은 정책들이 (1) 성희롱에 대한 정의를 분명히 제공하고, (2) 학생들을 보호하기 위한 노력을 명시하고, (3) 성희롱의 중요성을 설명하고, 직원과 학생들로 하여금 사건을 보고토록 하며, (4) 학교에서는 어떤 조치가 성희롱을 예방할 수 있을지 기술하고, (5) 보복의 금지, (6) 직원과 학생들이 그들의 개인적 권리를 주지시킬 수 있어야 한다고 제안했다.

학생들은 학교 안에서 성희롱으로부터 해방될 수 있는 법정을 기대한다. 동료의 성희롱은 학생들의 삶에 확실히 부정적인 영향을 끼친다("Responding to public school" 2000). *Davis v. Monroe*(1996)의 판례에서, 한 여학생이 동거 남학생에게 성희롱을 당했다고 불평했다. 더구나, 그 여학생은 학교 관계자들이 이것을 해결하기 위한 적절한 조치를 취하지 않았다고 주장했다. 법정은 그것에 동의했고, 학교 관계자들은 그들의 무관심을 인정했다. 미 교육부(1997)의 지침서는 다음과 같이 진술한다.

> 일단 학교가 학생의 성희롱을 통보받았다면… 그것을 조사하기 위한 즉각적이고 적절한 조치를 취해야만 하거나 어떠한 희롱도 일어나지 않게 하기 위해 다음에 무슨 일이 일어날 것인지를 예측하고 합리적인 절차를 밟아야 한다. 또 그 사람에게 일어났던 비호의적인 환경을 제거하고 다시는 이런 일이 일어나지 않도록 성희롱을 금지해야 한다("Sexual harrasment guidance", 1997, p. 1528).

성희롱에 대한 민감한 속성 때문에, 미 교육부의 지침은 가능하다면, 불평 제보자에 대한 비밀을 보장하는 절차를 강조한다. 동시에, 학교 관계자들은 이러한 비밀을 무효화시킬 수 있는 조치에 대해 신뢰감 있게 처리해야만 한다. 게다가 정보가 '가족교육권리 및 사생활보호법'(*Family Educational Rights and Privacy Act: FERPA*)에 의해 규정된 것과 같은 교육 기록을 포함하고 있다면, 학교 관계자들은 FERPA 지침이 불평 제보사에 의해 제공된 정보의 유출을 예방하는지에 대한 여부를 결정해야만 한다.

교육권과 사생활 보호 권리

학교 지도자들은 또한 사적 권리를 포함한 법적 쟁점들을 알고 있어야만 한다. 1974년
에 의회는 학생의 기록 유출을 통제하기 위해 FERPA를 통과시켰다. FERPA는 실질적
으로 부모들에게는 교육기록에 접근할 수 있도록 하는 반면, 다른 사람에게 기록을 보
여줄 때는 제한을 두었다. 교육기록이란, "그 학생에 대한 정보를 직접적으로 포함하
고 있는 기록들, 파일들, 문서들"로 정의된다. 그리고 그것은 교육기관이나 조직 혹은
이러한 기관이나 조직에서 일하는 사람들에 의해 보존이 된다." 그러나 개인적인 메모
는 교육 기록으로 간주되지 않는다.

Alexander와 Alexander(1998)에 따르면, FERPA가 학교 지도자들에게 요구하는 것
은 다음과 같다.

- 학생 기록에 관한 규정을 발표하고 해마다 부모들에게 통지하라.
- 교육기록에 수록된 정보 중에서 그 어떤 것이라도 유출하기 전에 문서로 된 동의
  서를 받아라.
- 부모들에게 학생에 관계된 모든 학교 기록에 접근할 수 있도록 하라.
- 부모들에게 정확하지 않은 기록은 어느 것이라도 진정서를 낼 수 있는 기회를 허
  용하라.
- 부모들에게 자료를 고칠 수 있게끔 교육기록 진술서를 제공하라.
- 부모의 동의 없이 인명부와 정보가 유출될 수도 있는 상황을 규정하라(pp. 556-
  557).

학생들이 일단 18세가 되면, 법적으로 자격을 갖춰 기록에 접근하고 통제할 수 있는
권리를 부모로부터 넘겨받는다. 학교는 합법적인 교육 관계에 있는 학교 직원들, 학생
들이 등록하기를 원하는 다른 학교 체제, 그리고 주와 지방 교육청에 정보를 제공할
수 있도록 한다.

오클라호마 주에서 유래한 판례는 FERPA에 대한 흥미 있는 해석을 제공한다. 10번
째 순회 항소법정에 따르면, 학생들에게 바꿔서 채점을 하게 하는 것은 FERPA에 위반
되는 것이다. 순회 재판소는 동료의 점수를 매기는 것은 교육 기록을 합의 없이 유출
하는 것에 관한 FERPA의 금지사항을 위반하는 것이라고 규정했다. 그러나 미국 대법

원은 하위 법정의 규칙들을 번복하고, 학생들이 바꿔 채점하는 사항들은 FERPA 지침 서하의 교육 기록이 될 수 없다고 판결했다. 법정은 "심지어 교사들이 기록하는 성적 기록부가 교육 기록이라고 가정할 때에… 학생들의 글에 매겨진 점수들은 최소한 교사가 점수를 성적표에 기록할 때까지는 FERPA의 보호를 받을 수는 없는 것이다"라고 판결했다(*Owasso Independent School District v. Falvo*, 2002, p. 940). 그림 4.3은 학교의 안전을 보장하기 위해 학교 행정가들이 사용할 수 있는 점검표다.

부모가 자녀를 학교에 보낼 때 그들은 자녀가 신체적·정서적·심리적 위험에서 자유로울 것이라고 기대한다. 그러나 폭력과 성희롱에 대한 최근의 매체 보고서들은 부모들과 다른 학교 후원자들의 관심을 유발시킨다. 학교 지도자들은 의무적으로 학생들을 주시하면서 그들의 안전을 확실히 책임지게끔 되어 있다. 연방 보고서와 수많은 지시들은 학교 지도자들이 어떻게 폭력을 예방하고, 폭력이 발생했을 때에 어떻게 적절하게 행동해야 하는지에 대한 지침을 제공한다.

5. 학교운영과 프로그램

논란의 여지는 있지만 학교의 모든 면에서 리더십을 발휘하는 것은 가장 어렵고 복잡한 일이다. 학교에서 효과적인 리더십은 복잡한 관계와 프로그램들에 대한 끊임없는 관심을 요구한다(Hughes & Hooper, 2000; Ubben & Hughes, 1997). 학습이 궁극적인 목적이지만, 학생의 안전은 학교의 모든 부분을 감독할 때 중요한 고려사항이 되어야만 한다. 교육 관련 소송의 가장 일반적 형태는 학생들이 학교에 있는 동안 사고를 당하는 것이다. 안전에 대한 염려에 대처하기 위한 프로그램과 조치들은 학생들이 학교에 있는 동안, 학생을 수송할 때에, 그리고 교외 활동을 관리하고 감독할 때에 이루어지는 지도를 포함한다.

학생 지도

학생들이 캠퍼스 내에 있을 때 학교 관계자들이 그들을 잘 지도할 것이라고 예상하는 것은 합리적인 기대다(Alexander & Alexander, 1998). 이러한 기대에 어긋나게 학생들이 다칠 때 학교 관계자들은 그 부주의에 대한 책임을 져야 한다. 이러한 부주의는 학생들이 다치고 학교 관계자들이 학생들의 부상을 예방하기 위한 합리적인 행동을 취하지 않았을 때 일어난다(Fischer, Schimmel, & Kelly, 1999, p. 74). 부주의로 여기기 위해서는 네 가지 전제조건들이 존재해야 한다. 첫째, 학교 관계자들은 다른 사람들을 보호해야 하는 의무(책임감)를 가져야만 한다. 둘째, 학교 관계자들은 합리적인 주의의 기준을 적용하지 못했음에 틀림없다. 관심에 대한 정도는 학생의 나이, 감독되는 활동의 위험성, 상황이 벌어지는 환경들과 같은 여러 가지 요소에 따라 달라진다. 예를 들면, 학교 관계자들이 도서관에서 이루어지는 활동을 지도할 때보다는 작업장 수업에서 이루어지는 활동을 지도할 때 더 많은 관심이 필요하다. 셋째, 학교 관계자들의 관심 부족과 학생들이 다치는 것 사이에 인과관계가 있어야 한다. 넷째, 실제적인 손상과 손해가 존재해야 한다(Alexander & Alexander, 1998).

우리 사회에서는 사람과 기관 사이의 상호관계가 지속적으로 증가되기 때문에, 개인이 다른 사람을 다치게 할 가능성은 상당할 정도로 높아졌다(Alexander & Alexander, 1998). 학교 지도자들은 종종 시민 소추의 면제 정책 때문에, 부주의를 포함하는 민사소송에서 보호를 받는다. 많은 주의 입법부들은 이를 지지하는 법률을 제정함으로써 정책을 지지한 반면, 다른 주들은 교육자들에 대한 특별한 보호를 거부했다(Reutter, 1994, p. 354). 소송을 피하기 위해, 학교 지도자들은 다음과 같은 충고를 받아들여야 한다.

1. 학생들을 다치게 할 수 있는 파손된 시설과 장소들을 고쳐라.
2. 수리중인 시설과 장소에 학생들이 접근하지 않도록 하라.
3. 모든 학생 활동, 특히 사고의 위험성이 있는 활동들에 대해서 감독하라.
4. 객관적으로 사고의 위험성이 있는 학생의 행동을 중단시켜라.

대부분의 학교와 교육기관들은 위험 관리 문제에 대해 인식하고 있다. 운동장에서 미끄러지는 것이든 화학약품을 열고 그것에 접근하는 것이든 간에 학생들에게 위험을 줄 수 있는 것을 줄이는 노력이 있어야만 한다.

학생 수송

학생들을 수송하는 것은 비용이 많이 들고, 자주 교육청과 직원들에게 책임이 주어진다. 결과적으로, 주에서 학생 수송을 제한하는 명확한 법률을 제정하는 것은 당연한 일이다(Valente & Valente, 1998). 학생 수송을 규정하는 법률은 주마다 다양하고, 주의 법률이 다르게 방향을 제시해주지 않는다면, 법정은 일반적으로 교육청이 수송 서비스를 제한하는 권한을 갖도록 허락한다(Valente & Valente, 1998). 실제로, 안전 요소들 때문에 학생들에 대한 수송 서비스가 거부될 수도 있다(*Rose v. Nashua Board of Education*, 1982; *State of Washington v. Grand Coulee Dam School District*, 1975). 예를 들면, 학생들은 버스에서 그들의 행동이 심해서 운전사의 주의가 흐트러지고 안전문제를 야기할 수 있을 때, 학생들은 수송 서비스를 거부당할 수 있다. Reutter(1994)는 학생들이 학교를 오갈 때 그들의 부모들에게 기본적인 책임이 있다고 강조한다. 학생 수송이 교육의 혜택을 받아야 하는 장애 학생들에게 필요하다면, 교육청은 그들을 위해 수송 서비스를 제공해야만 한다(*Alamo Heights Independent School District v. State Board of Education*, 1986). 다른 관련 서비스와 같이, 수송에 대한 필요조건들도 학생들의 개인 교육 프로그램 안에 열거되어야 한다.

교외 활동들

학교를 오가는 학생들을 수송하는 비용이 비싸고 시간이 소요되는 것임에도 불구하고, 학생수송의 문제는 교외 활동에 중요한 문제로 자리 잡고 있다. 교외 활동들은 현장학습, 정규 교과과정 외의 활동들, 운동 경기 등을 포함한다. 교외 활동을 위해 학생들을 수송할 때, 학교 지도자들은 그들이 학교에 있을 때처럼 그들의 안전과 통제를 책임져야 한다(Feld, 2000). 교외 활동으로 학생을 수송하기 전에, 학교 지도자들은 부모나 보호자로부터 활동에 참여하겠다는 동의문서를 받아야만 한다. 동의문서는 학부모들로부터 자녀가 교외로 나갈 수 있음을 확인해주는 것이고, 그들의 부모에게 활동의 정확한 성격과 장소를 알려줄 수 있다(LaMorte, 1999). 게다가, 학교 관계자들은 학생들에 대한 응급의료 처치에 대해 문서 기록으로 남겨두어야 하고, 특별한 치료 요구(예를 들면, 알레르기, 약에 대한 민감성)에 대해 공개장 형식으로 기록해 두어야만 한다.

운동 경기와 같은 교외 활동의 참여는 학생 건강과 안전에 대한 위험성을 증가시킨다. 학생들은 그들이 그 활동에 참가했을 때의 위험 요소들을 알고 있다. 그러나 "학생들이 위험 요소를 알고 있다 하더라도 학교 직원들은 학생들을 지도·감독하고 그들이 안전할 수 있도록 임무를 다해야 한다"(Essex, 1999, p. 110).

학교는 배움이 일어나는 장소의 의미 이상이다. 학교는 학교 캠퍼스 안팎에서 많은 활동들을 포함하고, 새벽부터 저녁까지 활동이 이루어지는 곳이다. 이러한 활동들은 대체로 증가하고 있고, 이런 활동을 위해 학생들을 수송하는 과정에서 사고의 위험이 증가하고 있다. 학교 지도자들은 학생들이 교외 학습에 참여할 때 학생들의 안전을 확실히 책임지도록 노력해야 한다. 학교 지도자들이 학생 안전과 학교 운영에 관련된 결정을 하고 위험 관리를 검토하기 위해 그림 4.3과 4.4와 같은 법적인 점검표가 제시된다.

예	아니오	문 제	비 고
		학생들은 항상 적절하게 관리되는가?	
		학생들이 학교에서, 또 학교로부터 수송될 때 교육구 지침서를 따르고 있는가?	
		당신의 건물에 방문객들을 위한 지침서가 있는가?	
		학생들과 부모들에게 나누어줄 문서화된 학생 수행관리 정책이 있는가?	
		당신의 캠퍼스 안에 위기관리 계획이 있는가? 또 그것이 주기적으로 시행되고 있는가?	
		모든 학생들과 교사들이 품위를 갖고 대우받을 수 있는 성희롱 정책을 갖고 있는가?	
		부모들은 자녀들이 하는 활동에 대해 통보를 받을 수 있고, 응급상황이 발생할 경우 적절한 응급치료를 받을 수 있는 교외 활동에 대한 지침서가 있는가?	
		당신의 교육구에 체벌이 허용되었다면, 그것에 대한 지침서가 있는가?	
		사적 권리(FERPA)와 관련해 따라야 할 단계들이 있는가?	

그림 4.3 학생 안전을 위한 법률적인 점검표. 학교는 학습이 주요 목표인 정교하고 복잡한 공동체다. 그러나 학습은 안전하고 질서 있는 환경에서 잘 이루어진다. 당신이 학교의 운영을 검토해보고, 이 질문들에 스스로 답해 보라.

예	아니오	문 제	비 고
		학생들은 항상 적절하게 감독되는가?	
		학생 수송시에 대비한 교육구의 지침서가 있는가?	
		당신의 학교에 대한 위기관리 계획이 있으며 그것이 정기적으로 실행되는가?	
		당신의 학교는 학생들에게 나누어주고 가르칠 학생 수행에 대한 규칙을 명확하게 문화서화해서 갖고 있는가?	
		교사들과 학생들은 매일의 학교 활동들을 수행하기 위한 적절한 절차가 있는가?	
		성희롱 관련 정책이 있어 모든 학생들과 교사들이 존경과 품위의 대상으로 대우받을 수 있는가?	
		부모들이 교외 활동에 대해 통보받고, 학생들이 응급상황이 발생했을 때 적절한 치료를 받을 수 있도록 하는 교외 활동에 대한 지침서가 있는가?	

그림 4.4　학교 운영에 대한 법률적인 점검표.　학교는 학습을 주요 목표인 정교하고 복잡한 공동체다. 그러나 학습은 안전하고 질서 있는 환경에서 잘 이루어진다. 당신이 당신 학교의 운영을 검토해보고, 이런 질문들에 스스로 답해 보라.

　　학생들의 안전에 관한 문제의 필요성과 법적 책임성에 대한 가능성을 설명하기 위해, 다음에 나오는 현장경험 사례(View from the Field)에서 학교 지도자인 알브렛트 씨가 직면한 문제들을 기술한다.

　　이 장에서는 행정가들이 교육적인 절차의 여러 분야에서 나타나는 법적 의미를 검토하고 있다. 이러한 분야는 교과과정, 학교 직원들, 학교의 안전, 학교 운영과 프로그램을 포함한다. 학교 지도자들은 그림 4.5에서 법적 지침서를 확인할 수 있고, 이것은 그들이 해야 할 것과 하지 말아야 할 것을 보다 쉽고 빠르게 찾을 수 있도록 한다.

	해야 할 것	하지 말아야 할 것
교과과정	• 교과과정을 주와 국가의 기준들, 시험 목표와 일치시킬 것 • 정치적으로 받아들일 수 있는 성교육 관련 교과과정을 규정하기 위해 지역사회와 함께 협조할 것 • 모든 문화에 대한 학생들의 민감성을 반영하는 학교 차원의 의식을 실행할 것 • 종교적인 신념을 다양화할 수 있는 주요 활동들을 장려할 것 • 교과과정 프로그램에 주와 연방 지침서를 따를 것	• 위험률이 높은 테스트를 통해 학생들을 실패로 이끌지도 모르는 교과과정의 주제에 대해 무시하는 것 • 부모들, 학교와 지역사회 지도자들의 관여 없이 성교육을 가르치는 것 • 특별한 종교적 신념을 증진하기 위한 포럼으로서 학교의 교과과정을 이용하는 것 • 특수교육, 이중 언어 교육, Title I 프로그램들과 같은 특별 프로그램을 위한 연방정부의 법을 무시하는 것
교원	• 자격을 가장 잘 갖춘 사람을 고용할 것 • 객관적이고도 일과 관련되며, 광고가 난 자리와 일치하는 고용 조치를 취할 것 • 참고사항을 점검할 것 • 해고 직원에 대해 교육구와 주의 지침서를 따를 것	• 직원 모집광고, 면접, 선발을 위한 교육구의 정책과 절차를 다르게 하는 것 • 개인의 인종, 피부색, 종교, 성, 국적, 나이, 장애에 따라 차별하는 것 • 해고 과정에서 개인의 공정한 절차를 받을 수 있는 권리를 어기는 것
학교의 안전	• 위기 관리 계획을 만들 것 • 명확한 학생 행동 지침 문서를 만들 것 • 성희롱에 대한 정책을 만들고 알려줄 것 • 체벌 사용에 대한 주, 구의 지침서를 따를 것 • 체벌은 최후의 방책으로 삼을 것 • 가족교육권리 및 사생활보호법(FERPA)에 의해 허락된 학생 기록들을 보여줄 것 • 학생들에게 인명 정보를 공개하지 말라고 교육구에 요청할 수 있는 기회를 허락할 것	• 당신의 위기 관리 계획을 정기적으로 실행하지 않는 것 • 모든 교원들과 학생들에게 학생 실행 규칙을 나눠주고 가르치는 것을 잊어버리는 것 • 성희롱에 대해 보도된 어떤 사건에 대해 실행을 거절하지 않는 것 • 초기의 해결 수단으로 체벌을 사용하는 것 • 합법적인 교육권을 갖지 못한 개인들 또는 기관에 학생 기록들을 공개하는 것
학교 운영과 프로그램	• 학생들을 항상 감독할 것 • 학교를 오가는 길에 학생들을 수송할 때, 교육구 지침서를 따를 것 • 교외 활동시 필요할지도 모르는 응급처치를 위해 학생들의 부모로부터 문서로 된 동의서를 받을 것	• 교외 활동시 부모들에게 통지하지 않는 것 • 위험 요소가 있는 활동시 적절한 감독과 교육을 하지 않는 것

그림 4.5 학교 지도자들을 위한 법적 지침서

◇ 현장경험 사례

페퍼리지 초등학교는 농촌 지역의 두 초등학교 중 하나다. 페퍼리지는 유치원생부터 6학년까지 매일 평균 557명의 학생이 출석하고 있으며, 독립적인 교과과정 체계를 따른다. 최근에 쉬는 시간 동안 문제가 발생했다. 알브렉트 선생님은 관련된 당사자들을 면담하고 다음과 같은 설명서를 마련했다.

학교 활동으로부터 아침 쉬는 시간 동안 3학년의 3학급(63명)과 2학년의 2학급(44명)이 운동장에 있었다. 그 운동장에는 오크나무와 양물푸레나무로 이루어진 4 에이커의 땅과 조심스럽게 다루어야 할 운동기기들이 있다. 운동기기들의 대부분은 오래된 것이어서 교사들은 위험한 행동을 방지하기 위해 학생과 가까이에 있으면서 그들을 감독한다. 다른 교사들이 운동장에서 활동하고 있는 학생들을 감독할 동안, 한 교사는 업무나 잡일을 하는 것이 관례적이었다. 존스 선생님은 다른 네 명의 교사들이 운동장에서 감독하는 동안, 수학수업을 준비하기 위해 교실에 남아 있었다. 운동장에서 감독하고 있는 네 명의 교사 중 한 명은 초보 대리교사 스미스 선생님이었다. 15분의 휴식시간이 끝난 후, 존스 선생님 반의 3학년 학생인 토미가 오크나무의 가지에서 약 3m쯤 아래로 떨어졌다. 그 결과 두 개 정도의 갈비뼈가 손상을 입었고 팔이 부러졌다. 응급처치가 이루어졌고 그 학생은 지금 치료중이다.

알브렉트 선생님은 교육감에게 보고서를 제출하기 위해 이 상황을 평가하고 있다. 그녀는 학교의 지도자로서, 학교의 가능한 법적 책임을 결정하기 위해 다음과 같은 질문들을 작성했다.

- 학생들이 적절하게 감독되었는가? 스스로 적어보기: 쉬는 시간 동안 학생들의 관리에 대한 문서화된 정책을 개발하라.
- 이 상황에서 어떤 응급 절차가 마련되어야만 하는가? 스스로 적어보기: 교사들과 직원들과 함께 응급처치 절차에 대해 검토하라.
- 쉬는 시간에 운동장에서 노는 학생들에 대한 행동 지침서가 있는가? 지침서 안에 있어야 할 것은 무엇이며 그것들을 어떻게 개발할 것인가?
- 존스 선생님이 토미의 부상을 책임져야 하는가? 아니면 내가 책임져야 하는가?
- 운동장에서 적합한 감독 요령이 있는가? 스미스 선생님과 같은 대리교사를 훈련시켜야만 하는가? 그렇다면 어떤 훈련이 필요한가?

---

6. 사례연구

아브라함 마틴은 매일 평균 약 1,000명의 학생이 출석하는 변두리 중학교의 교장이다. 그는 2명의 교감들과 학교 관리의 책임을 나누고 있다. 마틴 교장의 일과는 매우 바쁘다. 그는 시간의 대부분을 수업 지원에 사용하면서도, 학부모 모임, 학생관리, 행정적 직무와 같은 교육활동에는 사용하지 않는다. 교무주임은 하루가 시작될 때 마틴 교장에게 그가 참석해야 할 두 가지 활동들에 대한 최근 소식을 알려 준다.

1. 오전 8시 30분: 학부모인 사라 맥길 부인과 면담, 맥길 부인의 아들인 제이슨은 어머니에게 지메네즈 선생님이 수업시간에 보여줬던 영화에서 발가벗은 여자가 나왔다고 말했다 한다. 맥길 부인은 모든 수업 자료, 특히 교과서를 엄격하게 검토하는 보수주의 운동을 벌이는 지역사회의 지도자다. 맥길 부인은 문제의 교육용 영화에 대해 궁금하다고 했을 때, 지메네즈 선생님은 교무주임에게 제이슨이 언급한 것은 인체의 윤곽선이라고 말했다. 그 윤곽선은 일반적인 것이고 성적 실상을 나타내는 것은 결코 아니라고 했다.

2. 오전 9시 30분: 교육구의 성 고충처리 담당 조정관인 대니얼 박사와의 면담. 대니얼 박사는 6학년 남학생이 여학생에게 "음란하고 부적절한 언사"를 했다고 주장하는 학부모로부터 보고서를 받았다. 그 보고서에는 루스벨트 선생님이 "계속적인 성희롱에 대해 알았으나" "그것에 대해 조치를 취하지 않았다"고 덧붙였다. 사실 부모들은, 그 여학생이 자신에 대해 좋지 않은 소문이 돈다고 알렸을 때, 루스벨트 선생님은 두 학생을 서로 나란히 앉히고 "서로 좋게" 함으로써 그 상황을 조정했다고 주장했다. 부모를 만났을 때, 루스벨트 선생님은 자신(교사)이 학생들로 하여금 서로를 좋게 여기고, 서로를 존중하도록 가르치고자 했고, 교사는 "소년들은 소년들이기" 때문에 어린 남학생의 행동이 곧 변화될 거라고 믿었다고 설명했다.

생각해볼 질문들: 당신이 마틴이라면,

1. 당신은 어떻게 맥길 부인과 이야기를 시작하겠는가? 맥길 부인이 제기하는 문제의 핵심은 무엇인가? 이러한 상황에서 잠재적인 법적 쟁점들은 무엇인가? 수업자료가 저질이라고 여기는 부모들의 자녀 때문에 수업 자료를 검열해야만 하는가?

2. 몇 가지 조사를 거친 후에, 당신은 대니얼 박사에게 전달된 주장이 진실되고 정확하다는 것을 알게 된다. 당신의 법적 책임은 무엇인가? 성희롱의 책임을 해결하기 위한 선생님의 방안은 무엇인가? 그 가운데 일어난 정치적 반향은 무엇인가? 가능하다면, 루스벨트 선생님에게는 어떠한 것이 이야기되어야만 할 것인가?

7. 요약

이 단원에서는 학교 지도자들이 법적 문제에 직면할 수 있는 분야에 초점을 맞췄다. 공립학교에서 리더십을 보여주는 것은 입법적인 필요성과 법적인 도전을 함축한다. 첫 번째 부분은 학교 교과과정이 어떻게 연방과 주 입법부, 그리고 법적 조치에 의해 영향을 받는지 설명했다. 주 입법부는 공교육을 뛰어넘는 많은 권한을 갖기 때문에 학교 교과과정을 규제할지도 모른다. 1980년대 개혁의 노력에 따라, 주들은 지역 학교의 교과과정에 대한 통제를 시도했다. 법정은 입법부의 행동을 지지했고, 위험성이 높은 학생 시험제와 강화된 졸업 요건과 같은 논쟁을 불러일으킬 만한 수많은 개혁 의지를 지지했다.

두 번째 부분은 교직원과 학생들에 대해 논의했다. 사례법의 대다수는 교과과정이 아니라 고용자들과 학생들의 문제에서 일어난다. 학교 지도자들은 고용에 영향을 미치는 법적 쟁점들에 대한 흐름을 파악하고 있어야 한다. 그들의 사생활 보호와 장래의 고용인들을 알기 위한 교육구의 권리가 정교하게 균형을 이뤄야 한다. 지도자들은 그들이 고용 결정을 내릴 때에 매우 신중해야 하며 공평하고 일관성 있게 일에 관계된 것으로 임무를 수행해야 한다.

교육은 학생의 학습과 안전에 대한 것이다. 학생 폭력이 증가되는 시기에, 학교 지도자들은 학교에서, 또는 학교와 관련된 활동들을 할 동안, 그리고 교내외에서 학생의 안전에 대한 책임을 지게 된다. 훈육 정책이 공립학교에 전혀 새로운 것은 아님에도 불구하고, 학교 지도자들은 마약, 총, 성희롱과 같은 확산된 쟁점들을 해결하도록 그 정책들을 검토하고 수정해야 한다. 최근 학생 폭력 사건에 대한 태도가 분명하기 때문에, 연방 법원은 학교가 학생들을 통제하는 데 상당한 활동의 여지를 제공하고 있다. 학교는 그들의 잠재적인 의무를 제한하도록 위험 관리 계획을 개발해야만 한다.

이 장의 마지막 부분에서는 학교 운영 전반에 대해 리더십을 보여주는 복잡한 과업들을 언급했다. 학교를 이끄는 모든 측면에 대해 언급하는 것이 용이한 것은 아니지만, 이 부분은 학교에서, 수송하는 동안, 그리고 학교 안팎에서 활동할 때 학생들을 감독해야 하는 교직원들의 책임에 초점을 맞췄다. 학교 지도자들은 사고의 위험이 더 있을 수 있는 활동에 더 많은 지도를 해야 하는 것과 더불어 학생들이 적절하게 감독되도록 책임져야 한다. 학교 버스나 작업장 수업 및 체육수업에 참여하는 학생들 혹은 운동 경기를 하는 학생들은 구조화되고 실험이 없는 교실에서보다 많은 감독이 필요하다.

헌법 조항, 법률, 법적 도전 또는 행정적 규칙에 의해 법은 학교 운영의 모든 측면에 영향을 미친다. 학교 지도자들은 입법 정책 개발 쟁점을 다룰 때에 적극적인 역할을 취해야 하지만, 법정에서의 법률적 논쟁은 학교 변호사들과 법학자들에게 맡겨야 한다. 그러한 논쟁은 현재 통용되는 법률적 정보에 의해 건전한 결정이 이루어질 때에 최소화된다.

8. 실천과제

4.1. 당신의 교사 채용 과정을 검토하게 되면 면접 질문들의 많은 부분이 합법적으로 옹호될 수 없음을 알 수가 있다. 직무와 관련되면서 인종, 종교, 성, 국적, 장애 혹은 나이를 차별하지 않는 질문들을 적어도 다섯 개 만들어보라. 채용할 때에 일관되게 적용해야 한다는 것은 무엇을 의미하는가?

4.2. 당신이 현재 거주하는 주에서는 영어/언어 기술과 수학 교과과정의 개발을 완성했다. 주는 교과과정을 가르치는 것에 대해 학교 측이 책임질 수 있도록 문서로 된 수행 평가서를 사용할 것이다. 당신이 당신의 학교 교과과정을 주 교과과정과 맞출 때, 어떤 교과과정의 쟁점이 가장 논쟁적일(그리고 법정에서 다투게 될) 것 같은가? 공립학교가 종교적 개념을 가르친다는 어떤 생각도 버려야만 하는가?

4.3. 17세의 여학생 자녀이 자기보다 나이 많은 남학생이 학교에서 자꾸 추근댄다고 호소했다. 자녀은 그 남학생이 계속 성적인 요구를 암시하는 언행을 한다고 주장했다. 더구나 그는 그녀에게 성적인 사진을 보여주고 부적절한 성적 자세를 취한다. 학교의 지도자로서 그녀를 위해 해야 할 것은 무엇인가? 그녀의 불평은 대용적(quid pro quo) 불평인가, 아니면 적대적인 환경(hostile environment)에 대한 불평인가?

4.4. 당신 학교의 학부모가 영어수업 시간에 학생들이 바꿔서 채점하는 것에 대해 당신에게 비판했다. 그 어머니는 아들이 공부를 못한다는 이유로 놀림을 당했기 때문에 더 화가 났다. 그 어머니가 당신에게 점수는 비밀로 지켜져야 할 부분이고 채점은

FERPA에 어긋나는 것이라고 말했다. 그녀의 주장은 합법적인가? FERPA는 교육기록에 대해 어떻게 정의하는가?

4.5. 지난 주 새로 부임한 교사가 오후 수업 때 쓸 분필통을 구하느라 교실을 잠시 떠났다. 그 동안, 두 남학생이 논쟁을 벌였고 끝내 주먹싸움으로 번졌다. 한 학생이 교사 책상의 날카로운 모서리에 찍혔고 심하게 다쳤다. 당신은 오늘 해당 교사와 당신(학교 지도자), 그리고 교육구가 관리 소홀로 고소당했다고 연락을 통고받았다. 관리 소홀로 밝혀지려면 어떤 전제조건이 있어야 하는가? 당신은 어느 당사자가 관리를 소홀히 했다고 판명될 것으로 생각하는가? 그 이유는?

4.6. 지역 야생 보존을 위한 최근의 현장학습에서 한 학생이 독사에게 물렸다. 교사와 직원이 갑자기 생각한 것은 학생이 뱀에게 물려 상처가 심각하지 않도록 막는 것이었다. 근처 병원의 응급실로 가면서 교사는 학교에 의해 요구된 허가서를 찾았다. 이러한 허가서의 목적은 무엇인가?

참고문헌

Abington School District v. Schempp, 374 U.S. 203 (1963).

Adams, A. T. (2000). The status of school discipline and violence. *Annuals of the American Academy of Political & Social Science*, *567*, 140-157.

Age Discrimination in Employment Act of 1967, 29 U.S.C. 623a.

Alamo Heights Independent School District v. State Board of Education, 790 F.2d 1153 (5th Circuit, 1986).

Alexander, K., & Alexander, M. D. (2001). *American public school law* (5th ed). Boston: West/Wadsworth.

Alexander, K., & Alexander, M. D. (1998). *American public school law* (4th ed). Belmont, CA: Wadsworth Publisher.

Alexander, K., & Alexander, M. D. (1984). *The law of schools, students and teachers: In a nutshell*. St. Paul, MN: West.

American Academy of Pediatrics. (2000). Corporal punishment in schools. *Pediatrics*, *106*, 343.

American Association of Colleges for Teacher Education (AACTE). (2002 February).

Governmental relations update. Washington, DC: AACTE.

Americans with Disabilities Act of 1990, 42 U.S.C.A. 12101.

Aquila, F. D., & Petzke, J. J. (1994). *Education law: Course outline* (1st ed). Santa Monica, CA: Casenotes Publishing Company.

Baker v. Owen. 395 Supp. 294 (M.D. N.C., 1975).

Brown v. Board of Education of Topeka, 347 U.S. 483 (1954).

Brown, L., & Schneider-Vogel, M. (1996). The first amendment and school employees. In K. Frels, J. Horner, & V. L. Robinson (eds), *Texas school law: A practical guide.* pp. 117-136. Topeka, KS: National Organization of Legal Problems in Education.

Chamberlin, C. W. (1999). Johnny can't read 'cause Jane's got a gun: The effects of guns in schools, and options after Lopez. *Cornell Journal of Law and Public Policy*, 8, 281-346.

Dagley, D. L. (2001). Federal and state legislation. In C. J. Russo (ed), *The yearbook of education law 2001.* pp. 275-319. Dayton, OH: Education Law Association.

Darling-Hammond, L. (January 1, 2000). Teacher quality and student achievement: A review of state policy evidence. *Education Policy Analysis Archives* (Online), *8*, http://olam.ed.asu.edu/epaa/v8n1.html.

Davis v. Monroe County Board of Education, 74 F.3d 1186 (11th Circuit, 1996).

Doe v. Taylor Independent School District, 15 F.3d 443 (5th Circuit, 1994).

Edwards v. Aquilard. 482 U.S. 578 (1987).

Elizalde, C. (1998). Reduction in force: How to successfully eliminate one or more positions with a RIF. *Texas School Administrators' Legal Digest*, *14*, 10,1-6.

Epperson v. State of Arkansas, 393 U.S. 97 (1968).

Essex, N. L. (1999). Handling gang violence in schools: Some costly legal errors and how to avoid them. *ERS Spectrum*, *17*, 4, 21-24.

Falvo v. Owasso Independent School District, 220 F.3d 1200 (10th Circuit, 2000).

Family Educational Rights and Privacy Act, 20 U.S.C.A. 1232g.

Feld, D. E. (2000). Right to discipline pupil for conduct away from school grounds or not immediately connected with school activities. *American Law Reports*, *53*, 1124.

Fetler, M. (January 8, 1997). Where have all the teachers gone? Education Policy Analysis Archives (Online), *5.* http://olam.ed.asu.edu/epaa/v5n2.html.

Fischer, L., Schimmel, D., & Kelly, C. (1999). *Teachers and the law* (5th ed). New York: Longman.

Florey v. Sioux Falls School District, 619 F.2d 1311(8th Circuit, 1980).

Freiler v. Tangipahoa Parish Board of Education, 185 F.3d 337 (5th Circuit, 1999).

Greenberg, H. (1997). Making sure your hiring practices are keeping you out of legal hot water. *Forum*, *179*, 37-38.

Griggs v. Duke Power Company, 401 U.S. 424 (1971).

Grover, S. Sexual harassment. (2000). In S. Refield (ed), *School as boss, school as parent*. Concord, NH: Franklin Pierce Law Center.

Guidelines on discrimination because of sex (29 Code of Federal Regulations 1604).

Hairston, J. B. (1998). Sexual harassment in the workplace: New guidance from the federal courts. *Texas School Administrator's Legal Digest*, *14*, 1-7, 20.

Hughes, L. W., & Hooper, D. W (2000). *Public relations for school leaders*. Boston: Allyn & Bacon.

Imber, M., & van Geel, 1 (2000). *Education law* (2nd ed). London: Lawrence Frlbaum and Associates.

Imbrogno, A. R. (2000). Corporal punishment in America's Public Schools and the U.N. convention on the rights of the child: A case for nonratification. *Journal of Law and Education*, *29*, 2, 125-147.

Improving America's Schools Act, PL 103-382; 20 U.S.C. § 6301 et seq. (1994).

Individuals with Disabilities Education Act, PL 105-17; 20 U.S.C. § 1400 et seq. (1997).

Ingraham v. Wright, 430 U.S. 651 (1977).

Jaffe, E. (1999). A federally mandated national school curriculum: Can Congress act? *Seton Hall Legislative Journal*, *24*, 207-254.

Kemérer, F., & Walsh, J. (2000). *The educator's guide to Texas school law* (5th ed). Austin, TX: The University of Texas Press.

LaMorte, M. W. (1999). *School law: Cases and concepts* (6th ed). Boston: Allyn & Bacon.

Lane, K., Van Berkum, D., & Richardson, M. (2000). Copyright issues in the electronic classroom. In W Camp, M. Connelly, K. Lane, & J. Mead (eds), *The principal's legal handbook*. pp. 341-357. Dayton, OH: Education Law Association.

Issues faced by schools in the digital age: Part III. (2002, March). *Legal Notes for Education*, *15*, No. 11, p. 1. Retrieved July 28, 2002, from Lexis-Nexis Academic Universe database, www.web.lexis-nexis.com.

Lemon v. Kurtzman, 403 U.S. 602 (1971).

Library filtering law violates First Amendment, court rules. (2002, June 18). *Telecommunications Industry Litigation Reporter*, *5*, No. 24. Retrieved July 28, 2002, from Lexis-Nexis Academic Universe database.

McCarthy, M. M., Cambron-McCabe, N. H., & Thomas, S. B. (1998). *Public school law: Teachers' and students' rights* (4th ed). Boston: Allyn & Bacon.

Monk, D. H., & Hussain, S. (1998). Policy implications of increased high school graduation expectations. *Annual Survey of American Law*, pp. 245-266.

New Jersey v. TLO, 469 U.S. 325 (1985).

No Child Left Behind Act, PL 107-110; 20 U.S.C. 6301 (2002).

Nondiscrimination on the basis of sex in education programs and activities receiving or benefiting from federal financial assistance, 34 Code of Federal Regulations 106.8(b).

Owasso Independent School District v. Falvo, 534 U.S. 426 (2002).

Perkins-Gough, D. (2002). Special report: RAND report on charter schools and vouchers. *Educational Leadership*, *59*, 90-91.

Prohibition against federal control of education. 20 U.S.C.A. § 12 32(a) (2000).

Pullin, D. (1999). Whose schools are these and what are they for? The role of the rule of law in defining educational opportunity in American public education. In G.J. Cizek(ed), *Handbook of educational policy*. San Diego: Academic Press.

Rebell, M. A., & Hughes, R. L. (1996). Schools, communities, and the courts: A dialogic approach to education reform. *Yale Law and Policy Review*, *14*, 99-168.

Rebore, R. W. (1995). *Personnel administration in education: A management approach* (4th ed). Boston: Allyn & Bacon.

Redfield, S. E. (2001). *Thinking like a lawyer: An educator's guide to legal analysis and research*. Concord, NH: Franklin Pierce Law Center.

Responding to public school peer sexual harassment in the face of Davis v. Monroe County Board of Education. *Brigham Young University Education and Law Journal*, *2000*, 287-305.

Rose v. Nashua Board of Education, 679 F.2d 279 (1st Circuit, 1982).

Rose, L. C., & Gallup, A. M. (2000). The 32nd annual Phi Delta Kappa/Gallup poll of the public's attitudes toward the public schools. *Phi Delta Kappan*, *82*, 41-58.

Rothstein, L. F. (2000). *Special education law* (3rd ed). New York: Longman.

Reutter, E. E., Jr. (1994). *The law of public education* (4th ed). Westbury, NY: The Foundation Press.

Safe Schools Act, PL 103-227; 20 U.S.C. § 5961 (1994).

School District of Abington Township v. Schempp, 374 U.S. 203 (1963).

Scopes v. State, 289 S. W. 363 (1926).

Sexual harassment guidance: Harassment of students, school employees, other students, or third parties: Notice, 62 Federal Register 12033 (1997). U.S. Department of Education.

Spillane, J. P. (1998). State policy and the non-monolithic nature of the local school district: Organizational and professional considerations. *American Educational Research Journal*, *35*, 33-63.

Spring, J. H. (1998). *Conflict of interests: The politics of American education*. New York: McGraw-Hill.

State of Washington v. Grand Coulee Dam School District, 536 P.2d 614 (Washington, 1975).

Stone v. Graham, 449 U.S. 39 (1981).

The Equal Employment Opportunities Act, 42 U.S.C.A. 2000e.

Tinker v. Des Moines Independent Community School District, 393 U.S. 503 (1969).

Title VII of Civil Rights Act of 1964, 42, U.S.C.A. § 2000e-2(a).

Trebilcock, J. (2000). Off campus: School board control over teacher conduct. *Tulsa Law Journal, 35*, 445-465.

Ubben, G. C., & Hughes, L. W. (1997). *The principal: Creative leadership for effective schools* (3rd ed). Boston: Allyn & Bacon.

Valente, W. D., & Valente, C. M. (2001). *Law in the schools* (5th ed). Columbus, OH: Merrill.

Valente, W. D., & Valente, C. M. (1998). *Law in the schools* (4th ed). Upper Saddle River, NJ: Merrill.

Wayne, A. J. (September 18, 2000). Teacher supply and demand: Surprises from primary research. *Education Policy Analysis Archives* (Online), *8*. http://olam.ed.asu.edu/epaa/v8n47.html.

Welsh, W. N. (2000). The effects of school climate on school disorder. *The Annals of the American Academy of Political and Social Science, 567*, 88-107.

Wirt, F. M., & Kirst, M. W. (1997). *The political dynamics of American education.* Berkeley, CA: McCutchan Publishing.

Yell, M. L. (1998). *The law and special education.* Columbus, OH: Merrill.

Zelman v. Simmons-Harris, et al., 122 S. Ct. 2460 (2002).

제 2 부

조직 리더십의 기초

5

학교 지도자를 위한 액션 리서치

☀ 주정부 학교 지도자 자격 컨소시엄(ISLLC) 표준

표준 1: 학교 행정가는 학교 사회에서 공유되고 지지를 받는 학습 비전의 개발, 형성, 실행, 그리고 배려를 촉진함으로써 학생들의 성공을 추구하는 교육 지도자이다.

표준 2: 학교 행정가는 학습자들의 학습과 교직원들의 전문가적인 성장에 도움이 되는 학교 문화와 교육 프로그램을 홍보하고, 육성, 유지함으로써 학생들의 성공을 추구하는 교육 지도자이다.

표준 3: 학교 행정가는 안전하고 효과적이며 효율적인 학습 환경을 조성하기 위해 조직 경영과 운영, 그리고 재원을 보장함으로써 모든 학생들의 성공을 추구하는 교육 지도자이다.

☀ 단원 목표

이 장의 목표는 다음과 같다.

- 학교 개혁을 가져오는 데 있어 연구의 역할을 논의한다.
- 액션 리서치 운동의 중요성을 설명한다.
- 액션 리서치란 무엇이며 그것과 양적, 질적 연구와의 관계를 기술한다.
- 학교에서 연구수행 시 학교 지도자들의 역할을 기술한다.
- 액션 리서치의 단계를 정의하고 기술한다.
- 액션 리서치가 학교 개선과 전문성 개발을 어떻게 지원할 수 있을지에 대해 논의한다.
- 설문조사, 사례연구, 면접, 학급 관찰을 포함한 액션 리서치의 방법론을 정의하고, 액션 리서치를 통한 그것들의 학교 개선에의 적용에 대해 논의한다.
- 액션 리서치가 실천 개선에 공헌 가능한 방법을 정의한다.

오늘날의 학교 지도자들은 전문적인 실천 개선에 대한 압력에 직면한다(Stringer, 1999). 난해한 문제들에 대한 해답을 찾는 길은 끊임없이 도전하는 과정이며, 액션 리서치(action research)는 학교 지도자에게 학교 개선과 혁신을 촉진하기 위한 강력한 도구를 제공한다. Calhoun(2002)에 따르면, 액션 리서치는 "학습과 교수를 개선하는 가장 직접적인 길을 제공하는" 지속적인 전문성의 개발이다(p. 18). Mills (2000)에 따르면, 액션 리서치는 학교 지도자들과 교사들이 협동 연구 활동에 참여할 때에 그들에게 능력을 갖추게 함과 동시에 의사결정에서 민주적 접근을 촉진하는 교육적 변화의 대행자라고 본다. 액션 리서치는 학습에 초점이 맞추어져 있는 학교 문화를 창조하고 지원하는 학교 지도자의 역할을 향상시킬 수 있고, 학습은 모든 사람을 위해 발생하는 것임을 확실하게 해준다.

학교 지도자는 폭력, 빈곤, 갈등, 차별, 그리고 저조한 성취에서 교사 임용과 관리에 이르기까지 전문적, 조직적, 그리고 지역사회의 문제들을 다루기 때문에 학생들의 학업에서 성공을 향상시키고자 하는 압력은 일종의 도전이자 기회가 될 수가 있다. 흔히 정책 결정자들은, 학교 지도자들이 이러한 문제들과 함께 학생과 교사가 매일 직면하는 많은 복잡한 문제에 대한 해결책을 갖고 있어야 한다고 기대한다.

학교 지도자들이 모든 해답을 갖고 있진 않다 하더라도 도움을 줄 수 있는 교육연구에 대한 접근 방법을 분명히 갖는다. 교육연구의 본질적, 필수적 속성은 학교 발전에 공헌할 수 있는 해답을 찾아내기 위한 체제적 접근이다(Kennedy, 1997). 해답을 찾기 위한 이러한 연구는 새로운 것이 아니다. 50여 년 전, Gable과 Rogers(1987)는 전문가들에게는 "복잡한 문제의 해답을 찾거나 연구를 수행하기 위한 능력과 욕구를 갖는 것"이 필요함을 인식했다(p. 695). Schmoker(1999)는 "우리가 채택한 연구의 모든 항목에 대해 현장 액션 리서치를 실행해야 한다"고 주장한다(p. 70). 그는 계속해서 "지역적 수준에서 우리가 행하고 있는 액션 리서치는… 공식적 외부 연구를 가능하게 만드는 것이다. 외부 연구는 예비부품과 같이 설치되는 것이 아니다―학교라는 조건 안에서 적합해야 하고 조절되어야 하며 정제되어야 하는 것이다…"라고 주장한다(p. 70).

연구가 이 장의 주제이긴 하지만, 좀 더 구체적으로는 액션 리서치다. 이 장은 교사진을 학교 전반적인 체계적 연구와 관련시킬 수 있는 방법을 제안하게 될 것이다. 그러한 연구는 행정가와 교사들로 하여금 연구에 기초한 설명과 가능한 해답을 가짐으로 인해 어떻게 하면 학생들의 학문에 대한 깊은 이해를 향상시키고, 어떻게 하면 의미 있는 환경에서 학생들의 학습이 가능하도록 만들며, 어떻게 하면 교사와 학생들로 하여금 중요한 아이디어를 충분하게 토의할 수 있는 학습 공동체를 만들어낼 것인가에 목적을 두고 있다(Putnam & Borko, 2000, p. 4). 액션 리서치를 통해서, 모든 수준의 교육자들은 교수-학습 과정에서 학생들과 교사들이 더욱 의미 있게 참여할 수 있는 방법을 선택할 수 있다.

이 장은 학교 지도자들이 체계적인 연구를 통해 학교 개선과 학생의 향상 문제를 해결할 수 있는 방안에 특별한 관심을 두고 교육에서 연구의 역할을 설명한다. 서적들과 전반적인 방향이 연구, 특히 교육연구에 초점을 둔다 하더라도, 이 장의 목적은 학교 지도자들이 모든 학생들의 성공을 촉진시키는 의사결정을 유도하는 데 필요한 자료를 만드는 도구로서 그 과정을 전체적으로 조망하는 데 있다. 교육연구에 대한 간략한 개관(overview)은 액션 리서치의 세 가지 형태에 대한 간략한 기술과 더불어 제시된다. 액션 리서치를 위해 설문조사, 교실 관찰, 사례연구, 면접을 포함한 네 가지 유형의 방법론이 제공된다. 각각의 접근방법에 대한 기술과 함께 질적, 양적 접근의 일반적 논의가 포함된다. 이 장은 학교 지도자들이 액션 리서치의 과정에서 맡고 있는 역할에 대한 논의가 이루어지고, 이러한 연구과정이 어떻게 이론과 실천 사이의 격차를 줄일 수 있을 것인가에 대해 기술할 것이다(Pine, 1992). 마지막으로, 학교 지도자들이 학교 개선과 발전을 가져오도록 보다 좋은 정보들을 수집할 때 액션 리서치는 그들이 사용하기에 유용한 도구로써 강조될 것이다.

1. 교육연구

누군가는 **연구**(research)라는 단어를 들었을 때, 지루하고 엄격한 자료수집과 방대한 숫자들, 통계적 절차를 흔히 떠올린다. 심지어 어떤 사람들은 교육연구(educational research)를 양자물리학이나 두뇌 수술과 동일시하기도 한다. Glesne(1999)에 따르면, 연구는 간단히 이야기하면 "주의 깊고 부지런한 탐구이며, 교육자들은 반드시 그 과정이라는 명칭을 붙이지 않고서도 주의 깊고 부지런한 탐구활동에 참여해 왔다." 교육자들이 지금까지 연구를 수행해온다고 할지라도, 연구라는 용어는 교육자들에게 무의식적일지라도 위협과 두려움을 동반하는 용어이기 때문에 많은 교육자들은 그것을 기피해왔다(Gable & Rogers, 1987; Glanz, 1998). 게다가, Srouge(1997)와 Kaestle(1993)은 교육연구가 '대단한'(awful) 평판을 듣고 있다고 확인했고, Gable과 Rogers(1987)는 이러한 연구의 불가사의함을 '일반인의 시야 밖'의 것으로 묘사했다. Wiersma(2000)에 따르면, 상황은 더욱 더 복잡하다. 그것은 "연구 수행을 위한 전문성과 경험이 한정되어 있다… (그리고) 연구에 대해 이야기하자면, 일반적인 초등 혹은 고등학교의 상황, … 행정가는 그다지 다르지 않다"는 이유 때문이다(p. 1).

교육자들이 연구라는 용어에서 불편함을 자주 느낀다고 하더라도, 연구, 특히 액션 리서치는 새로운 정보를 발견할 수 있는 원칙을 가진 조사활동(disciplined inquiry)이며, 그 연구의 해석은 학교가 직면하고 있는 딜레마와 문제들에 깔려 있는 쟁점과 현실에 대한 통찰력을 제공한다. Wiersma(2000)는 "연구는 현상, 그리고 교육연구에서는 학교 운영과 교수 학습에 영향을 주는 것들을 예견하고 설명하는 데에 목적을 두고 수행된다고 이야기했다(p. 1).

연구는 그 목적이나 목표를 근간으로 한두 가지의 주요 범주에 따라 기초연구와 응용연구로 나뉜다. **기초연구**(basic research)는 과학에서 자연현상을 확인하고 증명하는 데 가장 자주 이용되는 객관적이고 실험적인 모델을 포함한다. 그 목적은 인과 관계를 고찰하고 어떠한 현상을 수집된 자료를 기반으로 설명할 수 있게 도와주는 이론과 일반화를 제공하는 것이다. 기초연구는 "한 학문의 현존하는 지식을 더해 주고, 이것이 항상 즉각적인 실제적 사용의 결과를 제공하지는 않는다"(Wiersma, 2000, p. 10). 응용연구는 사회적, 심리적 사건이나 현상을 고찰한다. 이것은 실천의 개선과 더욱 훌륭한 이해를 유도하는 문제들의 해결책을 찾기 위해 고안된다. **응용연구**(applied research)는 자료를 수집하고 분석하는 데 주로 두 가지 방법을 이용한다. 한 가지 방법은 기술적, 상관관계적, 그리고 집단 비교를 포함하는 **양적 연구**(quantitative research)다. 그리고 이것은 일반적으로 "관찰 가능하고 측정 가능한 사실들로 구성된 세계를 특징으로 하는 실증주의 패러다임에 근거한다"(Glesne, 1999, p. 5). **질적 연구**(qualitative research)는 기술민족학과 사적 방법, 특히 자연현상과 사례연구를 이용한다. 그리고 이것은 현실이 사회적으로 건설되고 복잡하며, 항상 변하고 있는 세계를 묘사하는 해석론자·구성주의자의 패러다임에 근거한다(Glesne, 1999, p. 5). Krathwohl(1993)이 이러한 두 가지 방법에 대해 요약해 놓은 것을 보면 다음과 같다. "질적 연구는… 숫자나 측정이 아닌 말로서 현상을 기술하고… 양적 연구는 말이 아닌 숫자나 측정을 통해 현상을 기술한다."(p. 740)

그림 5.1은 연구방법론에 관한 전체상을 보여준다. 그림과 같이, 액션 리서치는 각기 다른 접근법들을 사용하는 응용연구의 형태다.

응용연구 설계에서 양적 연구 방법과 질적 연구 방법 모두가 사용될 수 있다. 양적 접근은 기술적, 상관관계적, 그리고 집단 비교의 방법을 포함한다. **기술적 연구**(descriptive research)는 설문조사나 관찰자료 모두를 기본으로 할 수 있고, 빈도나 숫자

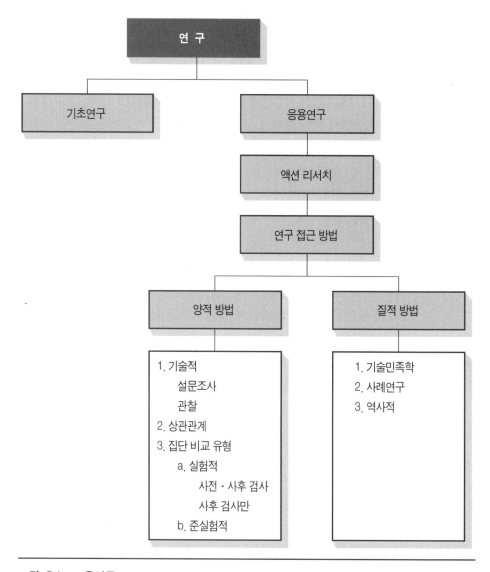

그림 5.1 교육연구

(numbers) 혹은 리커트 척도와 같은 측정법 혹은 평점(rating)을 수반한다. 예를 들어, 관찰자료를 이용하는 연구는 교실 생활의 복잡함에 관해 더 알아보기 위해 교실이 연구대상이 될 수 있다. 연구자는 수학시간 동안 교사와 학생들 사이에서 교실 상호작용의 종류와 횟수에 흥미가 있을 것이다. 일상적으로 매일 일어나는 사건들을 기술하고

자료를 수집하는 것은 교실의 교육문화에 대한 창문을 제공한다.

상관관계 연구(correlational research)는 변인들 간의 관계를 설명하거나 해석하기 위한 통계적 모델을 이용한다. 상관성은 두 개의 변인 사이에서 존재하는 관계성의 정도를 기술한다. 예를 들어, 상관관계 설계는 다음과 같은 질문의 답을 찾고자 한다. 작문과 작문 과정에서 사용되는 도구 사이에는 관계성이 존재하는가? 예를 들어, 학생들 중 한 집단이 미완성의 초고, 수정, 개작 전략을 이용한 반면에 같은 성적 수준의 다른 집단은 최초 집필, 수정, 개작 단계 안에서 컴퓨터를 이용했다. 연구자는 컴퓨터 이용이 학생들을 더욱 수준이 높고 길이가 긴 글을 쓰게 하는 데 동기화시킬 것이라 가정한다. 자료를 분석할 때, 연구자는 컴퓨터의 이용과, 길고 질 높은 작문이 만들어지는 것 사이에는 관계가 존재하는가를 시험하게 된다.

집단 비교(group comparison) 방법은 실험연구와 준실험연구로 나뉜다. 실험연구는 통제집단과 비교되는 다른 처치(treatment)를 가지고 실행된다. 실험연구를 통해 교육자들은 변수들이 관계된 정도를 발견할 뿐만 아니라, 한 가지 변수가 다른 변수들에게 어느 정도 영향을 미치는지도 알게 된다. 예를 들어, 실험연구에 대한 연구문제는 다음과 같을 수 있다. 과학에서 학습자의 적극적인 참여 전략 이용은 어느 정도까지 주정부 차원에서 절대평가 시험에 더 큰 영향을 미치는가? 여기에는 최소한 두 집단이 존재할 것이다. 처치(학습자의 적극적인 참여 전략)를 받은 집단과 처치를 받지 않은 집단(통제집단). 이러한 연구가 끝나면, 주 차원의 절대평가 시험점수들이 비교될 것이다. 연구자들은 집단 간 점수를 비교함으로써 질문에 대한 답을 얻을 것이다. 이러한 연구는 시험점수(종속변수)에 대한 영향력을 결정하기 위해 조작된 독립변수(교수 전략)와 함께 무작위로 추출된 실험이다. 준실험연구의 설계는 단일 측정치(single measurements)를 포함하고, 한 집단 안에서 사전·사후 점수, 통제된 시간의 연속(interrupted time series) 혹은 동일한 연구대상을 포함한다.

구체적인 연구문제와 함께 시작되는 양적 연구와는 달리, 질적 연구는 "일반적 흐름으로부터 돌출하는 순간들과 함께 일상적 삶의 일들로 시작된다. 그리고 그들이 소멸하는 순간들을 기록하지 않는 이상 그것을 반영하는 자료를 얻을 수가 없다"(Newman, 1998, p. 3). Wiersma(2000)는 "질적 연구는 기술 분석(descriptive analysis)에 근거를 두었으며, 본질적으로 귀납적 과정이다"라고 주장했다(p. 12).

탐구는 사건이나 상황에 대한 완전한 결정을 내리기 위한 반성적 접근(reflective

approach)으로 나타난다. Glesne(1999)는 "질적 연구자들은 그들의 작업을 기술민족학, 사례연구, 현상학, 교육적 평론, 논리적 해석법 혹은 수많은 다른 용어들을 이용해 부른다"라고 이야기했다(p. 8). 그러므로 전체론적 관점(holistic perspective)을 얻는 것은 문제에 대한 심도 깊은 이해를 하는 데 중요하다.

질적 연구는 기술민족학적으로 전체를 바라보는 것으로서 문제와 상황을 이해하려 한다. 질적 연구는 사실적 관찰 혹은 사례연구를 통해 자료를 수집하고, 연구가 수행되는 배경과 관련 있는 면접으로부터 얻어진 방대한 기록을 포함한다. 교수자들의 저널과 기록된 다른 작품들은 전체적인 그림을 더 잘 이해하는 데 도움이 된다. 이러한 기록된 자료들의 출처들은 공통적인 것으로 뭉치고 해석될 수 있는 흐름과 경향들을 알기 위해 분석된다.

그리고 사실적 관찰은 학교와 교실 안에서 사람들을 자연 상태 그대로 관찰하는 것을 의미하고, 사례연구는 사건에 대한 기술적 설명과 그러한 사건들에 대한 사람들의 반응, 생각, 통찰력의 기록에 의존한다. 예를 들어, 질문들의 유형과 수준에 초점을 둔 상태의 교수 에피소드를 관찰하고, 교수자의 수업계획과 학습일지 작성 내용을 살펴볼 때, 액션 리서치 연구자는 실제로 교실에서 무슨 일이 일어나는지 그리고 교사가 그 상황을 어떻게 인식하고 생각하는지를 비교하기가 쉽다. 그러나 다음과 같은 언급들, 즉 "양적 연구자의 입장에서 의미는 항상 미완성의 그림이다. 왜냐하면 그 그림은 '풍부하고' '심오하고' '두꺼우며' '조직적이고' '통찰력 있고' 무엇보다도 '계몽적'이기 때문이다. 그리고 가장 중요한 것은 경험적 자료에 의해 지지되는 것이 아니다"라는 것에 주목해야 한다(shank, 2000, p. 7). 질적 연구는 소수의 경험적 증거에 의해 이루어지고, 교실 안에서 자연 상태에 있는 학생들의 행동에 대한 기록과 교실 안에서 관찰을 통해 모은 정보들에 의해서 보다 많이 이루어진다. 질적 연구방법은 연구되는 상황의 자연적 특징을 보존한다(Greenberg & Baron, 2000).

질적 연구로부터 나온 결론을 강화시키기 위해, 액션 리서치 연구자는 설문조사를 통한 결과와 학생들의 사전·사후 점수, 통제집단들을 이용해 양적 연구를 병행해 실행할 수 있다. **삼각측량**(triangulation)으로 언급되는 다각적인 연구 출처와 절차의 이용은 연구결과물의 신뢰도를 증가시킨다. "삼각측량은 결과물을 확실히 하기 위한 다각적이고 독립적인 자료 출처의 이용을 언급한다(Sagor, 2000, p. 19). 해당 쟁점의 실제성에 하나 이상의 자료 출처를 보탬으로써 삼각측량은 "다른 환경에서 연구결과의 유용성을 크게 강화하는 데 이용될 수 있다"(Marshall & Rossman, 1994, p. 146).

2. 액션 리서치 운동

학교는 점점 더 다양화되고 유동성 있는 학생들의 요구와 부딪히면서 매일 도전과 기회에 직면한다. 이러한 다양성과 유동성의 쟁점들을 다루는 것을 지원하기 위해, 1980년대의 학교개혁 운동은 조직적 변화와 관련 있는 쟁점에 초점을 둔 실천가 연구(practitioner research)를 강조했다(van Manen, 1984; Stenhouse, 1985; Smith, 1989; Kincheloe, 1991; Altrichter, Posch, & Somekh, 1993; Cochran-Smith & Lytle, 1993, 1999; LeCompte & Schensul, 1999). 실천가 연구가 20세기 중 최근 지난 20년 동안의 개혁에서 흥미로운 결과로 인해 인기를 얻었다 할지라도, 그 뿌리는 Kurt Lewin에 의해 처음 소개된 1940년대로 거슬러 올라가게 된다(Lewin, 1946a, 1946b; Christiansen, Goulet, Krentz, & Maeers, 1997; McTaggart, 1997; Boyarsky & Murphy, 1998; Brown & Dowling, 1998; Krulfeld, MacDonald, & MacDonald, 1998; Mills, 2000).

　Cochran-Smith와 Lytle(1999)는 다른 '형태의 실천가 탐구'와 더불어 교수자 연구에서 새로운 관심은 이제 겨우 10년 이상 된 것이라고 지적한다. 이른바 이러한 **교수자 연구 운동**(teacher research movement)은 이제 비판적 단계를 거쳐 진행되고 있으며, 이러한 움직임의 중심에는 "근원적이고 때로는 경쟁적인 인식론, 정치, 패러다임, 그리고 사회 변화 이론이 있다"(p. 19). Gore와 Zeichner(1995)에 따르면, 액션 리서치는 "내부적으로는 스스로의 실천(practices)에, 외부적으로는 스스로의 실천에 영향을 주는 사회적 조건(social conditions)", 두 가지의 반영(reflection)에 초점을 둔다. 그리고 사회 재건과 개인적 변화에 공헌한다(p. 205). Wiersma(2000)는 "액션 리서치가 일반적으로 지역 수준에서의 의사결정을 위한 정보 제공 혹은 특별한 문제의 해결을 위해 교사들과 행정가들 혹은 다른 교육 전문가들에 의해서 실천된다"고 말한다(p. 11). 액션 리서치가 학교나 교실의 배경에서 이루어진다는 것은 분명하며, 교육 전문가들을 직접적으로 과정 안에 포함시킨다. 간단히 이야기해, 교육적인 상황을 개선하기를 원하는 교육자들은 액션 리서치를 시작한다(Sagor, 2000).

　학교 지도자들에게 액션 리서치는 학교의 재건을 가져오고 변화를 위한 목표의 공동 확인, 문제에 대한 연구, 자료분석, 그리고 적절한 행동을 취하는 하나의 도구로서 이용될 수 있다. 액션 리서치는 매일 발생하는 문제들에 대한 해결책을 지역적인 차원에서 제공한다. 그리고 "다른 교육 환경에서 적용할 수 있는 보편화된 결과에 대해서는 크게 관심을 갖지 않는다"(Wiersma, 2000, p. 11).

실천가 연구의 개념은 그것을 지지하는 지적인 전통들 때문에 학교 연구를 위해 이용되는 유용한 과정이다(Schön, 1983; Cochran-Smith & Lytle, 1999). 실천가 연구를 지지하는 사람들은 그것을 John Dewey의 연구와 진보적 교육에 뿌리를 두고 있는 교수 실천의 인식론으로 불러왔다(Noffke, 1995). Greene(1978)은 그것을 교사들이 수업에서 교과과정을 계획하고 실천할 때에 교사들 안에 존재하는 목소리들을 찾아낼 수 있는 기회로 여긴다. Mills(2000)에 따르면, 액션 리서치는 "안정성과 평범함보다는 행동과 진보를 포용하는 전문가의 태도들 발전시키는 것을 돕는다"(p. v). Sagor (1992)는 액션 리서치의 초점은 흔히 다음과 같은 세 가지 단계의 행동과 관련을 맺는다고 보았다.

1. 교재 선택이나 평가 전략을 선택하는 것과 같은 초기 행동.
2. 예비 프로젝트가 어떻게 진행되는가와 새로운 프로그램의 초기 진행에 대한 평가, 그리고 현재의 실천을 향상시키는 것과 같은 모니터링과 조정 행동.
3. 완성된 프로젝트의 마지막 보고서 준비와 같은 평가 행동(p. 8).

그러나 실천가들이 수행한 연구에 대한 비평들도 있다. 몇몇 비평들은 훈육의 관점뿐만 아니라, 사회적, 경제적 이론과 **실천적 관점**(praxis perspective)과 같은 교수법(pedagogy)에서 나온다(Cochran-Smith & Lytle, 1999). 근본적으로, 학생들과 학교교육에 관한 지식을 만들어내기 위한 실천가 연구를 위해 "공식적인 지식을 산출하는 과학과 유사한" 조직적 연구과정이 반드시 발생해야 한다(Fenstermacher, 1994, p. 48). Fenstermacher는 액션 리서치에 의해 산출되는 지식은 연구자가 조사자로서, 그리고 모은 자료의 분석가로서 역할을 모두 수행하므로 근본적으로 결함이 존재한다고 이야기한다. 두 가지 역할을 모두 한 사람이 수행하는 것은 결과를 한쪽으로 치우치게 할 수 있고 오염시킬 수도 있다. 가설에 일치하는 결과를 만들기 위한 경향성이 존재할 수도 있다. Huberman(1996)은 사용 방법을 비평하고, 교사가 연구원으로서 기능을 수행한다면, 그들은 "증거 제공, 명백한 편견에서 벗어남, 관계자들의 인식, 일관성을 포함한 규율에 의해 반드시 통제되어야 한다"고 주장한다(p. 128).

이러한 비평에도 불구하고, 실천가 연구는 학교 부흥과 발전의 새로운 삶에 호흡을 불어넣는 시도로서 확고한 발판을 얻어왔다. Kemmis와 McTaggart(1988)는 실천가 연구는 "실천에 대한 이해와, 실천이 수행되고 있는 상황에 대한 이해뿐만 아니라 사회적 혹은 교육상의 실천의 합리성과 정의를 개선시키기 위해 사회적 입장에서 책임을 맡은 집합적인 자기 성찰 연구(collective self-reflective inquiry)"의 중요한 형태라고 지적한다(p. 1). 이러한 응용연구 유형의 지지자들은 실천가 연구를 학교 문화를 진정으로 변형시키기 위한 잠재성을 갖는 것으로 보았다. Glesne(1999)는 "액션 리서치의 현재의 형태는 타인들과 함께 변화의 대행자들로서 일하는 연구원들과 더불어 해석론자와 구성주의의 패러다임에 근거를 둔다"고 했다(p. 13).

이러한 변혁적 가능성은 다음과 같은 질문들이 발생할 때 일어난다. (1) 연구를 누가 수행했는가, (2) 조사하고자 하는 주제는 무엇인가, (3) 한 사람이 연구자와 참여자를 겸할 때 어떠한 결과적 의미가 존재하는가? 이러한 핵심 질문들의 대답은 학교 문화 안에서 일어나는 모든 종류의 변혁에 영향을 미친다. Mahlio(2001)는 '교실 안에서 실천가로서의 교사의 전문성'을 강화하는 수단으로서 액션 리서치가 더욱 일반화됨에 따라 학문적 사고에 변화가 존재해왔다고 주장한다(p. 71). 연구에 참여하는 교사들은 "개인적이면서도 전문가적인 만족, 고립감의 감소, 유용성에 대한 의식(sense of instrumentality), 그리고 새로운 학습을 경험하며 이 모든 것들이 그들의 가르침 속에 확산된다"(Barth, 2001, p. 443). Sagor(1992)에 따르면, "교사들은 그들의 실천을 알리는 지식의 산출에 개입될 때까지, 역동적인 전문가(dynamic professionals)라기보다는 하위 노동자(subordinate workers)로서 존재하게 된다"(p. 4). 학교 지도자들은 그들이 속한 학교의 단순한 소작인으로서가 아닌 투자자 및 소유자로서 전문가로 교사가 되는 것을 촉진하는 경험들을 용이하게 소유할 수가 있다(Barth, 2001). 또한 학교 지도자들은 연구자로서 연구과정에 동등하고 완전하게 참여할 수 있다(Stringer, 1999, p. 9).

연구방법론을 이용해 교육 실천과 쟁점을 조사하는 것은 다른 원리에 의해 정립된 정형을 따른다. Sagor(1992)는 "모든 전문직은 지식 기반에 의해 분별되며, 가르치는 것 역시 예외는 아니다"라고 지적한다"(p. 3). 이것은 결국 연구자들은 수업, 관리, 그리고 개인적 결정의 기반이 되는 정보를 산출하는 방법으로 문제와 딜레마에 접근하는 방법론을 이용한다는 가정을 둔다는 것이다. 이러한 자료에 근거한 의사결정은 '작업장을 변화시키기 위한 모델'이 될 수 있는 학생 학습과 교수 효과에 이바지한다 (Calhoun, 1994, p. 1).

다음의 현장경험 사례에서는 7학년 담임 교사가 학생 동기에 관한 자료를 수집하기 위해 교장을 만난다.

3. 액션 리서치: 관점과 실천

Freire(1985)는 모든 교육의 실천은 이론적 발판에 근거를 두고 있다고 말한다. 이론은 연구를 실천하는 데에 방향키가 된다. "이러한 발판은 가끔은 더욱 명쾌하게, 가끔은 덜 명쾌하게 번갈아 가며 해석되는 것을 함축한다"(Freire, p. 43). 이론이 없는 조직적 연구는 명확한 초점을 갖지 못한다. 이론은 간단히 이야기하면 개념, 사건, 혹은 현상

◯ 현장경험 사례

링 선생님은 7학년 학생들의 학습의욕 결핍에 관해 염려했다. 그녀는 교실 현장과 관련된 자료수집에 대해 물어보기 위해 크로더 교장 선생님을 찾아갔다. 크로더 선생님은 그 과정을 기술하면서 말하기를 "링 선생님이 그녀의 학생들에게 학습 의욕을 불어넣어줄 수 있는 것은 무엇이 있는가를 발견하기 위해서는 그녀와 관련된 교실에서 자료를 수집하는 것이 필요하다는 데에 의견의 일치를 보았습니다. 다 같이 브레인스토밍을 한 후, 링 선생님이 취할 수 있는 활동들을 다음과 같이 결정했습니다.

1. 학생들이 자유시간에 어떠한 활동을 하는지, 박물관이나 과학실을 방문한 적이 있는지를 묻는 흥미로운 목록을 개발하시오.

2. 학생들이 무엇을 하는 것을 가장 좋아하는지에 관해 개방형 질문을 만드시오.
3. 학생들이 좋아하는 음악과 영화를 파악하도록 비공식적인 면접을 시행하시오.
4. 학생들이 학교 밖에서 무엇을 하는지에 관한 일기를 작성하도록 하시오.

우리는 이러한 활동들에 대한 응답이 교실에서의 학습 활동뿐만 아니라 수업계획에도 도움을 주는 정보를 제공할 수 있을 것이라고 결정했습니다. 링 선생님은 그 연구결과를 다른 7학년 교사들과 공유할 것을 제의했습니다. 왜냐하면 그러한 학생들에 관한 정보는 교수-학습 과정을 향상시키는 데 유용한 자료를 제공한다고 우리 모두가 느꼈기 때문입니다."

사이의 관계를 설명해주는 수단이다. 그러므로 이론은 우리로 하여금 실천적 상황들을 이해하는 것을 돕는다(Greenberg & Baron, 2000).

앞서 지적한 바와 같이, 조사자로서 학교 지도자와 실천가들을 위한 이론적 지지는 Michael Polanyi(1958)와 Maxine Greene(1978)의 연구에서 찾아볼 수 있다. 그들의 관점은 교실과 학교 내에서 수행되는 제대로 훈련된 연구를 구성하기 위해 제공된 원리들을 조직적으로 나타냄으로써 액션 리서치 연구자들을 안내하고 있다. 이러한 개념적 기반은 아래에 간결하게 제시되어 있다.

Polanyi(1958)는 『개인적 지식(Personal Knowledge)』에서 자연과학 안에서 일어나는 연구는 인간의 고유 구성요소(human element)를 인식하고 그것을 포용하는 반면에, 사회학이나 심리학적 연구는 '과학적 이탈'(scientific detachment)의 지지하에 있는 전문가들뿐이라고 주장한다. 그에 따르면, "알려져 있는 것을 아는 사람의 정열적인 공헌이 앎에 대한 모든 행위 속으로 들어가게 된다"는 것이다(pp. vii-viii). 완전한 객관성은 신화이고, Polanyi는 이것을 **개인적 지식**(personal knowledge)과 대체한다. 그는 학교 연구를 두 방향에서 지지하고, 다음과 같이 강조한다. (1) 개인적 지식은 연구결과를 손상시키지 않고 오히려 강화시킨다. 그리고 (2) 실천가들은 외부 사람들이 놓칠 수 있는 학교와 교실에서 사건을 관찰한다.

Maxine Greene은 『배움의 풍경(Landscapes of Learning, 1978)』에서 완전히 깨어 있는 상태(state of wide-awakeness)와 의식 수준에서 그것의 중요성에 대해 탐구했다. 그녀에게 실천가이자 연구자들(practitioner researchers)은 완전히 깨어 있는 사람들이며, 사회적 실습(social praxis), 즉 세계를 변혁하는 방향으로 유도되는 참여자 지식의 한 양태를 포함하는 의식의 감각을 지닌다(p. 13). 실천가이자 연구자들이 그들의 세계에 대한 감각을 만듦에 따라 그들은 더욱더 자율성을 갖게 되고 강력해지며 변화에 영향받지 않게 된다. Greene은 실천가들이 학교와 교실 환경의 조사, 그리고 성찰을 통해 그들 자신의 의식 수준과 그들이 당장 처해 있는 상황을 넘어서 뛰어넘을 수 있다고 말할 때에, 그러한 연구는 Greene의 철학적 발판에 의해 지지된다.

Berthoff(1990)는 연구와 교육적인 쟁점들에 대해 대화를 유도했으며, 연구자로서 교사들은 그들이 갖고 있는 자료를 조사하는 연구 기술이 필요하다고 완곡하게 표현했다. Berthoff(1990)에게 "재탐색(re-search)은 질문과 함께 교실 안에서 의미를 찾아내기 위한 도구로서 변증법적이고 대화적 언어(dialectic and dialogic language)를 이용하는 절차를 형성함으로써 시작한다. 이 도구는 교수-학습 과정의 사건을 인식하기 위해 언어를 사용한다. 그래서 언어는 이러한 경험에 관한 토론의 한 부분이 된다.

액션 리서치란 무엇인가

액션 리서치란 교사진과 협동적으로 일하는 학교 지도자들이 기획, 조사, 분석, 자기 성찰, 그리고 행동의 주기에 참여하는 연구 사업이다. 그리고 액션 리서치는 기초연구와 응용연구의 두 가지로 나누어진다. Pine(1992)에 따르면, 액션 리서치는 한 편으로는 'big-R' 대학 연구, 다른 한 편으로는 교사의 일상적 직관 사이의 어딘가에 존재한다(p. 657). 산출되는 지식은 학교와 교과과정 개발, 교실 안의 수업, 부모의 개입, 그리고 학교 기반의 경영을 생각하는 실천을 알리는 데 이바지한다. 발생된 지식은 뒤이어 일어나는 행동과 변화, 그리고 개선의 촉진제가 된다. 지난 수년간 액션 리서치는 수많은 방법으로 정의되고 기술되어 왔다. 다음의 목록은 정의에 관련된 몇 가지 보기들을 뽑아놓은 것이다.

- 긍정적 변화에 영향을 끼치는 노력을 증진시키는 교사, 교장 혹은 이해당사자들에 의해 실천되는 조직적인 탐구(Mills, 2000)
- 조직생활의 이해(understanding)를 정의하고 재정의하는 집합적 과정(Stringer, 1999)
- 행동을 취하기 위한, 그리고 행동을 취함으로서 수행되는 조사의 훈련과정(Sagor, 2000)
- 교실 안의 교육 향상을 목적으로 교사에 의해 실행되는 조직적 연구과정(Miller & Pine, 1990; Loucks-Horsley, et al., 1987; Loucks-Horsley, et al., 1986)
- 실천 기반의 전문적 조사와 교사의 자연스런 언어 안에서 실제적인 교실 문제 해결(Duckworth, 1986)
- 학교 재구축에 중심이 되는 전문성 개발 전략(Carr & Kemmis, 1986)

우리에게 액션 리서치는 학교 지도자들이 그들의 학교 내에서 의사결정의 자료를 제공하기 위해 실천하며 학교의 문화에 벽혁을 가져오는 연구 유형으로서 역할을 한다. 또한 이러한 연구 접근은 전문적 교사로서 훌륭한 감각과 학생들의 성취 향상의 결과를 가져올 수 있는 교수와 학습에 대한 인식과 공정성을 진작하는 데 이바지한다. 액션 리서치는 "교사들과 행정가들이 함께 발전을 가져올 수 있다"는 믿음을 강화하고 굳히는 통로로서의 역할을 할 수 있다(Glanz, 1998, xi).

액션 리서치는 지역적 실천(local practices)을 다루는 행동에 중요성을 둔다. 액션 리서치가 "우리의 정치적, 교육적 노력을 이끄는 더 큰 일반적인 관심사와 관련이 있다고 할지라도" 결국 지역적 관점에 초점을 맞춘다(Gore & Zeichner, 1995, p. 211). 그러나 "학교 전반에 걸친 액션 리서치가 만병통치약은 아니다. 액션 리서치가 자동적이고 고통 없는 학교 발전을 위해 마법과 같은 약을 제공하지는 않는다"라는 것이 반드시 언급되어야 한다(Calhoun, 1994, p. 3). 액션 리서치는 변화하는 학교를 위해 현 상태 유지를 넘어서서 모든 학생들의 성공을 진작하고 확인된 교육적 쟁점에 대한 잠재적인 해결책의 대안을 제공한다.

현장중심의 연구(site-based research)는 실천가로 하여금 연구과정의 중심부에 위치하게 하며, 학교와 교실의 재구조화와 재건에서 그들의 목소리를 강조한다. Stenhouse(1985)는 학교 지도자들이 학교와 교실의 세계를 이해하고 변화시키고자 한다면 그러한 목소리는 필수적이라고 주장한다. 첫 번째이자 가장 중요한 점은 액션 리서치가 학교와 교실의 자연적이고 사실적인 환경에서 이루어진다는 사실이다. 두 번째는 연구자들이 실천가들, 즉 연구의 계획과 이행에 반드시 개입되어 있는 학교 지도자들과 교사들이라는 것이다. 이러한 연구자들은 수집된 정보들로부터 통찰력을 얻어낼 수 있는 조직적인 방법으로 교실과 학교, 그리고 지역적인 쟁점들을 다룬다. "교실 내의 삶에 대한 이러한 통찰력은 전과 다르게 상황을 이해하도록 훨씬 더 많이 도와준다"(Kennedy, 1997, p. 6).

응용연구의 한 형태로서, 액션 리서치는 현재 진행 중이며, 상황 기반적이고 과정 지향의 연구다. 그리고 액션 리서치는 학교 지도자들과 교사들이 상황과 사건에 대한 본질을 더 잘 이해하게끔 도와주며, 가능한 문제 해결을 확인시켜준다. 액션 리서치에서 이용되는 세 가지의 일반적인 형식은 다음과 같다. (1) 실천가들에 의해 수행되는 개인 연구, (2) 학교 공동체 내의 몇몇 구성원들을 포함하는 공동 협동 연구, (3) 더 커진 교육 공동체의 구성원의 참여와 폭 넓어진 쟁점을 연구하는 학교 전체 차원의 연구. 협동 연구와 학교 전체적인 연구 사이의 구분이 미묘하긴 하지만, 이러한 액션 리서치의 형태들은 수행되는 프로젝트의 유형에 중요하다. 학교 지도자들은 그들이 속한 학교 내에서 이루어지는 모든 형태의 액션 리서치를 지지하고 진작시키는 데에 하나의 역할을 담당할 수 있다.

학교의 일상생활 세계에서는 "이번 수업을 어떻게 이끌어야 할 것인가?" "수업계획서를 어떻게 완성할 것인가"와 같은 작은 문제들이 놓인다. 그리고 "우리 고등학교에서 발생하는 많은 중퇴생들의 숫자를 어떻게 하면 감소시킬 수 있을까?"와 같은 심각하고 복잡하고 고질적인 문제들은 더 많다. 이것은 학교 지도자들의 전문가적인 삶에 영향을 미치는 심각한 문제들이다. 연구의 실행은 학교 지도자들이 의사결정과 해결책 선정을 위해 갖고 있는 정보의 양을 증가시키도록 돕는다. 학교와 지역 수준에서 연구하는 학교 지도자들은 학교의 일상적인 삶의 상호작용적인 복잡성을 연구하기 위해 액션 리서치의 패러다임을 적용시킬 수 있다.

액션 리서치의 단계

액션 리서치의 정의들에서 볼 수 있는 공통적인 핵심은 관찰하고 생각하고 행동하는 것을 강조하는 사람 중심적(people orientation)이란 것이다. Kemmis와 McTaggart (1988)는 액션 리서치의 단계가 일직선이 아니고 본질적으로 나선형이라고 여긴다. Calhoun(1994)와 Sagor(2000)는 지도자들이 학교 전반의 액션 리서치를 시행하는 데에 다음과 같은 단계를 이용할 수 있다고 제안한다. (1) 초점을 두거나 연구할 분야를 선택하라. (2) 자료를 수집하라. (3) 자료를 조직화하라. (4) 분석하고 해석하라. (5) 자료의 연구 조사 결과를 작성하라. (6) 행동 계획을 수립하라. 하나의 단계는 다른 단계를 이끌어낸다. 그러나 연구과정을 통해 그 경로는 여러 차례 다른 방향을 취할 것이다. 그림 5.2는 학교 지도자들이 학교 발전과 학생들의 성공을 진작시키기 위해 그들의 학교에서 액션 리서치를 계획하고 이행하는 데 학교 지도자들이 이용할 수 있는 혼합적 연속물의 단계를 제공한다.

예를 들어, 학교 지도자가 중퇴자를 억제하기 위해서 부모들의 개입을 장려하고자 한다면, 그림 5.2의 액션 리서치를 시행하는 단계를 따르는 것이 유용하다. 부모들이 학교와 연계를 맺는 것은 중요하다. 더 많은 학부모들이 학교 일에 관여했더라면 중퇴생의 비율은 줄어들었을 것이라고 교장은 믿는다. 이러한 교장의 연구문제는 다음과 같을 것이다. 부모들이 수업일 동안에 PTA/PTO 미팅에 참석하거나 자원봉사를 방해

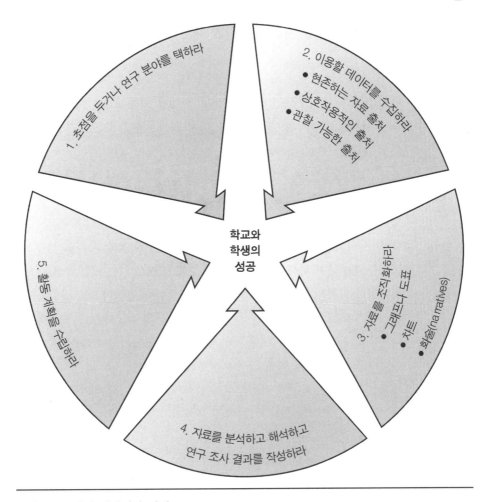

그림 5.2 액션 리서치의 단계

하는 장애물들은 무엇인가? 학부모와의 전화 조사 및 면접을 시행하는 것은 연구문제에 응하고 장애물들을 밝히기 위해 분석될 수 있는 자료를 수집하는 첫 발판이다. 자료가 결정적이지 못하다면, 다른 방법들이 적용될 수 있다. 얻어진 자료로부터 행동계획(action plan)이 쓰일 수 있고 학교 활동에 학부모들을 개입시키기 위한 전략이 실행될 수 있다.

4. 액션 리서치: 학교 지도자를 위한 제안

학교 지도자들에게는 교육 및 경영 문제를 풀기 위해 제공되는 해답들이 일시적인 유행과 재빠른 수정으로 점철되어 왔다. 하지만 교육자들이 아는 바와 같이, 이러한 유행은 대체로 수명이 짧다. 그 반면, 액션 리서치는 학교 지도자들로 하여금 학교와 관련된 특별한 쟁점들을 제기하기 위해 교사진 등과 함께 협력을 하도록 하는 유일무이한 기회를 제공한다. 학교 지도자들은 연구과정을 교내의 면학 분위기와 근로조건을 개선시키는 데에 교사들을 개입시킴으로써 학교 변화를 위한 촉매제로서 이용할 수 있다(Gore & Zeichner, 1995). 액션 리서치의 다각적인 단계 과정을 통해, 교사들은 (1) 아이디어를 탐색하고, (2) 현재 실행되는 것과 발견된 것을 비교하고, (3) 필요한 변화를 지원하기 위해 훈련 모임에 참석하며, (4) 자기 자신, 학생, 동료들에게 이러한 변화들이 미치는 영향을 연구한다. 지도자들이 개인적이고도 집합적인 학교의 목적을 달성하기 위해 할 수 있는 한 가지 방법은 그들의 학교에서 연구문제를 확립하는 것이다. 학교 내 사회제도가 교사들의 지속적인 전문가적 성장과 발전을 변화시키고 지원할 수 있는 것은 바로 액션 리서치를 통해 가능하다.

액션 리서치는 학생의 학업성취를 향상시키는 데 관심을 집중시킴으로써 학습 개선을 이끄는 연구 기반의 아이디어를 생성시키는 방법을 제공한다(Darling-Hammond & Berry, 1998; Cochran-Smith & Lytle, 1990, 1998, 1999; Lytle & Cochran-Smith, 1990; Rearick & Feldman, 1999). 액션 리서치를 실행함으로써, 학교 지도자들은 관심을 개념화하고 연구를 설계하고 결과물들을 관찰하고 학생들의 학습을 향상시키는 결과들을 분석하는 데 도움을 줄 수 있다. Lewin(1946b)은 액션 리서치의 장점은 미래의 전망이나 관심이 대조적인 다수의 개인들을 매력에 기반을 두지 않고 오히려 현실적으로 기꺼이 어려움을 극복하고자 하는 노력을 바탕으로 정직하게 사실을 발견하고 어려움을 극복하도록 협력하게 만드는 팀으로 전환시킬 수 있다고 주장한다(p. 211).

전문적인 학습 커뮤니티를 생성하기 위한 수단으로서 액션 리서치의 가치는 거의 60년 전부터 확인되었다. 학교 지도자들은 학교 발전을 이끄는 연구를 지원하는 조직을 만드는 데 액션 리서치를 이용할 수 있다.

McLean(1995)에 따르면, 액션 리서치는 이와 깊이 관련된 모든 것에 대한 장기적 헌신을 요구한다. 그리고 액션 리서치는 학교 지도자들이 조직적인 방법으로 현재와 미래의 실천에 대한 고찰을 시작하도록 돕는다(p. ix). 연구문제를 실행하는 것은 연구를 시행하는 시간에 대한 헌신을 요구하고, 연구에 참여하는 사람들을 관찰하고 면접, 조사함으로써 수집된 자료, 자기 성찰, 결론의 도출, 제안이라는 결과물을 포함하고 있다(McLean, 1995). 학교 전반에 걸친 액션 리서치는 학교 조직의 구성원들로 하여금 연구과정에 참여하려는 의지와 비용을 요구하기 때문에 복잡하고 어려운 작업이다. Calhoun(1994)은 학교 전반에 걸친 행동의 목적은 세 가지 의미에서 '학교 개선'이라 할 수 있다. '문제해결체로서 조직 개선' '학생들을 위한 평등 측면에서의 개선' '연구 자체의 폭과 내용'이 그것이다(p. 11).

연구과정을 높이 평가하는 학교 지도자들은 교수와 학습의 실천을 향상시키는 방법으로서 보았다. 교육 공동체의 구성원들이 성찰적 탐구를 그들의 개인적 성장과 학교 문화의 개선을 위해 사용하고, 일상적인 것으로 간주하게끔 하기 위해 연구를 강조하는 것은 학교 임무 중 반드시 수행해야 할 요소로서 여긴다는 점에서 중요한 의미를 가진다. 그러므로 학교 지도자들은 교사들과 학생들의 잠재력을 이용하기 위해서 연구를 반드시 그들의 비전과 더불어 이행해야 한다. 수많은 학교 지도자들에게 하나의 도전은 학교를 개혁하고 알리기 위한 실행 가능한 접근으로서 연구를 높이 평가하고 그것에 가치를 두는 학교 공동체 구성원들을 얻는 것이다. 액션 리서치는 일상의 사건들을 기록하고 문제해결 접근법을 실행하며 자기 성찰을 이용하기 위한 헌신이 필요하다. 쟁점을 파악하고 관심사에 대해 숙고하는 첫 단계는 교사들의 계속적인 일지 작성과 함께 시작된다. 이러한 일지의 기재 사항은 단순한 기술적 언급을 뛰어넘어 느낌, 관심사, 지각을 기록한다. 교사들이 교수-학습 과정에 관해 생각함에 따라, 교실 내의 삶에 대한 큰 이해와 구조적인 대화를 이끄는 서로 다른 결합이 나타난다.

전체 교사진의 지지를 얻는 중요한 첫 단계는 연구로부터 얻은 결과를 이용하는 스터디 그룹을 만드는 교사들의 핵심 소집단이다. 게다가, 소집단 구조는 교사의 폐쇄성을 조금씩 무너뜨린다(Arnold, 1998). 연구에 대한 긍정적 태도를 증진시키는 교사진을 갖추는 것은 필수적이다. 교사에게 정보를 제공하는 것은 변화의 핵심이며, 학교 지도자들은 연구 수행의 장점과 학습효과에 대해 논의한 기사들을 복사해 교사들에게 나누어주는 것만으로도 그 변화를 시작할 수 있다. 다른 질문들은 학년별 혹은 학과별 모임을 통해 그 해답을 얻게 되는 반면에, 교사들이 하는 몇몇 질문들은 이러한 기사들로 인해 해답을 얻게 될 것이다.

연구 안건의 수립

연구 안건을 학교 문화에 통합하기 위해, 교사진과 직원들은 액션 리서치 활동에 착수하기 위해 수업이 있는 날로 시간을 맞춰야 할 필요가 있다. 액션 리서치가 수업일 동안 이루어지게 할 수 있는 한 가지 방법은 교사 팀들이 공통된 시간을 가질 수 있도록 시간표를 짜는 것이다. Arnold(1998)는 버지니아 주의 갤럭스 고등학교에서 기하학, 물리학, 미술을 통합하는 데 초점을 둔 액션 리서치 프로젝트에서 가장 큰 장애물은 공통된 시간을 마련할 수 없다는 것이라고 했다. 또 다른 필수적인 단계는 학교 교사진 모임에서와 같이 액션 리서치의 정보 모임 등 반드시 필요한 자원의 제공이다.

다른 자원들은 휴대용 컴퓨터, 소프트웨어 패키지, 그리고 구체적인 연구 프로젝트와 관련된 자료를 복사하는 예산들이 포함될 것이다. 재정적 지원은 특별 교육 프로그램을 조사하기 위해 다른 지역이나 학교로 출장을 나갈 때나, 동료들과 학부모들과의 면접, 교실 내 수업관찰을 위한 자유시간을 필요로 하는 연구 팀의 구성원들을 위한 예산을 수립하기 위해 필요하다. 이러한 과정을 밟으면서, *Sacred Clowns*(Hillerman, 1993, p. 36)에서 Lieutenant Leaphorn이 이야기한 바와 같이 아무것도 명백하지 않을 때에 교사진과 직원들은 연결 고리를 찾게 될 것이다. 혹은 Wheatley(1999)가 말한 바와 같이, 우리가 진실이라 믿고 있는 무언가에 대해 확인하지 않은 정보나 자료를 찾는 기회를 갖게 될 것이다. 목표는 연구결과물을 근거해 결정하기 위한 것이다. 다음에 소개되는 현장경험 사례에서 나오는 메사 선생님이 이미 수행된 질문 전략을 개선하기 위한 방법에 대한 결정을 내리기 위해서 수집된 자료를 이용한다.

학교 지도자로서의 메사 선생님은 학생의 학업성취에 번갈아 영향을 미친 교사진과 직원들의 계속적인 전문가적 성장을 위한 능력을 증명해 보였다. 연구과정에 교사진을 개입시킴으로써 학교 발전을 위해 잠재력 있는 도구로 증명된 하부구조가 제공되었다(Arnold, 1998). Sagor(2000)는 학교의 지도자들이 수집된 자료에 초점을 맞춤으로써 액션 리서치에 행동(action)을 부여해야 한다고 제안했다. 지도자들은 행동을 취하기 위한 네 가지의 기본 전략을 이용할 수 있다. 첫째, 자료를 간단하게 제시하고, 그 자료 스스로 이야기하게끔 놔둔다. Sagor(1992)는 미화되지 않은 자료만이 변화를 필요로 하는 사람들을 수긍하게 하고 확신시킨다고 했다(p. 70). 두 번째 전략은 원래의 연구에서 얻어진 장래성 있는 실천을 기반으로 실험용 프로그램을 수립하는 것이

◇ 현장경험 사례

메사 선생님은 최근에 엘모어 중학교 교장이 되었다. 그녀는 "제가 9월에 교장직을 맡았을 때, 학생들은 표준화 학업성취 시험에서 지역적 예상보다 낮은 성과를 거두었습니다. 학교 목표에는 성취 시험과 연관되어 있는 비판적 사고 기술에 대한 학생들의 능력 개선이 들어 있었습니다. 처음 몇 달 동안 저는 각 선생님들의 수업에 대한 비공식적인 연락망을 만들기 시작했습니다. 11월에, 저는 일상적인 연락망을 통해 모든 과목 선생님들의 질문 수준이 항상 매우 낮다는 것을 알게 되었습니다. 선생님들은 내용을 개의치 않고, 주요한 지식과 이해력, 그리고 수렴적인 질문만을 던지고 있었습니다. 그러한 질문 전략들은 '정보에 근거해 생각하고 선택하는 학생을 양육하도록 하는' 학교의 임무와는 반대되는 행동을 취한 것으로 보였습니다"라고 이야기했다.

메사 교장 선생님은 학교의 비전과 임무를 성취하기 위해서는 선생님들이 던지는 질문들의 유형에 변화가 필요하다는 것을 깨달았다. 이러한 관점에서 학교의 비전과 임무에 대한 지원을 세우는 방법으로 메사 선생님은 이렇게 이야기했다. "저는 교육의 변화를 권장하기 위해 액션 리서치 계획을 시작하기로 결정했습니다. 그리고 저는 이러한 연구 프로그램에 착수하기 위해 다음과 같은 단계들을 실행했습니다.

1. 공통 관심사를 공유하는 교사들의 연구 팀 창안.
2. 교사들은 자신의 수업에 대한 하루 기록 혹은 테이프를 남기도록 할 것.
3. 교사들이 모은 정보들을 검토하고 성찰할 것.
4. 교사들의 질문에 대한 경향과 유형을 일지에서 스스로 확인하도록 요구.
5. 교사들이 연구 팀 안에서 그들의 연구결과를 공유하고 토론할 수 있도록 장려.
6. 교사들이 연구결과를 분석하고 협동적으로 제안서를 만들도록 할 것.
7. 연구 팀이 질문의 유형을 변화시키기 위한 행동 계획을 결정하게 할 것.

그 후 3개월 동안 수업을 통해 엘모어 중학교 교사들이 연구에 참여함에 따라, 메사 교장 선생님은 학생들에게 주어지는 질문의 유형에 변화가 나타나기 시작했음을 알 수 있었다. 학생들의 대답의 변화는 질문의 변화를 암시한다. 메사 교장 선생님이 이야기한 바와 같이 "학생들은 명확하지 않은 가운데 생각하도록 유도되었습니다. 그리고 교사 연구 팀이 3개월 전 본인들이 한 것에 비교해 현재 관찰을 공유하기 시작한 때부터 교사 모임은 자축하는 시간이 되었습니다. 그들은 학생들의 변화를 보았고 굉장히 흥분했습니다."

다. 다음으로 실험용 프로그램은 경쟁 프로그램을 포함하도록 확장될 수 있다. 전망을 보여주는 두 가지의 경향이 있고, 각 집단은 최고의 방법을 결정하기 위해 탐구할 수 있다. 마지막으로, 네 번째 전략은 교실과 학년에서 최초의 연구결과를 이용하는 것이고, 그 결과를 확장해 전체 학교를 활동 집단으로 삼아서 자료를 분석하고 변화를 위한 제안을 결정하도록 하는 것이다.

5. 자료수집의 세 가지 출처

액션 리서치에서 결정적으로 중요한 부분이 바로 자료수집이다. 수집된 자료가 일반적으로 조사자와 액션 리서치 팀을 위한 것이므로, Sagor(1992)는 "자료수집 과정에 대한 지침 원리는 수집된 정보가 어떤 의심 많은 사람도 확신하지 않을 수 없도록 해야 한다는 것이다. 의심 많은 사람들이나 냉소적인 사람들은 일반적으로 그들이 어떤 것에 확신할 수 있는 압도적인 자료가 필요하다"고 주장한다(p. 28). Wierisma(2000)는 또한 "확실한 자료에 근거해 의사결정을 하기 위해 그 과정에 적당한 체제와 통제가 요구되기 때문에, 자료가 계획성 없고 임시방편적으로" 수집되어서는 안 된다고 경고했다(p. 3).

액션 리서치 연구자들에게 이용 가능한 자료는 주로 세 가지 출처에서 나온다. 첫 번째는 학생 기록부에 현존하는 자료나 사적 자료, 학생들의 공부, 학생 연구, 그리고 학생 기록부 견본들을 포함한다. 두 번째 출처는 설문조사, 질문지, 면접의 형식 속에 있는 정보를 요청하는 상호작용의 과정을 통해서 나온다. 세 번째 출처는 관찰 가능한 자료가 될 수 있고, 저널, 비디오, 사진, 그리고 미행을 포함한다.

기존의 자료 출처

액션 리서치 연구자들은 자료를 얻는 방법으로 기존의 문헌을 수집하고 살펴보거나 견본 기록을 선택할 수 있다. "학교는 근본적으로 자료가 풍부한 환경이다. 그래서 가장 쉽게 구할 수 있는 자료에 쉽게 우리의 눈을 뜨는 것은 자료수집 과정이 훨씬 용이하다는 것을 의미한다"(Sagor, 1992, p. 31). 예를 들어, 연구자들이 성취평가 수행의 등급 경향의 영향에 관해 조사한다면, 그들은 기존의 자료 출처인 성적표나 리포트 카드 등과 같은 학교기록들을 살펴볼 수 있다. 학생들의 포트폴리오를 제작하는 학교에서는 학생 포트폴리오 작업의 실례들이 데이터베이스로 선택될 수 있다. 학교의 서류들은 매우 풍부한 자료 출처이고 가족 배경과 수입(특히 낮은 사회경제적 수준), 성적, 출석률, 징계 사항, 표준화된 성취평가에서 수행 자료들의 정보를 포함한다. 교사가 지난 몇 년 동안 정리, 보관해온 성적표와 수업계획 책자 역시 유용한 정보를 제공한다.

상호작용적인 출처

학생들과 교사, 학부모, 그리고 행정가들로부터 나오는 자료는 액션 리서치를 위한 정보의 두 번째 형태를 제공한다. 면접, 설문조사, 그리고 질문지는 사람들이 알고 있는 것, 믿고 있는 것, 그리고 그들이 어떻게 느끼는가에 대한 정보를 제공한다. 면접 과정을 이용할 때는 물어보게 될 질문들이 먼저 작성되어 있어야 한다. 그 질문들을 구성하기 위한 지침은 다음과 같은 사항을 포함하고 있다. (1) 질문할 숫자는 4개에서 6개로 한정하라. (2) 추가 질문들의 숫자를 한정하라. 예를 들어, 과학수업에서 학생들이 가장 좋아하는 것은 무엇인가? 추가 질문 — 왜 그렇게 생각하는가? (3) 간단한 작문을 이용하라. 면접을 하게 되는 사람들은 말로서 질문받게 되고 대답을 생각하기 전에 질문을 기억해야만 하기 때문이다. (4) 대답의 신뢰성을 확보하기 위해 한 개 이상의 질문으로 요점을 통합하라.

면접을 시작하기 전에, 대답을 분석하고 해석하기 위해서 그 대답을 녹음할 수 있는 체제를 구축하라. 녹음기의 이용은 모든 참여자들로부터 사전 허가가 있어야 한다. 정확하고 완벽한 필기는 액션 리서치 과정에서 분석과 조언을 위해 중요한 것이다. 설문조사와 질문지 역시 학교 연구자들에게 자료를 얻기 위한 방법을 제공한다. "질문지의 내용을 좋게 하고, 이를 완성하기 위해 양질의 응답자를 확보하기 위해서는 많은 노력을 기울여야 한다(Wiersma, 2000, p. 167). 설문조사와 질문지는 특히 "감정적이고 인지적이며, 개인의 의견의 쟁점들을 다루는 데 효과적이다"(Sagor, 1992, p. 38). 설문조사와 질문지 구성에서 지켜야 할 대략적인 규칙은 다음과 같다. (1) 간결하고 기분 좋게 만들어라 — 간결성과 명쾌성은 필수적이다. (2) 질문을 유도하거나 대답을 암시해서는 안 된다. (3) 면접 과정에서 비밀을 지키는 것을 가장 중요시하라. (4) 응답자들에게 추가적인 언급을 하기 위한 기회를 제공하라.

면접을 한다는 것은 사람들이 무슨 생각을 하는지 알아내는 데 면대면 기회를 제공한다. 예를 들어, 9학년 사회과 선생님은 지난 2년 동안 일어난 지리학의 10% 낙제율에 대해 고민하고 있다. 그녀와 그녀의 교장은 고등학생들 사이에서 중퇴율과 관련이 있을 것이라 생각했다. 그녀는 해답을 찾기 시작했다. 그녀는 학교 수업기간 동안과 그 후에 그녀의 사회과 교사 동료들과 이야기해보기로 결정했다. 동료들과의 대화가 비공식적으로 진행되었다 하더라도, 그녀는 그들에게 똑같은 질문을 했고 공유된 아이디어를 일반화해 요점을 명백히 하기 위해 추가 질문도 했다. 그녀는 9학년 말에 지리학에서 낙제하고 학교에서 중퇴한 학생들의 압도적으로 많은 숫자가 라틴 아메리카 계열의 학생들이라는 사실을 밝혀냈다. 교장과 중앙의 행정가들은 그녀의 연구결과를 공유했다. 교사가 학교에서 낙제와 지리학에서 실패에 관한 원인과 결과를 발견하지 못한 반면에, 그녀는 개입 전략이 실행되고 구체적인 학생집단이 목표 집단으로 될 때에 유용하게 되는 자료를 밝혀냈다.

관찰 가능한 자료

관찰은 또한 액션 리서치를 수행할 때 유용하다. 교실 내 관찰은 교수-학습 행동을 시험하는 또 다른 관찰 수단을 제공한다. 액션 리서치의 한 부분으로서 실행되는 관찰은 평가를 뜻하는 것이 아니다. 연구 도구로서 관찰의 주 목적은 교실에서 자료를 수집하는 것이다. 이러한 목적을 달성하고 비위협적인 환경을 만들기 위해서 액션 리서치 연구자들은 교사들이 관찰 대상이 되는 것에 대해 편안함을 느끼게 하기 위해, 그리고 교사들이 그들의 교수에 더욱 믿음을 갖게 하기 위해, 교사들과의 신뢰를 쌓고 이야기를 나눠야 한다(Sahakian & Stockton, 1996). 관찰을 위해 명백하게 기술된 목적과 안건은 자료수집 과정에서 매우 중요하다.

교실 관찰을 위한 몇 가지 지침들은 유용하다. 관찰자는 반드시 (1) 한 가지의 관찰을 하는 동안 한정된 숫자의 학생들과 교사의 행동에 초점을 맞춰야 하고 교사의 관심에 초점을 맞춰야 한다. (2) 교실은 원래 그대로의 상태를 유지하라. (3) 정확하고 명확한 표기법과 함께 상세하게 쓰인 기록을 유지하라. 그리고 (4) 교사들의 실천을 그들에게 알리기 위해 수집된 자료를 성찰하고 분석하라(Beach & Reinhartz, 2000). 이러한 지침은 교실 내의 관찰을 실행할 때 연구자에게 더 높은 수준의 객관성을 제공하고 더욱 영향력을 발휘하도록 돕는다.

Echevarria, Vogt와 Short(2000)는 반성적 교수법과 자기 평가를 진작시키기 위해 교사들이 사용하는 교육관찰 보호의정서(Sheltered Instruction Observation Protocol)

를 개발했다. 강의하는 동안의 관찰은 내용 목표, 언어 목표, 내용 개념, 추가 자료, 내용의 적합성, 그리고 의미 있는 활동을 다루고 포괄적인 투입, 전략, 상호작용, 실행이나 적용, 그리고 수업 전달들을 제공함으로써 배경을 수립한다. 교육관찰 보호의정서는 모든 수준의 영어 학습자를 가르치는 교사들이 관여된 연구에 사용되었다. 동료들의 조언에 의해 제공된 피드백 때문에 좀 더 나은 계획자, 교사, 평가자가 된 교사들에 의해 이러한 교육관찰 보호의정서는 유용하다는 것이 증명되었다(Echevarria & Short, 2001). 관찰자료는 피드백을 통해 얻는 유익한 것과 함께 그들의 교수법에 대해 이야기하는 교사들을 얻었다는 것에서 매우 영향력이 큰 자료다.

교실 관찰을 위해 자료수집 절차의 다양성을 이용함으로써 연구자는 연구자뿐만 아니라 관찰 대상이 되는 교사들이 관심을 갖고 있는 구체적인 사건들에 초점을 맞출 수 있다. 스케줄, 주제와 관련된 자료를 그려 놓은 차트, 과업 중 그리고 과업 외의 행동 점검표, 수업 이행과 그에 맞는 인쇄물, 교사 움직임에 대한 지도 제작, 교실 경영, 그리고 소시오그램(sociogram)을 이용한 교수-학생 그리고 학생-학생 간 상호작용과 같은 절차는 질문 전략, 교사와 학생의 반응, 교사 시간의 이용, 교육의 효과성, 그리고 특수한 학생들과 함께 교사가 보내는 시간을 밀접하게 조사하는 기회를 제공할 수 있다. Goldhammer, Anderson, Krajewski(1993)에 따르면, 자료가 분석되는 과정에서 "교사의 작업을 특징으로 하는 몇 가지 유형의 초기 생각을 형성하기 시작한다. 문제들을 다루거나 대화하거나 학생들에게 반응하는 것이나, 여기 저기 움직이는 것이 확실한 지속적 경향을 보이는 것인가를 알기 위해 무엇이 관찰되었는지 다시 생각해보라"(p. 113).

관찰에 더해, 연구자들은 저널, 비디오 테이프 혹은 미행 기술을 교실 내의 자료를 수집하는 데 이용할 수 있다. 저널은 교사의 생각에 대한 스냅 사진(snapshot)을 제공하고, 액션 리서치 쟁점의 사진을 제공하는 데 수집될 수 있다. 교실을 관찰하는 데 이용되는 비디오 테이프는 자신의 실행을 살피는 여러 개의 눈이 된다. 미행은 연구자들이 연구의 맥락에서 사람들과 환경을 보거나 그들 그대로를 보게 하는 데 도움을 준다. 연구자들은 아주 자연스러운 상태에서 일상적인 날의 모습을 수집할 수 있게 해준다.

기존의 자료, 상호작용적인 자료, 그리고 관찰은 연구자들이 지역적 수준, 그리고 학교 교실 내의 쟁점을 조사하기 위한 액션 리서치를 실행하는 데 쓰일 수 있다. 액션 리서치의 이용을 통해서, 학교 지도자와 교사들은 학교의 실천과 학생들의 성과 향상을 위해 헌신할 수 있는 전문적인 문제해결사가 될 수 있다.

6. 사례연구

다음의 사례에서, 짐 선생님은 2학년 수학수업에 대한 경험을 들려준다. 교장인 당신으로부터의 지지와 격려로 짐과 그의 팀 구성원들은 학생들의 지능에 대한 인식을 조사하기로 결정했다. 그것은 얼마간 팀 구성원들의 흥미를 부추기고, 곧잘 토론되어 온 주제였다. 당신은 짐 선생님과 그의 팀 구성원들이 매우 성실하다는 것을 알고 있다. 그리고 당신은 짐 선생님이 자료를 수집하고 분석할 수 있도록 호와드 초등학교 조사위원회뿐만 아니라 학년 동안 한 달에 한 번씩 하루 종일 보충 교사를 지원해 주는 데에 동의했다.

짐은 학생들이 그들의 능력과 지적 수준을 어떻게 인식하고 있는지에 관해 관심이 많은 2학년 교사다. 그의 연구문제는 "아이들이 그들의 지능에 대해 어떻게 정의하고 있는가"다. 이러한 연구문제에 답하기 위해서, 그는 호와드 초등학교의 2학년생들을 조회했다. 2학년 동료 교사들과 가깝게 일하면서, 그들은 짐이 탐구하고 있는 연구 질문의 틀을 잡았다. 짐은 다음과 같은 질문을 2학년 학생들로 하여금 완성하도록 하면서 탐색을 시작했다.

1. 똑똑하다는 뜻은 무엇인가?
2. 당신은 스스로가 똑똑하다고 생각하는가?
3. 어떻게 하면 사람들이 똑똑해지는가?

짐은 그들의 응답을 조직화하고 살펴봄에 따라, 몇 가지 경향을 발견하기 시작했다. 2학년생들의 일부는 그들의 능력이 고정되어버린 것으로 인식하고 있었다－"난 절대로 똑똑한 적이 없다"－이것은 그들이 똑똑하지 않다고 믿고 있음을 뜻하는 것이다. 학생들은 그들의 지능이 무한한 것으로 인지하고 있었다－"내가 더 노력할수록 나는 더 똑똑해진다."

2학년생들에 의해 방향을 잡음에 따라, 짐은 이론과 교수 실제 사이에 다리를 놓기 위해 다른 2학년 교사들과 함께 작업했다. 그들은 학생들로부터 얻은 결과를 이용해, 교실 환경에 대한 그들의 사고방식을 변화시켰다. 2학년 교사들은 학생들로부터 얻는 응답을 설명하는 문화를 조성하기 시작했다. 2학년 팀은 그들의 학생들로 하여금 명확하고 측정 가능한 목표를 설계하게끔 가르치기 시작했고, 지속성과 노력이 성공과 학습을 이어줄 수 있도록 학생들을 도왔다.

　짐 선생님과 2학년 팀은 교수와 학습에 관해 많은 것을 배웠다. 호와드 초등학교 연구위원회의 구성원들과 함께 일하는 동안에, 그는 다른 사람들이 아이디어를 공유하고 다양한 쟁점들을 토론하는 것처럼 질문하고 경청했다. 그러한 대화와 성찰 과정을 통해, 짐 선생님과 2학년 팀은 그들의 교실에서 변화를 이루어갔다.

　학교 지도자나 행정가로서, 당신은 다음과 같은 질문에 어떻게 응답할 것인가?

1. 어떤 의미에서 짐 선생님의 이야기는 액션 리서치라고 할 수 있는가?
2. 학교 지도자로서 당신은 팀의 노력을 어떻게 지원해왔는가?
3. 이러한 사례연구에서 액션 리서치는 어떻게 변화의 대변자를 이용해왔는가?
4. 2학년 교사들은 그들의 교실 안에서 사후 조치로서 어떤 연구를 실행할 수 있었는가?
5. 당신은 지도자로서 액션 리서치 연구자들의 작품 위에 진전시켜야 할 다음 단계는 무엇인가?

7. 요약

액션 리서치 연구는 탐구에 기반하고, 교수와 학습을 향한 질문과 반성적 입장이며, 학교 재건을 제공함으로써 학교를 변화시킬 수 있는 잠재력을 갖는다. 액션 리서치는 이론과 실재를 좀 더 가깝게 해주는 힘을 갖는다.

　학교 지도자들은 관심 있는 쟁점을 조사하고자 하는 노력을 지원함으로써 연구과정을 명료화하도록 도울 수 있다. 그들은 연구 안건을 전개하기 위해 팀의 교사들을 초청할 수 있고, 서로 도움이 될 수 있으며, 그들의 집합적인 전문가의 욕구와 흥미를 모을 수 있다. 교수와 학습을 연구하는 것은 최상의 실천을 지원하기 때문에 향상이나 개선을 이끌어낸다. 연구를 실행하면서 얻은 결과물은 개인적으로 소유할 수 있는 정보이고, 타인들과 함께 공유할 수 있는 질적이고 실천 지향적인 연구에 근거를 둔 정보다. 학교에서 연구를 수행하는 것은 Britton(1987)에 의해 "조용한 혁명"으로 묘사되어 왔다. 어떤 결과물이 학교 지도자와 교사들이 사업을 할 수 있는 방법인가. 연구를 통해 변화가 일어남에 따라 지도자와 교사들은 계속되는 과정 안에서 그들의 학습거리를 발견하는 학습자가 된다.

이 장은 자료가 수집될 수 있는 세 가지 방법을 묘사했다 — 사례연구, 면접, 그리고 관찰. 자료수집 절차는 학교 지도자와 교사에게, 예를 들어 학생들이 교실 문화를 어떻게 인지하는 것과 같은, 풍부하고 통찰력 있는 기술을 제공한다. 예를 들어 무엇을 가르칠 것인가, 언제 가르칠 것인가, 어떤 순서 등과 같은 것에 대한 결정은 자료를 기반으로 이루어진다.

연구로부터 수집되는 지식은 학교 지도자와 교사들이 교실에 있는 모든 학습자에게 편의를 도모하는 전략을 구상하는 체제로 이끌어 줄 수 있다. 그리고 학교 지도자가 미래를 내다볼 때, 그 목표는 교사들이 좀 더 참여적·대화적·변혁적, 그리고 본질상 교육적인 경험을 갖는 것이다(Janesick, 1998, pp. 6-7). 이러한 분위기는 학교의 운영, 개인의 행동, 그리고 학생들이 학습하는 방법을 향상시킨다.

8. 실천과제

5.1. 동일한 수업계획서를 이용할 것을 요구하는 지시가 중앙 학교행정실에서 내려왔다. 당신이 근무하는 학교에서 몇 명의 교사들이 그것의 목적과 발단, 그리고 이러한 양식을 지지하는 연구의 기초 자료에 관한 질문을 제기해왔다. 그러한 계획을 이행하는 데에 교사들의 관여 수준에 대한 질문도 들어왔다. 학교 지도자로서 당신의 역할은 이 양식을 작성하는 데 교사들과 함께 작업하는 것이다. 좀 더 구체적으로, 당신의 역할은 학교연구위원회를 주관하는 것이다. 교사진들의 질문에 대한 답을 찾기 위해 당신이 취할 수 있는 단계는 무엇이 되겠는가? 학교에서 이런 문제를 조사하기 위한 액션 리서치 연구를 어떻게 시작할 것인가? 그 일에 착수할 때 다음의 사항을 참조해 생각하고 기록하라.

• 액션 리서치 연구의 필요성을 결정하라.

- 연구에 초점을 두기 위한 질문을 정의하라.
- 회의를 위한 공통의 시간을 마련하라.
- 자료가 수집될 방법을 선택하라.
- 연구 기간을 정하고 최종 보고서를 언제 발표할 것인지 결정하라.
- 자료를 어떻게 분석할 것인지 정하라.

5.2. 교육구에서 인성교육을 실시하고자 하는 움직임이 있었다. 인성교육은 교사진과 학부모 사이의 정서적인 주제다. 이 주제를 토론하는 세 번의 토론에서 감정이 격발하고, 그 모임은 아무것도 얻지 못한 채 끝나버렸다. 그래서 당신은 자료가 필요함을 인정한다. 인성교육의 주제에 대한 대화를 알릴 수 있도록 액션 리서치 연구를 설계하라. 본문에 게재된 단계들을 밟고 인성교육을 연구할 시간표의 윤곽을 잡으라. 이러한 주제로 연구되었던 논문들을 확인하기 위해 인터넷을 이용하라. 개별적으로 혹은 팀별로 당신의 연구 준비에 도움이 될 수 있는 다음의 질문들에 답하라.

- 연구문제의 틀을 잡기 위해 조사가 요구되는 분야는 무엇인가?
- 정보는 어떻게 수집될 것인가?
- 자료는 어떻게 분석될 것인가?
- 당신이 수집해온 정보로부터 이끌어낼 수 있는 결론은 무엇인가?

참고문헌

Altrichter, H., Posch, P., & Somekh, B. (1993). *Teachers investigate their work: An introduction to the methods of action research.* New York: Routledge.

Arnold, D. E. (1998). Action research in action: Curricular articulation and integrated instruction. *NASSP Bulletin, 82,* 596, 74-78.

Barth, R. S. (2001). Teacher leader. *Phi Delta Kappan, 82,* 6, 443-449.

Beach, D. M., & Reinhartz, J. (2000). *Supervisory leadership: Focus on instruction.* Boston: Allyn & Bacon.

Berthoff, A. (1990). *The sense of learning.* Portsmouth, NH: Boynton/Cook.

Boyarsky, N., & Murphy, N. (1998). *Action research* (Black dog series, Vol. I). NP: Art Books International.

Britton, J. (1987). *A quiet form of research. Reclaiming the classroom: Teacher research as an agency for change*, pp. 13-19. In S. Goswami & P. R. Still. Upper Montclair, NJ: Boynton/Cook Publishers.

Brown, A., & Dowling, P. (1998). *Doing research/reading research: A mode of interrogation for education*. London: Falmer.

Calhoun, E. F. (2002). Action research for school improvement. *Educational Leadership, 59*, 6, 18-24.

Calhoun, E. F. (1994). *How to use action research in the self-renewing school*. Alexandria, VA: Association for Supervision and Curriculum Development.

Carr, W., & Kemmis, S. (1986). *Becoming critical: Education, knowledge, and action research*. Geelong, Victoria: Deakin University Press.

Christiansen, H., Goulet, L., Krentz, C., & Maeers, M. (eds). (1997). *Recreating relationships: Collaboration and educational reform*. Albany: State University of New York Press.

Cochran-Smith, M., & Lytle, S. L. (1999). The teacher researcher movement: A decade later. *Educational Researcher*, 15-25.

Cochran-Smith, M., & Lytle, S. L. (1998). Teacher research: The question that persists. *Leadership in Education, 1*, 1, 19-36.

Cochran-Smith, M., & Lytle, S. L. (1993). *Inside/outside: Teacher research and knowledge*. New York: Teachers College Press.

Cochran-Smith, M., & Lytle, S. L. (1990). Research on teaching and teacher research: The issues that divide. *Educational Researcher, 19*, 2, 2-11.

Darling-Hammond, L., & Berry, B. (1998, May 27). Investing in teaching: The dividend is student achievement. *Education Week, 17*, 37, 48-49.

Duckworth, E. (1986). Teaching as research. *Harvard Educational Review, 56*, 4, 481-495.

Echevarria, J., & Short, D. J. (2001). The sheltered instruction observation protocol (SlOP) and the achievement of English language learners. Presentation at American Educational Research Association, Seattle, WA, April 12, 2001.

Echevarria, J., Vogt, M. E., & Short, D. (2000). *Making content comprehensible for English language learners: The SIOP model*. Boston: Allyn & Bacon.

Fenstermacher, G. (1994). The knower and the known. The nature of knowledge in research on teaching. In L. Darling-Hammond (ed), *Review of research in education*. Washington, DC: American Education Research Association.

Freire, P. (1985). *The politics of education*. South Hadley, MA: Begin & Garvey.

Gable, R., & Rogers, V (1987). Taking the terror out of research. *Phi Delta Kappan, 68*, 9, 690-695.

Glanz, J. (1998). *Action research: An educational leader's guide to school improvement*. Norwood, MA: Christopher-Gordon Publishers.

Glesne, C. (1999). *Becoming qualitative researchers: An introduction* (2nd ed). New York: Longman.

Goldhammer, R., Anderson, R. H., & Krajewski, R. J. (1993). *Clinical supervision: Special methods for the clinical supervision of teachers* (3rd ed). Fort Worth, TX: Harcourt Brace Jovanovich.

Gore, J. M., & Zeichner, K. M. (1995). Connecting action research to genuine teacher development. In J. Smyth (ed), *Critical discourses on teacher development*. New York: Cassell.

Greenberg, J., & Baron, R. A. (2000). *Behavior in organizations: Understanding and managing the human side of work* (7th ed). Upper Saddle River, NJ: Prentice-Hall.

Greene, M. (1978). *Landscapes of learning*. New York: Teachers College Press.

Hillerman, T. (1993). *Sacred downs*. Toronto: HarperCollins.

Huberman, M. (1996). Focus on research moving mainstream: Taking a closer look at teacher research. *Language Arts*, *73*, 2, 124-140.

Janesick, V. J. (1998). *Stretching exercises for qualitative researchers*. Thousand Oaks, CA: Sage.

Kaestle, C. (1993). The awful reputation of education research. *Educational Researcher*, *22*, 1, 23-31.

Kemmis, S., & McTaggart, R. (1988). *The action research planner*. Geelong, Victoria, Australia: Deakin University Press.

Kennedy, M. M. (1997). The connections between research and practice. *Educational Researcher*, *26*, 7, 4-12.

Kincheloe, J. (1991). *Teachers as researchers: Qualitative inquiry as a path to empowerment*. New York: The Falmer Press.

Krathwohl, D. R. (1993). *Methods of educational and social science research: An integrated approach*. New York: Longman.

Krulfeld, R., MacDonald, J. R., & MacDonald, J. L. (eds). (1998). *Power, ethics and human rights: Anthropological studies of refugee research and action*. Savage, MD: Rowman & Littlefield.

LeCompte, M. D., & Schensul, J. J. (1999). *Designing and conducting ethnographic research*. Walnut Creek, CA: AltaMira.

Lewin, K. (1946a). Action research and minority problems. *Journal of Social Issues*, *2*, 34-46.

Lewin, K. (1946b). Action research and minority problems. In K. Lewin (ed), *Resolving social conflicts: Selected papers on group dynamics* (compiled in 1948). New York: Harper & Row.

Loucks-Horsley, S., Harding, C. K., Arbuckle, M. A., Murray, L. B., Dubea, C., & Williams, M. K. (1987). *Continuing to learn: A guidebook for teacher development*. Andover, MA:

The Regional Laboratory for Educational Improvement of the Northeast and Islands and Oxford, OH: The National Staff Development Council.

Loucks-Horsley, S., Hewson, P. W., Love, N., & Stiles, K. E. (1998). *Designing professional development for teachers of science and mathematics.* Thousand Oaks, CA: Corwin Press.

Lytle, S. L., & Cochran-Smith, M. (1990). Learning from teacher research: A working typology. *Teachers College Record, 92*, 1, 83-103.

Mahlio, M. C. (2001). The effects of participation in action research: Overview and framework. In J. D. Rainer & E. M. Guyton (eds), *Research on the effects of teacher education on teacher performance.* Dubuque, IA: Kendall/Hunt Publishing Company.

Marshall, C., & Rossman, G. B. (1994). *Designing qualitative research.* Thousand Oaks, CA: Sage.

McLean, J. E. (1995). *Improving education through action research.* Thousand Oaks, CA: Corwin Press.

McTaggart, R. (ed). (1997). *Participatory action research: International contexts and consequences.* Albany: State University of New York Press.

Miller, D. M., & Pine, G. J. (1990). Advancing professional inquiry for educational improvement through action research. *Journal of Staff Development, 11*, 3, 56-61.

Mills, G. (2000). *Action research: A guide for teacher researcher.* Columbus, OH: Merrill/Prentice-Hall.

Newman, J. M. (1998). *Action research: Exploring the tension of teaching.* New York: Teachers College.

Noffke, S. (1995). A conversation about action research and democratic schooling. *Action in Teacher Education, 16*, 4, 82-86.

Pine, N. (1992). Three personal theories that suggest models for teacher research. *Teachers College Record, 93*, 4, 456-472.

Polanyi, M. (1958). *Personal knowledge: Towards a post-critical philosophy.* Chicago: University of Chicago Press.

Putnam, R. T., & Borko, H. (2000). What do new views of knowledge and thinking have to say about research on teacher learning? *Educational Researcher, 29*, 1, 4-15.

Rearick, M. L., & Feldman, A. (1999). Orientations, purposes and reflection: A framework for understanding action research. *Teaching and Teacher Education, 15*, 4, 33-34.

Sagor, R. (2000). *Guiding school improvement with action research.* Alexandria, VA: Association for Supervision and Curriculum Development.

Sagor, R. (1992). *How to conduct collaborative action research.* Alexandria, VA: Association for Supervision and Curriculum Development.

Sahakian, P., & Stockton, J. (1996). Opening doors: Teacher-guided observations. *Educational*

Leadership, *53*, 50-53.

Schmoker, M. (1999). *Results: The key to continuous school improvement* (2nd ed). Alexandria, VA: Association for Supervision and Curriculum Development.

Schön, D. (1983). *The reflective practitioner.* San Francisco: Jossey-Bass.

Shank, R. C. (2000). A vision of education for the twenty-first century. *T H. E. Journal*, *27*, 6, 42-45.

Shulman, J., & Kepner, D. (1994). The editorial imperative: Responding to productive tensions between case writing and individual development. Unpublished paper. San Francisco: Far West Laboratory.

Smith, D. L. (1989). *Becoming your own researcher.* Wentworth Falls, N. S. Wales: Social Science Press.

Srouge, G. E. (1997). Improving the "awful reputation" of educational research. *Educational Researcher*, *26*, 7, 26-28.

Stenhouse, L. (1985). In J. Rudduck & D. Hopkins (eds), *Research as a basis for teaching: Readings from the work of Lawrence Stenhouse.* London: Heinemann Educational Books.

Stringer, E. T. (1999). *Action research* (2nd ed). Thousand Oaks, CA: Sage.

van Manen, M. (1984). Action research as a theory of the unique: From pedagogic thoughtfulness to pedagogic tactfulness. Paper presented at the American Educational Research Association, New Orleans, Louisiana.

Wiersma, W. (2000). *Research methods in education* (7th ed). Boston: Allyn & Bacon.

Wheatley, M. J. (1999). *Leadership and the new science: Discovering order in a chaotic world* (2nd ed). San Francisco: Berrett-Koehler Publishers.

6

조직의 리더십: 의사결정과 커뮤니케이션

✳ 주정부 학교 지도자 자격 컨소시엄(ISLLC) 표준

표준 1: 학교 행정가는 학교 사회에서 공유되고 지지를 받는 학습 비전의 개발, 형성, 실행, 그리고 배려를 촉진함으로써 학생들의 성공을 추구하는 교육 지도자이다.

표준 2: 학교 행정가는 학습자들의 학습과 교직원들의 전문가적인 성장에 도움이 되는 학교 문화와 교육 프로그램을 홍보하고, 육성, 유지함으로써 학생들의 성공을 추구하는 교육 지도자이다.

표준 3: 학교 행정가는 안전하고 효과적이며 효율적인 학습 환경을 조성하기 위해 조직 경영과 운영, 그리고 재원을 보장함으로써 모든 학생들의 성공을 추구하는 교육 지도자이다.

✳ 단원 목표

이 장의 목표는 다음과 같다.

■ 학교 조직에서 집단 과정을 기술한다.
■ 응집력과 순응, 협력, 경쟁을 포함한 기초적인 집단 과정을 확인한다.
■ 학습 집단과 지역사회의 규범들과 역할들을 설명한다.
■ 의사결정 과정과 모델들을 기술한다.
■ 학교 환경에서 효과적인 커뮤니케이션의 역할을 설명한다.

특정한 생산적인 조직을 이끌어 나가는 것은 직장에서 일어나는 인간행동을 알고 이해하며, 이러한 정보를 구체적으로 학교에 적용하는 것을 의미한다. 학교 지도자의 주된 역할은 구성원들이 함께 모든 학생이 학문적으로 성공할 수 있도록 그들의 발전과 성장을 북돋아주는 데에 있다. 학교 조직의 요구와 그 구성원의 재능과 관심을 합치시키는 최상의 방법을 찾는 것은 학교 지도자들의 과제로 대두되고 있다. 사람은 참으로 어느 조직에서나 가장 중요한 자산이며, 나아가 사람은 "지식중심의 조직을 운영하고 그 특징을 나타낼 수 있는 능력"에 의해 학교의 성격을 규정한다(U.S. General Accounting Office, 2002, p. 4).

학교 지도자들은, 지속적으로 변화하는 그들의 역할에서, 학교 문화의 변혁을 시도함으로써 덜 위계적이고 덜 상명하달식이며, 내면에 초점을 맞추고 보다 평등적이며, 결과 위주이고 통합적이며, 외부 상황에 초점을 두는 형태로 변하고 있다(General

Accounting Office, 2002, p. 4.). 예를 들어, 교사들의 부족 문제는 교사들의 유지와 마찬가지로 수많은 도시와 농촌 학교에서 학교 지도자들을 계속 괴롭히고 있다. 최근 의 연구에 따르면, 교직 이직자의 숫자가 근래에 이르러 부쩍 늘고 있다. 신규 교사들 의 30% 가량이 첫 부임한 지 3년 안에 떠나며, 교육구로서는 이들을 대체하기 위해 개 인당 46,000 달러가 든다(Texas Higher Education Coordinating Board, 2002). 교사 를 선발하고 유지하는 일은 학생들의 성취도 향상을 위한 학교의 능력을 극대화하는 것과 관계가 있는데, 이것은 특히 교사진을 맞추고 통솔하고 관리하고 유지하는 지도 자의 역량과 직접적인 관계가 있다. 학교 지도자는 결과 위주의 학교 문화에서 책임을 다하기 위해서는 인적 자본의 선발과 유지에 힘써야 한다.

계속적인 학교 발전에서 학교 지도자에 대한 지침 원리는 과학자-실천자 모델에 들어 있는데, 이는 산업과 조직심리학 분야의 연구에서 나온다(Riggio, 2000; Muchinsky, 2000). 조직행동 현장에서 보면 조직 내의 리더십은 경제, 사회학, 심리학, 정치학 또 한 조직간의 커뮤니케이션, 재정관리 그리고 인간관계에 대한 통찰력을 내포한다. Beach와 Reinhartz(2000)에 따르면, "학교의 학습 현장은 사회문화 체계와 학교가 원 하는 결과에 의해 형성된다. 하나의 사회 제도로서 학교는 형태나 기능에서 다른 일터 와 유사하며 상이하기도 한 다면적인 조직체라 볼 수 있다"(p. 47).

조직에 관한 오랜 연구에 따르면, 학교에 적용되는 네 가지 주요 경향이 있는데, 다 음과 같다. (1) 학교 현장의 성격이 변화되고 있으며 날로 기술을 강조하는 추세이다. (2) 인적 자원의 이용 가능성(교사의 채용과 유지)은 경제적 조건에 달려 있다. (3) 사 회와 마찬가지로 학교는 더욱 다양해진다. (4) 교수와 학습의 지구화는 세계를 한 학 급으로 만들었다(Craigor, 1997; May 1998; Vandaveer, 1998; Harrison, Price, & Bell, 1998; Adler, 1991).

또한 학교 지도자는 학교 개선을 유도하는 여러 유형의 결단을 촉진하기 위해 그들 학교 조직의 역량을 발굴하고 개선하는 방법을 찾아낼 필요가 있다. 성공적인 조직은 학교에 관련된 문제의 해결을 위해 집단적·협력적으로 일하는 활동 집단들을 가지고 있음을 볼 수 있다. 학교와 관련된 문제란 (1) 보다 나은 교수법의 발견, (2) 학습에 대 한 학생들의 태도 향상, (3) 학생 평가의 보다 나은 방법의 확인, (4) 부모들에게 더 큰 책임감을 보여주는 것 등을 말한다. 조직 구조 내에서는 신규 교사와 경험 있는 교사 들을 교육하기 위한 적당한 발판이 마련되어야 하고, 평생학습을 촉진하는 협력적인 상호작용 관계의 기틀이 마련되어야 한다.

　이 장에서는 학교 지도자들에게 집단으로서 교수 현장을 새롭게 만들고 유지하는 그들의 역할을 이해하는 데에 필요한 배경을 제공한다. 집단 과정에 관한 지식은 의사 결정과 연계되거나 구성원의 사회적 행동과 연계될 때에 중요하다. 학교 지도자가 학습 사회(제2장에서 기술) 창조를 위한 기초를 세우려면 집단이 어떻게 작용하고 기능하는가에 대한 지식을 적용해야 하고, 아울러 효과적인 커뮤니케이션에 대한 이해가 있어야 한다.

　이 장은 지도자들이 학교에서 팀과 활동 집단을 발전시키고, 효과적인 결정을 내리며, 효과적으로 커뮤니케이션을 하는 것과 같은 핵심적인 조직 과정을 수행하고 작용하는 환경으로서의 학교 조직을 보여준다. 집단의 역동성과 과정과 관련을 가진 조직 행동에 관한 연구는 인적 자원의 관리와 기술과 지식, 그리고 수행력 향상에 대단히 중요하다. 조직이 어떻게 작용하는가를 이해하고 그에 대한 지식을 갖는 것은 어떻게 집단들이 학교 안팎에서 작용하는가를 설명하는 데 도움이 된다.

1. 조직 구성

학교라는 교육조직 안에서 일어나는 행동을 충분히 이해하고 평가하기 위해서는 지도자들은 혼자 일하는 개별 교사에게 초점을 맞춰서는 안 되고, 학교나 교내의 큰 환경 안에서 집단으로 활동하는 교사들이 어떻게 활동하는가에 대해 관심을 가져야 한다. 조직 안에서 복잡한 역동적 행동을 충분히 파악하기 위해서는 "각기 다른 3단계의 활동을 주시해야 한다. 즉, 개인, 집단, 조직체 안에서의 활동을·말한다"(Greenberg & Baron, 2000, p. 5).

　다른 조직들과 같이 학교도 조직적 시민 행동을 포함하고 있으며, 그 행동은 조직에 유익한 것으로 정의되어 왔다(Penner, Midili, & Kegelmeyer, 1997; Graham, 1991; Schnake, 1991; Organ, 1988). 교사의 사기나 학급에서 변화를 일으키는 감정과 같은 행동은 학교의 사명을 수행하는 데에 아주 중요하다. Van Dyne, Graham과 Dienesch (1994)는 조직적 시민 행동(OCBs)은 세 가지 중요한 특징을 갖는다고 했다. 그 특징은 (1) 개인적 특징, (2) 상황적 특징, (3) 지위적 특징이다. 교육자가 긍정적인 태도를 갖고 있고, 그들의 직업을 존중하고 직업에 흥미를 느끼며 직업의 안정성을 갖게 된다면, 학교 전체를 위해 크게 공헌하게 될 것이다. 학교 교무실 수준, 직업 종류, 직장의 가치, 직장의 안정성은 효과적인 학교체제를 위해 대단히 중요한 것으로 이해된다.

Podsakoff와 Mac Kenzie(1997)는 조직의 효율성은 다음과 같은 방법으로 조직 구성원 행동에 연계된다고 말한다. 교사들이 일찍 출근하고 늦게 퇴근하는 등의 과외활동을 보인다면 그들을 보다 쉽게 (1) 새 조직원들을 교육하고 그들의 역할에 적응하게 할 수 있고, (2) 그들의 위치에 만족하게 만들 수 있고, (3) 신규 교사 모집에 도움이 되며, (4) 직장에 대한 기존의 설명을 되풀이하지 않고도 그들로 하여금 새롭고 색다른 역할을 감당하고 책임을 지게끔 할 수 있다.

이러한 환경에서 교사의 충원과 확보는 훨씬 쉬워질 것이고 학교를 유익하게 할 것이다. 무엇이 이런 학교의 환경을 가능하게 할 수 있을까? 학교 행정가들은 교사들에게 그들이 세운 다양한 공로에 대해 다양한 특혜를 제공할 수 있는데, 특히 동료들 사이에서 경쟁을 줄이는 교사들에게 제공할 수 있다. 때때로 어떤 경쟁은 자연스러운 행동이기도 하지만, 경쟁으로 갈등이 고조되고, 교육 프로그램의 효율성을 대폭 감소시키는 경우가 많다. 이런 특혜가 학교 행정가가 취하는 모든 전략 중의 일부분이라면, 그 시행 방법에 대한 지침이 다양한 집단의 교사들에 의해 개발되어야 할 것이다. 그래야만 그 특혜를 받는 과정에서 잡음이 생기지 않고 모든 사람의 지지 속에서 시행될 것이다. 그러한 참여는 교사들로 하여금 소속감을 갖는 데에 도움이 되며, 자신의 중요성을 더 느끼게 하고 결과적으로 힘을 얻게 한다. Conger와 Kanungo(1988)는 임파워먼트(empowerment)를 "힘이 없게 만드는 조건이 무엇인가를 알아내고, 효능감과 관련된 정보를 제공하는 공식적인 조직의 실천과 비공식적인 기술을 통해 그 조건들을 제거함으로써 조직 구성원 사이에서 자신의 효능감을 높이는 과정"이라고 정의내리고 있다(p. 3). Lambert(2002)는 학교는 … "학교 사회의 모든 구성원들이 리더십 능력을 개발할 필요가 있다"고 그 상황을 요약하고 있다(p. 37).

학교 조직 내에서 교사의 리더십을 개발하는 것은 교사와 행정가 사이에 존재하는 괴리감을 해소하는 건설적 계기를 제공한다. Lambert(2002)는 "우리의 교훈은 분명하다. 교육 리더십은 공동체의 이해가 공유되어야만 한다"고 말한다. 리더십은 학교의 모든 사람이 가져야 할 직업적 과제이다(p. 37). 학교 행정가는 신뢰·협력·연구·기술이 기초가 되어 구축되는 학습사회를 정착시키기 위해 상호 협력적인 팀 구성으로 활동하는 학교 환경을 교사들에게 제공할 필요가 있다. 예를 들어, ActiveInk(2001) 기술 플랫폼(platform) 시스템을 사용하는 훈련은 팀 구성원들에게 가상적 만남을 만들어 면대면 만남을 증진한다. 집단의 모든 구성원들을 상호 연계시킴으로써 그들이 같은 학교에 있든지 ActiveInk를 통해 전산상으로 연계되면, 그들이 진행하고 있는 커뮤니케이션에 즉각적인 참여의 기회가 주어지며, 자료 접근 또는 입력의 기회가 주어진다. 그렇게 되면 작업팀 구성원들은 하나의 온라인 학습사회에서 활동적인 참여자가 된다.

2. 학교의 활동 집단과 팀의 구성

교사, 직원, 학부모와 학생의 활동은 학교 조직의 성공 열쇠다. 이 집단들은 공식, 비공식 활동 팀에서 상호작용을 하고, 이 팀들은 종종 과업, 우선권, 시간의 변경으로 학업 연한의 과정을 바꾼다. 어떤 활동 팀은 극히 비공식적인 모임 형태로서 점심시간에 사귄 동료이거나 방과 후에나 우연히 교수활동에 대한 토론 과정에서 사귄 모임이다. 이러한 비공식적 배경에서도 집단 구성원들은 학교 일을 의논하거나 결정할 기회를 갖기도 한다. Uchiyama와 Wolf(2002)가 기록한 대로, "실행과 학습 팀들은 다른 교사들과 더불어 사려 깊고 동정어린 결정을 내렸다. 왜냐하면 그들은 새로운 아이디어 창출이란 교사들이 의사결정 과정에 참여했을 때에 더욱 확실해진다는 것을 잘 깨닫고 있기 때문이다"(p. 80). 또 다른 팀들은 특정한 학교의 문제나 쟁점을 조사할 때 더욱 더 공식적으로 기능을 발휘하게 된다. 비공식적, 공식적 활동 집단 안에서 참가자들은 다른 역할을 수행하고, 소집단을 형성하는 다른 특정 회원들에게 무게를 둔다. 집단들의 기능 방법과 관계 정립의 형태를 집단 역학(groups dynamics, Riggio, 2000)이라 부른다. 학교 지도자는 최선의 결과를 산출하기 위해 생산 집단을 형성하는 데에 조심스럽게 최선의 절차를 결정함으로써 효과적으로 함께 일할 집단들을 확보할 수 있다.

예를 들어, 활동 팀들은 산수의 전산화 기술과 숫자의 읽고 쓰기를 향상시키기 위한 방법을 조사하기 위해 학교 전체적인 액션 리서치 활동을 수행할 수 있다. 그림 6.1은 세 개의 활동 팀이 K-7 수학 교과과정을 정리하고 그들의 교육구에서 수학 성취도를 높이기 위해 어떻게 조직되었는가를 설명해주는 것이다.

활동 팀	역 점	정보의 위치	책임 및 팀 구성원의 역할
활동 팀 1: **학생들**	학생 정보: • 현재 8학년에 재학 중인 학생들의 3학년 때 부터 시작해 지난 3년 동안 치른 주의 의무 적 고사 점수 • 최근 3년 동안 치른 교육구 표준 고사 점수 • 최근 5년 동안의 전체 학생의 수학 점수		
활동 팀 2: **학급 환경과** **재원**	• 교육구 교과서 총서, 출판일, 최근의 채택 • 각 학년에서 사용된 고안품 • 준비된 전문직 발전의 유형과 종류 • 매일 사용되고 얻기 쉬운 교육 기술 • 교사를 위한 도서관 재원의 유형 • 가능한 직원 지원 • 학부모/지역사회 지원자 프로그램이 개발 되는 정도		
활동 팀 3: **수학 교과과정**	• 교과서 총서의 검사, 교육구 교과과정의 기 준, 캠퍼스 교과과정의 기준, NCTM 기준; 주 개념을 소개하고 실천하기 위해 사용된 전략, 외부 자료 NAEP		

그림 6.1   수학 교과과정을 일치시키고 향상시키려는 활동 팀.   목표: K-8학년에서 수학을 향상시키고 일치시키는 것, 액션 리서치 연구의 목적: 학생들로 하여금 고급 수학수업을 받도록 준비시키는 것.

　그림이 보여주는 대로, 팀의 구성원들은 초등학교와 중학생들을 대표한다. 첫째 팀은 학생들에게 초점을 맞추는데, 이 팀의 구성원들은 학생들 자료, 특히 3, 5, 7학년에 부과된 수학 시험의 점수를 교육구의 표준 수학 점수와 함께 수집하게 된다. 수집되는 다른 자료에는 학생과 교사 그리고 학부모 면접과 수학에 대한 태도 조사로부터 얻은 질적 자료가 포함된다. 둘째 팀은 학급의 학습 환경을 조사한다. 이 연구에는 교사들에게 유용한 자료가 포함되는데, 이것은 발전적인 면에서 적절한 교수 전략을 지원하는 고안품이다. 또한 이 집단은 수학의 개념과 기법을 가르칠 때 그 학급의 분위기(climate)와 기술의 사용 등에 대한 교실 관찰을 통해 얻어지는 자료를 수집한다. 마지막 셋째 팀은 학교와 교육구의 국가수학교사위원회(National Council of Teachers of

Mathematics)의 국가 표준점수와의 일치도에 집중하고 있다. 이 활동 팀은 수학교육의 일치성을 확보하기 위해 지방 교과과정 문서와 교과서를 검토한다. 이 자료는 학생들이 고등학교에 진학할 때에 고급 수학과정을 밟을 수 있도록 준비되어 있는가의 여부를 결정하는 데 도움이 된다. 이 세 팀의 활동은 모두 수학 교과과정의 일치화와 학생들의 수학 학습을 증진시키기 위한 방법을 찾는 것이다.

학교 내에서 활동 집단이나 팀을 유지하고 구성하는 데에 학교 행정가의 역할은 집단 리더와 구성원들 간에 협력과 협조를 증진시키는 것이다. 공식적, 비공식적인 집단에서 활동할 때 교사들은 서로 다른 역할을 담당하고, 규칙과 규범을 따르고, 그들이 한 개의 과업을 성취하려 할 때 각기 다른 책임을 진다. 집단역학 형태 내에서는 교사 한두 사람이 집단 지도자(group leader)로 부상할 수 있다. 통상적으로 이러한 동료들은 집단의 목적 달성을 추진하고 학교의 비전을 달성하는 데에 주요 역할을 담당한다.

집단 구성원의 특정 역할과 아이디어와 관련되어 그들 사이에 경쟁이 생긴다면 갈등이 커질 수도 있다. 앞으로 임명을 받거나 집단 자체에서 생길지도 모르는 집단 지도자는 집단에 부여된 문제나 과업에 초점을 맞춰 구성원들이 계속 봉사할 수 있도록 방향타 역할을 해야 한다. 심의에 앞서 집단 지도자는 집단을 운영하는 데에 기초가 되는 기본 수칙을 설정하는 것이 좋다. 예를 들면, 지도자는 전략을 수립하는 데에 다음과 같은 의견을 수렴할 수 있다. 즉, "1에서 5까지의 척도에서 최소한 숫자 3으로 제안이나 결정을 지지하거나 고려할 수 있겠는지, 그리고 이것이 가능하다면 그 계획을 주장하라"는 것이다. 이러한 심의에 대한 지침을 마련함으로써 갈등이 최소화되고 집단의 목표가 달성될 수 있다.

교사가 집단이나 팀에서 일할 때에 그들은 또한 응집력, 일치성, 협력성과 경쟁력 등을 포함하는 기초 집단의 사회적 과정에도 관여하게 된다. 이러한 사회적 과정들은 "집단 구성원에 의한 집단 행동을 규제하고 집단 활동을 조정하며, 행동을 자극하게 된다"(Riggio, 2000, p. 310). 일체감을 위한 과정과 의견의 합의를 통해서 집단 규범에 충실한 것은 집단 구성원에게 이 규범을 따르라고 압력을 가함으로써 집단 정체성을 형성하는 데에 공헌하는 것이다. 학교의 규범은 특히 교내에서나 학년 수준의 모임에서 강력한 행동의 형성자라고 할 수 있다. 학교 지도자는 학교가 모든 학생들이 학문적 성공을 이루는 데 도움이 되는 건설적인 방법으로 학교의 규범을 이용할 수 있어야 한다.

집단의 응집력(group cohesiveness)은 교사들이 함께 일한 결과를 나타내는 것이다. 왜냐하면 그들은 서로를 알고 함께 일하기를 원하기 때문이다. 응집력은 구성원의 만족과 연계되어 있다. Steers(1984)에 따르면, 집단의 응집력은 교사들이 그 집단에 매력을 느끼고 있는 정도를 드러내는 것이고, 그 과업에 대한 개인적 책임을 기꺼이 지려는 마음의 자세를 드러내는 것이며, 학교의 목적을 달성하기 위해서 협력하는 노력의 모습을 보여주는 것이다. 집단의 응집력을 함양하고 증진시키기 위한 방법으로 학교 지도자들은 교사들로 하여금 그들이 한 팀이나 가치 있는 구성원임을 느끼게 하는 것이다. 교사들 사이의 집단 응집력을 발전시키는 한 가지 방법은 비공식적 환경에서 교사들로 하여금 공유하도록 격려하는 도서 연구 집단(book study group)을 구성하는 것이다. 그러한 환경에서는 교사들이 소속감을 갖기 시작하고 집단 활동 과정에 더 큰 사명을 갖게 된다. 특히 학교 지도자로서는 새로 형성된 집단이나 팀이 그들의 활동이나 과업을 시작할 때에 응집력을 발전시키는 것이 대단히 중요하다. 또한 응집력은 교장들이 새 학교를 시작하고 교사들이 학교 분위기에 생소할 때에 더욱 중요하다. 학교 지도자는 공동 목표를 위해 일하도록 위임받았다는 의식을 형성할 필요가 있다.

학교 행정가는 팀 구성원으로 하여금 학교 또는 위원회의 목표를 이해하거나 공유하는 방향으로 전략을 발전시켜야 한다. 학교 지도자는 교사들이 과외시간에도 동료들과 함께 위원회 활동에 즐겁게 동참할 때에 집단 응집력이 생겨남을 볼 수 있다. 또한 지도자의 역할은 현장을 기초로 한 발전계획에서 확인된 목표나 목적이 실행되고 있다는 것을 확인하는 것을 학교 지도자가 인식하고 있을 때에 집단 응집력이 생겨나는 것이다. 학교 지도자는 집단의 크기를 조정하거나 구성할 필요가 있다. 왜냐하면 소집단일수록 더 큰 응집력을 보이는 경향이 있기 때문이다. 집단 형성의 성격도 고려되어야 한다. 예를 들면 집단 구성원의 신분이 비슷하거나 같을 때, 직함이나 역할이 같을 때, 또는 집단 구성원의 권한이 안정적일 때 집단의 응집력이 더 강해지는 경향이 있다(Cartwright, 1968; Riggio, 2000). 다음의 현장경험 사례에 나오는 라본 선생님은 학교 문화의 한 부분으로서 팀 활동에 대해서 서술하고 있다.

앞의 그림 6.1에 제시된 대로, 과업이 분명히 정해지고 집단이 공동의 비전을 위해 일한다는 의식을 분명히 가질 때에 공조와 협력이 증진된다. 열거된 활동들은 전문적, 개인적 그리고 학교 조직의 목표달성을 증진하는 데 도움이 된다. 학교 조직 안에서

현장경험 사례

2년 전에 라본 선생님은 헤리티지 중학교 교장이 되었다. 이 학교는 교외 근처에 자리를 잡고 있어, 새로 개발되는 주택단지에서 학생들을 끌어 모으고 있다. 주택단지는 큰 군부대 옆에 있어, 매년 학생들과 교사들이 바뀔 가능성이 높았다.

라본 선생님은 그때의 상황을 다음과 같이 회고했다. "교장으로서 내가 할 일은 먼저 학년별로 팀을 구성하는 것이었습니다. 각 팀에 과학, 사회, 수학, 국어 교사를 두었습니다. 각 팀은 각 학년 부별로 리더를 선출했습니다. 각 학년은 해마다 주제를 생각해 그 주제를 중심으로 활동을 계획했습니다. 마지막 해에 7학년은 '별들의 전쟁 25주년 기념식'을 주제로 선택했습니다. 각 학년은 '별들의 전쟁'과 관련되는 이름을 지었습니다. 팀 이름은 라이트 세이버 팀, 다트 베이더 팀, 리 공주 팀, R2D2 팀 등이었습니다. 이 팀들을 과목간 교류 팀으로 조직해, 일반적 주제를 선택, 주제를 중심으로 자신들의 특별한 활동을 개발했습니다. 각 팀들은 가끔 서로의 활동을 교류하도록 노력해야 합니다. 우리 학교에서는 이 활동 팀 접근법이 특히 교사의 전출입 문제와 관련된 쟁점을 해결하는 데에 성공적이었음을 알게 되었습니다. 새로 부임한 교사들은 팀에 빨리 적응되었고, 그 팀이 그들을 지원해주는 집단이 되었을 뿐만 아니라 그들의 계획에 대해 최대한 관심을 보였습니다. 내가 교사들 사이에 협조 체제를 만들어주는 것을 시도하자마자, 그들은 학생들의 학업성적을 향상시키는 데에 열심을 다하게 되었습니다."

작은 활동 집단이나 팀은 종종 중학교나 고등학교에 상존하는 고독감의 연속을 깨뜨리는 데 도움이 된다. 전통적인 학교 환경에서의 교사들은 상호작용할 기회가 드물고, 실천을 잘할 수 있도록 영향을 주는 정책과 실천에 특별한 공헌을 남길 기회가 적다. 학교 지도자들은 교과과정의 일치성 문제에 관한 대화와 토론을 함양하기 위해서 계획표 안에 공통적인 기획 기간을 설정하는 방법을 고안할 수 있다. 이에 덧붙여 그들은 학교 쟁점과 문제에 대한 통찰력을 얻기 위해 학교 공동체의 모든 구성원들에게 정보를 얻는 데에 적극적일 필요가 있다. 라본 교장은 자신의 학교 학생들의 문제를 다루는 데에 그들의 지지를 얻는 것과 동시에 그들을 대화에 참여하도록 함으로써 교사들의 가치를 인정했다.

학교를 체계적으로 발전시키기 위해서는 교사들을 광범한 지식의 소유자로서, 그리고 사고하고 탐구하는 사람으로서 보는 것이 가장 중요하다. 교사들을 이렇게 인식하면, 그들은 학교조직 내에서 교육적인 팀의 귀중한 구성원이 된다. MacLean과

Mohr(1999)에 따르면, 교사를 지식의 생성자로 간주하면, 교사들은 자신의 교실에서나 학교 전체에서 실행을 반영할 수 있는 객관적인 외부 관찰자가 된다. 교사들이 활동 집단과 팀에 참가함으로써 끊임없는 상호작용을 나누게 되고, 그들 자신에게뿐만 아니라, 학생들, 학부모들, 동료들의 흥미와 관심 사항들을 탐색하게 됨으로써 자신들만의 합리적이고 전문적인 발전 프로그램을 구축하기 시작한다. 교사들이 "교육에 관해 정보에 기초한 결정을 내리기 위해 자신들이 스스로 자료들을 수집하고 심사할 때 학교 전체의 개선을 가져올 수 있다"(Keith, 2001, p. 34).

팀과 위원회, 그리고 집단에 참가해 학교 위원회 구성원들의 의사결정에 영향을 주려고 노력하는 것이 교사들의 입장에서 탐탁하지 않을 수도 있다(Marzano, Pickering, Pollock, 2001). 학교 지도자들은 조직을 구성해 주고 동기를 부여해 줌으로써 교사들로 하여금 팀에 참가해 관심 사항을 파악하고, 문제들을 해결하도록 격려를 줄 수 있다. 예를 들면, 학생들이 학교에 빠지는 풍조를 막는 일 혹은 학부모들의 참가를 촉진하는 방법을 발견하는 것이다. 교육 지도자들은 집단 활동 과정에 관해 알려진 것 중에 가장 좋은 이론들을 결합해 실제에 결부시킴으로써 학교 발전 목표에 일치하도록 한다.

3. 집단 발달 단계

개인이 발달과 성숙 단계를 거치듯이 집단도 이와 비슷한 단계를 거친다. Tuckman과 Jensen(1977)은 집단 발달의 5단계 모델을 제시한 바 있다. 즉, 형성 단계, 폭풍 단계, 규범화 단계, 수행 단계, 종결 단계가 그것이다. 제1단계인 형성 단계(forming stage)에서는 집단 구성원들은 서로를 알리고, 과업수행뿐만 아니라 상호간의 관계에 관한 기본 규칙을 만드는 것이다. 구성원들이 자신들을 한 집단으로서 생각하게 될 때 이 단계는 완성된다. 학교 지도자들은 교사들에게 집단을 형성할 수 있는 기회를 제공할 뿐만 아니라, 그 하위집단, 예를 들면, 학년집단 혹은 관심영역을 한 곳으로 모을 수 있는 기회를 제공해야 한다.

제2단계인 폭풍 단계(storming stage)는 집단 내의 긴장과 갈등을 특징으로 한다. 이 때 구성원들은 집단 지도자의 통제에 저항한다. 공공연한 적개심도 전개될 수 있고, 갈등이 해결되지 않으면, 구성원들이 수동적이 되거나 방관적이 되고, 최악의 경우에는 집단의 와해까지 갈 수 있다. 학교 지도자들은 학교 집단 내의 갈등을 조심해야 하고, 이와 같은 상황에 현명하게 대처해야 한다. 집단의 응집력이 형성되고, 집단이 상호관계를 밀접하게 하고, 동료의식을 형성하도록 서로 노력할 때 제3단계, 즉 규범화 단계(norming stage)가 온다. 규범화 단계에서 목적의식과 집단의식이 생기고, 구성원들은 목표나 과업을 달성하려고 노력한다. 학교 지도자들은 학교에서 의식이나 축제를 통해 집단 규범을 형성하는 데 조력한다. 제4단계인 수행 단계(performing stage)에서 집단 구성원들은 그들의 과업이나 목표를 수행하기 시작한다. 학교 집단에서는 교과과정을 만드는 것이 이 단계가 될 것이다. 구성원들이 협력할 때 그들은 성공을 위해 일에 집중한다. 제5단계, 즉 종결 단계(adjourning stage)는 집단이 과업을 수행하거나 목표를 달성하게 될 때 온다. 집단이 일시적이거나 비공식적인 집단이라면, 목표를 달성하자마자 집단이 해체되는 수가 있다. 그렇지 않고, 공식 집단이라면 일시 중단했다가 다른 과업이나 업무가 할당되면 재소집된다. 예를 들면, 현장 중심의 의결 위원회거나 집단이라면, 학교 개선 계획을 검토하고 수정, 승인하기 위해 모일 것이지만, 그 일이 끝나면 잠시 중단되었다가 다른 특수 임무나 기능이 맡겨지면 재소집된다.

교육 환경에서 5단계 모델이 어떻게 작용하는지는 다음의 현장경험 사례에서 설명될 것이다.

Gersick(1989)은 집단이 어떻게 형성되고 기능을 발휘하게 되는지에 대해 다른 견해를 제시했다. 종결 균형 모델(punctuated equilibrium model)이 그것이다. 집단이 형성될 때, 처음에는 그들에게 주어진 과업이나 목표에 관심이 집중된다. 그러나 이런 최초의 노력은 그들이 타성을 극복하고자 할 때 가끔 피상적인 것으로 될 수 있다. 집단이 목표나 과업을 달성하려고 모든 노력을 경주하려고 애쓰는 것은 그들의 활동이나 결과 마감 일이 닥쳐왔을 때다. 이 모델은 시간 개념에 더욱 민감하고, 집단 기능에 관한 시한의 충격을 인지하는 것이다. 다음의 그림 6.2는 '종결 균형 모델'을 제시하고 있다.

◇ 현장경험 사례

지역 교육전문가인 제리 스톤은 어떤 집단의 사회를 보도록 요청받았다. 이 집단은 K-12학년에서 지역 과학 교과과정 일치성을 심사하게 된다. 제리는 자신이 집단을 관찰하고 그 집단이 어떻게 기능하게 됐는가에 대한 과정을 다음과 같이 기술한다. "지역 과학 교과과정 특별활동 팀을 10월 초에 처음으로 만났습니다. 집단의 사회를 보는 것이 내 일이었습니다. 집단의 과제는 과학 교과과정을 수직적으로 일치화하는 것입니다. 첫 회의는 잘된 것으로 기억됩니다. 기초반(K-6) 구성원은 8명, 상급반(7-12) 구성원은 6명이었습니다. 처음에 숫자의 균형이 맞지 않은 데 대해 어느 정도 걱정이 있었습니다. 구성원들이 관계 설정에 관해 협상하고, 나와 함께 일하기 시작할 때에는 강한 긴장감이 감돌았습니다. 내 역할은 특별활동 팀의 대표자로서 과업을 달성하고 잡

음이 없도록 절차와 프로토콜을 수립하는 것이었습니다. 우리는 처음 두 회의에서 약간의 갈등이 있었으나, 개인적인 의견을 극복하고 집단의 과업에 집중할 수 있었습니다. 10월 말 서너 차례 더 회의를 한 뒤, 우리는 형성 단계와 폭풍 단계를 넘어, 규범화와 시행 단계까지 진행했습니다. 집단 고유의 정체성을 개발했고, 집단 리더로서 나는 합의점을 찾고 확정하며, K-12 학년을 위해 분명하고 잘 짜여진 과학 교과과정을 발전시키고 성공을 축하하는 방법을 탐색했습니다. 집단은 국가 과학 기준과 탐구 기술을 기본 틀로서 사용할 것을 선택했고, 완성되자 우리의 성공을 축하했습니다. 우리는 4월에 교과과정 일치성 서류를 교육감과 교육위원회에 제출했습니다. 우리의 업무가 끝나자 집단은 해산되었습니다."

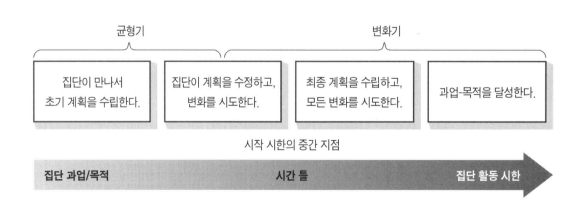

그림 6.2 집단 활동의 종결 균형 모델(Punctuated Equilibrium Model)

4. 집단 효과성을 개선하기 위한 전략

Kohm(2002)은 집단 상호 작용과 토론을 증진하기 위한 네 가지 전략을 제시했다. 그 것은 브레인스토밍(brainstorming), 닷 보우팅(dot voting), 라운드 로빈(round robin), 그리고 여섯 가지 관점(six-point of view) 등이다. 브레인스토밍(brainstorming) 은 구성원들이 주어진 주제나 문제에 대해 가능한 많은 생각과 해결책을 창출하는 것이 다. 이 집단 활동의 목적은 고려할 복수 대안들을 창출해내는 데 있고, 아이디어의 유효성이나 질을 결정하는 것은 아니다. 아이디어나 해결책들이 제안되면, 집단의 견 해를 빨리 평가하고 그 제안들의 공통점이나 우선순위를 정하는 것을 시작하기 위해 닷 보우팅(dot voting) 전략이 사용된다. 각 집단 구성원은 두세 개의 색칠한 점들을 갖게 되는데, 자신이 가장 중요한 생각이나 해결책이라고 믿는 생각이나 해결책 다음 에 그 점들을 놓는다. 이 전략의 한 가지 변형은 각 구성원들에게 그들이 단순하게 지 지할 수 없는 아이디어나 해결책 옆에 붉은 점을 줄 수 있도록 하는 것이다. 이것은 의 견의 일치 영역뿐만 아니라 불일치 영역까지도 나타낸다.

　라운드 로빈(round robin) 활동에서는, 각 구성원이 개방적인 질문에 짧게 반응한 다. 개방적인 질문이란, "학생들의 작문 실력을 향상을 위해 토의될 수 있는 제안은 무 엇이라고 생각하는가?" 혹은 "오늘의 대화 중에서 당신이 내일 수업시간에 적용할 수 있는 아이디어를 얻었는가?"와 같은 것들이다. 구성원이 반응하고 교사들이 서로 나눌 때 많은 양의 정보가 빠른 시간 안에 창출된다. 여섯 가지 관점(six-point of view) 활 동이란 집단 구성원들에게 여섯 가지 입장, 즉 학생, 학부모, 교사, 정부, 시험기관, 행 정가 또는 지도자 입장에서 한 가지 문제나 관심 사항을 토론하도록 요청하는 것이다. 이 방법은 구성원들에게 문제성 있는 다양한 측면들과 복합적인 성격을 용이하게 파 악하도록 한다.

5. 의사결정 과정

의사결정(making decisions)은 모든 조직의 활동 가운데 한 부분이다. 그러나 이것은 학교 지도자의 일상적인 관심 사항이다. 간단히 말하면, 의사결정이란 여러 가지 대안들(alternatives) 중에서 한 가지 선택을 하는 과정이다. 서로 다른 대안들이 분명하지 않을 때도 있지만, 선택은 항상 해야 하는 것이다. 학교 지도자나 교사들은 아마도 하루에 수백 번씩 의사결정을 한다. 학교 지도자가 내리는 결정은 학생, 교사와 교직원들에게 영향을 준다. 이 의사결정은 교사가 무엇을 어떻게 가르치는가, 학생들을 어떻게 관리할 것인가에 영향을 준다. 학교 분위기와 집단 효과성은 의사결정 과정의 질 (the quality of the decision-making process)에 따라 향상된다. Snowden과 Gorton (2002)이 지적한 바와 같이, "효과적인 의사결정을 하는 능력은 학교 행정가의 업무 수행에 매우 중요하다"(p. 3).

의사결정은 학교 지도자의 주 기능이며, 교사들과 학생들의 성공을 원한다면 효과적인 의사결정을 할 수 있는 능력이 필요하다. Botvin(2000)에 의하면, 의사결정은 "마음을 정하는 작용"이다(p. 5). 의사결정에서, 지도자는 (1) 정보를 찾고, (2) 결과를 예상하고, (3) 일관성을 갖고 윤리적으로 행동하며, (4) 부정적 측면의 가능성을 최소화한다. Green(2001)에 따르면, 좋은 의사결정이란 "… 상황에 달려 있으며, 지도자가 행하는 과정이다"(p. 132). 그러므로 의사결정이란 이용 가능한 정보, 현재 선택할 수 있는 대안들, 지지하고 있는 가치들, 의도한 결과에 기반을 둔 하나의 선택 과정이 된다. 의사결정은 유용 가능한 선택, 이용하는 방법, 의사결정 자체의 성격에 따라 영향을 받는다. 의사결정 과정에서 가장 흔한 모델은 분석적 접근이다(Wedly & Field, 1984).

1. 문제의 확인
2. 바라는 결과의 결정
3. 유용 가능한 대안들의 창출
4. 대안들의 분석 평가
5. 선택하고 실행하기
6. 결과의 추적

이 절차들은 계속적 선상에 있으나, 일반적인 것이므로 모든 상황에 정확하게 부합하지 않을 수도 있다.

Rowe, Boulgaides와 McGrath(1984)는 지도자가 의사결정하는 스타일을 바탕으로 하나의 모델을 제시했다. **지시적 유형**(directive style)의 지도자는 간단하고 분명한 해결책을 선호하고, 기존의 규칙이나 관례에 따라 신속하게 선택하는 경향이 있고, 정보나 대안들을 최소화한다. **분석적 유형**(analytical style)의 지도자는 복잡한 문제들에 관한 대안들을 조심스럽게 분석하고, 해결책이나 해답을 발견하는 데 가능한 많은 자료들을 만들어내고 사용한다. **개념적 유형**(conceptual style)의 지도자는 사회 지향적이기 때문에 그들의 접근은 더욱 예술적이며 인간적이다. 그들은 포괄적인 대안들과 창조적인 해법들을 찾는다. **행동적 유형**(behavioral style)의 지도자는 사람과 조직에 깊은 책임감을 가지며, 다른 사람을 돕는 데 진지한 관심을 갖는다. 그들은 다른 사람의 제안에 개방적이며, 문제를 풀기 위해 회의에 의존하거나 의사결정에 동의를 얻으려는 경향이 있다.

학교 지도자가 의사결정을 할 때 어떤 것은 일상적이며, 어떤 것은 심사숙고와 검토를 요구한다. 시급한 경우의 의사결정은 즉각적이어야 한다. 그러므로 대부분의 상황에서 지도자는 의사결정을 하거나, 관련 자료를 수집할 때 다른 사람을 참여시킬 수 있다. 예를 들면, 교장은 교육감으로부터 다음 학년도에 블록 스케줄(block scheduling)을 채택하는 것을 검토하도록 요구를 받았다. 해당 자료와 정보를 수집하기 위해 교장은 블록 스케줄 특별활동 팀에게 이 방법을 사용하고 있는 학교들을 방문하도록 요청했다. 특별활동 팀은 전체 교무회의에 제출할 찬성과 반대 목록을 만들었다. 그리고 블록 스케줄 실행을 위한 대안들을 토론했다. Green(2001)에 따르면, 효과적인 의사결정을 하려면, "교육 지도자는 자신이 봉사하고 있는 학교와 공동체의 가치들과 문화를 이해하고, 적합한 의사결정 모델을 정해 사용하며 직업윤리에 따라 행동할 것이 요구된다. 그들의 주 목적은 공동선을 반영할 수 있는 의사결정을 창안하는 방법으로 모든 관련자들이 참가하는 것이다"(p. 143).

집단 의사결정 과정은 (1) 목표를 설정하고, (2) 행동 방법들을 선정하고, (3) 적절한 집단행동을 설정한다. 직업 관련 의사결정은 서로 다른 방법으로 나타난다. 가장 효율적이고 가장 쉬운 의사결정 방식은 독재적인 방식이다. 집단 지도자는 의사결정을 하기 위해 갖고 있는 정보만을 사용한다. 예를 들면, 학교 지도자는 "5, 6세의 교실 내 중심 활동은 단지 놀이의 기회일 뿐이지, 학교의 사명인 학업에는 기여하지 못한다"고 하는 일부 학부모와 직원들의 근거 없는 주장을 확인할 수 있다. 이러한 과정을 촉진시키기 위해 지도자는 교사들이 학교의 모든 활동을 배제해야 할 것이라고 단순히 결정할 수 있다. 이와 같은 독재적 의사결정의 경우에 소외감을 갖지 않고서 지도자의 결정을 수행한다는 것은 거의 불가능하다.

독재적 의사결정의 반대는 민주적 의사결정이다. 여기서는 집단 구성원들이 투표나 합의를 도출하는 방식으로 행동방식을 결정한다. 민주적 의사결정은 모든 구성원들이 이 과정에 충분히 참여하므로 더 많은 시간이 소요되는 수가 있으나, 학교 조직의 구성원들은 행동 계획에 대해 더욱더 책임감을 느낄 수 있고, 결과에 더욱 만족하는 경향이 있다. 학교 조직은 교사들의 다양한 경험과 광범한 지식의 장점을 살릴 수 있어 집단 의사결정에 계속 의존하게 된다. 현장 중심의 의사결정 방식이나 공동 의사결정 방식을 실행함으로써 그 주요 목표인 교사와 직원들의 자율성을 증가시킨다. Holman (1995)은 다음과 같이 언급했다.

> "정신적인 면에서나 형식적인 면에서 받아들여지고 지지를 받는다면, 현장 중심의 의사결정은 각 학교가 교과목, 수업계획, 직원채용, 이를 뒷받침할 예산을 조정하는 데에 수레와 같은 역할을 할 것이다. 이 결과, 능력 부여와 주인의식이 교수 프로그램과 학생들의 성취도를 증가시킬 것이 틀림없다."(p. 65)

그러나 집단 의사결정의 한 가지 주요 결점은 속도가 느리다는 것이며, 더욱 중요한 것은 개인의 관점이나 의견에 시간을 할애하면 구성원 간에 갈등이 일어날 수 있다는 것이다.

집단 의사결정 모델

모델은 집단이나 개인이 의사를 결정할 때 사용할 수 있는 하나의 방법이다. 사용하는 방법의 효과성을 결정하는 데 도움이 되는 질문은 (1) 모든 기준을 만족시키는가? (2) 그 방법이 대안들을 고려하는가? (3) 가장 정확한 정보의 사용을 요구하는가?

이 질문들은 학교 지도자가 집단과 개인의 의사를 정하고 평가하고 결정하는 출발점이 된다. 또한 의사결정 과정에서 가끔 일어나는 의견의 불일치를 극복하는 데 도움이 된다. 또 모델도 일상의 의사결정과 학업성적을 올리는 실행 계획을 발전시키는 데에 학교 지도자가 교사들과 직원들을 효과적으로 관여시키도록 설계된다.

Vroom과 Yetton(1973), 그리고 Vroom과 Jago(1988)는 의사결정 모델을 개발했다. 이 모델들은 지도자가 혼자 의사결정을 하는가, 학교위원회와 같은 집단들과 협력해 의사결정을 하는가, 혹은 이 집단들과 상의한 후 의사결정을 하는가에 대한 이론들을 기초로 설계된다. 아무튼 최종 결정은 학교 지도자가 한다. Morgan과 Bowers(1995)는 네 개의 요소로 구성된 모델을 제시했다. 네 개의 요소는 (1) 평가(assessment), (2) 초인지(metacognition), (3) 정신 공유 모델(shared mental models), (4) 자원 관리(resource management)이다. 의사결정의 첫 요소가 평가인데, 문제의 확인과 정보 수집이 포함된다. 두 번째 요소인 초인지는 문제의 핵심을 정할 것을 요구한다. 집단화 과정 기술을 통해 구성원은 문제에 대해 공통적인 이해를 발전시킨다. 이것이 바로 제3단계인 정신 공유 모델이다. 마지막으로, 자원관리를 통해 구성원들은 검토하고 있는 문제를 해결하기 위해 구성원들의 기술, 경험, 지식을 사용해 의사결정을 한다. 예를 들면, 현장 중심의 의사결정 위원회는 왜 학생들이 초등과정을 거치면서 평가시험의 읽기 점수가 퇴보하는지 그 이유를 결정하려고 노력한다. 그들은 5년간의 자료를 수집하기 시작하고, 문제를 정확하게 이해하기 위해 자료들을 다시 정리한다. 위원회가 자료를 검사하면 문제에 관여할 수 있는 여러 항목들을 발견한다. 아래 학년에서 성적이 하위 끝에 있던 학생들은 학년을 올라감에 따라 더욱 뒤처진다는 사실에 주목한다. 현장 의사결정 집단은 이러한 문제의 해결을 목표로 정하고, 이들 학생들의 읽기를 지원하도록 학교 자원을 추가로 할당할 것이다.

제8장과 제9장에서 논의하는 것처럼, 학교 지도자들은 많은 도전에 직면하고 있다. 이 도전에 성공적으로 대처하기 위해 관계자들로부터 최선의 것이 요구된다. Morgan과 Bowers(1995)의 모델을 사용함으로써 학교 지도자는 각 구성원의 경험과 전문성의 장점을 취할 수 있다. 개별 학교에 변화가 필요할 경우 교장이 학교나 지역을 바꾸거나, 교장이 바뀌기도 한다. 이 경우, 교사들은 오랫동안 하나의 집단 구성원으로서 함께 일해 왔으나 새로운 교장은 그 학교에서 유일하게 신참이 될 수 있다. 교장은 변화를 가져오기 위한, 특히 교과과정에 관해 자신의 리더십에 대한 신뢰와 확신을 높이기 위해서는 문제를 결정하는 데에 전략적으로 모든 교사들로부터 의견을 수렴하고 피드백도 구해야 한다. 교사들은 지도자의 가장 좋은 자산이다. 모든 학생들의 성공을 위한 학교의 사명－특히 그것이 중요하고 결정적인 시험으로 측정될 때에는－을 달성하기 위해 그들의 견해를 구할 필요가 있고, 총체적인 계획으로 통합될 필요가 있다. 참여는 교과과정 영역에서 학생들의 학습을 향상시키고, 결정되는 의사를 지지해 주는 자원을 알기 위해 교사들로 하여금 정신적 모델을 개발시키도록 하는 데에 학교

지도자의 성공에 이르는 열쇠가 된다.

사용할 수 있는 의사결정 모델에 더해, 학교 지도자는 의사결정을 위해 세 가지 접근법 — 인지적, 정서적, 평가적 — 중 하나를 사용할 수 있다. **인지적 접근**(cognitive approach)을 채택할 때에 집단은, 예를 들어 영어 부장을 채용할 경우, 이것을 결정하기 위해 자료를 사용한다. 이 자료에는 후보자의 교육, 교사 경력, 경험, 행정경험과 과외 활동, 동료 교사와 지역 주민과의 협력 정도가 포함될 것이다. **정서적 접근**(affective approach)은 정서에 의존한다. 예를 들면, 영어 부장의 채용에서, 집단은 면담자와 피면담자 간의 상호작용의 성격, 이 때 일어나는 상호간의 뉘앙스의 성격에 반응할 것이다. 면담자는 눈의 마주침, 긍정적 자질과 같은 비공식적인 기준을 사용해 이 사람이 영어부의 구성원들, 학생들, 학부모들과 협력해 일을 잘할 수 있을 것인가를 결정한다. 반대로, 후보자가 면담시 수줍어하고 당황해 한다면, 위원회의 구성원들은 이 사람은 맞지 않은 타입이라고 결정할 것이다.

마지막으로 **평가적 접근**(evaluative approach)은 관심 사항에 대한 판단을 하기 위해 특별한 기준에 의존한다. 영어 부장을 채용하는 예를 사용하면, 평가적 접근은 성공적인 후보자가 가져야 할 기술, 지식, 경험을 기술하는 직무 기술서(job description)를 작성하려고 할 것이다. 그리고 이 기준에 따라 각 후보자를 판단한다. 때로는 기술된 기준과 함께 측정수단도 준비될 것이다. 이런 것은 제출된 기록에서 얻은 정보나 면담시 얻은 정보를 사용해 완성한다. 최종 결정을 내릴 때, 그것은 기술된 객관적인 기준에 입각한 것이기 때문에 공정하다고 인식되고, 다른 교사들에게 수용되기가 더 쉽다.

의사를 결정할 때 결정하는 각 의사에 세 가지 구성 요소, 즉 (1) 대안을 평가하는 기준, (2) 따라야 할 행동 강령으로서 대안이나 입장, (3) 대안과 결정된 기준을 연결해 주는 인과적 신념 등이 있다. 예를 들면, 효과적이지 못한 의사결정이 이루어지는 경우는 (1) 기준이 부정확하거나, (2) 기준의 가중치가 적절하지 못하거나, (3) 문제와 관련해 모든 기준이 고려되지 못했을 때이다.

사용한 모델이 무엇이든, 결정이 집단이나 개인에 의해 이루어졌든 상관없이, 좋은 결정은 해당 문제를 확인하고, 해당 자료를 생산하고, 유효한 대안을 작성하는 데에 신중함이 요청된다. "그러므로 의사결정은 어떤 문제, 관심사, 필요에 대한 여러 가지 해결책이 제시될 때 어떤 가치 체계 내에서 개인이나 집단이 정보를 고려하는 한 과정으로서 정의될 수 있다"(Beach & Reinhartz, 2000, p. 298). 한편, Huddleston(1996)은 완전한 의사결정 모델이나 절차는 없으며, 반드시 성공을 보장하는 모델이나 절차도 없다고 주장한다. 아마도 교육 지도자는 자신이 일하는 학교 내에서 의사결정 개선방법을 끊임없이 찾는 노력을 해야 한다는 것이 생각의 핵심이다. Osguthorpe와 Patterson(1998)은 공통된 모델과 접근법을 초월해 그들이 부르는 '좋은 판단을 하는 능력', 즉 끊임없는 문제 해결 노력에서 떠오르는 가장 좋은 대안을 찾는 계속적인 과정을 통해 의사결정할 것을 학교 지도자들에게 촉구한다.

6. 커뮤니케이션

커뮤니케이션은 조직 운영의 모든 영역에서 결정적으로 중요하다(Fulk, 1995). Green (2001)은 "오늘날 학교에서 커뮤니케이션의 중요성은 아무리 강조해도 지나치지 않는다. 효과적인 커뮤니케이션을 통해 관계가 형성되고, 신뢰가 구축되고, 상호 존중이 확보된다"고 말한다(p. 95). 문헌에서는 커뮤니케이션을 일컬어 조직을 붙들고 있는 강력한 아교라고 해왔다(Roberts 1984). 학교 지도자에게는 분명하고 간결한 커뮤니케이션 능력이 필수적이다. "의사소통의 능력은 궁극적으로 지도자가 다른 사람과 상호작용을 하고 교수(instruction) 개선을 추구할 때 궁극적으로 성공의 수준을 결정한다"라고 Beach와 Reinhartz(2000)는 말한다(p. 103). 학교 환경에서 지도자는 커뮤니케이션을 주도할 뿐만 아니라, 다른 사람의 커뮤니케이션을 점검하고 이에 반응한다.

　학교 환경에서 커뮤니케이션은 개인 대 개인, 집단 간의 상호작용, 전화에 의한 통화, 이메일, 비공식적인 언급과 견해를 포함한다. 좋은 커뮤니케이션은 말하기와 쓰기를 포함할 뿐만 아니라, 읽기와 듣기도 포함한다. 효과적인 커뮤니케이션은 의사 교환이 진행되어 다른 사람이 당신의 메시지와 반응을 이해하는 것에 달려 있다. Hamilton과 Parker에 따르면(1993), 커뮤니케이션은 "사람들이 함께 이해할 수 있는 방법으로 생각, 아이디어, 감정을 서로 나누는 과정"이다(p. 5). 그러므로 커뮤니케이션은 양 방향이다. 학교 지도자는 이에 의해 일이 되도록 노력하고, 정보나 자료를 주고받으며, 의사결정에 도달하고 관계를 증진한다. Weisinger(1998)는 "모든 관계의 기초는 커뮤니케이션이다. 커뮤니케이션의 형식이 기호 언어든, 몸짓 언어든, 이메일 혹은 면대면 커뮤니케이션이든 상관없이 그것이 없이는 연결도 없고, 관계 설정도 없다"(p. 107)고 실상을 말한다.

좋은 커뮤니케이션에는 기술의 개발이 필요하다. 다음의 기술들은 학교 지도자가 더욱 효과적이고, 생산적인 지도자가 되는 데 중요하다(Weisinger, 1998).

- 자기 노출 – 당신이 느끼고 생각하고 원하는 것을 다른 사람에게 말하는 능력
- 확신 – 타인에 대한 존중감도 보이면서 당신의 생각, 아이디어, 견해와 신념을 지지하는 능력
- 역동적 청취 – 타인이 말하고 있는 것을 당신이 진지하게 듣는다는 것을 확신시켜 주는 적극적으로 주의를 기울이며 듣는 능력
- 비판 – 타인의 아이디어나 행동에 대해 건설적으로 피드백 하는 능력
- 팀 커뮤니케이션 – 집단에서 커뮤니케이션 하는 능력

이상의 기술에 더해, Hiller(1998)는 효과적인 커뮤니케이션을 위해 다음 기술을 추가하고 있다.

- 몸짓 언어 – 몸짓으로 전달하는 능력
- 편견과 문화적 차이 이해 – 상투적인 견해를 극복하고, 문화적 차이에 민감
- 질문하기 – 목적을 달성하기 위해 적절한 질문을 하는 능력(개방적, 폐쇄적, 사실 확인, 추적 혹은 피드백).
- 노트하기 – 중요한 정보를 빨리 정확하게 기록하거나 요점 정리하는 능력
- 피드백 하기 – 당신이 듣거나 본 것을 정확하게 확인시켜 주는 능력
- 정보기술 사용하기 – 이메일, 팩스 혹은 인터넷을 적절히 사용하는 능력

이상의 기술 목록에서 보듯이 효과적인 커뮤니케이션은 말하고 듣는 것 이상의 복합적인 과정이다. 학교 지도자는 점점 더 이메일, 메모, 팩스 혹은 편지 등과 같은 기록 문서에 휩싸여 있다. 학교 지도자에게서 중요한 기술 중의 하나는 자신에 대한 커뮤니케이션 요구를 우선순위화할 수 있는 능력이다. 학교는 바쁜 곳이기 때문에, 학교 지도자가 학교에 도착해 학생문제에 대한 논의를 필요로 하는 교사나, 다음 날 서적 바자회를 논의할 필요가 있는 학부모-교사 연합회 혹은 기구의 회장, 혹은 침입으로 깨진 유리를 발견한 수위를 만나는 일은 흔한 일이다. 이 모든 예들은 교장이 듣기를

잘하고, 좋은 대화자가 되기를 기대하고 있다. 그들 각각은 자신들의 관심 사항이 잘 전달되었다고 느껴지도록 해야 한다. 숙련된 지도자는 현장에서 더 자주 의사결정을 한다. 대안을 고려하고 관심 사항의 모든 면을 듣는 기회가 있을 때 각 관심 사항은 주목될 필요가 있다. 학교에서 모든 참가자들이 목소리를 내도록 하는 열쇠는 커뮤니케이션이다.

다음에 소개되는 현장경험 사례에서 모라노 선생님은 그가 방금 이메일을 보내온 교사 중 한 사람에게 답변을 하는 도중에 기술적인 문제로 딜레마에 봉착했다.

이메일은 훌륭한 커뮤니케이션 도구이지만, 답장을 써 보내기가 너무 쉬워 메시지를 잘못 보낼 수 있다. 왜냐하면, 생각하기 전에 이미 보내기 클릭을 해 메시지가 가버리기 때문이다. 모라노 씨는 순간적 반응에 너무 끌려 들어간 것이다. 그가 결정해야 할 일은 얼굴을 마주보며 만나도록 하는 것이다. 그래야만 적극적으로 듣고 말을 분명하게 하는 기회를 얻기 때문이다. 그렇게 함으로써, 그는 온라인에서 반응하지 않고, 좋은 대화자로서 기술을 행사해야 했다. 그 만남에서 그는 건설적인 피드백을 하고, 추가 자료를 모으기 위해 질문을 하고, 그 교사가 말하고 있는 것을 자신이 어떻게 생

◈ 현장경험 사례

콥스 중학교의 모라노 교감 선생님은 퇴근하기 전에 자신의 이메일을 마지막으로 훑어보고 있다. 그는 지쳐 있다. 긴 하루였다. 오전 6시 45분에 악대 연습을 하러 오는 학생들을 위해 학교 문을 열었다. 그는 한 교사로부터 새로운 이메일이 온 것을 보았다. 그는 말 많은 학부모와 지역사회 구성원들 때문에 그 교사를 밀착해 감독하고 있던 중이었다.

"내가 이메일을 읽어보니, 로저스 선생님은 대단히 화가 나 있었고, 내가 그녀를 지지하는지 혹은 해고시키거나 사임을 시키려는지 그녀는 알고 싶어 했습니다." 모라노 선생님은 이메일을 쓰기 시작하면서, 한편으로는 지지해 주고 싶었고, 한편으로는 고쳐야 할 부분에 대해 성실하기

를 바랐다. 그는 계속해 이메일을 작성했고 문단을 떼지도 않고 면을 다 채운 것을 뒤늦게 알았다. 지금 모라노 선생님은 대단히 감정이 격해 화가 나서 어찌할 바를 몰랐다. 그는 재빨리 보내기 클릭을 했고, 그 때에 상대방의 이메일을 잘 읽지 못했다는 것을 깨달았다. 그는 대안을 생각할 겨를이 없었고, 최상의 방법이 무엇인지 생각해보지 않았고, 답변하기 좋은 장소가 어디인지 생각해보지 않았다. 생각들이 그의 마음에 떠오르자 그는 안정을 찾기 시작했고, 최선의 방법을 생각하기 시작했다. 그는 지쳐 있었다. 그는 다시 로저스 선생님에게 이메일을 보냈다. 이번에는 그녀가 계획한 시간에 만나서 그녀의 관심 사항을 논의하자고 제안했다.

각하는지 확인시켜야만 했다.

7. 사례연구

당신은 교육구에서 신설된 고등학교의 교장으로 임명되었다. 당신의 교육구청은 새로운 인성교육 교과과정(character education curriculum)을 채택하고, 이 새로운 프로그램을 실천할 최초의 학교로서 당신의 학교를 선정했다. 이 프로그램은 학생들로 하여금 자신의 개인적인 행동에 대해서뿐만 아니라, 사회적 책임이 따르는 행동에 대해서도 책임지도록 설계되었다. 학부모 중 말이 많은 집단은 당신의 학교에 그 프로그램이 도입되는 것을 막으려 할 것이다. 프로그램이 처음 제안되었을 때 그들은 학교이사회에 소리 높여 불평했다. 이제는 그 프로그램 실행을 연기하도록 압력을 넣고 있다.

당신은 진퇴양난에 처해 있다. 한편으로는 인성교육 프로그램은 교육청에서 위임된 사항이고, 당신의 학교가 최초의 시범학교로 지정되었다. 다른 한편으로는 당신에게는 말이 많은 학부모 집단이 있다. 개교할 경우 이들과 부딪치면서도 동시에 일이 순조롭게 되기를 당신이 원하기 때문이다. 신설 학교의 지도자로서 학부모의 반대에 직면하면서 위임된 교육 프로그램을 당신은 어떻게 실천할 것인가? 이 문제를 해결하기 위해 어떤 조치를 취해야 할 것인가? 다음 제시한 정보를 검토하고, 이 문제를 해결하는 방안으로서 취해야 할 조치들을 요약해 제시하라.

1. 어떠한 활동 집단을 만들 것인가?
2. 이 활동 집단을 자문하기 위해 어떤 사람을 초청할 것인가?
3. 집단 구성원에게 어떤 의사결정 모델을 권장할 것인가?
4. 당신은 어떤 커뮤니케이션 기술을 실천할 것인가?
5. 의사결정 과정의 일부에 그림 6.3을 사용해 각 항목에 따라 반응을 기술하라.

8. 요약

이 장은 생산적인 조직으로서 학교를 발전시키는 데에 교육 지도자의 역할에 초점을

의사결정 원칙	의사결정에 대한 장애	장애극복 방안
1. 자료 사용		
2. 위험 감수		
3. 결정해야 할 의사와 관련해 자료분석		
4. 조직의 지지		
5. 명령 계통의 고려		
6. 완전한 해결책은 없다는 것을 인식		
7. 조직 구조와 상황 고려		
8. 개인의 신념과 편견의 역할에 대한 인식		
9. 다른 사람과의 협력		
10. 의사에 대한 지속적인 평가		

그림 6.3 의사결정 원칙과 장애

맞췄다. 행정가가 교사들 간의 협조를 증진시키고, 학교 목표에 대한 사명을 증진시키기를 원한다면 인간 행동에 대한 지식과 이해가 필수적이다. 학교를 조직으로서 혹은 일터로서 보면, 지도자가 (1) 환경의 변화성, (2) 지도・교수・학습에 대한 기술의 영향, (3) 자원의 가용성, (4) 학교 성원의 다양성, (5) 교육의 세계화를 인식하는 데 도움이 된다.

　이 장은 교사진과 교직원의 일을 지원하는 수단으로서 활동 집단이나 팀을 개발하는 데에 지도자의 역할을 기술했다. 집단의 기능을 사용하는 것은 학습 공동체 형성에 중요하고, 특히 이 중요성은 학교 교사들의 의사결정, 사회적 행동과 결부될 때에 증폭된다. 과업수행에서 공식, 비공식 집단은 중요한 역할을 한다. 학교 지도자는 다양한 집단의 요소를 조심스럽게 구축함으로써 활동 집단의 성공을 확보하는 데 도움이 될 수 있다.

교사들이 집단이나 팀에서 일할 때, 유대감, 협동, 단체성을 형성하는 중요한 사회적 과정에 참여하게 된다. 또한 이 과정은 조직 구성원으로서 행동에 공헌한다. 이 행동에는 학교의 목표와 사명을 성취하는 데에서 교사의 사기, 감정, 자발성이 포함된다. 교사가 적극적 태도를 가지고 그들의 일을 가치 있게 생각하고 동기 부여를 받고 안정감을 느낄 때, 학교는 성공적으로 발전한다.

의사결정 과정에 대한 학교 지도자의 역할은 특히 집단 의사와 관련해 논의되었다. 집단 의사결정은 목표설정, 행동강령 선정, 그리고 적절한 집단 행동의 결정이 포함된다. 모델은 학교 지도자가 의사결정을 할 때에 도움을 준다. 효과적인 의사결정을 알아내고 진단하고 결정하는 데에 도움이 되는 핵심 질문이 제공된다.

교육 지도자는 학교 조직 내의 갈등을 이해하고 관리할 수 있어야 한다. 학교의 다양한 구성원 간에 불화가 자주 일어난다. 지도자는 이러한 갈등을 해결하는 기술을 가져야 한다. 지도자는 스스로 다음 질문을 해야 한다. (1) 갈등이 존재하는가? (2) 그 갈등을 어떻게 파악하고 이해할 수 있는가? (3) 그 문제를 구성원은 어떻게 느끼는가? (4) 갈등을 일으키는 행동 유형이 있는가? 이에 대한 해답이 학교 조직의 사명과 목표를 향해 일할 때 행동에 관한 정보를 지도자에게 제공한다.

마지막으로 학교 지도자는 효과적인 대화자가 되어야 한다. 이 장에서는 학교 지도자가 다양한 학교 구성원들과 함께 일할 때 발달시킬 수 있는 여러 가지 커뮤니케이션 기술을 제공한다. 효과적인 커뮤니케이션이란 말하기와 듣기, 읽기와 쓰기, 적절한 기술의 구사를 요구하는 복잡한 과정이다.

9. 실천과제

6.1. 의사결정은 어떻게 이루어지는가? 일차적인 자료를 수집하라. 목적을 수행하는 사명을 지닌 교육자 집단으로서 관찰하도록 허가를 요청하라. 집단 내 상호작용을 관찰할 수 있는 전략을 개발하라. 예를 들면, 집단 구성원에게 숫자나 문자를 부여한다. 당신의 관찰 일기에 다음 사항이 포함된다.

- 각 구성원이 하는 역할
- 집단 지도자로서 부상하는 구성원

- 대안의 생산과 생산자
- 행동 선택이나 과정의 지침이 되는 신념

적어도 세 학기를 관찰한 후, "집단의 의사결정 방법"에 관한 보고서를 작성한다. 이 보고서는 당신이 수집한 자료를 요약한다. 기본적으로 과제가 어떻게 수행되고 있으며, 집단의 의사가 어떻게 결정되는가를 분석하는 것이 된다.

6.2. 2001년 12월에 교육 고문단(Educational Trust)에 의해 발간된 『재론된 신화의 일소: 전국적으로 '고공 비행'하는 학교에 대한 분석에서 발견된 기초자료(*Dispelling the Myth Revisited: Preliminary Findings form a Nationwide Analysis of 'High-Flying' Schools*)』를 구하라. 이 자료에서 신화란 소수민족 학생의 등록이 높은 동시에 빈곤층인 학교는 그 반대 조건의 학교보다 성취도가 더 뛰어나지 못할 것이라는 점이다. 캘리포니아 주 길로이 고등학교 웬디 구달레비츠 교장 선생님은 길로이 고등학교 홈페이지에 접속하는 학부모들에게 편지를 썼다. 교장은 자기 학교가 이 신화를 일소하는 데에 앞장서 있다고 설명했다. 2002년 1월 가족과 친구들에게 보낸 교장의 편지를 다음 조직 요소별로 분석하라. (1) 협동적인 파트너십 생성, (2) 교장이 기술하는 성공담에서 부모의 역할 기술, (3) 협동적인 조직체로서 학교의 업적 확인, (4) 길로이 고등학교의 사명서 작성.

6.3. 지역, 주정부, 국가 차원의 학교 정책 수립가들과 교육자들에게 묻는 핵심적인 질문은 "가난한 어린이들의 교육 가능성에 대해 정책 수립가와 교육자를 설득할 수 있는 모범학교 자료가 얼마나 필요한가?"다. 가난한 어린이들에 대한 편협한 기대를 해결하고자 할 때에 학교 조직은 어떤 형태가 되어야 하는가? 전국적으로 빈곤 가정의 자녀가 많은 학교에서 높은 학업성취도를 이루고 있는 효과적인 조직을 세 개 이상 조사하라.

- 역할, 대표권을 규정하고, 책임성을 결정하기 위해 어떠한 집단 과정과 기술이 필요한가?
- 문제해결을 위해 어떠한 학교 의사결정 전략과 모델이 사용되는가?
- 교사, 직원, 학부모, 학생들을 포함해 교육 공동체의 구성원이 변화를 실천하도록 하려면 어떻게 하면 되겠는가?

6.4. 당신은 5학년에서 8학년까지 중학교를 설립하는 가능성을 조사하기 위해 10명으로 이루어진 팀을 짜도록 요청받았다. 이 학교는 환경교육에 중점을 두려고 한다. 이 목적에 맞는 집단을 구성하기 위해, 모든 참가 희망자들에게 www.humanmetics.com에 Myers-Briggs 학습/리더십 도구 온라인을 택하도록 요청한다. 집단 구성원이 프로그램을 마치면, 집단 과업에 비춰 자료를 분석하고, 팀에서 봉사하는 데 개개인이 적합한지 확인하라. 모든 참가자에게 고유 번호를 주고 실명을 사용하지 않으며, 당신의 일지에 참가자들을 검토할 자료들에 대한 노트를 작성하라.

참고문헌

ActiveInk Network. (2001). ActiveInk Corporation. Austin, TX: www.activeink.net.

Alder, N. (1991). *International dimensions of organizational behavior* (2nd ed). Boston: PWS-Kent.

Beach, D. M., & Reinhartz, J. (2000). *Supervisory Leadership: Focus on instruction.* Boston: Allyn & Bacon.

Botvin, G. J. (2000). *Lifeskills training: Promoting health and personal development.* Princeton, NJ: Princeton Health Press.

Cartwright, D. (1968). The nature of group cohesiveness. In D. Cartwright & A. Zander (eds), *Group dynamics: Research and theory* (3rd ed). pp. 91-109. New York: Harper & Row.

Conger, J. A., & Kanungo, R. N. (1988). *Charismatic leadership.* San Francisco: Jossey-Bass.

Craigor, J. P (1997). Technology, organizations, and work in the 20th century. *The Industrial-Organizational Psychologist, 34,* 89-96.

Fulk, J. (1995). Social construction of communication technology. *Academy of Management Journal, 36,* 421-950.

Gersick, C. J. G. (1989). Marking time: Predictable transitions in task groups. *Academy of Management Journal, 32,* 274-309.

Graham, J. W. (1991). An essay on organizational citizenship behavior. *Employee Responsibilities and Rights Journal, 4,* 249-270.

Green, R. L. (2001). *Practicing the art of leadership: A problem-based approach to implementing the ISLLC standards.* Upper Saddle River, NJ: Prentice-Hall.

Greenberg, J., & Baron, R. A. (2000). *Behavior in organizations* (7th ed). Upper Saddle River, NJ: Prentice-Hall.

Hamilton, C., & Parker, C. (1993). *Communicating for results: A guide for business and the professions* (4th ed). Belmont, CA: Wadsworth.

Harrison, D. A., Price, K. H., & Bell, M. P. (1998). Beyond relational demography: Time and the effects of surface- and deep-level diversity on work group cohesion. *Academy of Management Journal, 41,* 96-107.

Hiller, R. (1998). *Communicate clearly.* New York: DK Publishing.

Holman, L. J. (1995). Should site-based committees be involved in the campus staffing process? *NASSP Bulletin, 79,* 65.

Huddleston, M. W. (1996). *The public administration workbook* (3rd ed). White Plains, NY: Longman.

Keith, A. (2001). Action research brings results. *Science and Children, 39,* 3, 32-35.

Kohm, B. (2002). Improving faculty conversations. *Educational Leadership, 59,* 31-33.

Lambert, L. (2002). A framework for shared leadership. *Educational Leadership, 59,* 8, 37-40.

MacLean, M. S., & Mohr, M. M. (1999). *Teacher-researchers at work.* Berkeley, CA: National Writing Project.

Marzano, R. L., Pickering, D. J., & Pollock, J. E. (2001). *Classroom instruction that works: Research-based strategies for increasing student achievement.* Alexandria, VA: Association for Curriculum Development and Supervision.

May, K. (1998). Work in the 21st century: Recruiting in a tight labor market. *The Industrial-Organizational Psychologist, 36,* 39-41.

Morgan, B. B., Jr., & Bowers, C. A. (1995). Teamwork stress: Implications for team decision making. In R. A. Guzzo & E. Salas (eds), *Team effectiveness and decision making in organizations.* pp. 262-290. San Francisco: Jossey-Bass.

Muchinsky, P. M. (2000). *Psychology applied to work: An introduction to industrial and organizational psychology* (6th ed). Belmont, CA: Wadsworth/Thomson Learning.

Organ, D. W. (1988). *Organizational citizenship behavior: The good soldier syndrome.* Lexington, MA: Lexington.

Osguthorpe, R. T., & Patterson, R. S. (1998). *Balancing the tensions of change: Eight keys to collaborative educational renewal.* Thousand Oaks, CA: Corwin Press.

Penner, L. A., Midili, A. R., & Kegelmeyer, J. (1997). Beyond job attitudes: A personality and social psychology perspective on the causes of organizational citizenship behavior. *Human Performance, 10,* 111-131.

Podsakoff, P. M., & Mac Kenzie, S. B. (1997). Kerr and Jermier's substitutes for leadership model: Background empirical assessment and suggestions for future research. *Leadership Quarterly, 8,* 117-125.

Riggio, R. E. (2000). *Introduction to industrial/organizational psychology* (3rd ed). Upper Saddle River, NJ: Prentice-Hall.

Roberts, K. H. (1984). *Communicating in organizations.* Chicago: Science Research

Associates.

Rowe, A. J., Boulgaides, J. D., & McGrath, M. R. (1984). *Managerial decision making.* Chicago: Science Research Associates.

Schnake, M. E. (1991). Organizational citizenship: A review, proposed model, and research agenda. *Human Relations, 44,* 735-759.

Snowden, P. E., & Gorton, R. A. (2002). *School leadership and administration* (6th ed). Boston: McGraw-Hill.

Steers, R. M. (1984). *Introduction to organizational behavior Glenview,* IL: Scott Foreman.

Texas Higher Education Coordinating Board. (2002). *Teacher recruitment and retention.* Austin, TX: Texas Higher Education Coordinating Board.

Tuckman, B. W., & Jensen, M. A. (1977). Stages of small group development revisited. *Group and Organizational Studies, 2,* 419-427.

Uchiyama, K. P., & Wolf, S. A. (2002). The best way to lead them. *Educational Leadership, 59,* 80-83.

United States General Accounting Office. (2002). *A model of strategic human capital management.* Washington, DC: United States General Accounting Office. GAO-02-373SP.

Vandaveer V. V. (1998). As we enter the twenty-first century. *The Industrial-Organizational Psychologist, 35,* 99-102.

Van Dyne, L., Graham, J. W., & Dienesch, R. M. (1994). Organizational citizenship behavior: Construct redefinition, measurement, and validation. *Academy of Management Journal, 37,* 765-802.

Vroom, V. H., & Jago, A. G. (1988). *The new leadership: Managing participation in organization.* Englewood Cliffs, NJ: Prentice-Hall.

Vroom, V. H., & Yetton, P. W. (1973). *Leadership and decision-making.* Pittsburgh, PA: University of Pittsburgh Press.

Wedley, W. C., & Field, R. H. G. (1984). A predecision support system. *Academy of Management Review, 9,* 696-703.

Weisinger, H. (1998). *Emotional intelligence at work.* San Francisco: Jossey-Baas.

7

학교 리더십: 자원관리

주정부 학교 지도자 자격 컨소시엄(ISLLC) 표준

표준 3: 학교 행정가는 안전하고 효과적이며 효율적인 학습 환경을 조성하기 위해 조
직 경영과 운영, 그리고 재원을 보장함으로써 모든 학생들의 성공을 추구하는 교육
지도자이다.

표준 6: 학교 행정가는 보다 큰 정치적, 사회적, 경제적, 법률적, 문화적 맥락을 이해
하고 반응하며 영향을 끼침으로써 모든 학생들의 성공을 추구하는 교육 지도자이
다.

단원 목표

이 장의 목표는 다음과 같다.
■ 공립학교 재정에 대한 주요 역사적, 법률적인 발전과정을 밝힌다.
■ 학교 재정의 출처를 논의한다.
■ 공립학교 재정의 평등화 모델을 확인하고 설명한다.
■ 공립학교들에 영향을 미치는 규정들과 연방과 주정부, 지역의 자금구성 자원을 포
함해 학교예산 수립과정을 설명한다.
■ 지역 수준이나 캠퍼스 수준의 예산을 수립함에 있어 주요 단계를 포함해 공립학교
의 재정에 대한 원칙들을 설명한다.
■ 공립학교 단위의 회계·예산·기록유지, 보고·비용분석의 적절한 기술 및 응용
과 관련된 주요개념과 용어를 포함한 학교 단위의 재정관리를 토의한다.
■ 공립학교 자원들에 영향을 주는 최근의 재정과 자원관리 쟁점을 명확히 한다.
■ 자원의 분배와 자원 사용의 평가를 포함해 학교목적에 부합하는 예산수립이 학생
성과에 어떻게 관련되는지 토의한다.

리더십은 학교목표를 증진시키고 교육 목적을 달성하기 위한 인적·재정적 자원을 관리하는 것을 포함한다. 재정과 인적자원의 관리는 교육적인 역사에서 있어 결정적으로 중대한 국면에 놓여 있다. 왜냐하면 학교 지도자들은 자원이 부족한 동시에 공공의 책임에 대한 최고의 규범들을 갖추어야 하기 때문이다. 즉, 모든 학생들이 성공할 수 있도록 자원에 대한 효율적이고 효과적인 관리자가 되기를 기대하는 것이다. 행정가들은 자신들의 모든 학생들이 학업을 성취할 수 있도록 프로그램을 지원함으로써 인적·재정적 자원의 할당배정에 관심을 갖고 매일 주요한 의사결정을 하

지 않으면 안 된다. 왜냐하면 교육에 있어서 학생의 학업성취가 성공에 대한 궁극적인 측정수단이 되기 때문이다. Smith(1998)에 따르면 재정적·인적자원 관리 행정이 오늘날 학교 지도자들에게 더욱 중요시되는데, 그 이유는 "많은 관리 기능들이 … 과거에는 통제와 표준화를 위해 중앙에 집중되었다면 현재는 개별 학교 단위로 위임되어 교장이나 학교에 설치된 위원회가 그 책임을 지게 된다"(p. 5).

학교 지도자들이 모든 학생들의 학습을 향상시키기 위해 의미 있는 교수 의사결정(instructional decisions)을 하기 위해서는 그들이 교수 또는 교과과정의 결정을 실행할 수 있게 해주는 재정적·인적자원을 동원할 수 있는 권한을 지녀야만 한다(Guthrie, 1998; Odden & Busch, 1998). Biddle과 Berliner(2002)가 학교의 상황을 설명한 것에 따르면 "대부분의 사람들은 학생들이 재정적으로 더 나은(well-funded)학교에서 공부를 잘한다고 믿고 있고, 공교육은 모든 어린이들이 놀 수 있는 운동장을 제공하는 수준이 되어야 한다고 보고 있다"(p. 48). 그러나 Hanushek(1989)은 수십 년에 걸친 연구결과를 바탕으로 다음과 같이 대담한 주장을 하고 있다. "학교의 재정지출이 학생들의 학업성취에 체계적으로 연결되지 못한다는 사실이 명백히 그리고 일관되게 나타나고 있다"(p. 49). Cameron(2000) 역시 자금조달과 학생성취 사이에 직접적인 연관이 없다고 밝히고 있으나 다음 사실을 지적하고 있다.

> 돈이 교육적인 과정에 있어 중요한 부분임은 분명하지만 어떠한 부문에 돈이 활용되어야 하는지는 분명치 않다. 교육구는 그들 각자의 학교에 필요한 것들을 결정하고 효율적이고 효과적인 방법으로 학교의 자원을 재정적으로 뒷받침하는 방법을 찾지 않으면 안 된다(p. 91).

Laine, Greenwald와 Hedge(1996)는 "학교 자원(school resource)은 학생의 학업성취에 시스템적으로 관련되어 있고 그러한 관계는 광범위한 동시에 교육적으로도 중요하다"고 결론 맺고 있다. 학급 규모, 학교 규모, 교사의 능력과 경험 같은 다양한 요소들이 재정과 관련되고 학업성취에 영향을 미치게 된다.

분명히 재정과 인적자원의 관리는 중요한 리더십 기술이다. 왜냐하면 Smith(1998)가 언급한 바대로 "학교 중심의 리더십(school based leadership)은 인적·재정적 관리 기능에 바탕을 둔 기본구조이다. 그리고 새로이 정의된 리더십 역할에 효과적으로 대응하기 위해서는 지식과 기술, 특성과 능력을 개발시키는 과제가 교장들의 의무로

부과되어야 한다"(p. 5). Thompson과 Wood(1998)는 최근의 사건을 고려할 때 학교 지도자들은 "일들이 잘될 것이라는 막연한 약속을 믿고 상당한 액수의 신규자금을 교육에 쏟아 붓는 분위기는 없이 자원을 둘러싼 과도한 경쟁과 날로 파편화되고 있는 사회를 맞게 될 것이다."라고 경고한다(p. 16). Biddle과 Berliner(2002)는 "미국의 공립학교 재정 중 거의 절반이 지방재산세(local property tax)에서 나오기 때문에 이러한 시스템은 재정지원의 커다란 격차를 가져오게 된다."고 말한다(p. 51).

학교에서 재정과 자원이 점점 제한을 받고 있는 시대에 학교 지도자들은 재정과 직원은 물론이고 교육적인 자원과 시설들도 극대화시키기 위해 창조적이어야 한다. 학교 지도자들은 예산을 구성하는 구조를 알고 주요한 정책이나 의사결정의 책임자를 상대로 예산을 확보하고, 학교 현장 수준에서 그것을 집행하는 것은 필수적인 과제라 할 수 있다. 한편 고용된 모든 사람들은 학교 프로그램의 성공적 운영에 결정적으로 중요한 시대이므로 지도자들은 현명하게 교직원들을 충원, 유지하고 재교육시켜야만 한다. 인적자원 관리는 책이나 건물의 벽돌 그리고 예산만큼 중요한 것이다.

이 장은 학교 지도자들이 재정관리와 인적자원관리의 다양한 구성 요소들을 검토함에 있어 그들이 직면하고 있는 도전적과제들을 다루고 있다. 그것은 재정관리의 기본적인 측면들을 재검토함으로써 시작된다. 이러한 검토 하에 학교 재정 평등화 모델들뿐만 아니라 미국 내 공립학교의 주요 역사적이고 법률적인 재정지원 프로그램들에 대한 논의를 통해 현대적 학교 자원관리를 이해할 수 있는 활동 단계를 설정할 수 있다.

따라서 이 장은 예산 지출에 대한 예산수립, 수입의 가용 출처, 그리고 주요 범주에 포함되어 있는 단계들을 다루어 예산수립과정을 논의하고 재정적인 자원을 관리하는 데 필요한 테크놀로지의 활용과 시설의 재정적 뒷받침 그리고 공립학교 자원에 영향을 미치는 최근에 재정적 이슈를 확인함으로써 결론을 맺는다.

1. 재정자원관리의 기본적 관점

학생 전체의 성공을 증진시키기 위해 학교 지도자들은 적절한 자원들을 확보하는 것뿐만 아니라 자금의 배정에 있어서도 신중함을 보여주어야 한다. Razik와 Swanson

(2001)은 "교육사업은 연간 3,500억 달러 이상 소비하는 거대한 사업이다. 교육예산은 주 및 지방 정부에 있어서 가장 큰 단일 예산적인 구성 요소이고… 교육은 사업 이상의 의미를 갖는데 그 이유는 시민 개인들의 마음과 정신에 관련된 문제를 다루고 있기 때문이다."라고 한다(p. 417).

미국 내에서 공립학교들의 자금조성은 연방·주·지방 정부의 자원을 포함해 많은 원천으로부터 조성된다. 하지만 연방 수입은 적은 할당량(10% 이하)을 나타내고 있으며, 일반적으로 범주적 보조의 형태(the form of categorical aid)이다. 역사적으로 교육에 대한 주정부의 책임감은 10차 개정법(the Tenth Amendment)에서 준비되어 중요하게 다루어졌고, 그것은 "헌법에 의해 연방정부에 위임되었거나 금지된 권한이 아닌 것으로서 주정부와 주민들 각자에게 맡겨진 것"이라고 진술하고 있다. 예를 들어 1876년에 쓰여진 최근의 텍사스 주 헌법 1항 7조에서 주 의회는 공립학교에 대해 효율적인 체제의 지원과 유지를 위해서 적절한 규정을 설치, 마련해야 한다고 요구하고 있다. 주정부는 공교육에 대한 책임을 져야 한다. 그리고 Ray, Hack와 Candoli(2001)에 따르면 "공교육의 문제에 있어서 주정부는 전권을 가져야 한다는 원칙이 제시되어 있기 때문에 주 의회는 학교의 재정지원 대한 자금계획을 수립하는 책임을 지닌다"(p. 47).

미국의 공립학교 재정의 역사와 발전

특정한 주정부의 기능으로서 공립학교 재정은 날짜에 의해 표시되지 않지만 개발의 단계로서 중복되는 다섯 번의 시기로 구별된다. 이러한 단계들은 기본적으로 한 주의 크기와 교육적인 필요성 그리고 교육적인 리더십에 바탕을 두고 있다. 주정부와 지방 정부의 관계에 나오는 다섯 시기는 Burrup, Brimley와 Garfield(1999)에 의해서 확인되었다. 첫 번째 시기는 **지방재정**(local financing)으로 교육을 제공하는 지역사회나 교회들과 주정부의 협력이 거의 없거나 없었다. 지역마다 세금 지불 능력의 큰 차이로 인해 교육 기회에 있어서 종종 극심한 불균형이 나타난다. **주정부의 책임**(state responsibility)인 두 번째 시기는 교육을 주정부의 기능으로 인정해 균일한 교부금(flat grants), 정부의 보조금(subventions)과 타 주정부의 균일하지 않는 배정액(other non-equalizing state allocations)을 사용해 지방 지역을 지원한다. 세 번째 시기인 **재단 프**

로그램(foundation programs)은 기본적인 주정부의 교육 프로그램들을 지원함으로써 교육 기회에 대한 평등화를 확보하도록 고안되었다. 네 번째 시기인 **재정비된 재단 프로그램**(redefined foundation programs)은 균일한 교부금을 사용해 보다 더 평등화될 수 있도록 수정을 했다. 이러한 조정은 세금 부담을 균일화하고 주정부의 통제를 더 크게 함으로써 주정부 자금을 공평하게 배당하는데 도움이 되었다. 다섯 번째 시기인 **평등화 실행**(equalization practices)은 아동들의 거주지와 상관없이 교육 비용을 나누어 부담하고 주에 사는 모든 아동들에게 기본적인 교육 프로그램을 제공함에 있어 주정부와 지방 지역을 포함하는 것이다. Thedford와 Patrick(2000)은 여섯 번째 시기인 **공립학교 선택**(public school options)을 제안했다[이것은 차터 학교(charter schools), 사립학교 또는 이익을 목적으로 하는 회사도 활용할 수 있는 학교 선택 증서(vouchers)를 허용하는 추세로 전개되고 있기도 하다]. 최근의 법정조항(제4장 참조)은 그와 같은 방법으로 주정부 자금의 지출을 허용하고 있다. 학교 지도자들은 모든 학생의 성공을 증진시키는 교육 프로그램의 개발을 추구함에 따라 그들이 주정부와 연방 프로그램으로써뿐만 아니라 지방위원회와 정부 당국과 함께 일해야만 한다.

2. 공립학교 재정 평등화 모델

주정부들은 교육을 자원할 때, 자원의 동등한 배분을 위해 오랫동안 각별한 노력을 경주해 왔다. "주정부가 재원을 개별학교 시스템으로 분배하기 위해 활용되는 기제(mechanism)도 역시 다양하다고 볼 수 있다. 하와이는 지역 교육위원회, 지역 재산세와 전통적인 주-지방 파트너십이 조직화되지 않은 유일한 주였다"(Ray, Hack, & Candoli, 2001, p. 47). 하지만 다른 주들은 공교육의 재정 확보를 위한 다양한 계획에 의존하고 있다. Biddle과 Berliner(2002)에 따르면 "지방재산세를 통한 공립학교 기금 조성은 뿌리가 깊은 역사를 갖고 있다. 그럼에도 불구하고 기금조성의 불공정은 주정부 내부와 주 사이에 둘 다 존재한다. 그것들을 확인할 수 있는 이상적인 방법은 연방정책 내의 변화과정을 살펴보는 것이 도움이 될 것이다"(p. 56).

자원의 경쟁이 증가됨에 따라 학교들과 학교 지도자들은 자원의 배분에 있어 더 공평해야 한다는 압력이 가중되고 있다. Razik와 Swanson(2001)에 따르면 평등(equity)

이라 함은 공정성, 정당성과 공평성에 대한 의식을 의미하고 수평적인 평등은 동등한 것에 동등한 취급을 언급하는 것인데… (그에 반해) 수직적인 평등은 차이가 있는 합당한 차별적인 취급을 말한다(p. 417). 평등에 관한 기소 문제로 캘리포니아 대법원이 주정부의 재정지원 프로그램이 학교, 학생 모두에게 평등한 보호를 하지 못했다는 이유를 들어 그것이 위헌적이라고 판시한 1971년 *Serrano v. Preist*의 획기적인 결정 이후에 그러한 딜레마를 해결하는 책임은 주의회가 담당하게 되었다. 학교 재정을 위한 지방재산세의 의존에 기인한 학생 당 학교 재정의 불균형을 시정하도록 명령이 시달되었고 그것은 재정 처리방식의 불평등을 수정하도록 하는 시도가 다른 주에서도 일어나게 되었다.

그러나 1973년에 *San Antonio Independent School Districts v. Rodriguez*에서 미국 대법원은 텍사스 학교 재정지원이 합헌적이라고 명시했지만 교육구 사이에서 동일한 재정지원을 하라고 요구하지는 않았다. Biddle과 Berliner(2002)에 따르면 "이러한 결정은 학교 재정지원의 평등을 시정토록 하는 연방법원의 조치를 효과적으로 배제했다"(p. 56). 1973년 판결은 교육이 주의회가 관장할 문제이지 미 헌법 하의 기본적인 권리가 아님을 명백히 한 것이다. 거의 모든 주의회는 교육 재정지원에 대한 평등성을 주장하기 시작했고, 동시에 추가적인 소송사건이 주법원에 접수되었다. 가장 오래 끈 사건 중 2건은, 뉴저지 주에서 1985부터 1994년에 걸친 *Abbott v. Burke* 사건과 텍사스 주에서 1984년부터 1995년에 걸친 *Edgewood I, II, IIa, III, IV* 사건이었다 (Kemerer & Walsh, 2000). 몇 년이 지나 주법원은 *Serrano* 사건 또는 *Rodriguez* 사건을 기초로 반대 결정의 판결을 내렸다. 그러나 학교 재정에 관한 여러 가지 기본 원칙들이 출현하게 되었다. 이 재정지원 원칙은 (1) 교육이란 의무적인 주정부의 관심이고, (2) 수입은 지방재산세로부터 얻어지고, (3) 교육구 지출은 학생 당 동일한 지원금이 될 필요는 없다(Burrup, Brimley & Garfield, 1999).

Gold, Smith와 Lawton(1995)은 다음의 주정부 자원 프로그램 또는 재정지원 모델을 구분했는데 (1) 지역의 부나 세금 기준을 고려하지 않고 각 기본 단위 당 주정부 수익금을 할당하는 균일한 보조금, (2) 학생 당 달러 가치와 지역지원을 정착시키는 재단 프로그램, (3) 주정부 지원과 연결된 지역의 재정적 사업을 고려하는 비율 평등화 프로그램, (4) 모든 교육구에 일정 세율을 보증하는 세금 단위/비율 프로그램을 보증하는 것, (5) 주정부가 전적으로 교육을 위한 재정적 책임을 수행하는 주정부 재정지원이 있다. 이 모델 중 세 개는 기본적인 평등화 재정 이론을 제기한 것이다. 즉, **재단 프로그램**(foundation program), **비율 평준화**(percent equalization) 또는 **보증된 세율** (guaranteed yield) 프로그램과 권한의 균등화가 그것이다. 재단 프로그램은 지역 교육가 최소한의 프로그램을 개설할 수 있는 주정부 재정을 수령하도록 주정부 재원이 제공되어져야 한다는 개념에 바탕을 두고 있다. 지역 교육구는 재단 프로그램 이상으로 지출이 증가하게 되었다. 비율 평등화 또는 보증된 세율의 지원방식(formulas)들은 지역과 주정부 간 파트너십적인 접근에 기초하고 있다. 재단 수준은 확립되었고 주정부와 지방 정부 간 재정지원 비율은 지역의 부에 의해 결정된다(과세할 수 있는 재산으로 환산해). 지역이 더 부유하면 할수록 지방 정부의 기여도는 더 커진다. **권한의 평등화 또는 회수**(power equalizing or recapture)는 평등화의 원칙들과 노력에 대한 보상을 결합시킨다. 주정부는 학교에 평등한 보조를 다른 액수로 제공하고 일정 수준을 초과하게 되면 지역의 달러(dollars)를 회수하게 된다(Patrick, 2000; Burrup, Brimley & Garfield, 1999; Walker & Casey, 1996).

오늘날 대부분의 주에서 이러한 기본적인 이론들의 여러 가지 관점에 의해 재정계획이 결정된다. 즉, 지역의 부, 지역의 수요, 지역 세금징수, 지역세율, 주정부 보조 등을 들 수 있다. 400개로 추정되는 주정부 보조의 다양한 혼합형을 갖고, 주정부는 다른 계획들 사이에서 평등화하는 보조금, 재단 프로그램, 권한의 균등화와 범주화된 재정지원 방식을 사용한다. 하지만 주목할 만한 것은 모든 모델들이 수학적으로 동일한 것이다…. 그러나… 평등의 다른 측면이나 유형을 강조한다(Clark & England, 1997, p. 4). 학교 재정에 관련된 법정 판결이 최근 내려짐에 따라, 이 재정 계획 중 두 가지인 주정부의 전적인 재정지원과 지역 권한의 균등화는 최근의 법적인 심사과정을 거쳐야 할 것으로 보인다.

주정부의 전적인 재정지원은 지지자와 반대자를 갖고 있지만 몇몇 주정부는 하나의 지역으로서 기능을 수행하는데 이는 하와이(Hawaii) 주에서 그 예를 찾을 수 있다. 그러므로 주정부의 참여 내에서 세 가지의 다른 변형(variations)이 나타나게 되는데, 즉 (1) 공립학교의 **주정부 운영**(state operation), (2) 완전한 **주정부의 지원**(state support), (3) **재단 프로그램**(foundation program)이다. 지지자들은 전적인 주정부의 재정지원은 한 학생에 대한 교육이 단지 그 주정부의 부에 의존해야 되는 것이지, 지역이나 부모의 부에 의존하는 것이 아니라는 법원 판결로 필요조건을 충족시킬 수 있다고 주장한다. 이 모델은 또한 납세자에게 보다 큰 평등을 제공함으로써 교육구 사이에서 수입금을 균등화하며, 주정부의 재정지원을 받고자 하는 지역 간의 경쟁을 줄일 수 있고, 기금 확보 문제에 대한 지방 관할청의 염려를 덜어준다. 반대자들은 전적인 주정부 재정지원이 지방 통제력의 상실을 초래한다는 것, 수준의 저하과정의 야기, 혁신성의 감소, 타 주정부의 기관과 더 직접적인 경쟁관계에 공립학교가 놓이게 되고, 최소한의 프로그램을 최대화하고, 비교적 높은 임금과 운영비용으로 지역을 불리하게 만든다는 등의 사실을 지적하고 있다(Burrup, Brimley & Garfield, 1999).

또 다른 학교 재정 계획인 지역 권한의 평등화 방식은 전적인 주정부 재정지원에 대한 보다 수용 가능한 대안으로 여겨진다. 각 지방 관할청이 위임된 재정 프로그램 부과액을 초과해 지방세율을 어느 수준으로 경정해야 하는가 하는 권한과 책임을 지고 있기 때문에 지방의 통제력은 보장되고 주정부와 파트너십이 위임될 수 있다. 또한 **동등 비율 부담** 또는 **공개 목표 평등화**(equalized percentage matching or open-end equalization)로서 잘 알려진 교육구 권한의 평등화(district power equalization)는 각 지방지역의 달러당 1/1000의 세금 부과는 모든 교육구에 있는 학생수에 비례한 가중치(1 mill)가 반영되어 처음과 나중의 전체 학교 수입금의 달러 액수는 동일하다 (Burrup, Brimley & Garfield, 1999, p. 99).

3. 예산 과정

예산수립 과정은 대부분의 주정부에서 법적인 요건이고 그 전권(plenary power)은 그 주정부로 하여금 교육구가 예산을 수립하도록 위임하고 형식, 일정, 그리고 절차를 결정하도록 해준다(Ray, Hack & Candoli, 2001, p. 123). 교육 지도자들은 재정적인 것과 다른 자원들뿐만 아니라 예산수립의 기본원리(구체적이고 실제적인 면)에 대한 지식을 포함해 학교를 열고 운영하는 기술을 가져야만 한다. 즉, 다른 말로 표현하면 학교 지도자들은 예산을 개발하고 개선할 수 있어야 한다. 그러나 예산이라는 것은 단지 영수증과 지출의 목록을 담고 있는 서류가 아니라 한 민주적인 것 속에 속한 사람들이 그들 자신을 지배할 수 있는 권리에 의한 절차과정이다"라는 사실을 알 필요가 있다 (Johns & Morphet, 1969, p. 441). 그러나 예산(budget)이라는 용어는 정부, 사업, 서비스 조직과 교육에 속한 사람들에게 다른 것을 의미할 수 있다.

Burrup, Brimley와 Garfield(1999)에 의하면, 예산(budget)이란 최소한 네 가지 요소들을 포함하는 재정적인 계획인 바, 이는 (1) 기획, (2) 재정의 수령, (3) 재정의 집행, (4) 결과 평가인데, 모든 것은 보통 교육구에 대해 1년의 예정된 기간 범위 내에서 수행된다(p. 280). 교육 예산의 또 다른 관점에 따르면 교육 예산은 교육 요구를 재정 계획으로 전환한 것이며, 이는 공식적으로 채택될 때 그것은 지역사회가 기꺼이 지원하고자 하는 교육 프로그램의 종류를 표시하는 방식으로 일반 국민들에게 해석된다(Roe, 1961, p. 81). Thompson과 Wood(1998)에 의하면 예산이란 의도된 교육 프로그램의 기술(description), 비용과 지출의 추정 예상 세입금이나 이익을 포함하며 하나의 결과를 도모하는 것이다. 예산은 학교 내에서 일어나는 모든 것의 성공에 필수적이다(p. 108).

그림 7.1은 Burrup, Brimley와 Garfield(1999)에 의해 기술된 예산 과정상 주기적인 여섯 단계의 과정을 나타낸다. 그림 7.1에서 보여진 예산 과정은 각 캠퍼스 또는 교육구의 교육 요구, 특히 각 학교의 교수 또는 프로그램의 요구를 결정하는 데서 시작한다. 이러한 요구가 결정되었을 때, 교육적인 목적은 요구를 반영해 개발된다. 일단 목적이 진술되면 그것들은 재정적이고 다른 가장 중요한 요구를 지원하기 위해 재정과 다른 자원이 투입될 수 있도록 해 우선순위가 결정될 수 있다. 우선순위가 결정된 목적은 측정 가능한 결과나 성과를 갖는 구체적인 목표로 전환된다. 목표가 제시되면 교육 프로그램의 선택이나 개발 혹은 교육자료들은 그 목표 성취에 기여해야 한다. 일단 이런 단계들이 이루어지면 프로그램의 재정지원 또는 교육자료 확보용 재정을 위한 예상 수익금에 기초한 예산을 채택하게 된다. 프로그램과 교육자료에 재정이 투입된 후에는 결과를 평가할 필요가 있다. 기본적인 자원배분 관련 질문은 결과에 중심을 둔다면 돈은 현명하게 사용되었는가이다. 산출과 결과에 따라 예산 과정은 새로운 요구 사정과 함께 다시 시작한다.

표 7.1은 예산 과정은 학교 지도자들에게 학교의 요구 목적을 지원하기 위해 재정, 자료와 인적자원을 배치하는 기회를 어떻게 제공하는지를 보여준다. 표 7.1은 예산 과정이 어떻게 배치되는지를 나타낸다.

확인된 교육 요구 중 하나는 다른 언어 학습자를 위한 교수법의 개선이다. 요구분석 과정에 있어 학교는 언어 중심의 교수법을 개선시킬 필요성이 인식되었다. 그것은 부

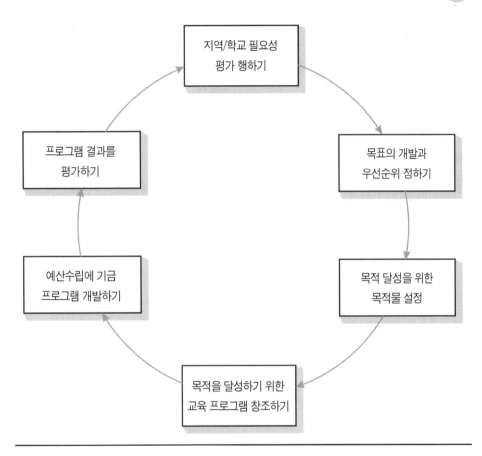

그림 7.1 예산수립 과정(순환 도표 형태)

족한 영어 숙달능력(Limited English proficiency, LEP)을 가진 학생을 위한 추가적인 지원이 우선적인 목표로 나타났다. 그 목표에 도달하기 위해 10만 달러의 예산 항목이 추가적인 인원을 채용하도록 포함되어 있다. 책무성의 수준은 주정부 시험에 참여한 LEP 학생들의 향상된 학업성취에서 나온다. 교수법과 관련되지 않은 요구로 밝혀진 것은 부모의 참여였는데, 이것은 부모 자원봉사 조정자를 채용하고 그 프로그램을 광고하기 위한 브로서 유인하기 위한 예산 재정에 반영된다.

  예산이 수립됨에 따라 학교들은 다양한 재원으로부터 나오는 수익과 수입을 예상해야만 한다. 그림 7.2는 학교예산에 대한 가능한 수입 재원을 보여준다. 그림 7.2에 따르면 세 가지 일반 범주는 학교를 위한 가능한 수입 재원으로 활용될 수 있다. 앞에서

표 7.1   학교 요구사항과 목표를 지원하는 재정, 물적 자원과 인적 자원 맞추기

요 구	우선순위가 결정된 목적	목 표	
언어 기반 교육	영어미숙달(LEP) 학생에 대한 추가 지원	주정부 인정 시험에 참여하는 학생의 성취도 증가	
부모의 참여	추가적인 부모 지원	더 많은 부모의 조력	
학교 안전	학교 내 반입물 금지 품목 예방을 위한 안전 감시 장치 설치	학생 안전 확보하기	

논의된 것처럼 대부분의 지역들은 지방, 주, 연방정부의 수입금을 포함하는 삼자 간의 재정체계에 의존하고 있다(Alexander & Salmon, 1995).

지역수익은 세금, 수임료, 투자금, 선물, 대출금, 채권과 재산 판매로부터 발생된다. 수익은 또한 균일한 적용과 평등화 보조금을 포함해 다양한 형태로 주정부에서 나온

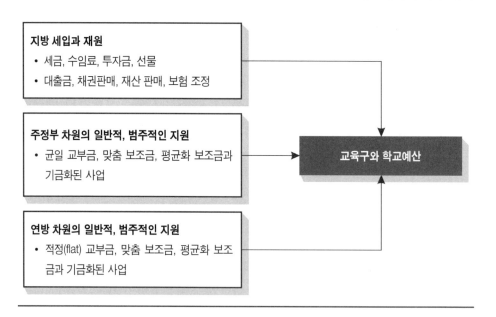

그림 7.2   학교예산을 위한 세입 재원

출처: W. J. Fowler에 의해 수정 가감됨. *Financial accounting for local and state school system.* (1990. Washington, DC: U.S. Government Printing Office)

프로그램/ 물자	예 산	평 가
비정규과정 운영 또는 보충수업	추가적인 교사나 보조원에 쓰이는 10만 달러	주정부 벤치마킹과 테스트
인원모집, 브로셔와 부모 지원자/조정자	3만 달러	보다 많은 부모의 참여조사
금속 탐지기 설치	보안 인원과 장비구매 비용 78,000달러	위험물이 학교에 반입되는 사건 감소

다. 마지막으로 교육구는 균일하고 조화로운 또는 평등화 보조금, 또는 기금이 조성된 프로젝트 등을 통해 정부의 재원에서 나온 수익금을 받는다.

학교가 수익을 예상해야 하는 것과 똑같이 예산수립 과정의 일환으로서 지출도 추적해가야 한다. 그림 7.3은 지도자들이 예산 지출을 추적해 사용할 수 있는 공통된 범주를 나타낸다. 비용은 일반적으로 세 가지 주요 범주를 설명할 수 있는데 교수적인

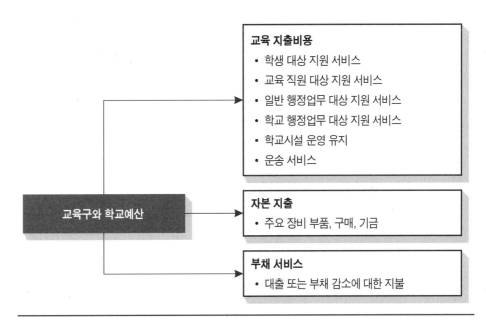

그림 7.3 기능별 학교 지출비용

지출(instructional expenditure), 자본 지출 비용(capital outlay)과 부채 서비스(debt service)이다.

　교수적인 비용(instructional cost)은 추적할 수 있는 대부분의 영역을 가지며, 학생 지원 서비스, 교수 담당교사, 일반 행정, 학교 행정, 운영과 유지, 그리고 수송 서비스를 포함하고 있다. 자본 지출 비용은 주요 장비 구매와 시설 건설을 포함된다. 마지막으로 부채 서비스는 대출금 지불이거나 다른 부채 감소 시도들을 포함하고 있다.

　Ray, Hack과 Candoli(2001)는 기획안과 예산수립은 다음의 사항을 포함해야 한다고 제안한다.

- 미래에 대한 행동 계획
- 계획된 활동과 관련 과거 활동에 대한 분석
- 작업 계획의 공식화
- 학교조직 도처에 통합된 계획
- 관리조절 시스템의 확립
- 공공 정보 시스템의 창설

　예산과 예산수립 과정은 다음과 같이 다양한 형태를 취할 수 있다. (1) 자동적인 예산(mechanical budget)은 추정된 연간 추정되는 수령액과 지출액을 나타내고, (2) 연간 예산(yearly budget)은 자동적인 형식을 정교화하고 요구나 프로그램 기회에 관계없이 수령액과 지출액을 신속히 예측할 수 있도록 시도하고, (3) 행정 중심 예산(administration-dominated budget)은 요구나 프로그램에 대한 약간 또는 거의 없는 투입으로 일종의 관리 기능으로서 엄격히 개발되고, (4) 중앙 집중 예산(centralized budget)은 다양한 고객 층 간 차이에 거의 또는 전혀 관심을 기울이지 않은 채 지역 안에 있는 모든 학교를 동일하게 취급한다(Ray, Hack, & Candoli, 2001).

　지역수준에서 공통적으로 활용되는 다른 접근 방법은 다음의 사항을 포함한다. (1) 점증 예산, (2) 품목별 예산, (3) 프로그램 예산, (4) 프로그램 중심의 계획 예산, (5) 제로 베이스 예산, (6) 학교현장 예산.

　점증 예산(incremental budgeting)은 공통적으로 사용된 모델로서 전년도 비용지출을 바탕으로 세운다. **품목별 예산**(line-item budgeting)은 또한 널리 쓰이는 모델로서 각 항목을 기본으로 해 수치의 증가에 따라 예산의 각 항목에 다른 금액을 할당한다.

프로그램 예산(program budgeting)은 내부적으로 기금의 구체적인 목적에 따라 하나의 예산에 다양한 기금을 편성하는 것이다. **프로그램 중심의 계획 예산**(program, planing, and budgeting) 체계는 후에 평가를 포함하는 것으로 확장되었는데 체계적인 기획을 통해 산출량을 재정적인 결정으로 연결시키는 순환변동을 나타낸다. **제로 베이스 예산**(zero-based budgeting)은 편성된 것이 없이 과정을 시작하고 매년 각 지출에 대한 정당성을 요구하는 것이다. **학교현장 예산**(site based budgeting)은 최근 유행하고 있는 현장 중심의 경영이라는 분권화된 접근 방법으로서 개별학교의 위원회로부터 재정적 제안이 제출된다(Thompson & Wood, 1998).

흔히 학교예산은 공통적으로 등변 삼각형의 세 면인 프로그램, 세출과 세입을 포함하는 것으로 이해될 수 있다. 프로그램은 삼각형의 바탕에 놓여 있으며… 지역의 교육적인 철학의 재정적 표현이라 할 수 있다(Thompson & Wood, 1998, p. 105). 세입수익과 지출은 삼각형의 변을 나타낸다. 비록 이들 두 예산 과정이 공통적일지라도 대부분의 경우 교육 프로그램의 관심을 다루는 데 능력은 부족하다. 현장 중심의 예산은 교장이나 교사들이 교수적 의사결정을 내릴 때 그들의 보다 높은 참여의 필요성을 확인할 수 있는 가장 적합한 방식으로 여겨지고 있으며 재정의 보다 큰 유연성을 가져다 준다. 현장을 기초로 한 예산수립은 다음 학년(school year)을 위해서 쓰이는 프로그램 지출비용을 요구할 때 교사와 전문직원들을 포함시키며 진보성향이 많은 지역들은 최적 또는 우수 프로그램에 요구되는 공급물품과 시설을 위한 신청서를 제출토록 교사에게 요구한다(Burrup, Grimby & Garfield, 1999, p. 284).

교육구들은 각 개별 학교에 돈이 유입될 때 더 많은 재량적 범위를 갖게 된다. 그러므로 국내 16,000개의 각각의 교육구들이 다른 철학을 갖고 학교 예산을 수립하게 된다(Thompson & Wood, 1998). 각 교육구는 특징적으로 전년도 예산이 승인된 후 곧 시작되는 예산 일정을 갖게 된다. 학교 지도자들은 예산 과정의 대부분의 단계에서 점차 더 많은 관여를 하게 된다. 현장 중심의 의사결정이 도입됨에 따라 학교 예산수립 과정은 보다 덜 분산화되었다. 예산에 대한 보다 많은 책임이 부과됨에 따라 효과적인 학교 지도자들은 학생의 위원회를 통해 내부, 외부의 이해당사자들의 노력을 학생의 향상된 성과에 기본적인 초점을 두는 것에 연결시킬 수 있는 기회를 포착한다. 표 7.2는 캠퍼스 예산 개발을 위해 일반적인 시간표를 나타낸다.

다음의 현장경험 사례는 학교 지도자들이 예산 개발과정에 교사들을 참여시킴에 따

표 7.2 학교 예산수립 과정 시간표

9월	전년도 예산을 마감하고 마지막 기입한다. 새 예산에 나머지 자금을 양도한다. 모든 재원(연방, 주정부와 지방)으로부터 세입금을 확인한다. 지금의 학년으로부터 세출 신청서를 요구한다.
10월	승인된 범주와 프로그램에 기초한 세출 요구를 편성한다.
11월	지금까지(날짜별) 정확한 예산에 기초해 기대하는 세입과 세출을 조절한다.
12월	감독관과 현장에 기초한 위원에게 분기별 예산서를 준비해 제출한다. 예산 편성된 금액에 관해서 세출을 감시한다.
1월	지금까지(날짜별) 세입과 세출을 검토하고 적절히 조절한다.
2월	차기 학년 동안 확인된 요구에 기초해 캠퍼스 예산 요청을 정리한다. 등급 수준별 또는 부서에 요청안을 보냄으로써 예비 예산 심의에 착수한다.
3월	차기 학년도를 위한 캠퍼스에 대한 입학 등록자수를 예측해 예산을 정식으로 형식화한다. 연간 개선 계획의 재검토에 참여해 확인된 교육적 수요에 예산요청에 맞춘다.
4월	캠퍼스 데이터, 수요평가를 재조사해 캠퍼스 이해당사자들로부터 예산수립 과정을 최종 승인하도록 입력한다.
5월	이사회에 승인과 추천을 위해 중앙 행정기관에 최종 캠퍼스 예산안을 제출한다.
6월	캠퍼스 예산을 교육구 예산안과 결합해 최종 승인을 위해 이사회에 제출한다.
7월	어느 예산 수정안에 착수해 불일치한 점을 조정한다. 이사회와 두 번째 정식심의를 거친다.
8월	최종 투입, 검토, 수정하고 균형화로 완성하고 승인과 채택을 위해 이사회에 제출한다.

라 캠퍼스 수준에서 일어날 수 있는 변화를 나타낸다. 신임 학교 지도자로서 교장은 전문직원들이 많은 노력을 기울여야 하는 과정을 겪게 된다.

4. 효과적인 재정관리를 위한 기술의 사용

학교 지도자들은 활용 가능한 기술과 관련해 기회이자 도전을 동시에 맞고 있다. 과학기술(technology)은 데이터의 수집과 분류에 있어 효과적인 재정관리를 위한 중요한 도구로서 계속 진보되어 왔다. 교육공학(educational technology)은 전반적으로 두 범주로 나누어지는데, 행정적(administrative)인 것과 교수적(instructional)인 것이 있다. 이 두 가지 측면은 학교 지도자가 "지도자가 혜택을 받기 위해 컴퓨터 기술을 최대한 활용하는 학습 환경을 구축함에 있어 결정적으로 중요하다"(Izart & Mize, 2000, p. 507).

◈ 현장경험 사례

로버트 가르시아는 최근 새디 밸리 초등학교의 교장 선생님으로 임명되었는데 교육감으로부터 다음해 학교 예산을 편성하라는 지시를 받았다. 이 초등학교에 다니고 있는 학생들의 학업성적은 지난 3년 동안 계속 떨어졌다. 교육감은 새로 임명된 교장 선생님에게 학생들의 학업성적을 향상시키기 위해 2년 기간을 주었다.

학교의 유일한 여비서는 지난 7년간 전반적인 예산을 짜는 책임을 가진 직원인데 그녀는 가르시아 교장 선생님에게 다음과 같은 내용을 알려주었다. "지난해 우리들이 사용한 예산수립의 과정은 주정부의 새로운 현장 중심의 관리 요구조건을 수용하고자 많은 시간이 소요되었으나 다양한 특수 이해집단이 동의하지 않아 잘 운영되지 못했습니다." 그녀는 또한 설명하기를 "지난해 위원회에서는 학생들의 학업성취 데이터를 고려해 의사결정에 반영하지 못했는데, 그 이유는 그것이 너무 복잡해서 이해할 수 없었기 때문이었습니다. 가르시아 교장 선생님께서는 예전의 학교 예산수립 방식을 취해야 하며, 그것은 과거에 제가 전 교장 선생님들께 예산을 개발하는 데 도움을 준 방식입니다. 주정부가 정한 방식에 따르면 우리는 완성된 예산서를 그들의 검토와 승인을 위해 현장 중심 위원회(site based committee)에 제출할 수 있을 뿐입니다."

가르시아 교장 선생님은 그녀가 노력을 기울여 준 것에 대해 감사를 표하고, 학교비서의 협력이 적기에 예산준비 작업을 마무리하는데 결정적으로 중요하다는 것을 인식했다. 그러나 그 동료에게는 마음속에 느낀 바를 표현했다. "내 생각으로는 보다 큰 학교 공동체의 참여가 학생들의 학습개선을 위한 학교의 요구를 반영하는 실제적인 기회라고 보았습니다."

예산서는 두 번째 학기 초에 교육구청 사무국(district office)에 제출하는 것으로 되어 있기 때문에 가르시아 교장 선생님은 새로운 예산개발에 개선이 된다고 믿는 일련의 단계를 갖고 작업에 착수했다. 그는 그 과정을 다음과 같이 설명한다. "가을 초에 착수할 때 나는 학교 현장에 기반을 둔 예산개발회의를 주마다 개최했습니다. 나는 비서에게 주간회의 기록을 할 것을 지시했으며 지난 주회의결과를 참가자에게 주어 후속회의 시 검토와 수정이 가능하도록 했습니다. 첫 번째 회합의 수차 모임(the first several meeting)에서는 올해 그리고 지난해에 나온 학교의 성과 보고서를 분석했습니다. 위원회는 학교의 장점과 단점을 분석하고 목적과 구체적인 목표를 설정하기 위해 그 자료를 활용했습니다. 이러한 목표들은 우선순위가 부여되었으며 예산은 확인된 프로그램 요구에 따라 개발되었습니다. 위원회의 일부 위원들은 그들이 선호하는 프로그램이 축소 편성되거나 폐지되었을 때 실망을 하게 되었지만, 나는 모든 예산관련 결정은 하나의 규칙—이 결정은 이 학교에서 가장 필요하면서도 학생들의 학습을 향상시킬 것인가—에 따라 이루어져야 한다는 것을 위원회에 상기시켰습니다."

교육공학 국제협회(The International Society for Technology in Education, 2002)는 학교의 모든 측면과 학교시스템에 걸쳐 과학기술의 이용은 시스템의 개혁을 포함하고 공학이 가져다주는 혜택을 학습과 교수 그리고 교육운영에 극대화시킬 수 있는 능력 있는 리더십을 요구하고 있다. 교육공학 국제협회는 학교에서의 과학기술을 위한 효과적인 리더십의 지수로서 활용될 수 있는 학교 행정가를 위한 과학기술 표준(technology standard)을 개발했다. 이러한 표준은 인터넷 웹사이트 www.iste.org에서 찾을 수 있는데 교육 지도자들이 정보화시대의 전문직에 공통적인 정보와 과학기술을 사용하는 데 보다 유능하기를 바라는 그들에게 안내의 역할을 할 수 있다. 교육에서의 과학기술 사용의 향상을 원하는 교육 지도자들에게는 그 표준은 학교운영을 위한 의사결정에 도움을 줄 수 있다.

비록 과학기술이 학교의 사명이나 기능의 전반적 측면에 거쳐 활용되기는 하지만 행정적 범주의 내용이 이곳의 토론에 초점이 된다. 행정 분야에 있어서 교육구는 기존에 있는 소프트웨어를 구매할 수 있는 기회를 가지고 있거나 학교 자원을 효과적으로 지원하기를 원할 때 자신들만의 정보관리 시스템을 개발할 수 있는 기회를 갖기도 한다. 그러나 교수적이고 행정적인 범주는 연계된다. 예를 들면, 출석 보고서, 조사서 통제, 재정회계와 같은 행정적 과제를 수행함에 있어 과학기술의 효과적인 사용은 교수적인 사용에 비해 돈이 더욱 많이 쓰여질 수 있다(Robore, 2001) "교육구가 보다 의사결정에 신뢰롭고 정확한 의사결정을 할 수 있도록 재정 자료를 분산시켜줄 수 있는 소프트웨어"가 활용될 수 있다(Razik & Swanson, 2001, p. 408). Ray, Hack과 Candoil(2001)는 경영정보시스템을 "유용한 정보를 가진 관리자(학교 지도자)에게 적정한 시간 구상 내에서 의사결정을 할 수 있도록 해주는 컴퓨터 중심의" 시스템이다(p. 93). 교육자들이 다양한 관리 정보시스템을 활용할 수 있지만 In$ite는 컴퓨터 기반 정보관리 도구인데 이것은 퍼스널 컴퓨터로 사용된다. 이 도구는 학교 지도자에게 교수, 교수지원운영, 리더십, 그리고 다른 재정적 서약서 등을 포함한 다른 교육기능에 적합한 자료를 추적, 분석할 수 있게 해준다.

교수기능을 추적 분석할 때, 학교 지도자들은 (1) 대면적(face-to-face) 교수, (2) 학급의 비용과 관련된 지출비용을 검토할 수 있다. 교수지원 기금(instructional support funding)을 추적할 때 학교 지도자들은 학생지원(예: 지도와 상담), 교사 지원(예: 직원개발활동) 그리고 프로그램지원(예: 프로그램 평가)과 같은 항목을 검토할 필요가 있다. 운영기능을 검토할 때, In$ite 는 비교수적(noninstructional)인 학생서비스(예: 교통 또는 음식서비스), 시설(예: 건물 유지 및 활용), 사업서비스(예: 데이터 처리) 등을 포함한 운영과 관련된 기금을 추적 분석한다. 리더십 기능을 검토할 때, 학교 지도자들은 관리기능(예: 행정가) 프로그램 운영관리기능(예: 감독자) 프로그램 운영 관리기능(예: 부서장, 특수과제) 그리고 지역관리기능(예: 교육감과 중앙사무소)에 따라 데이터를 분산할 수 있다.

　과학기술을 이용해 추적, 검토될 수 있는 다른 재정 서약서는 자본 지출(주요 재정을 요구하는 자본프로젝트), 지역의 의무가 면제된 것(예: 주의 평등지시), 예산적인 상황여건, 법률적 의무 등과 같은 것을 포함한다. Bush와 Odden(1998)은 학교와 학교 단위에서 재정 자원을 주에서 감시하고 추정하는 추세가 높아지고 있음을 지적했다. 시설 계획 역시 교실과 건물이 커뮤니케이션의 구축과 안전 시스템 그리고 에너지 보존 등에 필요한 과학기술의 사용이 요구된다. 교수공학(instructional technology) 역시 성공적인 통합과 적용이라는 측면에서 학교 지도자의 관심대상이 된다. Izat & Mize(2000)는 경계구분이 없는 과학기술의 통합을 지지하고 있는데 이는 행정가는 하드웨어보다는 (1) 기존에 과정내용을 지지할 수 있는 그들이 능력에 기초해 소프트웨어 패키지를 선택하는데 관심을 가져야 한다고 제안했다. (2) 과학기술 예산의 상당한 액수를 교수요원과 직원들의 훈련과 개발에 기꺼이 투입해야 한다. 그리고 (3) 과학기술적 변화를 기꺼이 지원해야 한다. 교실에서의 학습에 영향을 미치는 과학기술의 예는 원격교육, 위성중계(satellite links), VCRs, 개인 휴대용 컴퓨터, 인터넷, 지방지역 네트워크, CD-ROMS, 레이저디스크, 컴퓨터 보조 디자인, 그리고 상호 연결되는 다중 대중매체(multimedia) 등이다. 학교 지도자들에게 가장 큰 도전과 과학기술의 사용은 끊임없이 변하는 현장의 속도에 뒤떨어지지 않고 따라가는 것이다. 그 결과 지역과 학교 지도자들은 공학 중심의 학습을 지원하기 위한 공학기술과 시설 등을 수용하기 위해 미래 예산을 면밀히 편성해야 한다.

5. 학교 시설 재정

공립학교 시설에 예산을 집행하는 문제는 현행 운영비를 지출하는데 것과 거의 같다.

학교 건물의 건축에 자금을 지불하는 것은 지방 교육구가 거의 전적으로 책임질 일이다. 1970년대에 Serrano v. Rodriguez의 경우 같이 평등화하는 사건으로 나타난 법원의 결정은 주로 현재의 지출에 재정을 집행하는 것에 초점을 두었다. 그러나 지난 15년 동안 법원의 결정은 학교 시설에 불평등 수정의 필요성을 강조해왔다.

보다 최근의 추세는 정부 수준에서 시설의 재정집행에 있어 보다 많은 참여 쪽으로 나아가는 운동을 보여주고 있고 다수의 주에서 주정부의 지원에 관한 법률이 지금 존재한다. 주정부가 지방 교육구에 초기자본을 지원하는 다양한 형태는 그 방법에 있어 유사성이 없다는 설명으로 요약될 수 있다. 예를 들면, 일부 주정부는 자본의 초기 집행을 기초 프로그램의 일환으로 적용하고 있는 반면, 다른 주에서는 재정지원, 공공기관의 건물 임대, 또는 프로그램의 혼합 등 다양하다(Berrup, Brimely, & Garfield, 1999).

역사적으로 초기 자본지출을 위한 연방 기금은 최소화되어 왔다. 1950년, 공법(Public Law) 815는 연방의 특정 목적상 설치물이나 방어 프로젝트에 영향을 받는 지역에 기금을 제공했다. 1995년 초등학교와 중등학교법의 재 공포(reauthorization)는 교육 하부구조 법(Education Infrastructure Act; Title XII)이 도시와 농촌지역이 공립 초등학교나 중등학교 시설을 보수, 수리 그리고 구축을 도와줄 수 있도록 하는데 필요한 100만 달러를 할당했다(Thedford & Patrick, 2000).

지역 단위에서 자본 초기지출 재정 계획(capital outlay finance plan)은 세 가지 형태 중 하나로 되어 왔다: 재정 상황에 따른 지불(pay-as-you-go finance), 세금 보류 기금(tax reserved funds), 그리고 채권(bonds)이다. 오늘날 재정상황에 따른 지불계획은 낮은 건설비용이 편리한 방식이었던 때보다 널리 사용되지는 않는다. 시설물의 구축을 위한 세금 보류 기금의 증액은 일부 지역에서 활용되는 방법이지만, 세금 재정에서 발생되는 증가액은 일부 주에서는 불법적인 것으로 인정된다.

차입금을 채권으로 대체하는 방식은 지방 교육구에서 사용되는 재정자본지출 접근방식이다. 특정 교육청이 가장 낮은 이자율에 기초해 하나 또는 그 이상의 경쟁회사에게 장기학교채권을 발행하기 위해서는 지방의 세금부과자의 동의가 요구된다. 지방재산세가 그때 부과되는데 부채와 누적된 이자를 장기간에 걸쳐, 보통 10년에서 30년에 걸쳐 상환하기 위한 것이다. 채권은 경쟁적인 입찰을 통해 팔리는데 이자율은 당시의 시장상황에 의해 결정되며 투자자들은 이러한 시의 채권을 매력적으로 여기는데 그 이유는 그들의 소득이 연방과 주의 수입세에서 면제되기 때문이다. 학교채권 발행의 복잡성이 늘어감에 따라 대부분의 지방 학교의 이사회는 채권담당 변호사 채용을 서두르게 되었다.

학교 시설에 대한 지방재정 부담의 다른 대안들은 지방개발자에게 영향분담금(impact fee)을 부과시키거나 새로운 지역이 새로이 구획 분할되는 땅을 기증하는 것 등이 포함된다. 연간 계획일정 역시 학교건물의 효능을 높이기 위해 사용되어왔다. 학교 인구가 많은 지역에서 증가하고 학교의 건물이 노후화됨에 따라 시설의 평준화에 대한 요구가 늘어가고 있다.

현명한 학교 지도자들은 선거가 언제 계획되어 있는가와 관계없이 채권단 선거가 지속적인 공공관계 과정(public relations process)이라는 사실이다. 예를 들면, 시민 검토위원회가 미래건물의 필요성을 판단하기 위해 활용될 수가 있다. 다음의 현장경험 사례는 채권단 선거의 결과에 대한 시민 예산검토 위원회의 역할을 기술하고 있다. 이 지역의 예산담당관 셰럴 존스가 그 상황을 논의하고 있다.

6. 공립학교 자원관리에 영향을 미치는 이슈들

재정관리와 인적자원 리더십에 관한 논의는 자원관리에 영향을 미치는 최근 이슈를 확인하지 않고는 검토했다고 볼 수 없다. Thompson과 Wood(1998)가 지적했듯이 "학교는 미래에 심대한 시사점을 갖고 변화하고 있다"(p. 306). 문제의 제한적 범위(parameter) - 모든 학생에 대한 동일한 교육기회의 제공 - 는 단순해 보이지만 이 문제의 해결은 용이한 것이 아니다. 학교 지도자들은 다양한 목적에 대해 동의를 얻지 않으면 안 되는데 그것은 매우 다양한 기대에 부합되는 실천을 위해서는 엄청난 금액의 돈이 요구된다(Thompson & Wood, 1998, p. 306). 구체적으로 학교 지도자들은 부모와 학생들이 대안적인 교육환경을 선택할 수 있는 학교 선택의 기회가 출현하고 있음을 인식해야 하며, 각 학생의 배정은 학생의 의사를 쫓아야 한다. 학교 선택의 연속선은 마그넷 프로그램(magnet program), 편입(transfer), 공개등록(open enrollment), 공립 차터(charter) 학교와 같은 공립학교 내에서의 선택에서부터 사립학교를 위한 바우처(vaucher)와 같은 공립학교 외의 선택에 걸쳐 있다. 이러한 선택 중 하나

◈ 현장경험 사례

해피 교육구는 두 주요 거대도시(metropolitan) 지역 사이에 위치한 매우 급속히 성장하는 교육구이다. 계속적으로 증가하는 학생인구 집단을 위해 적합한 시설을 제공하기 위해 이 지역은 규칙적으로 채권(bonds) 당국자 선거(authorization election)를 3년에서 5년 사이에 매번 개최한다. 셰럴 존스가 이러한 상황을 설명하듯이 "2명 내지 1명의 차이로 부결된 아주 최근까지는 채권단 선거에서 통과시키지 못한 예는 결코 없었습니다. 이것은 교육구가 학생들을 위한 시설의 확충과 제공 그리고 프로그램에 대한 모든 수요와 대처해야 하는 벅찬 전쟁에 직면하게 만들었습니다."

"우리는 시민들이 학교 이사회와 행정이 교육세의 증가문제에 관한 그들의 관심에 귀를 기울이지 않는다는 불평을 하고 그들이 학생들의 학업성취 향상을 원한다는 사실에 우리는 놀라움을 금치 못했습니다. 설상가상으로 지역 언론이 지역이 너무 많은 돈을 행정과 체육에 쓰고 있다고 보도했습니다." 이러한 결과를 설명하면서 그녀는 다음과 같이 말했다. "우리의 교육감과 학교 이사회는 광범위한 부문의 지역 구성체를 대표하는 시민 예산검토 위원회를 임명했습니다. 자문 위원회 지난해의 예산의 세부적인 사항과 주의 다른 교육구와의 비교, 특히 행정과 체육부문을 검토함으로써 업무를 개시했습니다. 사실로 밝혀진 것은 이 지역이 다른 부문은 물론 각 체육과 행정부문에서도 주의 평균보다 훨씬 못 미치는 것으로 나타났습니다. 위원회가 다음 해 예산의 우선순위를 설정한 후에 그들은 학교 이사회에 다른 채권인정 시민 투표의 일정계획을 제안했습니다. 선거 전에 한 달 동안 시민 예산검토 위원회는 지역사회에 계약 심사위원회의 개최의 필요성과 교육구의 재정적 효율성에 대한 정보를 제공하는데 주요한 역할을 했습니다. 이번에 계약 투표는 2 : 1의 차이로 승리했습니다."

에 참여하고 있는 학생들의 수는 해마다 늘어나고 있는데, 이것이 1990년 이전에는 실제 존재하지 않았던 공립학교 세금(tax dollar)을 위한 경쟁적 요인을 가져다주었다. 학교 행정가는 그들의 지역사회 내에서 다양한 선택(option)이 존재한다는 사실을 주지할 필요가 있다.

학교 예산에 영향을 미치는 다른 이슈는 그것이 직접 교수(instruction)에 관련된 것은 아니지만, 학교 안전, 위험도 검사(high-stake test), 조직체계 변화 등을 포함한다. 학교는 지역단위나 개별 학교 수준에서 학생들의 안전을 확실하게 하기 위해 안전조치를 강화해야 한다. 학교는 학교건물에 출입하는 모든 개인들을 검사해야 하는 것과 병행해 24시간 일주일에 7일을 기준으로 개별 캠퍼스를 순회할 수 있는 보다 많은 안전요원 확보를 위해 예산을 마련해야 한다. 감시 카메라가 학교 버스 외에도 학교 공간에도 설치되어 있다. 이러한 추가적인 안전조치는 학교를 안전한 천국과 같은 곳으로 만들려는 구상이기는 해도 학교 예산의 추가비용이 소요되며 수업을 위한 작업을 지원하는 기금을 다른 쪽으로 돌리게 한다.

보다 많은 주들이 책무성을 후원하고 학생들의 성공을 확실히 하기 위한 수단으로서 결과가 명확하지는 않으나 매우 중요한 검사를 받아들여야 하기 때문에 많은 돈이 학생들을 위한 직접지도 서비스와 자료 제공으로 소요된다. 흔히 이러한 학생들은 서비스를 제대로 받지 못한 자로 분류되며 다양한 요구를 지니고 있다. 그들은 흔히 책무성의 과정으로 추적 관리되는데 그 이유는 그들은 주에서 정한 표준을 충족시키지 못한 기록을 가지기 때문이다. 만약 학교가 "모두를 위한 성공 — 그것이 무엇을 요구하든지 간에 —"을 확실히 보장하려면 인사, 장비, 그리고 다른 교수자원을 확보해야만 한다.

마지막으로 학교가 교육개혁과 변화의 지속성을 추구할 때 학생의 학습에 영향을 미치는 모든 요소를 볼 수 있는 체계적인 접근방법을 채택해야 한다. 변화 노력은 점검되고 평가되어야 하는데 이것은 제안된 변화 추적 관리할 뿐 아니라 변화가 학생의 성공에 영향을 미치는 효과를 측정할 수 있는 방법을 개발할 수 있는 추가적인 지원인력을 요구하게 된다. 질적 변화는 값싸게 이루어지는 것이 아니며 학교는 실천되어야 할 변화를 유지하기 위한 학교 자원에 더 많은 예산을 뒷받침해야 한다.

재정지원(funding)에 있어 중요한 추세는 기금의 출처에 집중되어 있는데 이것은 지난 40여 년이 넘도록 변화되어 왔다. 교육구(school district)는 자원을 다음과 같은 출처에서 수령했다. 7%는 연방정부, 45.2%는 주정부, 45.1%는 지방 정부, 2.7%는 민간(미국 교육부, 1996). 이러한 자원의 혼합은 "… 주정부의 수준에 따라 큰 차이를 보여주고 있는데 지방 정부의 지원이 하와이(Hawaii)의 경우 0.8%의 낮은 수준이며, 같은 해에 뉴햄프셔(New Hampshire)의 경우는 86.2%라는 높은 수준에 거쳐 있다"(Thompson & Wood, 1998, p. 61). 미래에는 이러한 격차는 변화할 것이다. 그러나 지방 정부 재원의 주요 출처인 재산세에 크게 의존함에도 불구하고 주정부의 학교 재정지원은 계속 강화되고 더욱 증가될 것이다. Thompson과 Wood는 제안하기를 "… 진보는 균형적인 세제(tax system)를 추구하는데서 온다"(p. 307). 이해당사자들은 학교의 재정을 위한 주정부의 수입금의 더 많은 몫을 얻기 위해 노력해야 한다.

7. 사례연구

중앙중학교(Central Middle School)는 은퇴자, 새로운 이민, 젊은 가족을 포함한 이전 인구를 가진 오랜 이웃주민들 속에 위치하고 있다. 최근 한 특목 학교는 다음 학년에 시작하는 허가를 받았다. 지난 5년 동안 학교 공동체는 보다 다양해졌으며 학교는 이러한 다양성을 반영했다. 학생들의 학업성취 자료는 일관되게 이 지역 내에서 최상의 등수를 보여주었다. 그러나 지난 2년간에는 시험성적이 떨어지고 있다. 중앙중학교 교사진은 몇몇 활동적인 학부모와 학생지도자들이 새로운 차터 학교에서 약속하는 과대미사여구 선전(bells and whistles)에 끌려 전통적인 캠퍼스를 떠날지도 모른다고 염려하고 있다. 중앙 차터 학교로 전학하는 각 학생들에게 지불되는 재정을 잃게 될 것이고 그것은 남아 있는 학생들에게 적은 예산이 돌아가게 되는 결과를 가져올 것이다.

학부모와 지역사회 기업 지도자들이 학교 회합 마지막 무렵 다음과 같은 쟁점이 거론되었다.

- 일반적인 공공학교에서 마약과 폭력
- 개설된 교과목의 부족(예: 외국어와 고급 수학과정)
- 고등학교 일터에 제대로 준비되지 못한 학생
- 점진적인 학업성취의 저하

차터 학교의 새로운 부장(director)이 센트럴 캠퍼스를 방문해 코스의 개발과 요구되는 교과과정 내용을 충족시키는 작업에 도움을 요청했다. 센트럴 캠퍼스를 방문한 이후 그녀는 기자 회견을 하면서 차터 학교의 교과과정의 개설은 학생과 지역사회의 요구에 보다 수용적이라고 말했다. 그녀는 외국어가 수학과 과학의 고급과정과 함께 차터 학교 교과과정의 핵심이라고 했다.

당신은 중앙중학교(Central Middle school)의 교장직을 새로 맡게 되었다. 새로운 학교의 지도자로서:

1. 당신은 당신이 학교의 활력을 유지하기 위해 무엇을 할 것인가?
2. 예산의 쟁점이 되는 상황은 어떠한가?
3. 당신의 선택(option)은 무엇인가? 어디서부터 시작할 것인가?

4. 실천계획을 개발할 때 무엇을 고려해야 하며 교사진, 학부모, 지역사회지도자가 개진한 이슈를 확인하기 위해 어떠한 조치를 취해야 하는가?

8. 요약

학교 리더십과 자원관리는 이 책에서 한 장으로는 적절히 다루기 힘든 복잡한 이슈를 포함하고 있다. 책 전체가 공교육의 재정에 관한 주제에 할애되었거나 인적자원 행정관리와 같은 특정 부문이 연구대상이 되기도 했다.

이 장의 시작 부분에서 다룬 역사적·법률적 개관은 최근의 실천사항을 위한 상황을 설명했다. 주정부 교육시스템이 개발되어감에 따라 학교 재정은 자원이 3가지 중요한 재원으로부터 나오는 일반 패턴을 따르게 되었다. 즉, 지방 정부, 주정부, 연방정부가 그것이다. 오늘날 다양한 재정의 형태가 존재하는데 이는 대부분 주정부에서 지원하는 재정에서부터 다양한 출처에서 분배에 이르는 범주로 나눌 수 있다.

최근 10년 동안 평등화를 둘러싼 법정소송은 거의 모든 주에 접수되었으며 교육구 혹은 학생의 거주지에 관계없이 모든 학생을 위한 기회의 평등을 확인시키는 압력이 드세지는 결과를 초래했다. 다양한 평등모델이 이 장에 기술되어 있으며 미국의 대법원은 학교 재정문제를 일반적으로 주의 의회에 맡기고 있다.

이 장은 역시 학교 또는 지역의 요구분석에서 시작되는 예산 과정을 설명하고 있다. 추가적인 조치는 목표의 개발과 우선순위 설정을 포함한다; 목표의 설정; 프로그램과 자료의 선정과 개발; 예산의 적용; 결과의 분석 학교 지도자들은 그들이 재정의 책임성과 신뢰성을 확고히 추구할 때 학교의 자원과 지출을 추적하고 점검해야 한다. 보다 큰 지역사회의 교육구 예산에 대한 관심은 세금 인상의 염려를 통해 나타나게 된다. 외적·내적 이해당사자들이 현장 중심의 예산수립에 참여도가 높아짐으로써 학교 지도자들은 기금조성의 프로그램을 위한 지원을 조성하는 기회를 갖게 된다. 예산은 학교의 사명에 교육철학을 반영해야 하며 그것은 학생의 학업성취를 향상시키는 궁극적인 목표를 갖는다.

과학기술은 행정적인 것과 교수적인 도구라는 양면에서 부각되기 시작했다. 오늘날의 학교 지도자들은 정보관리 시스템 안에서 학교 예산을 관리함에 있어 효과적으로 과학기술을 활용해야 한다. 학교 시설들은 여전히 대부분 평준화되지 못했으며 주로 지방의 교육구가 책임을 맡고 있다. 이 장은 학교의 안전, 위험도 검사 그리고 체제적 변화를 포함해 미래 관리에 영향을 미치는 이슈들에 대해 간략한 논의를 하며 끝나게 된다.

9. 실천과제

7.1. 예산 현장 프로젝트를 개발하라. 다음의 지침은 작업 착수에 도움이 될 것이다. 당신 캠퍼스 성과 시스템 레포트와 당신의 캠퍼스 담당책임자와의 인터뷰로부터 나온 자료를 분석해 다음의 요지를 토의한 보고서를 쓰라.

- 예산의 자치: (1) 예산의 편성과 지출에 관련해 교장은 얼마나 자치를 부여 받고 있는가? (2) 어떤 분야의 예산이 중앙사무국(central office)에 의해 통제되며 전체 지방 캠퍼스 예산이 몇 퍼센트가 이 예산에 해당되는가? (3) 예산서에 따라 자금이 소요될 수 있도록 하기 위해 어떠한 통제가 적절한가? (4) 캠퍼스가 학생과 (또는) 교사 활동기금을 가지고 있다고 하면 얼마나 각 활동재원을 통해 조성되었는가?

- 예산의 개발: (1) 교사나 학부모 그리고 지역사회로부터 나온 투입량이 목표와 할당을 결정하고 자원의 활용을 평가하기 위해 어떻게 그리고 언제 수령하는가? (2) 어떻게 이러한 정보가 수집되며 중앙사무국에 전달되는가?

- 예산의 지출: (1) 당초 편성된 예산보다 다른 분류상의 자금이 요구된다면 어떻게 할 것인가? (2) 지출액을 충당할 수 있는 돈이 부족하다면 어떤 일이 일어나겠는가? (3) 회계연도 말에 편성된 재정이 활용되지 않는다면 어떤 일이 일어나겠는가?

- 캠퍼스의 인구 통계적 특성: (1) 전체적인 가장 최근의 운영예산(직원의 인건비 포함)은 얼마이며 급여를 위해 책정된 예산액은 얼마인가? (2) 이 캠퍼스에 근무하는 교사는 몇 명인가? 학생 대 교사의 비율은 어떠한가? (3) 캠퍼스에 근무하는 행정가는 얼마인가? 학생대비 행정가의 비율은 어떠한가? (4) 학년 별 전체 학생의 인구는 어떻게 구성되어 있으며 어떠한 특별 프로그램이 캠퍼스에 수용

되는가? (5) 인종과 사회경제적 구성상의 수나 비율을 기술하라.

- 자원의 할당: (1) 캠퍼스의 가장 최근의 학생의 학업성취도는 어떠한가? (2) 캠퍼스단위의 자원 배분계획이 학교의 목표와 바람직한 학생 성과와 어떻게 연계되는가?

7.2. 당신의 주에서 학교 재정 단계를 조사하시오. 당신의 주에서 학교 기금개발의 단계는 어떠한가? 당신의 조사를 안내하기 위해 이 장에 있는 정보를 활용하라. 주의 공무원과 전화 인터뷰가 도움이 될 수도 있다. 당신이 수집한 모든 정보를 일지로 기록하라.

7.3. 온라인을 활용하고 연방 재정지원사업기회를 조사하라. 지원의 주요 영역이 무엇인가? 향후 5년 동안 재정지원의 추세는 무엇인가? 분류된 연방정부의 재정재원을 선별하고 그것이 주, 지역 그리고 캠퍼스 단위에서 어떻게 배분되며 관리되는지를 기술하시오. 이러한 재정지원의 확인단계를 구체화하라.

7.4. 당신은 학교 지도자가 되려고 준비하고 있는 교육자 집단을 대상으로 간략히 자료를 설명토록 요구받게 되었다. 그 들은 학교 재정 소송에 관해 알 필요성이 있다. 당신의 설명회의 일환으로, 학교 재정개혁과 관련한 최근에 결정된 주요 소송사건을 3가지만 찾아보라. 역할 연기 방법을 사용하라. 당신의 청취자를 참여시키고 역할 연기를 시켜보라. 그리고 각 소송사건에서 나온 이슈와 결과를 인식할 수 있도록 하라.

7.5. 만약 학교 선택의 기회(차터 학교, 바우처 민간관리) 당신 지역에 존재하는지를 알아보라. 그리고 가능하다면 더 많은 것을 배우기 위해 이러한 학교 중 하나를 방문하라. 전통적인 교육 행정가와 이러한 선택이 관련 교육구에 어떤 영향을 미치는지에 관해 논의하라. 이러한 선택의 기회가 미래방향성을 제시할 수 있도록 당신이 수집한 정보를 학교 이사회에 제출하라.

참고문헌

Alexander, K., & Salmon, R. G. (1995). *Public school finance*. Boston: Allyn & Bacon.

Biddle, B. J., & Berliner, D. C. (2002). Unequal school funding in the United States. *Educational Leadership, 59*, 8, 48-59.

Burrup, P. E., Brimley, V., Jr., & Garfield, R. R. (1999). *Financing education in a climate of change* (7th ed). Boston: Allyn & Bacon.

Busch, C., & Odden, A. (1997). Introduction to the special issue—Improving education policy with school-level data: A synthesis of multiple perspectives. *Journal of Education Finance, 24*, 238.

Cameron, R. M. (2000). An analysis of district per pupil expenditures on selected indicators of the academic excellence indicator system (AEIS) in Texas public schools. Doctoral Dissertation, Texas AM University-Commerce.

Clark, C. P., & England, C. (1997 October). Educational finance. *Briefing paper: Texas public school finance and related issues.* Austin, TX: Texas Center for Educational Research.

Gold, S. D., Smith, D., & Lawton, S. B. (1995). *Public school finance programs of the United States and Canada 1993-94.* Albany: American Education Finance Association, Center for the Study of the States, Nelson A. Rockefeller Institute of Government, State University of New York.

Guthrie, J. W. (1998). Reinventing education finance: Alternatives for allocating resources to individual schools. In W. J. Fowler, Jr. (ed), *Selected papers in school finance.* Washington, DC: U.S. Department of Education.

Hanushek, E. A. (1989). The impact of differential expenditures on school performance. *Educational Researcher, 18*, 4, 45-65.

International Society for Technology in Education. (2002). *National educational technology standards for administrators.* www.iste.org.

Izat, J. G., & Mize, C. D. (2000). Texas schools, technology integration, and the twenty-first century. In J. A. Vornberg (ed), *Texas public school organization and administration: 2000* (7th ed). pp. 505-518. Dubuque, Iowa: Kendall-Hunt Publishing Company.

Johns, R. L., & Morphet, E. L. (1969). *The economics and financing of education.* Englewood Cliffs, NJ: Prentice-Hall.

Kemerer, F., & Walsh, J. (2000). *The educator's guide to Texas school law* (5th ed). Austin, TX: University of Texas Press.

Laine, R., Greenwald, R., & Hedges, L. (1996). Money does matter: A research synthesis of a new universe of education production function studies. In L. Picus & J. Wattenbarger (eds), *Where does the money go?* Thousand Oaks, CA: Corwin Press.

Odden, A., & Busch, C. (1998). *Financing schools for high performance: Strategies for improving the use of educational resources.* San Francisco: Jossey-Bass.

Patrick, D. (2000). Financing schools in Texas. In C. W. Funkhouser (ed), *Education in Texas: Policies, practices, and perspectives* (9th ed). pp. 47-54. Upper Saddle River, NJ:

Prentice-Hall.

Ray, J. R., Hack, W. G., & Candoli, I. C. (2001). *School business administration: A planning approach* (7th ed). Boston: Allyn & Bacon.

Razik, T. A., & Swanson, A. D. (2001). *Fundamental concepts of educational leadership* (2nd ed). Upper Saddle River, NJ: Prentice-Hall.

Rebore, R. W. (2001). *Human resources administration in education: A management approach.* Boston: Allyn & Bacon.

Roe, W. H. (1961). *School business management.* New York: McGraw-Hill.

Smith, R. E. (1998). *Human resources administration.* Larchmont, NY Eye on Education.

Thedford, J., & Patrick, D. (2000). Financing Texas public schools. In J. A. Vornberg (ed), *Texas public school organization and administration: 2000* (7th ed). pp. 297-323. Dubuque, IA: Kendall-Hunt Publishing Company.

Thompson, D. C., & Wood, R. C. (1998). *Money and schools.* Larchmont, NY: Eye on Education.

U.S. Department of Education. (1996). *Digest of education statistics 1996.* Washington, DC: U.S. Government Printing Office.

Walker, B., & Casey, D. T. (1996). *The basics of Texas public school finance* (6th ed). Austin, TX: Texas Association of School Boards.

제3부

교과과정과 교수의 기초: 학교 지도자를 위한 시사

8

교과과정 개발과 조정

✹ 주정부 학교 지도자 자격 컨소시엄(ISLLC) 표준

표준 1: 학교 행정가는 학교 사회에서 공유되고 지지를 받는 학습 비전의 개발, 형성, 실행, 그리고 배려를 촉진함으로써 학생들의 성공을 추구하는 교육 지도자이다.

표준 2: 학교 행정가는 학습자들의 학습과 교직원들의 전문가적인 성장에 도움이 되는 학교 문화와 교육 프로그램을 홍보하고, 육성, 유지함으로써 학생들의 성공을 추구하는 교육 지도자이다.

✹ 단원 목표

이 장의 목표는 다음과 같다.

- 교과과정 개발 요소와 조정과정을 규명하고 기술한다.
- 학교 지도자들은 교과과정 개발을 통해 어떻게 학교를 지속적으로 개선시키고 지원하는가를 설명한다.
- 교육 지도자로서 교장의 역할을 논의한다.
- 학습자 중심의 교과과정이 무엇인지 설명한다.
- 학교 교과과정을 기획하고 조정하는 과정을 설명한다.
- 교육과정 기준과 관련해 가장 잘 실천하는 것을 논의한다.

학교 지도자들이 모든 학생들의 성공을 높이고자 한다면, 학생들의 학습을 강조하는 교수 프로그램을 옹호하고 육성하며 유지시켜야 한다. 국가 차원의 논의는 일차적으로 학업성취도 시험을 이용한 학생들의 학업 측정에 관한 것이었다. 스프트닉 우주선 시대 이후 교육자나 비교육자 똑같이 학업성취도 점수에 관심을 가진 적은 없다(Reinhartz & Beach, 1992). 학생들의 성취도에 대한 중요성이 날로 강조되면서, 많은 주들이 교육과정을 책무성과 표준화된 체제로 개혁하기 시작했다(제9장 참조). 학생들의 수행력에 초점을 두면서 수업과 학습에서 교육과정의 역할에 대한 새로운 관심이 생겨났고, 교수(instruction)는 다시 학교의 중심을 차지하게 되었다.

목표 2000: 미국 교육법(*Goals 2000: Educate America Act; Public Law 103-227*)과 함께, 의회는 처음으로 미국 공립학교를 위한 국가의 사명진술(mission statement)을 수립했다(Weiss, 1994). 국가의 목적은 다음 여덟 가지를 포함한다.

1. 미국의 모든 아동들은 배울 준비가 될 때 학교를 시작한다.

2. 고등학교 졸업률은 최소한 90% 이상으로 한다.

3. 모든 학생들은 4학년, 8학년, 12학년을 마칠 때 이 시기에 익혀야 할 모든 과목을 다 배우고 떠남으로써, 책임 있는 시민으로 계속 교육을 하며 생산적인 고용이 가능하도록 보여줘야 한다.

4. 모든 교사들은 지속적으로 전문성을 증진시키는 프로그램에 참여하고 참여할 수 있어야 한다.

5. 미국의 학생들은 수학과 과학 시험에서 세계 1위가 되도록 한다.

6. 미국의 성인들은 모두 문해자라야 한다.

7. 미국의 모든 학교들은 마약과 폭력 없는 학교가 되고 학습을 유도하는 환경을 갖춰야 한다.

8. 모든 학교는 아동의 사회적·정서적·지적 성장을 향상시키기 위해 부모의 참여를 진작시킬 수 있도록 가정과 파트너십을 형성하게 될 것이다.

Reinhartz와 Beach(1997)가 언급했듯이 '목표 2000'은 국가 차원에서 교육을 조명하기 위한 고상한 시도였다. '목표 2000'의 목적은 "… 핵심 교육과정(수학, 과학, 역사, 지리, 언어)의 표준 학업성취도를 전국적으로 세우기 위한 것이나, 그 실천은 많은 부분 주정부와 지방 정부 수준에서 실천되어야 할 것이었다"(p. 33).

최근 교육 지도자들은 어떤 고등학교에서 어떤 과정을 가르칠 때 같은 학년에 같은 과목이면 동일한 목표에 도달할 책임(감)이 있기 때문에 교과과정이 교실수업에서 어떤 영향을 미치고 있는지 검토하기 시작했다(Leibowitz, 2001, p. 2). 교수와 학습을 이끄는 교과과정을 갖는 것은 모든 학생들의 성공을 확신할 수 있도록 돕는 데에 성과를 거둘 수 있다. "오늘날 … 풍부한 연구와 모범적인 실천사례들은 … 교육과정 개혁을 통해 학교를 쇄신하는 길을 보여준다"(Zemelman, Daniels, & Hyde, 1988, p. 6). Berliner(1996)가 언급했듯이, 교과과정은 교수학습 상황에서 제공되는 신념이나 이데올로기에 의해 뒷받침하고 있기 때문에 교과과정은 학교에서 논의의 중추적인 위치를 차지해야 한다. 교과과정의 쟁점은 교수학습에 대한 체계적 관점을 제공함으로써 모든 학년에서 교사와 행정가 간에, 그리고 교사들 간에 존재하는 고립감을 없애도록 돕는다. 또한 이런 대화는 모든 학생들이 기대수준을 달성할 수 있도록 돕는다. "전문가의 신념체계는 교수(teaching)에 대한 개인적인 비전을 개발하도록 지도한다. 이런 비전은 교과과정 개발의 수단과 목적 양자를 구체화시킨다"(Reinhartz & Beach, 1997, p. 101). 학교에서 내용과 과정, 상황과 함께 교수학습에 대한 개인적인 비전을 논의할 때, 학교는 모든 학생들의 학업적 성공을 증진시키는 그들만의 방식을 취하고 있다.

교육 영역에 중앙정부, 주정부, 지역의 표준은 교과과정 논의의 한 부분을 차지하고 교과과정 개발 과정 내에서 구체화된다. 교과과정에 대한 관점은 학생들의 국적이나 사회경제적 배경과 무관하게 포함적인 동시에 이들의 요구에 민감해야 한다. 계획된 것과 실행된 것, 평가된 것들 간에 연계되게 하는 것은 종합적인 교과과정 개발 접근법의 핵심이다.

주정부와 지방 정부의 표준은 여러 학교에서 과정이나 학년에 맞게 교수계획을 개발하도록 안내하고 실행목적을 수립하게 한다. 교과과정이 조정될 때, 그것은 마치 전체적인 교수과정에 대한 이야기를 분리된 한 장면이 아니라, 전체 사진 앨범으로 보일 수 있다. 교수와 학습을 분리된 어떤 순간으로 보는 대신에 교육체제 내에서 학생들이 교과목이나 학년에 의해 이동함으로써 연계되는 순간들이다. 대부분의 학부형들은 (55%) 공립학교에 대한 대중의 태도(The Public's Attitudes toward the Public Schools)에 관한 의견조사에서 "모든 학생들은 높은 학습수준에 도달할 능력을 갖고 있다"라는 점에 동의했다(Rose & Gallup, 2000). 최근 국가적 입법뿐만 아니라, 대중의 학습에 대한 인식은 어떤 어린이도 뒤처진 상태로 남겨서는 안 된다는 것을 언급하고 Lezotte(1997)는 효과적인 학교는 "모두를 위한 교육―그것이 무엇을 갖든"이라고 말한다.

학교 지도자들의 책임은 학교의 상황이 변하는 것과 마찬가지로 변화하고 있으나, 무엇보다 가장 중요한 것은 모든 학생들이 학업에서 성공할 수 있도록 교사들에게 교수자료를 제공하고 이런 목표를 달성할 수 있도록 전문성의 개발을 확고히 해주는 일이다. 오늘날 학교 지도자들은 물건의 구입, 위원회의 소집, 자료의 검토, 그리고 교과과정 안내서의 개발 등의 일을 한다. 그들은 학교 문화의 초점으로서 전체적인 교수-학습과정에 보다 큰 관심을 두어야만 한다.

이 장에서는 교과과정을 개발하고 조정하는 데에 학교 지도자 역할의 중요성에 대해 논의한다. 첫째, 이 장은 교과과정과 일반적인 교과과정 개발을 논의하고 최적의 실천과 표준의 상황에서 교과과정을 논의하며 교과과정을 교수학습과 관련시킨다. 또한 이 장은 계획, 실행, 평가에 포함되어 있는 교과과정 개발과 교과과정 조정 모델을 제공함으로써 교과과정 조정 과정을 강조한다. 이런 모델은 다음과 같은 가정을 포함한다. (1) 학습자 중심적 교과과정·교수·평가, (2) 모든 학생들이 최소한의 기본 능력을 구비하는 지식과 기술을 포함하는 교과과정, (3) 교과과정에 핵심적인 지식과 기술에 대한 습득. 이 장은 학교 지도자들이 교과과정을 조정하고 개조하는 과정에 학생들의 학업성취 자료를 사용할 수 있는 방법을 기술하면서 결론을 맺는다.

이 장은 학습자 중심적인 교과과정 표준과 관련된 최적의 실천에 대해서도 기술하고 있으며 다음과 같은 사항을 강조한다. (1) 고도의 인지적 사고와 연계성 개발, (2) 모든 학생들의 다양한 요구와 특성, (3) 학생들의 성취를 평가하는 복합적인 방법, (4) 교과과정에 핵심 지식과 기술을 조정하는 학습목표 수립이다. 이런 교과과정은 다양한 학생 인구의 각양각색의 요구와 능력을 실현시키는 교수학습에 다른 수단을 제공한다. 또한 학교 지도자들은 학생들을 위한 학습에 대해 결정을 함으로써 교사들이 최적의 실천과 교과과정 표준을 실행할 수 있도록 지원할 수 있다.

1. 교과과정과 교과과정 개발

마치 리더십(leadership)이란 용어처럼 일반적으로 동의된 교과과정에 대한 정의를 얻는 것은 교육자들에게 일종의 도전적인 일이다. 개념 정의는 수십 년이란 세월을 통해 발전되었지만 초기의 개념 정의에 대한 많은 묘사들의 흔적이 여전히 남아 있다. 오늘날의 학교들은 비록 복합적이지만, 여러 가지 면에서 1800년대의 원룸학교(one-room school)와 같다.

> 개학날에 11명의 학생이 도착했다 … '어린 엉클' 샘이 울었다 … 아침 내내. 징크스 메이필드는 집으로 가버렸다. 떠나간 것이다. 발드리지 쌍둥이가 메이필드는 가려움증을 앓고 있어서 함께 놀 수 없다고 공공연하게 말해버렸기 때문이었다. 그리고 나보다 한 살 많은 부시 아버나티는 아침 내내 마치 '날 가르칠 수 있으면 어디 해봐!' 라는 식으로 의자를 뒤로 기대고 있었다(Wood, 2000, pp. 15-16).

학생들의 태도와 자세가 여러 면에서 비슷한 반면, 21세기 학교는 다양성과 복합성을 갖고 있어 교육자들에게는 색다르고 대단한 도전인 것이다.

교과과정(curriculum)이란 용어를 이해하기 위해서 가장 좋은 방법은 최초에 사용한 교과과정의 정의를 알아보는 것이 도움이 될 것이다. 교과과정은 라틴어의 currere에서 온 것으로 currere의 의미는 단순히 '달려가야 할 코스'를 의미하는 것이다. Eisner(2002)에 따르면, "경주로(racetrack)에 대한 은유는 부적절한 것이 아니다. 학교는 역사적으로 학생들이 통과해야 할 공부의 과정을 확립한 것이다"(pp. 23-24). 특정 프로그램을 마치기 위해 세부적인 과정을 이수하는 것은 오늘날도 여전히 지속되고 있다. 교과과정(curriculum)에 대한 좀 더 현대적인 개념이 1920년대에 등장했는데, "아동이나 청소년들이 어떤 목적을 달성하는 방법으로 반드시 가져야 할 일련의 경험"으로 정의했다(Bobbitt, 1918, p. 14). 어떤 이들은 교과과정을 기계적인 용어를 사용해 정의하는데, "… 저장고(제한된 공간을 가진 물체)인데 기획의 순서를 묘사하기 위해 '준거틀'(framework), '규준'(standard), 그리고 플로우 차트(flow chart)를 사용하고 있음을 언급한다…"(McCutcheon, 1999, p. 50). 다른 이들은 교과과정을 산물(product)이라기보다는 과정(process)으로 보고 있다. Tyler(1957)는 교과과정을 일련의 교육목적을 달성하기 위해 교사에 의해 이루어진 하나의 계획으로 보고 있다. Tanner와 Tanner(1995)는 교과과정을 학습자를 참여시키기 위한 교수전략과 정보를 포함하는 작업계획(work plan)으로 정의했다. Reinhartz와 Beach(1997)는 교과과정이란 "가르칠 수 있는 시점(teachable moments)을 알려주는 기회를 제공할 뿐만 아니라 학생들의 요구를 충족시킬 수 있는 수업을 위한 융통성 있는 계획"으로 정의하고 있다(p. 20).

비록 교과과정이 수업을 위한 행동의 특정한 계획으로 보인다 할지라도, 교과과정 개발은 성격상 지속되는 포괄적인 과정이다. 교과과정 개발(curriculum development)은 교육자들이 학생들의 요구와 특성을 충족시키기 위한 이런 계획들을 결정하고 수정하며 이런 계획의 실행을 모니터하는 지속적인 과정이다(Reinhartz & Beach, 1997). Tyler(1949)에 의해 처음 제기된 네 가지 근본적인 질문은 아직도 학교 지도자들이 교과과정을 개발하는 데에 지침을 제공하는 것으로서 다음과 같은 내용을 포함하고 있다.

1. 학교는 어떤 교육 목적들을 달성해야 하는가?

2. 이 목적들을 성취하기 위해 어떤 교육적 경험을 실행해야 할 것인가?

3. 이 교육 목적들을 어떻게 효과적으로 조직할 것인가?

4. 어떤 목적들을 성취해야 할지 어떻게 결정할 것인가?(pp. 1-2)

이상의 네 가지 근본적인 질문에 대한 최근의 관점은 학습 공동체(learning communities)의 맥락에서 발견되고 있다. Eaker, Dufour와 Burnette(2002)는 학습 공동체 내에서 학교 지도자들이 교과과정을 결정하는 데에 지침을 제공할 수 있도록 다음과 같은 주요 질문을 제시했다.

- 우리는 정확히 학생들이 무엇을 학습하기를 기대하고 있는가?
- 우리는 학생들이 학습하고 있는지를 어떻게 알 수 있는가?
- 우리는 학생들이 학습하는 데 어떻게 지원하고 도와줄 수 있는가?
- 우리의 노력 결과에 대한 협력적 분석을 토대로 학생들의 학습을 향상시키기 위해 무엇을 할 수 있는가?
- 학생들의 학습이 향상되고 있는지를 어떻게 알고 축하해줄 수 있는가?(p. 19)

학교 지도자들은 Tyler에 의해 제기된 원래의 질문을 해결하기 위해 교사들과 스탭들과 함께 토의에 참여하도록 권장 받게 된다. 첫 번째 질문은 학교 프로그램의 목표를 진술한다. 두 번째 질문은 학교가 그 목적을 어떻게 성취할 방법을 살펴본다. 세 번째 질문은 경험의 범위와 순서를 살펴보고, 마지막으로 네 번째 질문은 평가와 목적의 타당성을 진술한다. 또한 이런 질문들은 학생의 요구에 부합하고 학업성취도를 더 높일 수 있는 산출물과 학습전략, 평가기준에 대해 진술한다. 그림 8.1은 교과과정 개발의 과정을 개관한 것으로 기획·실행·평가의 세 가지 활동을 포함한다. 이 세 가지 구성요소는 지속적이고 모든 학생들의 특성과 요구를 나타내야 하며 피드백과 수정을 제공하고 있다. 다양한 구성요소들의 성격을 논의하는데, Reinhartz와 Beach(1997)는 기획(planning)이 내용분석, 범위, 순서와 목적과 목표선정을 포함해 수업에 앞서 일어나는 모든 활동을 포함해야 함을 주장했다. 반면에 "실행(implementation)은 학생과 상호작용 및 교재의 실제적인 수업을 포함한다"(p. 21). 평가 (assessment)는 학생들이 수업목적을 달성하는 정도와 학습이 일어났는지를 결정하

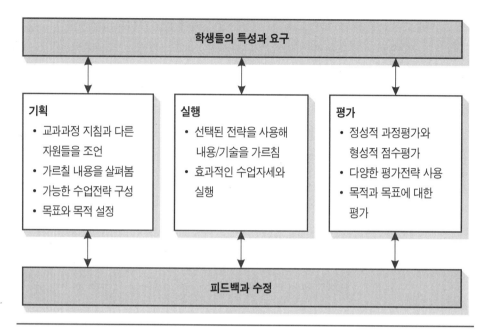

그림 8.1   교과과정 개발 과정
출처: Reinhartz, J., & Beach, D.(1997). *Teaching and learning in the elementary school.* Upper saddle River, NJ: Merrill/Prentice hall 수정.

는 것에 관심을 갖는다.

교과과정 개발 과정에서 기획은 가르칠 개념과 내용 혹은 기술을 결정할 때 교과과정 지침과 다른 자원들의 사용을 포함한다. Arends(2000)에 따르면, "배울 것은 너무 많고 시간은 적기 때문에 무엇을 가르칠 것인가를 결정하는 것은 수업기획에서 가장 어려운 작업이다"라고 말한다(p. 51). 또한 기획은 과정의 자료가 적절히 제시될 수 있도록 범위(무엇)와 순서(언제)도 포함한다. 기획에서 교사들은 교수목표와 목적에 부합되는 가능한 수업전략을 고려한다. 내용과 순서에 덧붙여 "훌륭한 기획은 시간사용의 할당과 적절한 교수법의 선정, 학생의 요구창출, 생상적인 학습 환경 형성을 포함하고 있다"(Arends, 2000, p. 40). 기획은 항상 활자화되는 것은 아니다. 교사의 마음속에 있을 수도 있다. 그러나 기획이 평가될 수 있는 단 한 가지 방법은 교사의 수업을 관찰하는 것이다(Eisner, 2002).

교수계획을 **실행**(implementation)하는 데에 교사들이 학생들과 함께 학습목표를 달성하기 위해 일함으로써 수업은 핵심적인 부분이 된다. 교사들은 효과적인 수업방법을 사용해 각 수업(lesson)에서 교수를 모니터하고 조정하기도 한다. 그래서 실행은 학습을 하기 위해 학생과 교과과정이 함께하는 상호작용 과정이다.

평가(assessing)는 형성 평가(과정)와 총괄 평가(등급화)를 포함한다. 교사들은 목적과 목표에 부합되고 그 목적과 목표가 습득되었는지 알 수 있는 다양한 평가 전략을 사용한다. 평가는 교수법과 학생들의 수행에 대한 결정을 하기 위해 학생과 교실 환경에 대한 광범위한 정보와 사실을 수집한다. 교과과정 개발 과정의 세 가지 구성요소는 이 장의 후반부의 조정 과정에서 좀 더 구체적으로 논의될 것이다.

학교 지도자들은 교과과정 개발 과정에 중요한 역할을 한다. 그들은 세 가지 구성요소의 이해와 논의를 촉진하는 역할을 하기 때문이다. 지도자들은 형식이나 포맷을 제공함으로써 기획을 돕는 컴퓨터 프로그램을 보증하는 방식으로 교과과정 개발 과정에 이정표를 제공하려고 한다. 교실에서 교사들을 관찰하고 피드백을 제공할 때 학교 지도자들은 수업과 학습의 상호작용 속성을 지원할 수 있다. 학생들의 수행에 대한 자료를 이해하고 나누기 위해 교사들과 함께 일함으로써 학교 지도자들은 평가 과정을 촉진시킬 수 있고 미래 교과과정을 수정할 수도 있다.

학교와 학생들이 변화함으로써, 학교 지도자들은 모든 학생들의 요구를 수용할 수 있는 교과과정을 개발하는 데 힘써야 한다. Arends(2000)가 지적한 대로 수업에 대한 결정은 가치가 내재되어 있고 우리의 관점에도 영향을 준다. Daring-Hammond(1997)는 25명 학생의 전형적인 교실에서 "오늘날 교사들은 최소한 특정한 교육적 요구 (educational needs)를 가진 4~5명의 학생들을 가르치고 있는데, 교사들은 아직 특정한 요구를 충족시킬 준비되지 않은 상태에 있다… 교사들은 광범위한 학습의 접근, 경험, 그리고 선행지식 수준을 피력하는 교과과정과 수업전략을 개발하기 위해 많은 지식이 필요하게 될 것이다"라고 지적했다(1997, p. 7).

학생들의 요구와 특성을 진술하는 것은 교과과정 개발 과정의 초석이 되며, 기획과 수업, 평가의 초점이 된다. Eaker, Dufour와 Burnette(2002)는 교과과정 개발과 관련해 학교 문화의 전환이 있었음을 언급했다. 이들에 따르면 교사들이 다른 이와 고립된 상태에서 무엇을 가르칠 것인가를 결정하던 것에서 학생들의 학습에 초점을 두고 협력적으로 교과과정을 개발하는 것으로 변화했다. 또한 여러 개념과 프로그램 등 과중한 교과과정을 의미 있는 심화학습을 위해 축약된 내용으로 전환시켰다. 마지막으로 전문가의 학습 공동체 내에서 평가 방법은 공동작업으로 개발되며 학습하지 않는 학생은 확인되고 학생들의 결핍 내용은 문제가 제기된다.

2. 교과과정, 교수, 평가의 조정

학교 지도자들은 학생 성취도(student achievement)를 효과적으로 향상시키기 위해, 교과과정 개발의 과정과 수업과 학습을 연결시키는 방법뿐만 아니라, 교과과정을 조정하는 방법에도 능숙해야 한다. 다양한 학생들이 증가함에 따라 학교 지도자들은 교과과정을 학교의 목표와 비전을 실현시키는 인프라(infrastructure)로 바라볼 필요가 있다. 의도적으로 학생들의 강점과 요구를 내용기준에 부합시키는 교과과정을 고안하는 것은 필요한 인프라를 제공하는 것이다. 기획, 교수, 평가와 규준을 연결하는 순환과정을 통해서 "학생들이 무엇을 배워야 하고 어떤 방법으로 그것을 배울 것인가"에 대해 우리가 어떻게 알고 배우고 있는가에 대한 것과 함께 이미 답은 나온다(Carr & Harris, 2001, p. 58).

그림 8.2는 조정과정(alignment process)의 세 영역(domain), 즉 교과과정 기획, 교수, 그리고 측정 또는 평가인데 이것은 교과과정 개발 요소에 일치(match)시킨다. 이런 영역들은 상호의존적이고 학생의 요구를 충족시키며 학생들의 학습을 증진시키기 위해 작동한다. 교과과정 개발은 목적과 산물, 교과과정의 목표를 연결시키는 창조적인 과정으로 언급되는 반면, 조정(alignment)은 위의 세 가지 영역의 일치성

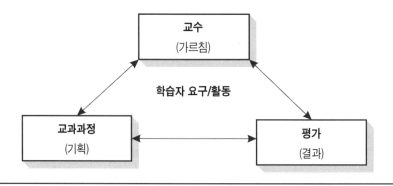

그림 8.2 교과과정 조정 과정

(congruency)과 중복성(overlap)의 정도를 결정하기 위해 계획된다. 교과과정 개발은 퍼즐 조각을 함께 맞추는 것이고 교과과정 조정은 그 조각들 가운데 딱 들어맞는가를 살펴보는 것이다. 교과과정의 조정은 "… 시험의 내용과 형식, 교과과정의 내용과 형식 간의 연계를 언급하는 것이고, 더 많이 **맞출수록**(match) 시험의 향상 가능성은 더 높아진다"(English, 2000, p. 6).

과정중시(frontloading) 교과과정은 내용과 수업목적을 먼저 기술하고 나중에 교수전략과 짝짓는 조정과정의 방법이다. 그때 적절한 평가전략이 선정되고 어떤 목표가 성취되고 어떤 학습목적을 어느 정도로 성취할까를 측정한다. 반면에 **결과중시**(backloading) 교과과정에서 평가는 무엇을 언제 가르칠 것인가를 결정함으로써 교과과정 개발이 추진된다. English(2000)에 따르면, "교육자들은 '시험을 위한 가르침'이라는 골치 아픈 쟁점 때문에 결과중시 교과과정의 실천에는 매우 민감하다. 결과중시 교과과정에서 시험이 교과과정이 된다"고 말한다. Halayna, Nolen과 Haas(1991)는 이런 유형의 조정이 시험을 교과과정으로 만들기 때문에 비윤리적인 것으로 보고 있다. 다음에서는 조정과정의 각 영역을 깊이 있게 논의하고자 한다.

교과과정 기획

교사가 학생의 특성과 요구를 이해하는 것은 어떤 내용을 어떻게 교재나 다른 자료에서 뽑아내고 그것을 학생들에게 제시하기 위해 어떤 전략을 사용해야 할지를 정해준다. 교과과정 기획이 교과과정 조정의 첫 번째 영역으로 제시되고 있지만, 이것이 선형적인 과정은 아니다. 실제로 어떤 자료가 이용 가능한가에 따라, 학교 지도자들은 학생들의 수행력에 기초를 둔 내용이나 목표, 목적을 수정하고 적용하기 위해 평가영역에서 나온 자료들을 사용해야만 한다. Reinhartz와 Beach(1997)는 비록 연구조사가 "… 계획을 위한 단일한 최상의 방법에 관한 건실하고 경험적인 근거를 제공하지는 않았지만 연구결과는 기획의 복합적 성격을 이해할 수 있는 통찰력을 제공하고 있다는 사실"을 지적한 바 있다(p. 125). 교과과정의 기획은 다음과 같은 성격과 특성을 포함하고 있다(Wiles & Bondi, 2002; Eisner, 2002; Shavelson, 1987; Clark & Yinger, 1987).

- 수업을 준비하는 중요한 단계로 간주된다.

- 교육구나 학교, 학년에서뿐만 아니라 개별 교실과 같은 다양한 수준에서 일어난다.
- 교실수업에서 애매성과 불확실성을 줄인다.
- 생각을 현실로 전환시켜준다.

교과과정 기획은 개념이나 내용의 검토와 목적과 목표수립 자료와 교재(교과과정 가이드, 매뉴얼, 기준)에 대한 조언 및 수업전략에 관한 학습의 구조화를 포함한다. 이런 모든 활동은 학교나 교실, 교육구 내에서 서로 연결하고 집중시키기 위한 학습자의 요구나 특성을 이해하는 상황에서 일어난다. 기획과정에서 같은 과목에 다른 학년의 교사들을 참여시킴으로써, 학교 지도자들은 수직적 조정(vertical alignment)에 대한 쟁점에 역점을 두고 있다. 유치원에서 6학년 혹은 12학년까지의 직무과정을 논의하는 것은 교사들로 해금 각 학년에 무엇을 해야 할지 크게 조절할 수 있도록 도움을 준다. 교과과정의 조정은 학생의 수행력을 적정화하도록 설계되고 주의 깊은 성찰을 요망하며 "… 그 사람의 장인정신을 개발하기 위한 수단으로 자신의 행동에 대해 신중하고 고려하고… 그 행동을 비판적으로 평가"하고 있다(Osterman, 1990, p. 134).

교과과정은 단순히 **무엇을 가르쳐야 하는가**(What is taught)라는 것으로 정의된다. 이 문구는 처음에는 단순하게 보이지만, 그 안을 들여다보면 복잡한 요소들을 포함한다. 교과과정은 유아원에서 12학년까지 각 과목에 대한 주정부의 기준과 의무사항들로부터 시작되어 무엇을 가르쳐야 할 것에 대해 다양한 층을 갖고 있다. 이런 의무규정들은 일반적으로 학교 교과과정을 지도하고 형성하는 최소한 혹은 가장 필수적인 지식이나 기술을 포함한다. 주정부의 의무사항에 덧붙여 지방수준에서 적용된 교과과정 자료는 가이드라인이나 요청사항을 부과하고 있다. 마지막으로 학생의 요구에 대한 교사 자신의 전문적 판단(professional judgement)이 포함된다. 무엇을 가르쳐야 할 것인가에 대한 논의에는 반드시 이루어져야 할 많은 의사결정 단계가 있다. 주정부의 준거틀과 교과과정 기준내에서도 교과과정 가이드와 교과서는 교실이나 학교수준에서 기획을 위한 1차적인 수단이 되고 있다.

Remillard(1999)는 교과과정 자료가 수업 변화를 지원할 수 있게 하는 방법을 찾기 위해 교사들의 교과과정 결정에 관한 지식을 관찰했다. 교사들의 교과과정 결정은 매우 복합적이고 교재로부터 시작되고 있으나, 교실에서 학생들과 상호작용을 하는 동안 지속된다. 교사들은 무엇을 가르칠 것인가를 선정하고 재설계할 뿐만 아니라, 교실에서 학생들과 함께 그것을 활성화시키는 교과과정 개발자로서 그 역할을 하고 있다. 교과서가 제안하고 있는 것을 가능한 그대로 따르는 교사들조차도 교과과정 개발에 대한 의사결정을 하고 있다(Remillard, 1999). 학교 지도자들의 역할은 교사들이 학생들을 관찰하고 상호작용을 하는 그들의 수업 상황에서뿐만 아니라 자신들의 신념과 교과과정 요소 간의 상호작용으로부터 교사들이 성장할 수 있도록 도와주는 것이다.

　일단 무엇이 결정되고 나면, 그 다음에 **어떻게**(교수)에 대한 것이 뒤따른다. 학교 지도자들은 학생들의 결과물－각 과정이나 주제나 학년별 목표나 목적－에 대한 교사들간의 논의를 격려함으로써 교과과정 기획을 촉진시킨다. 교사들이 정기적으로 무엇을 왜 가르치는가와 어떻게 가르치는가를 반성함으로써 학교 지도자들은 전형적인 수업계획서를 넘어서는 교과과정 기획을 향상시킬 수 있다. Gross(1997)는 공동교과과정 설계(joint curriculum design)를 주장했다. 그것은 "기획, 실행, 평가의 다양한 단계를 통해서 목적, 목표, 방법, 평가에 대해 협상할 수 있도록 교과목의 구성요소들을 평가하는 데 교사와 학생들이 연합하는 상호작용적인 기획형태다"(p. 6). 공동 교과과정 설계를 향상시키기 위해, 학교 지도자들은 전통적인 교과과정 설계의 특성과 표 8.1에 제시된 공동 교과과정 설계의 특성을 비교, 대조할 수 있는 교사들의 대화를 촉

표 8.1　교과과정 설계

전통적 교과과정 설계	공동 교과과정 설계
내용습득에 초점	연구, 과정에 초점
고정된, 경쟁적 환경	협력적 환경
교사주도적 학습	학습자들의 커뮤니티
교사에 의해 결정된 목적과 목표	협상된 목적과 목표
고립된 내용과 기술	통합적 내용과 기술
표준된 과업	개별 과업
획일적인 진도	개인/집단진도
교사 중심의 접근법	학습자 중심의 접근법
선형적 순서학습	독특한 반복 학습

출처: Gross, P. A.(1997). *Point curriculum design*. Mahwah, NJ: Lawrence Erlbaum Associates.

진시켜야 한다. 표 8.1에서 보듯이, 전통적인 교과과정 설계는 교사들의 결정과 내용 습득을 위한 과업 및 진도의 표준화를 강조하는 교사가 결정(teacher determined)과 교사중심(teacher-directed)의 수업에 의존하고 있다. 공동 교과과정 설계는 내용과 기술의 통합을 강조하고 학생중심적인 초점과 연구과정을 포함한다.

교감인 주디 그레이브는 현장경험에서 중학교 교사들에게 그들이 생각하는 학습의 개념과 어떻게 보여지는가에 대한 것을 물을 때 교과과정 설계와 관련된 대화를 제안했다.

◈ 현장경험 사례

주디 그레이브는 교감 선생님이자 수업 전문가로서 최근에 전국 중학수학(7~8학년) 교사들의 모임에 참가했다. 교사들은 학교에서 치러진 전국학력시험에 관해 학생들의 수행력에 관심을 보였다. 그레이브 선생님은 다음과 같이 말하면서 자신의 역할을 기술했다. "어떻게 학생들이 수학을 알고 이해하게 되는가에 대한 교사들의 대화를 부추기기 위해서 나는 그들에게 개인적으로 학습을 정의해보도록 했습니다. 그리고 교사들을 두세 개 집단으로 나누어 서로 학습의 개념을 토의하고 결합시키는 과정을 통해 개념 정의를 내리도록 했습니다. 그들의 묘사는 단어를 포함하지 못하고 상징이나 묘사만을 포함했습니다".

각 집단들은 모든 집단 앞에서 자기들의 학습에 대한 생각을 시각적인 개념과 그 기준을 제시하고 전체 집단이 간략하게나마 토의하게 했다. 주디 그레이브는 계속해서 다음과 같이 말했다.

"그리고 나서 나는 전체에게 *Private Universe*라는 영화를 보여주었습니다. 이 영화는 비록 그들의 패러다임이 정확하지 않다 할지라도, 학생들이 자신들의 정신적 패러다임을 어떻게 구축하는지 보여주고 있습니다. 그리고 나는 다시 교사들에게 짝을 지어 영화를 통해 본 것을 바탕으로 학습의 개념을 다시 정의하게 했습니다. 교사들이 자신들의 이해와 성찰에 바탕해서 어떻게 그들의 학생이 수학을 이해하는지를 말하면 그 학생들의 특성과 자신들이 가르친 내용에 대해서도 같이 토론하게 합니다. 이런 대화와 상호작용을 통해 교사들은 무엇이 7~8학년 학생들의 수학 내용이어야 할 것인가에 대해 공통된 이해를 갖게 합니다. 이런 대화는 교사들이 어떻게 학생들의 수업을 계획하고 연구과정을 통해 개념과 기술의 통합을 강조하는 학생중심적인 교과과정으로 변화시킬 수 있을 것인가 하는 논의를 끌어내는 데 영향력을 갖기 시작했습니다."

교과과정 기획 실행-수업

교과과정의 내용을 효과적으로 조직하는 것만큼이나 중요한 것이 그 계획의 실행이다. 교과과정 계획의 실행은 "교사들이 교실에서 학생들과 상호작용할 때… 일반적으로 수업이라고 일컬어진다"(Reinhartz & Beach, 1997, p. 151). 조정의 두 번째 과정인 수업은 교사와 학생이 교과과정에 직면해 서로 상호작용하면서 그 계획을 실행에 옮기는 것이다. Frieberg와 Driscoll(1996)은 그 관계를 수업의 기본틀을 제공하는 계획으로 묘사하면서 다음과 같은 점을 주목했다. "계획의 실행은 몇 가지 방법으로 조정이 필요한데… 그 이유는 수업의 역동성이 계획의 확실성을 줄이기 때문이다"(p. 41). Gross(1997)는 "수업이 역동적이며 계속 변화하는 노력이다. 여기서 성공은 어떻게 되는지를 입증하지만 어떤 것이 일어날지에 대해 암시를 주기도 한다─새로운 도전, 새로운 발견"(p. 4)이라고 말한다. Reinhartz와 Beach(1997)는 교과과정 계획이 실행되면서 교사들은 다음과 같은 질문에 답하기 위해 세부적인 결정을 하게 된다.

- 학생들이 알고 있는 것이 무엇인가를 확인한 후 따라야 할 가장 적절한 순서는 무엇인가?
- 학생들이 피드백을 받고 난 후 계획에 대한 어떤 조정이 이루어져야 하는가?
- 계획에 영향을 미치는 개념에 얼마나 시간을 할애해야 할 것인가?
- 한 주제 아래 개인의 관심에 맞추기 위해 교수활동이 어떻게 조정되어야 할 것인가?

교과과정은 교실 수준에서 다뤄지는 내용이나 수업 특성(lesson attibutes), 설계나 전략에 기초해 다양한 방법으로 실행되고 있다. 학생들은 그들에게 제시되는 학습자료뿐만 아니라, 교실에서 급우들과 공유하고 상호작용을 통해 능동적 학습자가 될 기회를 갖는다. 학생들 간에 혹은 자료와의 상호작용 속에서, 학교들 간에 교과과정에 대한 적용과 모방이 이루어지고, 능동적 학습(active learning)과 협동에 대한 원리가 구성주의 수업과정(constructivist classroom)의 중심이 된다. 수업의 복합적인 과정은 학생들의 수행에 대한 교수-학습 양자의 중요성을 모두 강조한다.

학교 지도자들은 공식적, 비공식적 관찰을 수행하면서 그리고 학교 내에서 동료 코칭이나 인지적 코칭을 증진시키면서 교수-학습과정(teaching-learning process)을 정할 기회를 갖는다. Showers와 Joyce(1996)는 "코칭관계 − 수업에 대한 계획과 그들의 경험을 함께 공유하는 사람 − 에 있는 교사들이 새로운 기술을 더 자주 적용하고 있음"을 발견했다(p. 14). 학교 지도자들은 동료 코칭을 지원하면서, 다양한 과목이나 학년 교사들의 팀 "⋯ 서로 간에 매일 지원하고 격려하고 제공하는 자"들에게 합류할 수 있게 된다(Beach & Reinhartz, 2000, p. 14). 학교 지도자들은 이런 과정을 촉진하는 데에 수업이 고립되어 이루어지지 않도록 교사들을 동료 코칭에 참여하게 한다. Costa와 Garmston(1994)은 학교 지도자들이 수업행태를 향상시키고 성장을 촉진시키기 위한 방법으로 자율적이고 상호의존적인 형태로 인지적 코칭(cognitive coaching)을 장려한다.

평가

교사들이 무엇을 계획하고 가르치는가는 학생평가를 통해 입증된다. 평가영역은 학생들이 학습목적과 목표를 달성한 정도를 결정하는 것이다. Gross(1997)는 다음과 같이 언급했다. "계속되는 평가는 목표를 명확하게 하고, 방법을 합리화하며 연구의 방향을 새롭게 제시한다⋯ 교사들은 학생들이 자신의 강점을 파악하고 향상된 영역을 규명하게 도와주면서 학생의 진보 정도를 짐작한다"(p. 139). 이 때 평가측정은 학생들의 성취 수준과 정도를 판단하게 도와주는 매우 중요한 것이다.

역사적으로 교과과정 평가(curriculum evaluation)는 세 번째 영역을 설명하기 위해 사용되었다. Woolfolk(1995)는 평가라는 말이 판단과 결정을 내포하고 있음을 지적했다. 평가는 "⋯ 교사들이 수업과 학습에 대해 판단이 내려지는 곳에서 학생에 대해 정보나 자료를 얻는 과정 그 이상이다⋯ 평가는 넓은 범위의 것을 의미하고 학생의 학습을 측정하고 교수법의 효과성과 교과과정을 결정하는 데 많은 방법이 있음을 언급한다"(Reinhartz & Beach, 1997, p. 171). Gross(1997)는 더 나아가 "평가는 분절적이고 교과목과 연계된 사실을 측정하는 표준화된 시험이나 측정에서 개인의 능력이나 창의력, 다학문적(학제적)인 연계와 지적 성장을 입증하는 지식의 시범이나 전시물까지 포함한다"(p. 134)고 말한다.

평가는 다른 두 개의 영역에서 결정된 것을 알리는 조정과정에서 매우 중요한 부분이다. 평가자료에 근거해서, 계획과정에 설정된 목적이나 목표가 수정되거나 수업에서 사용된 개념이나 기술이 변화될 필요를 제기하고 교수전략을 바꾸기도 한다. 평가과정에서 자료는 교과과정 프로그램이나 교수전략에 관한 것뿐만 아니라, 학생들의 학업성취도를 결정하는 데 사용된다. 이것이 조정과정의 세 번째 영역에서 제시되었지만, Reinhartz와 Beach(1997)는 "이것들이 교사가 교과과정을 계획하고 실행할 때 동시에 일어나고 있음"을 언급한다(p. 173).

평가과정에서 일반화된 자료는 학교 지도자들에 의해 학교의 모든 프로그램을 결정하는 데 이용된다. 제9장은 자료로부터 추출된 의사결정의 중요성을 구체적으로 논의하고 있다. 그러나 애초에 학교 지도자들은 학생들의 표준화된 시험점수나 교실에서 학생들의 수행력을 평가하는 어떤 형식이 아니라, 관찰에 의해 교사들을 돕고 있었다. 평가라는 퍼즐의 핵심조각은 학생들이 표준화된 시험과 유사한 방식으로 평가되고 있음을 확신하는 것이다. 예를 들면, 어떤 고등학교에서 영어교사들이 교과과정 관리자로부터 그들의 작문 교과과정과 활동이 국가의 평가 목표에 맞춰 조정되고 있는가 하는 점을 질문받았다고 가정해보자. 그들은 목표가 학습내용에 맞춰 조정되고 있음을 발견하게 될 것이다. 그러나 똑같은 교사들에게 그들이 학생들에게 공부하도록 요구했던 것과 평가방식으로 제시했던 것을 살펴보면 그것 역시 국가의 평가과정과 부합되지 않음을 알 수 있다. 단순히 학생들이 공부한 것을 국가의 시험에 맞춰 조정한다고 해서 학교가 학생들의 학업성취도를 높이는 것은 아니다. 학교 지도자들은 교실 현장과 표준화된 측정기법에 대한 이런 대화와 분석을 촉진시킬 수 있다. 즉, 학교 지도자들은 양적, 그리고 질적 쟁점에 대해서도 그 문제점들을 깊이 있게 검토해야 한다.

학교에서 평가과정, 특히 시험의 중요성을 인식하도록, 미국심리학회(American Psychological Association)는 다음과 같이 말했다.

> 무엇을 어떻게 하고 있는가 학생들을 측정하는 것은 우리 국가 교육을 향상시키고 강화하기 위해 매우 중요한 과정이다. 학생의 학년과 교사의 평가에 의해 시험은 학생들의 기술과 지식, 능력에 대한 중요한 측정을 할 수 있다. 그래서 시험은 교육 기회가 확장되고 동등한 접근을 하는 평가체제의 한 부분이 될 것이고 그 진보는 모든 학생들을 위해 제공된다(2001, p. 1).

시험의 적절한 사용에 대해 계속되는 논의는 미국심리학회(2001)가 모든 상황에 유효한 단일 시험이란 있을 수 없으므로 시험은 그 목적과 능력에 따라 '학생들의 학습에 의미 있는 평가를 제공하기 위해' 다양해야 함을 지적했다(p. 1). 주정부나 연방정부 시험에 포함된 문제는 시험 그 자체가 아니라, 시험에 포함된 의도치 않은 결과, 다시 말하자면 학생 개인이나 학생집단 혹은 학교나 교육구에 미치는 부정적인 영향이다. 평가전문가들은 한 가지 점에 대해서는 명료한 입장을 취하고 있다. "큰 결정은 단 한 가지 시험에 의해서만 내려져서는 안 된다. 그 이유는 한 번의 시험은 단순히 학생의 성취에 대한 '스냅 사진'만 제공하기 때문이다(American Psychological Association, 2001, p. 1). 학교에서 큰 모험을 하는 시험(high-stakes testing)이 증가되고 있음을 인식하여 미국교육조사연구협회(the American Educational Research Association)는 시험실시와 관련해 다음과 같은 입장을 취했다.

> 많은 주정부와 교육구들은 시간의 경과에 따라 학생들의 학업성취도에 대한 자료를 확보하고 학교와 학생의 책무성을 확보하기 위해 시험을 의무화하고 있다. 성취도 시험결과를 사용하는 것은 만약 학생이나 교육자들에 신중한 결과를 가져온다면 큰 도박(high-stakes)으로 명명된다. 학교는 아마도 학생들의 전체 평균점수로 평가할 것이다. 높은 점수를 받은 학교들은 대중의 칭찬이나 재정적 지원을 늘릴 수 있을 것이다. 낮은 점수를 받은 학교는 대중의 비난을 받거나 무거운 벌이 가해질 것이다(2001, p. 1).

큰 모험을 건 시험과 관련된 표현들이 더 많이 늘어나면서, 학교 지도자들은 책무성 체계에서 핵심 역할을 하게 된다. 핵심 역할자로서 학교 지도자들은 모두를 포함하는 학교 문화를 개발하는 데 접착제 역할을 하고(제2장), 규칙을 알게 하며(제4장), 학교가 어떻게 재정을 확보하는지(제7장)에 대해, 그리고 제9장은 장차 매우 중요한 가치를 지닐 책무성 운동에 대해 구체적으로 다루고 있다.

교과과정 조정과정에서 세 가지 영역은 상호작용적이며 다음의 현장경험 사례는 이런 상호작용을 육성하는 데 필요한 리더십 기술에 대한 통찰력을 제공한다.

학교 지도자들은 그림 8.3과 8.4, 8.5에서 학교에서뿐만 아니라 교실에서 질적인 교과과정 계획, 실행, 평가에 대한 쟁점을 주장하는 데 도움을 받을 수 있을 것이다. 이문서들은 교사들 간의 대화의 준거틀을 제공하고 교사들의 계획을 검토하거나 공식적, 비공식적인 교실수업을 관찰할 때 행정가에 의해 사용될 수 있다. 그 형태는 교육경험에 대한 학생들의 인식이나 고용주와 대학의 졸업생들에 대한 만족도를 평가할

◑ 현장경험 사례

클리어필드 아카데미에서 교사들은 교과과정 조정 쟁점을 논의하기 위해 학년별 교과목별로 정기적으로 모인다. 교과과정 프로그램과 학교 환경의 성공을 평가하기 위해 로사 곤잘레스 교감 선생님은 교사들이 교재나 교과과정 지침이나 다른 학교 교수학습과 관련된 결정을 하는 데 필요한 자료를 검토할 때 교사팀을 만났다. 로사 선생님은 집단의 촉진자로 봉사하고, "나는 교사들이 자신의 수업과정을 반성하며 대답할 수 있도록 다음과 같은 질문을 일반화했습니다."

■ 해당 학년이나 해당 과목에 학생들은 필요한 최소의 기술을 갖추고 있는가? 어떻게 그것을 알 수 있는가?

■ 어떤 지식이나 기술, 경험이 학생들의 성공을 위해 중요한가?

■ 목적과 목표는 지방이나 주정부의 산물로서 적절한가?

■ 좀 더 적절하고 의미 있는 결과는 없었는가?

■ 학습활동은 의미가 있었는가?

■ 평가과정은 학생들의 이해 수준을 결정하는 데 적합한 것이었는가?

■ 학생들의 요구나 흥미, 능력은 충족되었는가?

■ 학생들의 학습에 기초해 내용이나 전략을 수정할 필요는 없는가?

"나는 학교에서 촉진자로서 이런 질문에 교사들이 답하도록 도울 뿐만 아니라 이런 질문에 대해 교사들 간에 합의를 이루도록 했습니다. 나는 교사들이 교과과정 조정의 어느 영역에 있는가를 반성하게 했고 학생들의 수행력 자료에 근거해서 교과과정과 교수법을 결정하게 했습니다."

때 사용될 수도 있다. 그림 8.3은 교과과정이나 학생 학습과 관련된 쟁점을 제시하는 데 전형적인 유형을 제공한다. 이 차트는 학생의 수행력에 대한 자료의 출처와 학생들의 산출물에 대한 각 근거자료의 중요성에 초점을 두고 있다. 이 결과물은 학문적인 성취뿐만 아니라 학교에 대한 긍정적인 느낌과도 관련되어 있다. 다른 자료 출처는 대학과 전문대학, 고용주, 학부모들을 포함한다. 그림 8.4는 교실에서 관찰된 대로 교수학습에 관련된 투입이 무엇이었는가를 찾고 교실에서 실행된 교과과정과 관련된 활동을 포함한다. 그림 8.5는 교과과정 자료와 교사들이 수업을 계획할 때 지원받는 교과과정 지침과 다른 자료들을 검토할 때 사용할 수 있는 형식을 제공한다.

기 준	높은 선호(3)	보통 선호(2)	낮은 선호(1)
A. 교과과정에 준거한 시험의 결과는 매년 의미 있는 결과를 보여주고 있는가(주요 교과목에서)? 사용된 자료 출처:			
B. 학생들은 그들의 교육경험이나 배운 교과목에 대해 긍정적인 느낌을 보여주고 있는가? 사용된 자료 출처:			
C. 학교 관계자나 동료교사들은 학생들의 졸업지식이나 기술에 대해 일반적으로 만족하고 있는가? 보고유형/피드백:			
D. 학부모들은 학교에 대해 일반적으로 만족스럽게 여기고 있는가(*Phi Delta Kappan*에 나온 최근 3년간 학부모들의 의견조사를 보라. 9월호에 부모들의 교육에 관한 쟁점을 다룸) 자료 유형:			

그림 8.3 교과과정 학습과 연관된 논쟁. 지침: 다음을 읽고 당신이 속한 교육구 내에서 학생들의 결과물을 평가하기 위한 우선순위를 결정하라. 그리고 자료의 출처를 밝혀라.

학습자들은 …했는가	예	아니오	교사들은 …했는가	예	아니오
1. 학습동기가 있다고 여겨지는가? 코멘트:			학생들이 무엇을 배워야 할지에 대한 목적을 세우고 의미를 찾도록 도와줌으로써 내적 동기를 부여하는가? 코멘트:		
2. 학습목표가 이해되고 내적으로 숙지되었는가? 코멘트:			학생들이 학습목적을 내면화하도록 돕는 접근법을 선택하는가? 코멘트:		
3. 학생들의 사전 지식이 활용되었는가? 코멘트:			이 과정을 평가하고 촉진하는가? 코멘트:		
4. 새로운 지식을 획득했는가? 코멘트:			효과적이고 효율적인 지식을 얻을 수 있는 수단을 제공하는가? 코멘트:		
5. 새로운 지식이 이전 지식과 관련되어 있고 지식 구성이 수정되었는가? 코멘트:			이 과정을 촉진하는가? 코멘트:		
6. 지식을 자신들의 방식으로 조직하고 수립하고 제시함으로써 지식에 대한 개인적 의미를 구성하는가? 코멘트:			이 과정을 촉진하는가? 코멘트:		
7. 지식을 일반화하는 데에 해결되어야 할 문제나 문제해결을 위한 복합적인 문제를 규명하는가? 코멘트:			이 과정을 촉진시키고 있는가? 코멘트:		
8. 문제해결을 하는 데 교사로부터 적절한 틀이나 구조를 갖고 있는가? 코멘트:			코멘트:		

그림 8.4　교수학습과 관련된 교과과정.　관찰도구: 학생들의 학습에 대한 통찰력을 얻고 수업시 바람직한 학습실행을 촉진한다.

출처: Brooks, J. G., & Brooks, M. C.(1983). *In search of understanding: The case for constructivist classrooms.* Alexandria, VA: Association for Supervision and Curriculum Development.

학습자들은 …했는가	예	아니오	교사들은 …했는가	예	아니오
9. 문제를 해결하는 데 필요한 전략을 이해하고 사용하는가? 코멘트:			이 과정에서 필수적인 도움을 주는가? 코멘트:		
10. 지원적인 사회적 상황에서 배우는가? 코멘트:			성찰적 대화나 협동적 연구, 지식의 사회적 구성을 촉진하는가? 코멘트:		
11. 자신의 학습과정을 평가하기 위해 메타인지적인 모니터를 활용하는가? 코멘트:			이 과정을 촉진하는가? 코멘트:		
12. 자신들의 학습을 평가하고 이해하는 바를 제시하는가? 코멘트:			학습을 정기적으로 평가하고 교수법을 수정하고 준비하기 위해 그 자료를 활용하는가? 코멘트:		

그림 8.4 교수학습과 관련된 교과과정(계속).

3. 최고의 실행과 교과과정 기준

교과과정에 대한 결정도 최상의 실천(best practice)과 내용의 범위와 학년수준을 초월한 교육 패러다임을 나타내는 기준 안에서 이루어질 필요성이 있다. Arends(2000)는 "최상의 실천은 학생들의 학습을 효과적으로 돕고 있음을 보여주는 수업방법과 과정, 그리고 절차다"라고 한다(p. 4). **최상의 실천**(best practice)의 일관된 철학은 통합 학습(integrated learning)과 주제별 단위(thematic units), 학제적 연구(interdisciplinary studies) 속에서 표현된다. Zemelman, Daniels와 Hyde(1998)는 학교 지도자들이 교수-학습 과정(teaching-learning process)의 향상을 지도할 수 있도록 최상의 실천이라는 가정을 설명하는 13가지 원리를 다음과 같이 제시했다.

1. 모든 영역에서 학생들의 요구와 관심을 형성하는 학생중심적 교과과정
2. 학생에게 직접적이고 구체적인 경험을 제공하는 경험적 교과과정
3. 학생들이 부분을 이해하기 위한 준거틀로서 중요한 아이디어와 사건, 개념을 제

기　준	아주 많이	어느 정도	전혀 없음
강조 1. 가치나 지식에 대한 관점이 명료한가? 2. 그 분야의 연구에 근거해 내용에 대한 지침이 있고 전문가의 조언이 있는가? 3. 의미 있게 문제를 해결할 수 있도록 유용한 지식을 얻고 깊이 있는 지식이 제공되는가? 4. 지침서는 교과과정의 수월성에 대한 교육구의 비전이 제시되는가? 5. 지침서는 상급교육에서 요구되는 지식이나 기술 혹은 직업적 기술로 요구되는 의미 있는 결과물에 초점을 두는가? 6. 지침서는 다양성을 증진하고 전통에 대한 가치를 부여하고 형평성에 관심을 두는가?			
배치와 순서 1. 학습목표는 발전적으로 적절한 것인가? 2. 학습경험이 의미 있는 순서를 갖는가?			
조직과 구조 1. 목표는 그 교과의 목표로 명료한가? 2. 교과목 목표는 교육구의 교육목적과 연관되어 있는가? 3. 학년별 목표는 각 교과목 목표에서 도출되는가? 4. 교사가 사용한 것을 포함해 자료들이 있는가? 5. 교과목이나 관련 교과목들 간에 지식이 적절하게 통합되어 있는가?			
세분화와 조정 1. 자료들을 사용할 수 있는가? 2. 특정한 교과목이 특정한 학년에 무엇을 가르쳐야할지, 그리고 다음 학년에 반복되지 않고 가르칠 수 있음을 확신할 수 있는 메커니즘이 있는가? 3. 주어진 학년의 교과목들이 상호의존적이고 가르쳐야 할 기술이나 지식과 일치하고 있음을 확신할 수 있는 메커니즘이 있는가?			

그림 8.5　교과과정 자료와 관련된 쟁점.　지침: 교과과정을 제고하면서 다음의 각 항목에 주어진 기준을 사용해 효과성을 결정하라.

교과목:

형식: 우호적 ＿＿＿＿＿＿＿　　아님 ＿＿＿＿＿＿＿

　　　　제한된 ＿＿＿＿＿＿＿　　널리 소비되는 ＿＿＿＿＿＿＿

출판일자: ＿＿＿＿＿＿＿＿＿＿＿＿

출처: Glathorn, A.(1993)에서 수정. *Criteria for evaluating curriculum guideline*. Greenville, NC: School of Education, East Carolina University.

시하는 전체적인 학습

4. 실생활 세계의 예시와 복합적인 아이디어를 사용하는 실제 학습

5. 학생이 의미를 구성하게끔 돕는 커뮤니케이션 기술의 범위를 사용하는 표현적 교과과정

6. 의미 있는 학습경험을 하고 난 후에 보고를 포함한 반성적 학습

7. 학생들의 상호작용이 학습의 발판을 만들고 학생 개념 발달을 지원하는 교실 내에서 일어나는 사회 학습

8. 협동 체계를 이용한 협력 학습

9. 학생들이 학교나 수업과 관련된 결정에 참여할 수 있는 민주적 학습

10. 고난도 사고력을 육성하는 인지적 발달

11. 학생들의 인지적 단계의 차이에 적용할 수 있게 발달 과정상 적절한 학습활동

12. 학생들이 개인적으로 내용을 자신의 의미 구성 차원에서 해석하고 응용하도록 돕는 구성주의 전략

13. 학생들에게 도전적일 뿐만 아니라, 자신의 학습에 책임질 수 있는 선택과 문제를 제시하는 교과과정

이상의 13가지 원리들은 수십 년 동안 나타났거나 다시 나타났던 교육에 대한 관점을 대표하는 것들로서 익숙한 것으로 보일 수 있다. 그러나 오늘날 그 차이점은 교육에 대한 이런 관점이 연구를 통해 더 일관되고 강력하게 지지되는 것이다. 이런 원리들은 학교에서 최상의 실천에 대한 기본을 제공하고 학교 지도자들이 일관된 교과과정을 개발하도록 지도한다. 이 원리들을 학교 문화에 결합시킴으로써, 지도자들은 학교 교사들에게 힘을 부여하고 학생들이 자신의 학습을 책임지도록 격려한다. 이런 관점에서 교사의 역할은 모든 것에 대한 방향을 제시하고 결정을 내리는 것이 아니다. 최상의 실천을 사용해 교사들은 학생들의 요구에 주의를 기울이고 학생들이 학습을 주도적으로 할 수 있는 능력을 배양하며 어떤 위험도 감수해내도록 격려하는 것이다.

학교 지도자들은 학교의 목적과 사명이 현실화할 수 있는 계획을 필요로 한다. 이런 기준이 학생들의 성공을 보장해줄 수 없다는 것이 놀라운 사실은 아니다. 성공적인 학교 지도자가 되는 것은 지역의 교과과정을 "… 과정과 산물의 의도적이고 일관된 체계를 통한 규격"과 연결하는 것이다(Carr & Harries, 2001, p. 1). 연방정부, 주정부, 지방

정부의 기준이 학교 수준에서 학생들의 삶에 영향을 미치기 위해서는 이런 지침은 학교 교과과정의 모든 면에 결합되어야 한다.

또한 표준화에 기초한 교과과정(standard-based curriculum)은 효과적인 실천을 정의하고 학교가 지루하고 상관없는 것을 배운다는 비난에 대한 처방책을 찾을 수 있도록 하는 데 도움이 된다. 전국 교과과정 보고서는 전국 최고의 교과과정을 발굴하고 공통된 추천사항들을 포함한다. 다양한 전문조직들이 학년에 따라 동종의 교과과정에서 학습 표준화를 규명한다. 수학의 경우는 전국수학교사위원회(the National Council of Teachers of Mathematics: NCTM)에서 영어의 경우는 전국영어교사회(the National teachers of English), 과학은 전국과학교사협의회(the National Science Teachers Association)에 의해 표준화가 이루어진다. 표 8.2는 최상의 실천과 표준에 의해 규명된 효과적인 교수학습을 위한 패러다임 전환을 제시한다. 패러다임 전환은 현장의 교수학습 활동의 실천에서 증가하는 것과 줄어들고 있는 것을 나타내고 있다. 교사 중심

표 8.2 국가의 교수학습 패러다임 전환

좀 더 많이	좀 더 적게
• 능동적 학습	• 수동적 학습, 침묵이 보상됨
• 경험적, 연역적, 즉각적 학습	• 모든 수업, 교사 중심적 교수법
• 시범과 모델링을 포함한 다양한 교사의 역할	• 평가지에 근거한 교실수업이나 자리수업
• 주요개념과 원리, 주제에 대한 높은 수준의 사고와 학습	• 교사로부터 학생에게 전달되는 학습
• 공부의 깊이	• 피상적인 학습과 사실의 암기
• 집단 속에서 학생들이 협력적 작업	• 능력에 의한 학생 추적
• 학생의 선택	• 표준화된 검사나 수행력 측정에 의존
• 다양한 교수법을 사용해 학생들의 학습 요구와 스타일에 관심을 둠	• 전체 집단으로 수업하는 것

출처: Zemelman, S., Daniels, H., & Hyde, A.(1998). Best Practices: *New standards for teaching and learning in America's schools*. Portsmouth, NH: Heinemann.

의 교수법은 보다 적극적 구성주의 접근법에 자리를 내주고 있는데 예를 들면, 학생들이 고차원적 사고를 하기 위해 급우들과 협동적으로 학습할 기회를 더 많이 갖게 되는 것이다.

표 8.2에서처럼, 교수과정의 새로운 관점은 수동적 학습과 단순한 암기를 줄이고 교사와 학생들 간에 협동과 능동적 학습을 증가시켰다. 또한 학습 분위기를 학생 중심적인 환경으로 조성했다. 목적도 교과과정의 계획단계에서 모든 학생들이 배울 수 있는 것으로 학생들의 요구를 반영하고 있다. 교과과정의 내용과 방법을 표준화한 것과 조정할 때, 자연히 학생들의 학습은 늘어나고 좀 더 계속적인 평가와 진단을 포함하게 된다.

교수학습에 표준된 것을 연계하는 과정은 모든 이를 위한 학습을 향상시키기 위한 학교차원의 성공을 위해 매우 중대하다. Eaker, Dufour와 Burnette(2002)에 따르면, "접근은 내적으로 타당해야 한다. 교사팀은 다양한 접근법을 사용하고 어떻게 학생들의 학습에 영향을 미치기 위해 협력해야 한다. 학생들의 학습 효과는 다양한 성과전략을 평가하는 기초다"(p. 22)라고 한다. 지도자의 역할은 교사들로 하여금 각 학교에서 최상의 실천과 규준으로 규명한 것들이 어떤 결과를 가져왔고 그 아이디어가 교실에서 어떻게 실행되었는가에 대해 서로 이야기할 수 있도록 격려하는 것이다. 학교 지도자들은 교사들에게 표 8.2를 검토하는 것으로 시작을 하고 차츰 그들의 교실에서 어떤 일이 벌어졌고 표에 있는 대로 **좀 더 많이**와 **좀 더 적게**라는 것이 어떻게 수정될 수 있었는지에 대해 말하도록 하는 것이다.

다음의 현장경험 사례에서 2학년을 맡고 있는 램지 선생님은 포드 교장 선생님에게 도와달라는 요청을 받았다. 교장 선생님은 램지 선생님에게 유치원에서 3학년 사이의 교사들이 표준화된 교과과정, 특히 NCTM에 익숙해져서 자신의 교과과정을 계획할 때 이런 표준화들을 결합시킬 수 있도록 하라고 요청했다.

이상의 현장경험 사례에 나타난 접근법은 English(2000)의 교과과정 매핑 과정과 다르다. English의 **교과과정 매핑**(curriculum mapping)은 어떤 주제가 누구에 의해 가르쳐질 것인가라는 전형적인 질문에 초점을 둔다. 이 과정에서 제1단계는 교사들의 지식과 기술을 넓힐 수 있는 기회를 제공해 그들을 참여하게 하는 것이다(Locks-Horsley, Hewson, Love, & Styles, 1998). 제2단계와 3단계에서 교육자들은 모든 수준의 교육체제가 함께하고 교사들의 리더십 역량을 개발하기 위해 함께 일하면서 학습 공동체

◇ 현장경험 사례

책에서 공통적으로 등장하는 **최상의 실천**(best practice)이라는 표현을 더 잘 이해하기 위해서는, 램지 선생님은 2학년 교사들만 아니라 유치원에서 3학년까지의 선생님들을 지도하도록 요청받았다. 포드 교장 선생님은 다음과 같이 말했다. "나는 먼저 선생님들이 수학 분야에서 최고의 실천을 하도록 강조한다. 나는 팀 구성원들에게 다음의 사항을 실시하도록 지시했습니다.

■ NCTM의 수학 교과과정 표준서를 얻으라.
■ 학년별 차트를 만드는 데에 오른쪽 칸에는 그 표준을 적고, 건너편 위쪽에는 교육구나 주정부에서 정한 수학의 주제를 적어라.

■ 수학 교과과정에 대해 동의하는 영역을 규명하라.
■ 가이드에 제시된 NCTM을 사용해 주정부와 교육구에서 의무적으로 제시한 교과과정의 결점을 찾아내고 차트를 검토하라.
■ 발견결과를 요약해 적어라.
■ 유치원에서 3학년에 걸친 다른 교육구의 NCTM 표준을 조사하라.

　학년별로 이런 작업을 마친 후에 나는 램지 선생님에게 그 결과를 요약하고 건의할 사항이 무엇인지 말하게 했습니다."

를 형성하는 데 직접적으로 개입하게 된다(Lambert, 1998).

　학교 지도자들은 다음 특성들이 학교의 종합적인 교과과정과 결합되어 있는가를 판단할 필요가 있다. (1) 외현성(explicitness) — 학습목표가 국가표준과 주정부표준에서 도출되었는가? (2) 일관성(coherence) — 교과과정이 내용의 엄밀성과 연계성을 증진시킬 수 있도록 조직되고 조정되었는가? (3) 종합성(comprehensiveness) — 모든 과목들이 교과과정에 나타나고 있는가? (4) 관리 가능성(manageability) — 모든 학생들이 목적과 학습기대의 부분이 되는가?

　마지막으로 학교 지도자들은 교과과정이 효과적으로 되려면 최소한 세 가지 핵심적 특성을 가져야 한다는 것을 인식해야 한다. 교과과정은 일관성(혹은 조정성)이 있어야 한다. 그것은 지속성(혹은 연결성)을 가져야 한다. 또한 교과과정은 교사들이 학생과 상호작용하면서 적용할 수 있는 유연성(flexibility)을 가져야 한다. 유연성은 교과과정이 어떤 환경에서 어떤 내용을 효과적으로 가르칠 수 있는 것인가에 대해 해석할 수 있는 개방성을 의미한다. 교과과정은 근본적으로 교과과정 설계의 원형을 변경시키지 않은 채 계통성과 전달 속도의 변화를 도모함으로써 계속적으로 향상되어야 한다

(English, 1992).

4. 사례연구

당신은 이제 막 이글 중학교의 교감 선생님으로 임용되었다. 잭 앤더슨 교장 선생님은 3년 경험을 갖고 있다. 이 학교의 교사들은 65%가 여성이고 35%가 남성이다. 이 학교는 매우 다양하고 각기 다른 언어를 사용하며 이동성이 잦은 학생들이 많다. 최근 5년 사이에 학생수가 450명에서 700명으로 급속히 성장했다.

이 학교는 대도시에 인접한 풍요로운 교외에 있지만, 교육구가 이 학교의 재정을 다른 곳과 나누도록 하고 있어 늘 재정난에 허덕인다. 앤더슨 교장 선생님은 의사결정을 할 때 서로 협력적인 절차를 밟도록 신경썼다. 각 학년의 교사들은 최종 결정을 내릴 앤더슨 교장 선생님이나 다른 행정가들에게 인풋을 제공하기 위해 팀으로 작업했다.

이 교육구는 6학년에서 8학년 사회과목 수업에 새로운 시리즈를 적용할 준비가 되어 있다. 사회과 교과서 적용은 최근의 고려사항이었다. 앤더슨 교장 선생님은 사회과목을 중요한 과목으로 어떻게 부상시킬 수 있을까 하는 도전에 직면해 있다. 그 이유는 최근 몇 년간 사회과목에 시간이 적게 할당되었고 많은 시간이 주정부가 의무로 규정한 시험을 준비하는 것에 할애되었기 때문이다. 사회과목이 무시되었기 때문에 교사들은 의미 있고 재미있는 교과과정을 준비하지 못했다고 느꼈다. 사실상 앤더슨 교장 선생님은 지난 3년간 이 과정에서 학업수행력 시험을 강조하는 학교 문화를 바꾸려고 무척 노력했고 교사들은 사회과목의 시간할당에 대해 좌절하기도 했다.

그래서 교사들은 교과서나 다른 교과과정 자료들을 선정하는 데 열의가 없고 사회수업은 시험이 없을 때는 아주 적은 시간만 할애하게 된 것이다. 그러나 새로운 교과서가 구입되고 내년 학기가 시작될 때 교사들의 손에 쥐어지는 데 불과 6개월 정도밖에 남지 않았다.

앤더슨 교장 선생님은 내년 사회수업 개선에 참여하고 있다. 교감으로서 당신이 사회과목이 6학년에서 8학년 사이에 아주 중요한 과목이라는 점을 중앙 행정부서에서 일하는 동료들을 설득함으로써 집회를 준비하는 교사들을 도울 수 있도록 일람표를 작성하는 것이다. 이를 성공하기 위해서는 다음의 사항을 실천해야 할 것이다. (1) 교과서 선정위원회의 부분이 될 교사를 채용함으로써 사회수업에 열의를 보이고, (2) 사회과목이 교과과정의 한 부분으로 보이도록 다른 사람을 설득하고, (3) 사회과목이 다른 교과목을 지원하고 있음을 타당화하고, (4) 사회과목이 학생들의 전반적인 문해능력을 증진시킴을 확신시켜라.

당신이 이 네 가지 영역에서 앤더슨 교감 선생님을 도우려면, 다음의 질문들은 당신의 행동계획을 발전시킬 것이다.

1. 당신은 네 가지 목표를 달성하기 위해 구체적으로 어떤 단계를 밟는가? 언제, 어디서, 누가, 왜 당신의 작업에 동참할 것인가를 제시하라.
2. 현재 교사들이 시험에 나오는 것만 가르치는 쟁점을 어떻게 제기할 것인가? 사회수업에 중요하다는 것을 어떤 전략을 사용해 확신시킬 것인가? 교과과정에서 사회과목의 증가 현상을 어떤 유형의 정보나 자료를 사용해 논의할 것인가?
3. 어떻게 사회과목과 영어나 수학의 시험과복이 연계되어 있음을 보여줄 것인가?
4. 앤더슨 교장 선생님이 교사들에게 자신의 의지를 전달할 때 도움이 되도록 어떤 활동이나 사건을 제안할 것인가?

5. 요약

학교 지도자가 학습에 대한 비전을 공유해 모든 학생들의 성공을 증진시킬 때, 그들은 학생 학습에 대해 지도적인 교수 프로그램을 주장하고 육성하며 지속시켜야 한다. 교과과정 개발과 조정을 통해, 학교 지도자들은 언제, 어떤 내용을 어떻게 가르칠 것인가에 대한 논의를 촉진하는 긍정적인 방식으로 교수학습 과정에 영향을 미치게 될 기회를 갖는다. 학교 지도자들은 교사만이 아니라 학생들을 위한 연구센터를 향상시키게 한다. 학교에서 지도자들은 모든 교수 프로그램의 방향을 제시함으로써 관리자보다 더 중요하다. 학교 지도자들을 안내하는 데 도움을 주는 쟁점은 교육과정과 교육경험, 학습의 조직, 목적과 결과의 평가를 들 수 있다.

교과과정 개발 과정에서 초점은 계획, 실행, 평가에 있다. 학교 지도자들은 교과과정의 계획, 실행, 평가에 대한 쟁점을 강조할 많은 전략을 사용할 수 있고, 그 전략들은 어떤 계획이 어느 정도로 수직적이거나 수평적으로 조정해야 할지 결정할 수 있다.

학교 지도자들은 반드시 어떤 교사들이 그 교과과정을 어느 정도로 실행할지 평가하고, 지역사회 구성원들이 그 교과과정을 효과적인 것으로 생각할 것인지를 결정해야 한다. 전략은 마지막 결과를 결정하는 총괄적 절차와 과정과 함께 진행되는 활동을 설명하는 형성적 절차를 포함한다.

이 장은 학생들의 요구와 특성을 기초로 해서 교과과정 개발 과정을 개관했다. 비록 교과과정 개발이 교사의 일차적인 책임이지만, 행정가들은 교사들이 계획할 시간을 주고 관찰하고 달성한 성공 정도를 결정하는 적절한 평가도구를 설계하도록 지원할 수 있다.

교과과정 개발과 같이 교과과정 조정도 계획, 교수, 평가라는 세 영역을 포함한다. 계획은 개념이나 내용을 검토하고 목적이나 목표를 수립하고, 자료나 교재를 조언하고 교수전략에 대한 학습경험을 구조화하는 것이다. 실행은 교실에서 학생과 상호작용을 포함하는 단순히 계획된 것을 수업하는 것이다. 평가는 학생이 학습 목적과 목표를 달성한 정도를 결정하는 것이다. 세 가지 영역의 중복 정도는 일치성이나 조정의 양을 결정하게 된다. 일치성은 좀처럼 일어나지 않지만 100%를 말하고 조정은 세 영역에서 어느 정도의 일치가 이루어지는 데에 기초하여 예측할 수 있다.

마지막으로 이 장은 교과과정과 교수를 향상시키도록 최상의 실천과 교과과정의 표준에 대해 논의했다. 최상의 실천은 학교로 하여금 고립되고 사실에 기초한 교수에서 멀어지고 협동적이고 과정 중심적인 교수로 전환시킨다. 학교 지도자들이 교과과정의 설계와 개선 작업을 하는 교사들과 함께 일할 때, 그들은 학생들의 학업성취에 반영될 교수학습을 형성하는 데 도움을 줄 수 있다.

6. 실천과제

8.1. 학교 지도자로서 다른 사람들이 교과과정을 정의하도록 묻는다면 뭐라고 말할 것인가? 단어 이상의 교과과정이 학생들과 당신에게 무엇을 의미하고 기술적인 표현을 준비하라.

8.2. 교과과정 평가는 학교 지도자들이 수행하도록 요구된 업무다. 교과과정을 평가하는 과정은 **교과과정 감사**(curriculum audit)로 언급되는데, 학생들이 무엇을 배웠고 어

떻게 학습했는가, 그리고 학습에서 어떤 격차가 있는가를 결정하기 위해서 실시된다. 특정한 교과과정을 면밀히 검토하려면 당신이 살펴보게 될 과목이나 학년을 먼저 정해야 한다. 종합적인 교과과정 감사가 시간소모적인 반면, 다음에 제시되는 과정은 수정된 교과과정 감사다. 교과과정 감사를 시작하기 위해 다음의 질문은 도움이 될 것으로 확신한다.

- 어느 학년의 어떤 교과과정을 감사하기로 했는가?
- 당신은 전체적인 학교의 프로그램에서 그 교과과정의 기원과 목적, 역할을 결정하기 위해 어떤 방법을 사용해 자료를 수집할 것인가?
- 이 교과과정을 만드는 데 중요한 역할을 한 사람은 누구이고 그것을 실행하는 자는 누구인가?

그림 8.6의 차트는 당신이 교과과정을 감사하는 동안 정보를 수집할 때 자료 출처와 관련해 도움이 될 것이다.

자료 출처	예/아니오	자료명 (가능하면)	코멘트
면접(교사, 학생, 행정가, 학교위원회, 교육장, 전문스탭 등)[a]			
관찰(학생과 함께 교과과정에 대한 교실에서 실천)[b]			
조사연구[b]			
질문지[c]			
산출물(포트폴리오, 학생들의 일기, 시험점수)			
다른 문서			

그림 8.6 교과과정 사정을 위한 자료

[a] 면접 질문은 사전에 개발되어야 하고 정보가 어떻게 기록될지도 사전에 정해져야 한다.
[b] 관찰지침이 사전에 개발되어야 한다.
[c] 조사연구와 질문지는 미리 준비되어 사용할 수 있어야 한다.

- 당신은 언제, 얼마 동안 교과과정 감사를 실시할 것인가? 감사를 실시할 때 모든 주요 사건들이 일어나도록 시간표를 만들어라.
- 이제 그림 8.1의 자료 출처를 포함해 정보를 수집했으면 무엇을 발견했는가? 당신이 발견한 것을 요약해 적어보라(면접에서 질문과 문서를 언급하면서).
- 감사결과에 기초해 어떤 활동을 제언하는가?

8.3. 가능하다면 연방정부와 주정부가 의무적으로 제시한 주요 교과과정의 표준을 살펴볼 기회를 가져라. 다음에 제시된 질문은 이런 과정에 지침이 될 것이다.

선정된 표준의 이름: 과정의 일반적 개관

1. 표준을 개발할 때 강조되는 기준은 무엇인가?
2. 국가 표준의 비전은 무엇인가?
3. 이런 기준을 개발하기 위해 어떤 조사연구가 사용되었는가?
4. 왜 이런 표준을 개발했는가? 왜 이런 주정부 기준을 개발했는가?
5. 전국적 기준의 역사는 무엇인가? 당신이 속한 주의 역사는 어떠한가?
6. 국가 기준의 주요 가정은 무엇이며 주정부의 주요 가정은 무엇인가?
7. 국가 표준은 어떻게 조직되고 있으며 당신이 사는 주정부의 경우는 어떠한가?
8. 국가 표준의 철학적 관점은 무엇이고 당신의 주정부는 어떠한가?
9. 이런 표준들은 어떻게 학교 지도자들에게 도움이 될 것인가?
10. 지난 10년간 교과과정과 관련된 쟁점은 무엇이었는가? 교과과정과 관련된 용어로 사용되고 있는 말들의 목록을 작성해보라. 교과과정의 쟁점을 작성하는 다른 방법은 온라인상에서 1990년, 1994년, 1998년과 2002년의 Phi Delta Kappan 에서 실시한 갤럽조사를 복사해 보는 것이다.

8.4. Maxine Greene은 지성의 육성을 열심히 설득했고－개념의 일반화, 분석화, 종합화－이 목적을 달성하기 위해 상상력의 육성을 주장했다. Greene의 논문을 온라인에 접속해서 다운로드 받아보라.

1. 그린이 예술은 '비전의 다원주의'와 '현실의 다차원화'를 가능하게 한다고 말할 때 무엇을 뜻하는가?
2. 어떻게 예술이 아동들의 개인적 발전에 기여할 수 있는가?

3. 당신은 교과과정에 예술을 포함할 때 어떤 느낌을 갖고 그것이 다양성과 독립적 사고, 민주적 정신을 육성한다고 하는 것에 대해 어떤 감정을 갖는가?

4. 이것은 학교 지도자와 교사, 정책 입안자들에게 무엇을 뜻하는가?

참고문헌

American Educational Research Association. (2000). *AERA position statement concerning high-stakes testing in prek-12 education.* AERA Online: www.aera.net/about/policy/stakes.html.

American Psychological Association. (2001). *Appropriate use of high-stakes testing in our nation's schools.* APA Online: www.apa.org/pubinfo/testing.htnil.

Arends, R. I. (2000). *Learning to teach* (5th ed). Boston: McGraw-Hill.

Beach, D. M., & Reinhartz, J. (2000). *Supervisoiy Leadership: Focus on instruction.* Boston: Allyn & Bacon.

Berliner, D. (1996). Research and social justice. Presentation at the 76th Annual Meeting of the Association of Teacher Educators, St. Louis, MO.

Bobbitt, F. (1918). *The curriculum.* Boston: Houghton Mufflin.

Carr, J. F., & Harris, D. E. (2001). *Succeeding with standards: Linking curriculum, assessment, and action planning.* Alexandria, VA: Association for Supervision and Curriculum Development.

Clark, C. M., & Yinger, R. J. (1987). Teaching planning. In D. Berliner & B. Rosenshine (eds), *Talks to teachers.* pp. 342-365. New York: Random House.

Costa, A. L., & Garmston, R. J. (1994). *Cognitive coaching: A foundation for renaissance schools.* Norwood, MA: Christopher-Gordon Publishers.

Darling-Hammond, L. (1997). Doing what matters most: Investing in quality teaching. *The right to learn: A blueprint for creating schools that work.* Washington, DC: National Commission on Teaching and America's Future.

Eaker, R., DuFour, R., & Burnette, R. (2002). *Getting started: Reculturing schools to become professional learning communities.* Bloomington, IN: National Educational Service.

Eisner, E. W. (2002). *The educational imagination: On the design and evaluation of school programs.* Columbus, OH: Merrill/Prentice Hall.

English, F. W. (1992). *Deciding what to teach and test: Developing, aligning, and auditing the curriculum.* Newbury Park, CA: Corwin Press.

English, F. W. (2000). *Deciding what to teach and test: Developing, aligning, and auditing the curriculum*. Millennium Edition. Thousand Oaks, CA: Corwin Press.

Frieberg, H. J., & Driscoll, A. (1996). *Universal teaching strategies* (2nd ed). Boston: Allyn & Bacon.

Glatthorn, A. A. (1993). Criteria for evaluating curriculum guidelines. Greenville, NC: School of Education, East Carolina University.

Gross, P. A. (1997). *Joint curriculum design*. Mahwah, NJ: Lawrence Erlbaum Associates.

Halayna, T. M., Nolen, S. B., & Haas, N. S. (1991). Raising standardized achievement test scores and the origins of test score pollution. *Educational Researcher, 20*, 5, 2-7.

Lambert, L. (1998). *Building Leadership capacity in schools*. Alexandria, VA: Association for Supervision and Curriculum Development.

Lezotte, L. W. (1997). *Learning for all*. Okemos, MI: Effective Schools Products.

Liebowitz, M. (2001). Staying the course. *Education Update, 43*, 1. Alexandria, VA: Association for Supervision and Curriculum Development.

Loucks-Horsley, S., Hewson, P. W, Love, N., & Styles, K. E. (1998). *Designing professional development for teachers of science and mathematics*. Thousand Oaks, CA: Corwin Press.

McCutcheon, G. (1999). Deliberations to develop school curricula. In J. C. Henderson & K. Kesson (eds), *Understanding democratic curriculum leadership*. New York: Teachers College Press.

National Education Goals Panel. (1994). Data volume for the national education goals report, Vol. 1: National data. Washington, DC: author.

Osterman, K. J. (1990). Introduction. *Education and Urban Society, 22*, 2, 131-132.

Reinhartz, J., & Beach, D. M. (1997). *Teaching and learning in the elementary school: Focus on curriculum*. Upper Saddle River, NJ: Merrill.

Reinhartz, J., & Beach, D. M. (1992). *Secondary education: Focus on curriculum*. New York: HarperCollins.

Remillard, J. (1999). Curriculum materials in mathematics education reform: A framework for examining teachers. *Curriculum Inquiry, 29*, 3, 315-342.

Rose, L. L., & Gallup, A. M. (2000 September). The 32nd annual Phi Delta Kappa/Gallup Poll of the public's attitudes toward the public schools. *Phi Delta Kappa*, 41-58.

Shavelson, R. J. (1987). Planning. In M. Dunkin (ed), *The international encyclopedia of teaching and teacher education*. pp. 483-485. New York: Pergamon Press.

Showers, B., & Joyce, B. (1996). The evolution of peer coaching. *Educational Leadership, 38*, 521-525.

Tanner, D., & Tanner, L. N. (1995). *Curriculum development theory into practice* (3rd ed). Upper Saddle River, NJ: Merrill/Prentice Hall.

Tyler, R. (1957). The curriculum then and now. In *Proceeding of the 1956 conference of test-*

ing problems. Princeton, NJ: Educational Testing Service.

Tyler, R. (1949). *Principles of curriculum and instruction.* Chicago: University of Chicago Press.

Weiss, S. (1994 May). Goals 2000. *NEA Today, 12,* 9, 3.

Wiles, J., & Bondi, J. (2002). *Curriculum development: A guide to practice* (6th ed). Upper Saddle River, NJ: Merrill/Prentice Hall.

Wood, J. R. (1987/2000). *The train to Estelline.* New York: Bantam Doubleday Dell Publishing Group.

Woolfolk, A. (1995). *Educational psychology* (6th ed). Boston: Allyh & Bacon.

Zemelman, S., Daniels, H., & Hyde, A. (1998). *Best practice: New standards for teaching and learning in America's schools.* Portsmouth, NH: Heinemann.

9

책무성: 학교 개선을 위한 자료 활용

✺ 주정부 학교 지도자 자격 컨소시엄(ISLLC) 표준

표준 1: 학교 행정가는 학교 사회에서 공유되고 지지를 받는 학습 비전의 개발, 형성, 실행, 그리고 배려를 촉진함으로써 학생들의 성공을 추구하는 교육 지도자이다.

표준 3: 학교 행정가는 안전하고 효과적이며 효율적인 학습 환경을 조성하기 위해 조직 경영과 운영, 그리고 재원을 보장함으로써 모든 학생들의 성공을 추구하는 교육 지도자이다.

✺ 단원 목표

이 장의 목표는 다음과 같다.

- 학교 개선을 위한 책무성의 역할을 논의한다.
- 책무성 모델의 구성요소를 규명하고 기술하며 학교 지도자들이 학교를 개선하게 위해 어떻게 노력을 경주해야 할지를 설명한다.
- 책무성 체계의 적용과 교과과정 개발 및 조정을 논의한다.
- 학교 개선 노력과 관련된 의사결정을 하는 데 요구되는 자료의 종류를 규명한다.
- 학교 지도자들이 학교 교과과정을 개발하고 학교 개선 계획을 수립할 때 어떻게 정성적 자료와 형성적 자료를 사용하는가를 설명한다.
- 자료수집과 학교 개선을 지도하는 다섯 가지 질문을 규명하고 과정상 그것의 사용을 논의한다.

책무성(accountability)이란 용어는 교육에 대한 논의에 자주 사용되며, 사용하는 사람에 따라 다른 의미를 갖는다. 기본적인 사전적 정의는 책무성을 갖는 것은 책임을 질 수 있거나 설명을 할 수 있는 것을 포함한다(*Webster's New World Dictionary and Thesaurus*, 1996). 이 용어가 교육 리더십에 적용될 때 지도자들은 모든 학생의 학습과 교수과정의 성공이나 실패를 알리는 자료를 사용하는 데 책임을 질 수 있어야 한다는 것을 의미한다. 책무성을 간결하게 표현하면, 학교 지도자들이 학교의 부적절성을 이유로 더 이상 미루지 않거나 다른 사람의 탓으로 돌리지 않고 모든 학생들이 학업에 성공할 수 있다는 확신을 갖도록 무슨 일이든지 기어이 하려고 하는 것을 말한다. Schmoker(2001)는 "책무성이 보다 높은 성취를 촉진시켜 준다는 사실"을 지적하는 증거들이 날로 늘고 있음을 알아야 할 시기라고 했다(p. 103). 그는 계속해서

"책무성에 대해 검증되지 않은 생각들을 재검토해야 할 시기이고 ─ 제기된 도전을 받아들이기보다는 그것을 습관적인 반사행동으로 비방하는 우리의 성향에 대한 재검토이며… 분별 있는 책무성이란 개선의 대가이다"(p. 104). 책무성과 학교 개선은 학교 지도자들이 성공뿐만 아니라 실패에 대해서도 더 많은 책임을 갖기 때문에 그들의 학교가 개선되기 시작할 때 서로 연계되어 있는 것이다. Greenlee와 Bruner(2001)는 "많은 사람들은 표준화된 검사를 책무성의 일부를 점검하는 것으로 보기도 하나, 그 평가가 학생들의 높은 인지수준을 요구할 때에는 조직적·교수적 능력을 제고시킬 수 있다"(p. 2).

책무성 과정의 한 부분으로 학교 지도자들은 관심이 점차 높아지게 되었다. "… 어떻게 주정부가 시험 요구를 하는가. 사실 성공은 주정부가 의무적으로 규정한 수행력에 기초해 단독으로 정의된다. 그렇게 했을 때, 그들은 우선 교육에 초점을 두면서 시험을 치르지 않고 학생들의 점수를 올릴 것을 요구한다"(Franklin, 2001, p. 4). 그러나 Greenlee와 Bruner(2001)는 교과과정 목적을 조정할 때 "기준이나 평가는 시험을 위한 가르침만이 아니라, 교수-학습과정에 영향을 미치도록 하기도 한다"(p. 2). 학교 지도자의 딜레마는 균형에 관한 것이다. 책무성의 초점이 시험점수로 반영된 학생들의 학업성취도라고 할지라도, 다른 쟁점, 예컨대 자퇴, 외국인 학생, 십대 임신 등도 책무성의 큰 그림 가운데 한 단면이 되고 있다.

이러한 새로운 책무성의 시대를 맞이하여, Underwood(2001)는 "제도로서 학교가 안정되는 단 한 가지 측면은 지속적이고 일관되며 반복적인 개혁일 것이다"라고 말한다(p. 172). 『위기에 처한 국가(*Nation at Risk*)』의 출판(National Commission on Excellence in Education, 1983)과 함께, 학교의 변화와 개혁을 위한 진화가 시작되었다. 학교 개혁의 측정은 학생들이 알아야 할 것과 할 수 있는 것에 대한 명확한 설명을 유도하는 평가와 책무성 전략을 통해 구체화된다. 이는 학생들의 학습에 대한 중요성을 더욱 강화시키고 학생들의 성공은 학교 지도자들이 "… 실패의 결과를 적용하는 게 아니고 더 나은 방법과 자료를 실행시키는 것이다"(Slavin, 2000/2001, p. 23). 수행력에 기초한 체계적이고 종합적인 개혁 접근법은 과정을 특징으로 한다(Comer, Ben-Avie, Haynes, & Joyner, 1999). 이러한 접근방법은 "잘 연구되고 쉽게 재적용할 수 있는 전체 학교 개혁을 학교 지도자들에게 제공하며 … 저위의 수행수준 학교의 교수-학습 개선에 도움이 된다"(Slavin, 2000/2001, p. 25).

학교 지도자들은 체계적인 개혁이 초등학교와 중고등학교의 교실에서 교수자료와 수업실천의 근본적인 변화를 유도한다는 확신을 할 수 있도록 적합하고 이용 가능한 학생자료를 사용해야 한다. Fullan(1999a, 1993)은 연구와 관찰을 토대로 초등학교는 3년 내에 개혁을 달성할 수 있고 중고등학교는 6년, 전체 교육구는 8년이 걸린다고 주장한다.

학생의 인구학적 특성의 변화는 교육 지도자나 정책 입안자들에게 책무성의 중요한 요소로 일차적인 관심이 되고 있다. 미국 전역에 걸쳐 교육구의 학생수가 변하고 있고, 학교는 더욱 다양해지며 거대도시가 되어가는 현대사회의 변화를 그대로 반영하고 있다(Elkind, 2000/2001). 학교 지도자들이 학교 구성원들의 변화를 연구하면서 "… 인구학적 영역은 모든 수준에서 교육 정책 입안자에게 가장 중요한 위치를 차지하게 된 것"에 질문을 던지기 시작했다(Hodgkinson, 2000/2001, p. 6). 학생들의 학습에 좀 더 책임을 질 수 있는 시도로, 다음의 질문은 학교 지도자들에게 지침을 제공하는 데 도움이 될 것이다. 학생들의 어떤 자료들이 일반적으로 필요한가? 학교 지도자들이 학생에 대해 어떤 정보를 알아야 할 것인가? 학생들에 대한 자료들은 어떻게 모든 학생들의 학습을 증진시킬 수 있는가? 이런 질문들은 학생들에 대한 자료를 수집하고 분석하는 과정에서 인구학적 변화뿐만 아니라, 학생들의 수행 능력을 추적할 수 있기 때문에 중요한 위치를 차지한다.

캘리포니아, 텍사스, 플로리다 세 개 주는 학생수가 급속히 증가하고 있고 학생들의 등록도 늘어나고 있다. 인구학적 이동은 전 인구의 1/4이 거주하는 도시지역에서 가장 많았고 동부지역은 가정들이 교외로 이동하면서 학생수의 급격한 감소가 나타났다. Hodgkinson(2000/2001)은 이를 **교외지역권**(suburban ring)으로 언급했는데 그 곳에서는 더 큰 학생의 다양성이 나타났다. 유동성(transiency)은 모든 학교에 영향을 미치는 학생들의 다양성을 야기하는 원인이었고 학교 지도자들은 학생들의 이동을 추적해 보아야 한다. 만약 한 교실에서 25명의 학생이 학기를 시작하면 끝날 때는 22명이 되고, 이 가운데 20명은 아마도 처음 시작했던 바로 그 학생들이 아닐 것이다(Hodgkinson, 2000/2001). 유동성은 또한 졸업률에도 영향을 미친다. 인구이동이 가장 높은 5개 주는 가장 낮은 졸업률과 대학 진학률을 보였다.

학교 지도자들은 인구와 학생 자료의 영향을 간과해서는 안 된다. 이런 정보는 전 미국 내에서 교실 수업 실천을 형성하는 데 정보를 계속 제공한다. 우리 사회가 변하듯 학교가 변하고 이런 변화는 다문화주의와 참여개입이라는 포스트모던 교육시대를 반영한다(Elkind, 2000/2001). 참여개입과 다문화주의는 교과과정이나 수업 그 이상의 문제다. 그것의 진정한 의미는 공통된 인간성의 의미와 서로에 대한 우리의 관점에 놓여 있다. 이런 변화의 적용을 이해한 학교 지도자들은 학생의 특성을 반영한 인구의 변동에 더 민감해질 것이다. 그러나 Creighton(2001)은 "목적 없이 자료를 수집하는 것은 의미가 없다"고 경고했다(p. 11). 다시 말하자면 학교 지도자들은 그것을 어디에 쓸 것인가 하는 의도 없이 자료를 수집하지 말라는 것이다.

이 장에서는 학교를 개선하려는 노력에서 책무성의 중요성과 개선전략에 관한 결정에 영향을 줄 학생 자료의 사용을 논의했다. 이런 자료들은 학교의 책무성 제고를 위해 지속적이고 지원적으로 되어야 한다. 덧붙여 학생들의 수행 능력을 추적하고 모니터할 수 있는 관련 자료들을 수집하고 분석하는 방법을 기술했다. 또한 이 장에서는 학교 개선 계획의 예를 제시했고 자료가 전체 책무성 과정의 한 부분으로 교과과정 조정과 관련된 결정을 내리는 데에 어떤 역할을 하는가를 논의한다.

1. 책무성 모델

책무성(accountability)의 개념은 교육에서 새로운 개념이 아니다. Pearson, Vyas, Sensale와 Kim(2001)은 "책무성은 왔다가 … 사라졌다 … 다시 왔다가 하는 개념으로 많은 형태와 모습을 갖고 있음"을 관찰했다(p. 175). 지난 20년간 공교육에서 책무성은 많은 연구의 초점이 되어왔다(Berman & Gjelten, 1984; Glickman, 1990; Harrington-Lueker, 1990; Darling-Hammond, 1991; Hill & Bonan, 1991; Bryk & Hermanson, 1993). 오늘날 여러 주에서 평가시험을 치르도록 적용한 것과 전국적으로 3학년에서 9학년에 걸쳐 시험을 의무화하는 것을 입법화한 것 외에는 아무 것도 남은 것이 없다. 2001년에 제정된 '어떠한 아동도 낙오가 없게 하는 법'(*No Child Behind Left*)의 실행과 함께 주정부는 "주의 기준에 따라 조정된 평가를 개발하고 학생들의 연간 학업성취를 설명하도록 요구할 것이다. 주정부와 교육구는 학생들이 성취도 목적에 얼마나 부합되는지를 보고하는 연간 보고 카드를 개발해야 한다"(American Association of College for Teacher Education, 2002, p. 1).

교육구와 학교의 결과는 일반적으로 학생 수행력 형태로 대중에게 공개된다. 주 차원의 평가측정은 주립학교 교과과정에 맞추면서 학생들이 배운 것에 맞춰 조정된다. 평가결과는 일반적으로 각 주의 책무성 체제와 결합되어 있고 재정지원과 함께 학점 부과나 처벌에 대한 사항도 포함하고 있다. Holcomb(2001)은 교육적 책무성을 증진시키고 모든 사람을 위한 학습을 확신하기 위한 지도자들의 노력에 지침을 제공하도록 다섯 가지 질문을 제시했다:

1. 우리는 현재 어디에 있는가?
2. 우리는 어디로 가기를 원하는가?
3. 우리는 어떻게 거기에 갈 것인가?
4. 우리는 우리가 그곳에 도달했는지 어떻게 알 수 있는가?
5. 우리는 어떻게 이것을 지속시킬 것인가?(p. 7)

학교들이 주정부 차원이나 전국 차원의 시험에서 학생들의 수행력 결과를 받게 될 때, 학생들이 교과과정을 얼마나 잘 습득했는가를 어느 정도는 이해(파악)할 수 있다. 연구는 학교 지도자들이 이에 익숙해져야 할 뿐만 아니라, 학교 프로그램의 개선에 관한 결정을 할 때 기존의 학교 자료를 어떻게 사용해야 할지를 알아야 한다고 제시한다(Fitch & Malcom, 1992; McNamara & Thompson, 1996). Holcomb(2001)은 어떤 책무성 체계도 "학교나 교육구 위치에서 세 가지 결정적인 측면으로 학생의 수행력, 관계자들의 인식, 조직문화와 상황"을 반드시 포함해야 한다고 하고 있다(p. 17).

주정부 책무성 모델

몇 개 주는 학생의 학업성취 수준과 주 차원의 평가프로그램에 근거한 책무성 체계로 관심을 받는다. 노스캐롤라이나, 사우스캐롤라이나, 텍사스 주는 강력한 교과과정 기준과 책무성 체계로 주목을 받고 있다(Finn & Petrilli, 2000). 덧붙여 플로리다 모델은 플로리다 종합시험을 포함해 주 교과과정의 조정뿐만 아니라 학생들에게 높은 수준의 인지적 이해(적용, 분석, 평가)를 보이도록 요구한다(Greelee & Bruner, 2001, p. 3).

예컨대, 캘리포니아와 텍사스 2개 주는 학생의 수행 능력을 학교와 교육구별 순위를 연계하는 종합적 책무성 모델을 갖는다. 캘리포니아 교과과정의 준거틀은 내용의 표준을 실행하는 청사진이 되었고, 교과과정 개발과 보충자료위원회(the Curriculum Development and Supplemental Materials Commission)에 의해 개발되었다. 공립학교 교육자와 대학교의 관련자 및 다른 영향력 행사자들은 텍사스 핵심 지식과 기술(the Texas Essential Knowledge and Skills: TEKS)이라고 불리는 텍사스 공립학교 교과과정을 개발했다. 이러한 주정부의 개입은 주정부교육위원회(State Boards of Education)에 적용되었고 두 가지 유형의 주정부 책무성 모델을 보여주고 있다.

캘리포니아는 다른 주와 같이 "규칙과 과정으로부터 학생들의 성취와 책무성으로 그 초점을 바꾸도록 결정했다"(Hart & Brownell, 2001, p. 183). 캘리포니아에서 유치원에서 12학년까지의 학업내용기준은 캘리포니아 주정부 위원회가 말하는 4가지 교과과정 영역, 영어, 수학, 역사-사회과, 과학으로 적용하고 있다. 내용기준은 수업의 청사진으로 사용되고 각 준거들은 교과과정 개발과 보충자료위원회에 의해 개발되었는데, 이 위원회가 추천한 교재나 기타 자료들이 주정부위원회(State Board)에 의해 받아들여졌다(California Department of Education, 2000a). 캘리포니아의 책무성 체계에 대한 더 많은 정보는 이 장의 마지막에 제시된 웹사이트에서 찾아볼 수 있다. 과목에 기초한 준거들은 교수와 학습의 조직화를 지도하며, "… 그래서 모든 학생들이 높은 마스터 수준을 보일 수 있다"(Hart & Brownell, 2001, p. 183). 이 교과과정은 주정부의 학생 수행력 평가체계, 다시 말하면 표준화된 시험과 보고 프로그램의 기초가 된다.

캘리포니아의 표준화된 시험과 보고 프로그램은 매년 스탠포드 성취도 시험 9판의 T형(Stanford 9) 캘리포니아 내용표준 시험(California Content Standards tests)과 기초교육의 스페인어 평가 2판을 보고한다. 교육구는 2학년에서 11학년 사이의 모든 학생들에게 스탠포드 9를 실시하도록 요청하고 있다. 다만 학부형이 시험을 치지 않도록 서면으로 제시하거나 개인교육 계획에서 제외된 학생들은 시험을 면제받을 수 있다. 2학년에서 8학년의 학생들은 읽기, 스펠링, 쓰기, 수학, 과학, 역사/사회과학이 요청되고 있다. 영어와 수학에 더 보태어 스탠포드 9에 기술되지 않은 캘리포니아 내용기준의 진술을 포함하게 하고 있다. 1999년에 시작되어 스페인어 계열의 학생으로(제한된 영어능력을 가진) 캘리포니아 학교에 12개월 이하 재학한 학생은 기초교육의 스페인어 평가지 2판을 사용해 시험을 치른다(California Department of Education, 2000c).

캘리포니아 즉시개입/저 수행수준 학교 프로그램(Immediate Intervention/Under-performing Schools Program)은 캘리포니아주 학교 책무성 법의 주요 부분이다. II/USP 기금은 캘리포니아의 몇 개 학교에 제공되어 학생들의 성취도 향상을 위한 활동을 계획하는 데 사용되었다. 예를 들면, 첫해에는 353개 학교가 50,000 달러를 지원받았고 학교 수행력에 장애요인을 찾기 위해 외부 평가전문가나 지역사회 팀과 함께 일하고 학생들의 성취도를 향상시키기 위해 활동계획을 수립했다. 책무성 실천 계획표는 학교들이 최소한의 목표치만 실행하는 것을 미연에 방지하기 위해 가능한 개입 전략을 목록으로 작성했다. 지방교육청 관리위원회는 외부평가자나 지역사회 팀이나 학교 현장의 자문을 얻어 학교의 인사의 재배치와 세부 단체협약서의 수정을 위한 교섭, 또는 적정하다고 보는 변화 조치를 포함한 일련의 활동 프로그램을 제공하여 학교가 실천 계획을 시행하고 학교 성장 목표를 달성하도록 해준다.

주 차원의 무거운 책무성의 지표로서 캘리포니아 주정부교육위원회(the California State Board of Education)가 정한 특정 수행목표를 달성하지는 못했으나 괄목할 만한 성장을 보인 학교들이 II/USP에 참여하도록 되어 있으며 그 실행을 위한 재정을 부가적으로 지원받고 있다. 수행목적을 달성하지도 못하고 괄목한 만한 성장을 보이지 못한 학교는 수행 저조 학교(low-performing schools)로 판명된다. 수행 저조 학교로 판명된 학교의 경우, 공교육장은 그 학교의 관리위원회의 모든 법적 권리와 의무, 권한을 떠맡게 된다. 교장은 사임하고 수업관련 주정부교육장이 주정부교육위원회의 자문을 받아 학교에 활동 계획(intervention plan)을 수립한다. 성장목표를 충족시키거나 초과달성한 학교는 금전적 보상을 받지만, II/USP로부터 추가 재정을 지원받지는 않는다(California Department of Edu ㅊation, 2000b).

텍사스 주에서는 텍사스 핵심 지식과 기술(TEKS)을 적용해 학생들에 대한 책무성을 더 강화하는 움직임을 보인다. 이 움직임은 TEKS에 따라 수업에 필요한 자료나 평가 혹은 전문성 개발을 함으로써 수업의 다양한 측면을 조정하게끔 설계한다. 그 과정은 간학문간의 연계(interdisciplinary connections)를 위해 15개 작문 팀과 연계 팀을 포함하고 있다. 또한 작성된 초안을 검토하기 위해 주정부검토위원회가 개입할 뿐만 아니라, 교육자와 주민, 내용전문가들의 의견을 받아들이고 있기도 하다(Charles A. Dana Center, 1997).

TEKS는 기본 과정과 활성화 과정을 포함하고 학생들이 배우고자 하는 기준을 텍사스 지식기술평가(Texas Assessment of knowledge and skills)라는 주정부 평가과정에서 측정하고 있다. 2003년에 시작된 주 차원 시험은 3학년에서 8학년 사이의 학생들에게 읽기, 쓰기, 수학, 사회 과목을 치르게 했고, 5학년, 10학년, 11학년에는 과학시험을 치르게 했다. 주 차원의 시험은 학업 수월성 지표체계(the Academic Excellence Indicator System: AEIS)라는 대규모의 책무성 과정을 구성한다. AEIS는 교육구와 학교들의 순위를 매기기 위해 시험에 드러난 학생들의 수행력과 학교 중퇴율, 출석률과 관련된 자료를 사용해 학교 수행력을 추적한다(Texas Education Agency, 2000c). 학교 지도자들은 주정부와 교육구가 사용한 것과 유사한 자료를 사용해 학교의 개선을 시작하거나 학교의 주요 의사결정권자들에게 학교의 상황을 알리는 데 사용되기도 한다. 학교의 표본과 교육구의 AEIS 보고서는 다른 장의 말미에 있는 웹사이트에서 그 목록을 찾을 수 있다. AEIS는 모든 학교와 교육구의 책무성 순위를 매기고 보상과 보고를 하는 데 기초로 활용된다. 최근에 가장 높은 순위를 얻은 사례는 학생의 90% 이상이 주정부 시험에 합격한 곳이다. 괄목할 정도의 학교는 학생의 80% 이상이 시험에 통과한 곳이고, 수용할 만한 수준은 모든 영역의 시험에서 학생들이 70% 이상 합격한 곳이다. 낮은 합격률을 보인 학교는 저조한 수행학교로 간주된다.

이런 예에서 나타나듯, 학교 지도자들은 지속적으로 학교에 적용할 수 있는 책무성 체계를 포함한 지표나 기준에 경각심을 가져야 한다. 많은 경우 학교 지도자들은 주정부 교과과정의 기준이 개정되고 주정부 평가에서 학생들의 습득수준이 향상되고 더 많은 학생들이 평가과정에 참여하고 있다는 사실을 경험했다. Hart와 Brownell (2001)은 "책무성에 관한 주정부의 역할은 학교와 교육구의 진보과정을 점검하고, 그들로 하여금 학생들이 높은 기준을 성취하도록 돕는 책임을 맡으며, 가장 긴요한 곳에 자원을 배분하고 모든 학생들을 위한 교육의 평등성과 교육 기회를 개선시키는 것이다"(p. 185). 학교 지도자들이 각 주정부의 책무성 체계에서 성공하려면 모든 학생의 학업적 성공(academic success)을 강조해야 한다.

교육구 책무성 모델

책무성은 교육구 차원에서도 제기되는데, 이는 중복이나 격차를 극복하고 학생들의 학업능력을 증진하고 측정 가능한 실행을 보여주기 위함이다. 예컨대, 아이오와 주 그

린빌 지역의 14개 학교기관은 책무성 체계에 기초한 교과과정을 마련했고 다음과 같은 구성요소들을 혼합한 것이다. 즉, 결과물과 함께 목적 진술, 교과영역의 목적 진술, 주제나 범위, 순서에 대한 목표 기술, 질적 평가항목 등이다. 이러한 요소들 간의 연계 없이도 교육구들은 최소한의 주정부 요구조건을 충족시키는 체계를 가질 수는 있으나 이를 구체화할 수 있는 체제 전반에서 실제로 거의 또는 전혀 변화를 가져오지는 못하게 되고 각 교실에서 교사들에 의해 적용되지도 못할 것이다(Green Valley Area Education Agency 14, 2000).

그린브리어 교육구(The Greenbriar School District)는 자체적으로 책무성 기초 모델을 개발했다. 그린브리어 교과과정(2000), 평가, 책무성 모델은 교과과정 평가 책무성(제10장 참조)과 연계되어 있고 다음과 같은 가정을 포함한다.

- 교과과정의 목적에 대한 상호작용 학습은 교과목간에 주제단위의 실행을 통해서 실천할 수 있다.
- 다른 수업방법(전체 집단, 소집단, 대집단)을 사용해 효과적으로 학습될 수 있다는 일부 구체적인 과업이 포함되어야 한다.
- 교사들은 격려자와 자원 관리자의 역할을 수행해야 한다.
- 협동적 교수팀은 특수 서비스 인사나 지역사회 구성원(지방/국제) 등 다양한 수업 지도자를 포함한다.
- 문제중심 학습은 지역사회 자원이나 기관을 사용한다.

이런 가정에 덧붙여, 이 모델의 실행을 지도하는 것은 각 영역(교과과정, 평가, 책무성)이 교과과정, 평가, 책무성 모델의 구성요소를 제공하는 것이다. **교과과정 영역**(curriculum domain)은 다섯 가지 요소를 포함한다. 첫째, 지방 정부, 주정부, 연방정부 차원의 가이드라인에 따라 개발된 학습자의 결과물이 주제 범위 내에서 혹은 개념 요소를 규명하기 위해 사용된다. 둘째, 학습자의 결과물이 매트릭스 형태 내에서 유지되고, 셋째는 주제 단위 내에서 지식과 기술이 교사와 학생에 의해 협력적으로 결정된다. 넷째, 교사와 학생은 각 주제 내에서 업무를 구조화하는 중요한 질문을 결정한다. 마지막으로 프로젝트들은 학생들의 학습 팀이 중요한 것을 묻고 그 결과를 보고할 수 있도록 개발된다.

평가 영역(assessment domain)은 다섯 가지 속성을 포함한다. 첫째는 공식적 수행력에 기초한 평가(formal performance-based assessments)는 각 주와 국가단위 기관에서 실시되고, 둘째는 발전적인 벤치마킹(developmental benchmarks)이 개인 학습자의 요구를 평가하기 위해 사용된다. 셋째, 학습자의 결과물에 기초해 개발된 항목들은 학교나 교과과정 팀의 개선에 의해 규명되고, 넷째, 진정한 평가는 학습 팀에 의해 개발되고 주제단위의 일차적인 평가도구가 된다. 마지막으로 주제와 관련된 지식과 기술항목은 학생들의 학습 팀에 의해 개발되고 개인의 목적은 프로젝트나 주제단위에 포함된다.

책무성 영역(accountability domain)은 세 가지 구성요소를 포함한다. 첫째, 학생들은 먼저 자신이 책임을 지고 수행결과는 학습 팀에 의해 개발된 지식과 기술의 항목으로 측정할 수 있고 학생들은 프로젝트 시작 단계에 자신의 목표를 포함한다. 다음으로 각 협력적 학습 팀은 학습자의 결과항목에 근거해 수행결과를 측정하고 진정하고 공식적인 평가결과는 개인과 팀과 학교로 포트폴리오가 구성되어 관리된다. 마지막으로 그 결과는 학교 개선 계획에 따라 평가, 보고되며 학습을 수정하거나 증진시키기 위해 사용된다.

2. 학교 개선을 위한 자료 사용과 분석

앞에서 주정부와 교육구 모델을 살펴본 바, 결과물은 평가과정에서 매우 중요하다. 결과에 대한 지식은 학교 지도자들이 그들 학교의 교수학습 과정에 영향을 주는 결정을 할 수 있도록 돕는다. 이는 의미 있는 도전이어서 학생들의 자료는 다른 기준으로(학년별, 프로그램, 인종별, 사회경제적 수준, 성별) 묶어 검토되고 분석되면서 시작되어야 한다. Glesne(1999)는 "자료분석은 무엇을 배웠는가를 알 수 있도록 당신이 보고 듣고 읽은 것들을 조직화해야 한다"고 말한다(p. 130). 학교 지도자들은 자료를 구성요소로 분리함으로써 학업의 강점뿐만 아니라 관심 영역을 확인할 수 있게 되며 이것은 가능한 활동 계획을 개발할 수 있게 해준다. Fitch와 Malcom(1998)은 효과적인 자료 사용은 학교 지도자들이 학교 개발 계획을 수립할 때 중요한 역할을 한다는 점을 지적했다. 그러나 Holcomb(2001)은 "학생들의 수행에 대한 자료를 생각할 때, 우리의 즉각적인 반응은 시험점수를 시각화하는 그래프에 맞추고 있다. 애초에 제한된 범위는 지식의 획득이 분리되어도 단독으로 혹은 완성된 형태의 학교 기능에 적용될 수 있다…"고 주의를 환기시킨다(p. 1). 학교 지도자들은 학생들의 학습이 여러 변수와 연관되어 있고, 지식의 단순한 획득보다 더 복잡한 것임을 알고 있다. 그러므로 자료수집은 반드시 시험점수 이상을 포함해야 한다.

Lezotte(1992)는 "학교 개선을 위한 학교 기반의 계획(school-based plans)은 자료에 근거하고 결과에 기초한 학교 개선 전략을 숙고해야 한다"고 한다(p. 75). 학교 지도자들은 교사들과 제휴해 교수과정에 대해 결정을 내릴 수 있도록 자료를 수집하고 분석해야 한다. 자료수집과 분석은 복잡한 통계를 사용할 필요는 없으나 "… 적절히 사용될 때에는 모든 수준의 조직 지도자들이 총체적인 질을 가져오는데 필요한 조직의 과정과 절차를 점검하고 조정할 수 있게 해준다"(Lezotte, 1992, p. 77).

학교 지도자들이 학생 자료를 추적하고 검토할 때 다음과 같은 점을 염두에 두어야 한다.

- 고정관념을 피하라. 예컨대 멕시코계(Hispanic)라는 기록을 보게 되면 그 학생이 어느 나라에서 왔는지, 어떤 인종인지, 그리고 어떤 언어를 사용하는가에 대한 문서가 되는 것이다.
- 인종이나 피부색을 드러내기보다는 문화적 배경을 명확히 밝힘으로써 인종적 편견이 아닌 문화적 요인과 관련된 정보를 수집하라.
- 무료급식이나 급식료 감면 학생수를 분석하라. Title I은 저소득층 학생을 규명하기 위해 단독으로 사용될 수 없다.
- 언어가 평가영역의 한 부분일 때 다른 언어를 사용하는 학생들을 파악하라.
- 모든 학생들의 성공에 대해 높은 기대를 확실히 밝히고 그 과정을 검토하라.
- 교실이나 학교 그리고 교육구가 학생들의 성공을 공개적으로 기록하고 홍보하라.

Creighton(2001)은 "학교에서 자료분석(data analysis)은 (a) 자료수집, (b) 교수학습을 개선하기 위해 사용할 수 있는 자료 이용"이라고 말한다(p. 2). 표 9.1은 리버티 고등학교 학생들이 주정부가 규정한 읽기, 작문, 수학 졸업시험에서 학생들의 수행결과를 보여준다. 이 표는 학교 지도자에게 전체 학생과 집단별 학생들의 수행력에 관련된 자료를 제공하는 주정부 보고서의 한 사례다. 표 9.1의 자료는 주정부 차원의 시험과 학교시험에서 교과내용별로 학생들의 집단별 합격률을 보여준다. 첫째 칸은 총학생과

표 9.1 리버티 고등학교 학생 수행 자료

집단	총 과목 (읽기, 수학, 작문) 학교 합격률	주 읽기 시험 합격률	학교 읽기 시험 합격률	주 수학 합격률	학교 수학 합격률	주 작문 합격률	학교 작문 합격률
총 학생	63	88	75	86	9	86	72
남자	62	91	75	87	79	70	66
여자	64	94	78	1	79	79	77
인디언	6	85	86	82	58	75	71
아시아인	19	92	90	95	100	89	90
흑인	27	84	54	83	46	58	49
멕시코계	57	85	68	84	79	76	71
저소득층	45	86	58	80	65	48	56
백인	79	82	84	73	77	78	81

집단별 학생이 세 과목(읽기, 수학, 작문) 모두 합격률을 나타내고, 둘째 칸은 읽기시험에 합격한 주 차원의 학생수이고, 셋째 칸은 학교에서 읽기 시험 합격률이며, 넷째 칸부터 일곱째 칸은 다른 교과목(수학, 작문)에 유사한 자료를 보여준다. 각 시험의 자료를 분석해보면 다음과 같은 집단으로 나누어볼 수 있다. 즉 총 학생, 남자, 여자, 미국 인디언, 아시아인, 흑인, 백인, 멕시코계, 저소득층 등이다.

　학교 지도자로서 책임은 교사와 행정가들이 이 보고서를 읽고 해석하고 이해하도록 도와야 하는 책임이 있다. "집단들이 자신들의 자료를 검토하면서 심도 있게 검사하고 가능한 목적을 제시하기 위해 다음과 같은 질문을 제기할 수 있다. (1) 이런 자료는 우리에게 무엇을 말해주는가? (2) 이것은 무엇을 말하지 않는가? (3) 이밖에 우리가 알아야 할 것은 무엇인가? (4) 이런 자료를 볼 때 학교를 개선하기 위해 무엇을 요구해야 하는가?"(Holcomb, 2001, p. 48).

　표 9.1에 있는 자료를 분석하는 방법 중 하나는 학교 지도자들은 제공된 정보를 기초로 다음과 같은 질문을 교사들과 논의할 수 있게 한다.

- 각 시험에서 학교 합격률은 무엇인가?
- 모든 시험에서 어떤 집단이 최고의 수행률을 보이는가?

- 어떤 집단이 전반적으로 가장 저조한 수행력을 보이는가?
- 어떻게 전체 집단과 소집단 간에 주 차원의 수행력과 학교 수행력을 비교할 수 있는가?
- 소집단의 가장 큰 격차를 드러내는 것은 무엇인가?
- 학교와 주 차원 간의 수행력에서 가장 큰 차이는 어디서 나는가?

각 집단들은 합격률로 나타내어 분석되었고 학교 합격률은 주 차원과 학교 총 집단 간의 점수로 비교되었다. 소집단의 비교를 용이하게 하기 위해 Holcomb(2001)은 학생들 집단간의 수행력 자료의 차이를 시각적으로 그림으로 표현하기 위해 막대그래프와 차트를 만들어 사용할 것을 권한다. 그림 9.1은 각 집단의 읽기 합격률을 그래프 형태로 나타낸 것이다. 교사들은 자료를 시각적으로 살펴보면서 좀 더 성공하기 위해 더 도움이 필요한 집단을 쉽게 판단할 수 있을 것이다. 학교 지도자들은 원자료를 검토하면서 시각적으로 비교할 수 있는 형태로 나타냄으로써 교사나 학교 행정 지원자들에

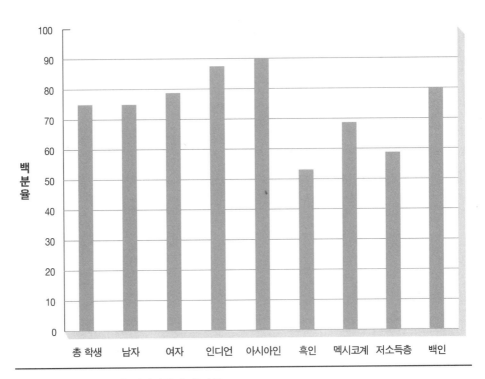

그림 9.1 하위집단의 읽기시험의 합격률

게 부가적인 도움을 요청할 수 있다.

학교 지도자들이 교수 프로그램이나 전략, 주도권, 활동을 비롯한 다른 학교 차원의 노력에 관한 결정을 하기 위해 사용한 자료는 수집된 자료에서부터 시작된다. 학생들이 얼마나 잘하는가를 결정하는 것은 자료를 분석하면서 알게 되고 학교 지도자들이 다음 절에서 논의되는 학교 개선 계획을 결정하는 데 교사와 다른 사람들을 참여시키도록 돕는다.

3. 학생 수행력 증진: 학교 개선 계획

이미 이 장에서 지적했듯이, 교육 책무성은 여러 수준에서 제기된다. 주정부는 책무성 체계를 개발하고 각 교육구는 다양한 책무성 모델을 개발하고 적용했다. 그러나 가장 큰 학교 개선의 잠재력을 갖고 직접적인 책무성이 발생하는 곳은 각 학교 단위에서이다. Schemo(2001)에 의해 논의된 최근 연구는 흑인이나 멕시코계가 절대 우세한 학교나 가난한 지역의 학교는 학교에서 개입전략을 개발할 때 확실히 두드러진 차이를 드러낸다. 개입전략은 (1) 학생들에게 동기를 부여하기 위해 창조적인 방법을 사용, (2) 순서화된 행동의 강조, (3) 읽기와 수학에 더 많은 시간할당 등이다. 효과적인 학교는 학생들이 배우고 있다는 것을 확실히 하기 위해 지도력을 쥐고 있는 학교 지도자의 결과다. Lezotte(1997)에 따르면, 효과적인 학교는 모든 학생들이 그들의 배경에 상관없이 특정한 교과과정을 배운다는 것을 확신할 수 있는 필수적인 활동을 하고 있었다. 학교 지도자들이 교사와 함께 일하고 학교 개선 계획을 수립하기 위해 스탭들을 지원할 때 다음 사항을 기억해 둘 필요가 있다.

- 성공적인 학생들에게는 성공적이고 효과적인 교사가 있다.
- 성공적인 교사들에게는 성공적이고 효과적인 지도자가 있다.
- 지도자와 교사들이 학생의 성공에 초점을 맞출 때 성공적인 학교를 만든다.

학교 개선과 학교 책무성은 학교 개선 계획에 가장 자주 등장한다. 개선 전략을 개발하면서 학교 지도자들은 총괄적 자료(summative data)와 형성적 자료(formative data)를 사용할 수 있다. 형성적 자료는 학교의 목표를 달성하는 진전의 문서화와 학생들의 성취를 증가시키는 것을 목표로 지속적이거나 자주 모니터링하는데 목표와 기술, 지식을 나타내는 교과과정의 노력이 포함될 수 있다. 총괄적 자료는 주로 매년 치러지는 학생들의 수행력 평가로 나오고 주정부의 의무적 시험이나 전국 수행력 시험으로 대변된다. 이런 총괄적인 자료는 교과과정을 얼마나 습득했는가를 판단하는 데 사용될 수 있다. 중퇴율이나 유급률, 탈락률과 같이 지방 정부 차원에서 일반화된 자료는 총괄적 준거기준을 제공할 수 있다.

형성적 자료는 학교의 목표를 실현하고 수정할 기회와 올바른 행동을 취할 기회를 준다. 이런 수정은 교과에 따라 학년에 따라 학교 행정가들에게 적절한 시간에 따라 매일 혹은 매주, 2주마다, 매달 혹은 6주마다, 다른 기간 동안에 일어날 수 있다. 교과과정으로부터 형성적 자료의 예는 (1) 숙제·과제물·프로젝트·시험 점수, (2) 교과과정 목표 습득을 점진적으로 표현하는 학생들의 목록, (3) 점수분포, (4) 교과과정에 기초한 수행력 측정이다.

학교 지도자들이 교수 프로그램과 전략, 주도권, 활동 혹은 기타 학교 노력을 평가하기 위해 사용된 자료는 형성적 자료수집으로 시작된다. 형성적 자료를 사용해 얼마나 학생들이 잘하고 있는가를 결정하는 것은 학교의 목표와 수행목표와 연관된 학생들의 특정한 산출물을 정기적으로 측정하도록 허용했다. 학생들의 수행과 진전에 대한 모니터에서 학교 지도자들은 (1) 교과과정이 당초 의도된 대로 가르치는가를 결정하는 데 관련된 모든 사람이나 부서를 포함하고, (2) 교과과정이 기대를 잘 드러내고 충분히 지원되는가를 결정하는 전권자를 갖고, (3) 앞으로 교과과정의 목적을 정제시키고 부가적 자원의 지원을 정당화하기 위해 새로운 정보를 사용하고 성공을 축하한다.

총괄적 평가는 매년 학생들이 필수 교과과정을 얼마나 잘 배웠는가를 문서화하는 수행보고서 형태를 취할 것이다. 학교나 교육구, 주의 측정이 있을 때, 그 결과는 학년별, 성별, 경제수준별, 프로그램별, 인종별 등 다양한 방식으로 보고될 수 있고 다른 학교나 다른 교육구의 다른 주와 자주 비교된다. 이런 총괄적 평가측정은 학교의 연간 결과를 압축하고 다음 해 교과과정 개편을 지시하는 종합적인 요구평가를 포함하는 자료를 제공한다. 총괄적 자료 포인트들은 매년 진전을 모니터할 수 있도록 년별로 그래프로 만들어진다. 그림 9.2의 그래프는 작문의 연간 합격률을 묘사한 것이다. 그림 9.2에서 보듯이 작문은 1995년부터 2000년까지 지속적으로 향상되고 있다, 비록 이 그림이 모든 학생들을 대표한다 할지라도, 유사한 선그래프가 성별, 인종별, 사회경제

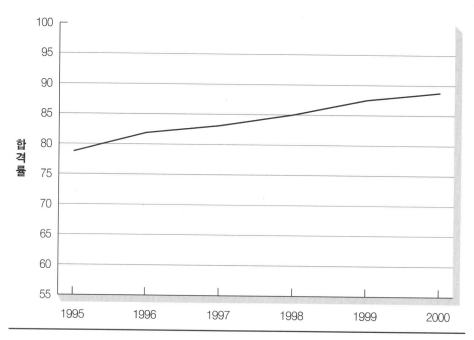

그림 9.2 작문 향상: 1995년부터 2000년 사이의 모든 학생의 작문 합격률

적 지위별로 그려질 수 있다.

학교 수행력의 모니터는 교사들의 협력하에 학교 지도자들이 행해야 할 책임이 있다. 교사들은 학교 개선 계획을 주도하고 전략을 실행하고 제안하고 나서 학생들이 다른 종류의 평가에서 어떻게 수행하고 있는가를 모니터하고 필요한 것을 개정해야 할 책임이 있다. 학교 개선 계획의 개정은 학생들의 성취도 증진의 일차적인 목적을 두고 자료에 근거해 추진되어야 한다.

공통 구성요소

비록 주와 교육구, 학교들이 학교 개선 계획의 특수한 형태를 갖고 있다 할지라도, 다음과 같은 공통 구성요소를 포함한다.

1. 이미 제시된 학습내용과 학생들의 수행력 표준과의 관계된 학생 수행력에 기초한 학교 전체의 종합적인 요구 분석

2. 학교 전반에 걸친 전략

- 모든 학생들이 제시된 수행기준을 충족시킴을 확신한다.
- 학습시간의 질을 향상시키는 효과적인 교수법 실천을 활용하라(예컨대, 방과후 프로그램, 방학프로그램).
- 다양한 교과과정을 제공한다.
- 소수민족이나 여성 등 역사적으로 소외되었던 집단의 요구를 충족시킨다.
- 모든 학생, 특히 성적이 낮은 학생들의 요구를 규명한다.

3. 양질의 교수를 위한 전문 스탭의 헌신
4. 교육의 요구 분석, 내용의 사전 제시, 양질의 교수와 직결된 전문성의 개발
5. 가족 문해 서비스와 같은 프로그램을 통한 부모들의 참여 증진 전략
6. 유아교육에서 초등학교로, 초등학교에서 중학교로, 중학교에서 고등학교 큰 전환을 가져올 때 학생들을 돕는 프로그램
7. 형성적, 총괄적 평가의 활용과 관련한 의사결정에의 교사 참여
8. 정해진 내용과 수행 표준을 습득하는 데 어려움을 갖는 효과적이고 적절한 활동
   - 학생들을 도울 수 있게끔 그 학생이 가진 문제를 규명하기 위한 측정.
   - 학교가 학생의 수행력을 증진시키기 위해 무엇을 할 것인가를 알리고 부모가 수행력을 증진시키기 위해 무엇을 도울 수 있고 어떤 부가 자원이 학교 지역사회에서 사용될 수 있는지 알리고 찾아내기 위한 부모와의 회의.

다음의 현장경험 사례는 초등학교 교장은 자료를 갖고 학교 개선을 위한 활동계획을 개발하는 것을 묘사하고 있다.

이 학교에서 보여주듯, 학교 지도자는 자료를 제시했고 교사들이 이 자료의 분석에 참여했고 활동대안을 찾는 의사결정에 개입했다. 많은 주에서 개선 계획은 모든 학생들을 위해 적절한 학업 지표에 따른 수행목표를 수립한다. 다음의 현장경험 사례로부터 교장은 자신의 잠재력을 개발하지 못하는 학생뿐만 아니라 출석률이 저조한 학생들의 요구까지 모두 피력하는 전략을 개발했다. 이런 계획에는 교사들이 각 학생의 목표달성을 도울 수 있는 능력을 함양하는 전문성 개발에 대한 요구를 보여준다.

학교 개선 계획(campus improvement plans)은 다음과 같은 사항을 반드시 포함한다. (1) 전략실행에 필요한 자원을 규명한다. (2) 전략실행을 촉진시킬 스탭 제공, (3)

◎ 현장경험 사례

애키프 여사는 미드타운 초등학교의 교장 선생님이다. 두 번째 6주 수업이 끝난 시기에 5, 6학년 학생들이 높은 결석률과 함께 읽기시험에서 높은 불합격률을 나타낸 것을 알아차렸다. 그녀가 교육장을 만났을 때, "나는 학생들이 학교에서 실시하는 읽기시험에서 불합격했을 때 다음 2월에 있을 주 차원의 시험에 잘할 수 없을 것이라는 데 관심을 쏟게 되었습니다. 또한 나는 학생들의 높은 결석률이 학교의 재정지원에 악영향을 줄 뿐만 아니라, 학생들이 학급에서 배우지 못한다는 점에도 주의를 기울이게 되었습니다. 나는 5, 6학년 교사들을 학년별로 만나 이 자료를 제시했습니다. 나는 교사들에게 올해 우리 학교 목표는 5학년 학생의 80% 이상이 주정부의 읽기시험에 합격하는 것이라는 점을 상기시켰습니다. 또한 나는 5, 6학년 학생의 출석률이 현재 90%인데 올해 우리 학교의 목표는 학생 출석률을 95% 이상으로 끌어올리는 것이라는 점을 다시 한 번 상기시켰습니다."

회의시 교사들은 자료를 보고 논의를 하고 브레인스토밍도 했다. 만약 교사들은 주어진 자료가 사실이라면 지금 학교의 목표는 너무 이상적이라는 점을 지적했다. 교사 중 한 사람은 "더 늦기 전에 우리는 학교 개선 계획을 수정해야 합니다"라고 말했다. 다른 교사는 "만약 학생들이 학교에 오지 않는다면 우리가 그들의 성적을 올릴

방법은 없습니다! 많은 학부모들은 이중 직업을 갖고 있어 집에 아이들이 학교에 가는지 마는지 신경 쓸 여유조차 없습니다"고 말했다. 계속 이은 토론 뒤에 교사들은 비록 학교 개선 계획을 수정하는 일이 있을지라도 추가자료들을 검토해 이 문제를 쟁점으로 개발하고 다음 주에 다시 만나 논의하기로 하고 헤어졌다. 마샬 선생님은 교육장에게 "자신의 입장을 고수할 것"이라고 했다.

그 다음 주에 5, 6학년의 교사들이 만났고 마샬 선생님은 이 자리에 자원봉사자로 참석했다. 그녀는 교육장에게 다음과 같이 보고했다. "나는 코치를 하기 위해 주변에 앉아 있었고 필요할 때 자료를 제공했습니다. 교사들이 원하는 한 가지점은 점은 전년도 시험자료였습니다. 지난 몇 년간 자료를 검토하면서 교사들은 학생들의 읽기 수행능력이 서서히 증가했음을 발견했습니다. 5학년들은 78%의 합격률로 증가했고, 6학년들은 75%의 합격률로 서서히 증가된 것으로 미루어 보아 올해 80%의 목표치는 달성 불가능한 것이 아니라는 점을 느낀 것입니다. 교사들은 학년별 읽기에 대한 주정부 합격목표치를 검토했습니다. 나는 교사들의 자료분석력과 비교검토 능력에 깊은 인상을 받았습니다. 교사들의 노력결과로 우리는 학교 개선 계획의 새로운 전략을 수립하고 학생들이 결석할 때마다 부모들을 면담하기로 했습니다."

각 전략을 실행하고 모니터링하기 위한 시간표 개발, (4) 개선되었는가를 알기 위해 어떤 종류의 총괄적, 형성적 자료를 사용할 것인가에 대한 결정. 계획의 최적의 모델이나 과정은 없다는 점을 기억해야 한다. 개발 과정이나 계획의 구조, 이 양자의 핵심

적 요소는 기술되어야 한다. 교육구와 학교 계획은 그 학생들의 고유한 요구가 무엇인지, 그리고 학생들이 보여야할 결과물이 무엇인지를 반영해야 한다. 표 9.2는 이글 중학교 개선 계획의 표본이다. 이 표본 계획에서 보듯이, 각 학교의 목표들은 활동단계, 자원, 책임, 측정가능한 결과와 일정표를 포함한다. 어떤 활동단계는 전년도에 시작된 것을 지속하는 것인 반면, 다른 활동계획은 올해 새로 시작하는 것이다. 활동계획에서 말했듯이, 많은 사람들이 계획실행을 책임진다. 극소수의 활동계획은 단 한 사람에 의해서 실행되는 것도 있다. 마지막으로 활동단계는 그 활동이 학교 목표의 달성을 돕는가를 측정할 수 있는 결과물로 나와야 한다.

목표는 반드시 모든 학생들이 배울 수 있다는 철학을 강조하고 다양한 학생 간의 존재하는 수행력 격차를 파악해 이를 줄이겠다는 철학을 반영해야 한다. 목적과 목표는 지역학생들의 요구평가 자료에 근거한 학생들의 수행력에서 도출된다. 목적은 장기간 비전에 근거해 다년간 학생들의 목적 결과물에 초점을 두고 개발된다(예컨대 학생들을 주정부 수월성 지표에 따른 주정부 표준에 5년 내에 도달하게 하는 것). 학교 수행 목표와 교육 수행 목표는 상호보완적이고 지원적이다. 학교 계획은 개혁적인 구조와 접근법을 신중히 고려하고 필요하다면 주정부의 학생들의 결과물을 의미 있게 향상시키는 데 필요한 지원을 요청한다.

학교 개선 계획은 측정할 수 있는 점검표를 포함하고 결과물이 자주 모니터되고 있다는 증거로 일정표를 모아두어야 한다. 형성적(혹은 자주, 지속적인) 평가는 계획이 실행되는 동안 활동을 수정하는 기회와 토대를 제공한다. 비록 그것이 목표를 재규명하고 중간전략을 새로 세워야 하지만 말이다. 총괄적(혹은 연말) 평가는 문서기록을 사용하고 완성을 축하하든지 변화나 수정된 부분을 규명하는 데도 이용된다.

자료수집은 어떻게 그것이 사용되고 학생들을 교육하는 일에 작용하는지를 끊임없이 반성하게 적용되고 다른 식으로 적용되기도 하면서 학교 내에서 결코 중단되지 않는 과정이다. Lezotte(1997)는 "학교 개선은 끝이 없는 여행이다"고 말했다(p. 70). 어떤 학교들은 이 과정을 계속되는 개선과정으로 묘사한다. 학교관여 인력들은 자신을 학생과 같은 학습자로 여기고 다음과 질문에 관련된 정보를 찾고 있다.

1. 교과과정 구조와 교수법 전략은 특수교육 프로그램, Title I 등 이중 언어 프로그램 학생을 포함한 모든 학생의 요구를 충족시키는가?

표 9.2 교내 개선 계획, 이글 중학교: 학교 목표

활동 단계	자 원	책 임	측정 가능한 결과	일 정
I. 학교는 모든 학생과 학생집단의 성취도를 향상시키기 위해 효과적인 전략을 수행할 것이다.				
1. 고득점 프로그램 지속 　a. 3,600 학생소책자 　b. 200개 교사 매뉴얼	교육구로부터 보충적 교수법 자금 a. 4,000 b. 500	행정가 상담가 교사	수업등록, 사전시험/사후시험 점수, 전년도 시험점수	최근 학교년도
2. 수학, 읽기/작문 보충수업 지속	추가 재정 불필요 (교사 과업)	행정가 교사	수업등록, 사전·사후 시험 점수, 전년도 시험 점수	최근 학교년도
3. 훈련 맵 실행 　a. 훈련책자 　　75 달러/교사(30) 　　89 달러/강사(5) 　b. 보조교사비 　c. 3일 훈련	격려자, 교사, 상담가, 학교 교수 향상 기금	격려자 교사 상담가	조직구조를 위한 HLC시험성취도시험 결과와 작문시험	학교 첫 9주
4. 읽기, 작문시험 수행에서 단점을 진단하는 ABCD 2000 소프트웨어 활용	교육구, 학교 지원 기술 기금 250 달러, 프로그램	교사 기술지원자	전년도 시험항목 개선	학교 첫 학기
II. 교내에서 학생집단의 요구에 기초한 교사집단의 요구에 목표를 둔 효과적인 스탭개발 실행을 할 것이다.				
1. 행정가, 교사, 스텝에게 다양성 훈련 제공	지역교육서비스와 지원센터	학교 개선 팀 관리	과목에 따른 사전·사후시험과 태도 비교	최근 학교년도에 시작
2. 특별 서비스 제공자와 담임교사 간의 자문 개발	특수서비스인사, 교내스텝, 개발일	학교 개선 팀, 특수서비스 감독자	학급투표, 특별 서비스 학생의 성적 추적	최근 학교년도
3. 과목간, 수직적 계획간 실행 및 조정	스탭개발과 각 교사의 보조	행정, 교사, 교과과정 지도자	학생 소집단의 이전 성적과 새 성적 비교	최근 학교년도의 4/4분기

표 9.2 교내 개선 계획, 이글 중학교: 학교 목표(계속)

활동 단계	자 원	책 임	측정 가능한 결과	일 정
III. 학교는 학생 출석률을 증가시킨다.				
1. 매일 학생 출석을 확인하기 위해 컴퓨터시스템 활용-3개 컴퓨터마다 2개 소프트웨어 필요	교육구에서 출석과 중앙사무실에 7,500 달러 보충적 지원, 교내 컴퓨터 기술 기금	행정 스탭	지난 3년간 출석률 비교	최근 학교년도
2. 학생 결석을 부모에게 알릴 수 있는 컴퓨터 기술 필요	출석 사무실에 2,000 달러 지원, 학교 기술 기금	행정가, 상담가, 교사	지난 3년간 출석률 비교	최근 학교년도
3. 과도한 결석 학생 부모와 면담	행정, 상담가, 교사	행정가, 상담가, 교사	매년 회의 개최	각 성적 공지 기간의 마지막
4. 100%나 96% 이상 출석시 보상 체계 개발	교내 학생 활동 기금 700 달러	행정가, 상담가, 교내개선위원회	지난 3년간 출석률 증가 측정	각 성적 공지 기간의 마지막
IV. 학교는 교내 개선 노력에 학부모, 학생, 지역사회의 참여를 증진시킨다.				
1. 모든 학교행사를 보여주기 위해 디지털 천막 (marquees) 획득	교육구와 교내 재량 기금과 개인 기금 26,000 달러	행정가, 교내개선위원회 구성원	작년과 학교 기능에 따른 출석률 비교	최근 학교년도 시작
2. 학생 출석, 수업성적 향상, 학교행사를 알리는 우편물을 분기마다 발송	교수법 기금과 학생 개발 기금에서 우편물 900×4＝ 3,600 달러 발송	행정가, 상담가, 교사	작년과 학교 기능에 따른 출석률 비교	최근 학교년도의 사분기
3. 6학년 대상으로 중학교 신입생 캠프 개최	학생 활동 기금에서 인쇄, 종이, 다과비 650 달러	행정가, 상담가, 교사, 스탭	학교 기능에 따른 출석률을 작년과 올해 비교	최근 학교년도 시작

2. 교과과정 조정이 학년 간에 그리고 교내 모든 학년을 통해 이루어지는가?

3. 교과과정 제공이 주정부 기준과 학생의 평가결과와 연계해 조정되는가?

4. 교과과정 제공은 주정부 졸업 기준을 충족시키고 학생들이 고등학교에 성공적으로 진학할 수 있게 하는가?

자료는 정기적으로 목표를 갖고 검토되어야 한다. 많은 경우에 학생들의 수행력이 바람직하지 못한 것에 대해 여러 부가적인 이유들이 설명될 것이다. Richardson (2000)은 학교 계획을 개발하고 검토하는데, 학교 지도자들이 다음과 같은 사항을 검토할 것을 권한다. (1) 학생들의 인구학적 특성과 학년별 성취도, (2) 표준화 시험점수나 교실 시험점수 등의 부가 자료 검토, (3) 자료를 성별, 인종별, 사회경제적 지위별, 출석률, 전학률, 수행집단별로 나눈다. (4) 자료를 가장 수행력이 낮은 집단부터 살펴본다. (5) 성별 차이와 사회경제적 집단 차이를 살펴본다. (6) 정보의 의미를 기술하면서 자료를 요약한다. (7) 학습과 교과과정, 교수법의 격차를 논의한다. (8) 설명을 강화시키거나 거부하는 데 사용될 부가 자료를 찾는다. (9) 측정 가능하고 달성 가능한 특정목표를 개발한다. (10) 자료를 수집하고 분석하는 과정을 반복하기 위한 일정표를 세운다.

마지막으로 학교 재정은 자원 할당과 관련된 광범위한 모집단을 포함한 학교 계획에 따라 개발되어야 한다. 예산수립 과정은 제6장에서 이미 논의되었다. 예산 사용을 위한 모집단은 각 학교가 학생의 인구적 특성에 기초해 붙여둔 보충기금 사용에 대해서도 기술해야 한다. 그 계획에서 자원이 구성요소는 수립된 목적과 목표를 달성하기 위해 어떻게 기금을 모으고 다른 자원이 활용될 것인가도 지적해야 한다.

4. 책무성: 교과과정 조정에 적용

학생의 결과물은 제8장과 그 앞에서 논의된 교과과정과 밀접하게 관련된다. 여러 주에서, 공립학교 교과과정은 관계 의사결정자들의 도움을 받아 일반적인 용어로 주 차원에서 결정된다. 달리 말하면 이때 교육구는 이 교과과정을 교육구와 개별 학교 차원에서 어떻게 실행할 것인가에만 책임이 있는 것이다. 학교 지도자들이 고려해야 할 주요 쟁점은 의사결정권자들의 참여 정도와 어떤 내용이 어느 정도로 포함되어야 할지,

어떤 교수법을 사용해야 할지에 관한 것이다.

Zenger와 Zenger(1999)는 모든 주의 보고에서 교과과정 개발, 특히 학년별 내용의 순서와 범위는 지방학교 체제에서 하도록 하고 있음을 발견했다. 그러나 대부분은 그들이 교과과정을 개발할 때 따라야 할 지방체제에 지침을 제공할 표준과 벤치마킹, 준거틀, 목적 혹은 핵심적인 학습결과물을 보고했다. Greenlee와 Bruner(2001)에 따르면, "교사들은 교과과정에 대한 책무성 측정에 연계되어 있고, 교실 수준에서 수행과업과 평가실시에 익숙해져간다"(p. 3).

학년별로 학생들의 고유한 발달요구뿐만 아니라 주정부의 요구나 법이 고려되어야 한다. 고등학교 수준에서 교내 인사들은 고교졸업을 위한 주정부의 최소 기준요건을 반드시 고려해야 하고 기술, 과학, 수학, 인문학, 예술, 그 밖의 다른 과목에 초점을 둔 교수 프로그램이 제공되어야 한다.

초등학교 수준에서 교내 인사들은 총체적 학습 프로그램을 소개하기 위해 가장 적절한 시기를 찾고 발달과정에 적합한 유아교육 프로그램을 제공하는 작업을 한다. 초등학교 수준에서 교과과정이라도 주정부가 규정한 의무적인 시험이나 국가 차원의 성취도 시험을 면제하지는 않는다. 몇 개 주는 3학년 학생이 읽기 실력이 주정부 기준시험을 통과하지 못하면 학년을 진급하지 못했다. 학생성취도와 교과과정 조정에 대한 책무성은 통합적으로 연계되어 있고, 교사들은 학생이 무엇을 알아야 하고 올해 학교에서 세운 계획의 범위나 순서상 어떤 것을 배울 수 있는지를 충분히 이해해야 한다. 게다가, 교사들은 효과성을 결정하고 필요한 수정보완을 하기 위해 정기적으로 만나 평가자료를 분석해야 한다.

제8장에서 논의된 대로 교과과정 조정은 학생들에게 가르치는 공식적 교과과정이 계획이나 시험과 어울린다. 교사에 의해 사용된 교수방법론은 의무적인 것은 아니나, 학년별, 과목부서별, 학업팀에 의해 개별적, 수렴적으로 결정된 것들이다. San Miguel (1996)은 교과과정이 교내에서 조정될 때, 서로 다른 집단 간에 주요 성취도 격차가 없다는 것을 발견했다. Lezotte(1997)는 "학교가 의도된 가르침과 교과과정 평가가 가볍게 조정된다면 학생들의 성취도가 의미 있게 향상될 것임"을 알아냈다(p. 25). 교사들은 궁극적인 교과과정 개발자이며 그들 학교와 교육구 내에서 교과과정 개편 과정에 반드시 참여해야 한다. 수업, 교과과정, 평가는 학생들의 학습을 확신하고 주정부와 전국 차원의 시험이라는 책무성 측정에서 성공하려면 반드시 주목해야 할 것이다.

학교 지도자들의 궁극적인 책무성은 모든 학생들이 학업에 성공하도록 교과과정이 평가도구에 조정되고 있음을 확신할 수 있어야 하고 학생들의 학업성취도를 모니터하는 것이다. Wise(1999)에 따르면, 교사는 학생의 학업성취를 일차적으로 결정짓는 사람이다. 학교 지도자들은 학습을 촉진하고 교사와 학생이 학습을 위한 노력을 경주하고 그들의 작업을 지도하고 그 과정에 협력하도록 해야 한다. 학교 지도자들은 교사들의 교과과정 조정을 위한 업무에 정기적인 시간을 할당할 수 있고 질문에 답하고 과정을 모니터하고 학생의 성공을 위해 요구되는 중요한 이런 작업에 대해 커뮤니케이션을 할 수 있는 자원으로 봉사할 수 있다.

학생 요구를 기술하는 교수 프로그램

교과과정 책무성과 관련해 끊임없이 제기되는 쟁점은 모든 학생들, 특히 문화적 혹은 인종적으로 다른 배경을 갖고 있는 학생들의 교과과정 성공이 저조하다는 점이다. Lezotte(1995)는 "국제적이든 아니든 학교는 학생들의 학습 기회를 배분하는 데 차별을 하고 있고… 학습 기회의 부족은 간간이 학습능력의 부족으로 해석된다"는 점을 관찰했다(p. 27).

교수 프로그램이 학생들의 발달적인 차이와 특수성, 언어, 문화적 요구를 반영할 때, 학생들은 성공할 수 있다. Ladson-Billings(1995)는 "지식과 기술, 태도를 구현하는 문화적 준거를 사용함으로써 학생들을 지적으로, 사회적으로, 감정적으로, 정치적으로 자활감을 부여하는 교육학"을 주장했다(pp. 17-18). 문화적으로 반응적인 교수전략은 교수형태와 내용을 변화시킬 수 있다. 성공한 학교의 어떤 교장은 "… 우리는 모두를 위해 아주 풍요로운 교과과정을 가르치려고 했다. 학생들에게 적절한 수정을 가하면서 그들에게 정확하게 제시된다면 모든 아동들은 아주 진보된 방식으로 배울 수 있다… 우리는 그들이 배울 수 있다는 것을 느꼈다. 그리고 그들은 그렇게 했다"(San Miguel, 1996, p. 78)고 진술한다. Schemo(2001)가 지적했듯이, 학교는 흑인이나 멕시코계, 저소득층, 다른 언어를 사용하는 학생들에게 과도하게 주정부 의무시험에 높은 점수를 부여해서 좌절시킬 수 있다.

형평성과 수월성을 달성하기 위한 답은 문화적으로 언어적으로 다양한 학생들의 교육을 향상시키는 데 문화적, 개인적 지식을 활용할 수 있고 특정한 방식을 강조하는 문화적 패러다임을 반영해 개혁하는 것이다(Smith-Maddox, 1998). 덧붙여 학생들의 열망과 숙제습관과 과외활동의 참여뿐만 아니라 부모들의 사회경제적 지위와 참여, 기대, 그리고 교실활동에 대한 교사와의 정기적인 커뮤니케이션 등은 학생들의 학업 성취도에 긍정적인 효과를 미친다.

모든 학생들에게 효과적이기 위해, 학교나 교내에서는 모든 학생들의 요구를 확인해야 하고, 동시에 특정 목표집단 학생들의 요구를 학교 전반의 프로그램에 반영하고 어떻게 이들의 요구를 실현할 것인가를 결정해야 한다. Title I 프로그램은 상담과 학생 서비스, 멘토링 서비스, 진학과 진로인식 및 준비 프로그램, 예컨대 대학과 진로지도, 종합적인 진로개발, 직업정보, 고용창출이 높은 기술, 직업기술, 개인의 재정교육, 구직 서비스 등을 포함한다. 혁신적인 교수방법은 응용된 학습과 팀티칭 전략을 적용하는 것을 포함한다. 학생들을 학교로부터 일터로 전이시키는, 다시 말해 초등학교, 중학교, 고등학교와 지역사회 사업과의 연계하에 직장으로 전이를 준비시키는 서비스, 학교기반의 교육과 직장기반 교육의 통합, 성평등적 방법과 실천에 협력하는 것이다.. 이런 모든 전략들은 주정부와 지방 정부의 개선 계획에 맞게 설계되고 일관성이 있어야 한다.

5. 사례연구

당신이 리버티 고등학교 교장의 직위를 지원했고 교내심의위원회와 면접에 응했다고 하자. 이미 학교기반 심의위원회는 당신에게 교내 관련 자료를 제공했다. 학교에서 정한 학생들의 졸업 자격시험에서 학생들의 수행력은 표 9.1에서 발견된다. 탈락률 및 출석률과 관련된 부가 정보는 표 9.3과 표 9.4에서 발견할 수 있다.

이 정보에 더해서 위원회는 다음과 같은 정보를 당신에게 제공한다.

- 인종에 따른 출석률과 탈락률이 표 9.3에 나타난다.
- 총 등록학생은 1,038명이다. 학년별, 인종별 학생수가 표 9.4에 나타나 있다.
- 리버티 고등학교는 지난 3년 동안 매년 평균 25명의 학생이 줄어들었다(대부분 백인 학생).
- 리버티 고등학교는 내년 학생수 비율을 계산해볼 때 올 연말에 한두 명의 교사가

표 9.3 인종에 따른 출석률과 탈락률

	출석률(%)	탈락률(%)
총 학생	96	6
남자	92	16
여자	94	9
인디언	94	1
아시아인	96	0
흑인	89	12
멕시코계열	84	19
저소득층	89	15

표 9.4 학년별 인종별 학생수

집단	10학년	11학년	12학년
흑인	49	54	56
멕시코 계열	106	121	73
백인	211	190	155
인디언	1	2	1
아시아인	9	7	3
총 계	376	374	288

줄어들 것이다.

- 리버티 고등학교는 지난 3년간 3명의 교장이 거쳐 갔다(첫 번째 교장은 9년 봉직 후 정년퇴직했고, 두 번째 교장은 1년 반 후에 중앙사무실로 옮겨갔고, 마지막 교장은 작은 사립 고등학교에 남았다).
- 부모집단은 학교의 교수자료와 프로그램을 재정적으로 지원하기 위한 만남을 하고 있다.
- 교사들의 평균 계약기간은 11.7년으로, 길게는 21년 짧게는 1년이다.
- 어떤 변화라도 교원노조의 승낙을 받아야만 한다.

교내심의위원회와 함께 당신이 면접을 준비할 때, 다음과 같은 질문에 응답해야 한다.

1. 당신은 학교의 학업의 강점을 무엇이라고 보는가?
2. 어떤 교수영역이 가장 강력한 주목을 받아야 하는가?
3. 학교는 모든 학생들의 요구를 충족시키는가?
4. 당시의 자료검토를 기초로 당신이 그 직위를 얻고자 하는 이유는 무엇이며, 가능한 행동과정으로 당신은 무엇을 제안할 수 있는가?

6. 요약

지금까지 많은 정보들이 프로그램, 과정, 활동에 초점을 두었다. 목표를 이루기 위한 작업으로 학교 지도자와 교사 간의 관계가 주어져야 한다. Ma와 McMillan(1999)은 학교행정에서 교사들의 작업에 대한 만족감을 높이는 것뿐만 아니라 다른 수준의 수업경험의 부정적인 경험을 줄이는 것이 중요하다는 것을 발견했다. 또한 이들은 학교 행정가와 교사의 관계를 긍정적으로 인식하는 것이 교사들이 수업을 편안하게 하고 학교생활의 모든 면을 빨리 성공적으로 적응하도록 돕는다고 믿고 있다. 학교 행정가들은 정보 세미나, 오리엔테이션 주관, 멘토링 프로그램과 같은 프로그램을 신중히 고려할 것이고, 새로 임용된 교사들이 행정적 부담을 줄이고 수업에 전력하는가를 평가한다.

학교의 성공에 필요한 정보는 종합적인 요구 분석의 실시와 함께 시작되며 그 목록이 충분하지는 않더라도 몇 가지 아이디어가 제시되었다. 책무성에 적합한 단일하고 가장 효과적인 도구가 있다면 그것은 학교 개선 계획이 될 수 있다. 이런 문서들은 모든 학생이 성공적으로 학업을 하고 있는 과정을 보여준다. 학교 지도자의 역할은 다차원적이다. 그들은 책무성 기준에 따라 교과과정의 조정을 촉진하고 종합적인 학생평가 프로그램을 개발하고 학생과 교사들이 배우고 가르칠 수 있는 안전한 곳으로 만드는 촉매자다.

7. 실천과제

9.1. 시티 중학교의 새 교장으로 임용된 당신은 교수법 보조교육장과 회의를 하고 떠났다. 교육장은 당신에게 "우리는 주정부 시험에 학생들의 합격률을 높여야 할 필요가 있다." 지난 면접에서 당신은 1998년에서 2000년 사이의 합격률을 알았다. 그러나 오늘 당신은 2001년 합격률을 보았다(표 9.5 참조). 지난 2년간 근무한 교장은 수업 지도자는 아니었다. 당신은 교장으로서 학생 시험의 합격률을 높이는 책임을 맡게 되었다.

- 당신은 교사들과 스탭들에게 무슨 말을 하겠는가?
- 당신은 지금 이 자료를 어떻게 제시하겠는가?
- 당신은 이 문제 해결에 교사들을 참여시키기 위해 어떤 과정을 거칠 것인가?
- 당신이 부가적으로 필요한 자료는 무엇인가?

9.2. 표 9.5에 있는 시티 중학교의 자료를 이용해 기초기술 시험에서 학생들의 능력을 향상시킬 수 있는 가능한 변화를 제안해보라. 표준 1은 시험점수 향상을 위한 교사들의 역할을 어떻게 말하는가?

표 9.5 기초기술에 대한 비교시험 점수

학년	1998	1999	2000	2001
총 수학 %				
6	42	55	48	41
7	52	56	60	53
8	48	72	59	61
총 작문 %				
6	55	69	51	62
7	56	60	59	51
8	46	59	54	50
총 읽기 %				
6	51	57	45	41
7	57	42	52	38
8	48	60	54	42

9.3. 당신의 학교 개선 계획 팀이 주정부의 기초기술 의무시험에서 학생들의 비약적인 실력향상을 위해 전략한 개발과 실천방법을 말해보라.

9.4. 다음에 제시된 자료 점검표에 따라, 당신의 학교에서 최소한 한 학년 이상에서 범주별로 자료를 모아보라. 그 자료를 모아 시각적인 형태로 자료를 제시하고 얻은 결과를 말해보라.

Ⅰ. 교내 등록률

학년에 등록한 총 학생수 _____

인종별, 언어별, 성별 혹은 다른 특성에 따른 학생집단:

      흑인계 미국인   _____

      멕시코계   _____

      인디언   _____

      아시아계   _____

      백인   _____

      타이틀 Ⅰ   _____

      이중 언어   _____

      특기생과 영재학생   _____

특별 프로그램 학생수(예컨대 Title I, 이중 언어, 영재 혹은 특기학생)

Ⅱ. 일일 출석률

학교의 일일 학생 평균 출석률 _____

학년별 학생 일일 출석률 _____

학생들의 수업 지각률 _____

학년별 학생 지각률 _____

21일 이상 결석한 학생수:

      학교 _____ 학년 _____

Ⅲ. 전학률/안정률과 사회경제적 지위

한 해의 학생들의 전입·전출 비율:

      연도 _____ 학년별 전학률 _____

전학년도 동안 학교에 안정되어 남아 있는 학생 비율

  연도 _____ 학년별 안정률 _____

급식료 면제 혹은 감면 학생 비율 _____

학부모들의 평균 교육년수와 가정별 소득수준 _____

IV. 학생 태도

학생 경고 및 훈육률: 학교 _____ 학년 _____

학생 정학이나 퇴학: 학교 _____ 학년 _____

V. 자료에 근거해 효과적인 의사결정을 내리기 위해 어떤 부가 자료를 수집하고 분석할 필요가 있는가?

참고문헌

American Association of Colleges for Teacher Education. (2002 February). *Governmental relations update*. Washington, DC: AACTE.

Berman, P., & Gjelten, T. (1984). *Improving school improvement: A policy evaluation of the California school improvement program. 2: Findings*. Berkeley, CA: Berman, Weiler Associates.

Bryk, A. S., & Hermanson, K. L. (1993). Educational indicator systems: Observations on their structure, interpretation, and use. *Review of Research in Education, 19*, 451-484.

California Department of Education. (2000a). *Curriculum frameworks and instructional resources*. Sacramento, CA: California Department of Education.

California Department of Education. (2000b). *Immediate intervention/underperforming schools program*. Sacramento, CA: California Department of Education.

California Department of Education. (2000c). *2000 star results*. Sacramento, CA: California Department of Education.

Charles A. Dana Center. (1997). *TEKS for leaders: Leadership development*. Austin, TX: The University of Texas at Austin.

Comer, J. P., Ben-Avie, M., Haynes, N. M., & Joyner, F. T. (1999). *Child by child: The Comer process for change in education*. New York: Teachers College Press.

Creighton, T. B. (2001). *Schools and data: The educator's guide for using data to improve decision making*. Thousand Oaks, CA: Corwin Press.

Darling-Hammond, L. (1991). *Policy uses and indicators.* Paper prepared for the Organization for Economic Cooperation and Development.

Elkind, D. (2000/2001). The cosmopolitan school. *Educational Leadership, 58,* 4, 12-17.

Finn, C. E., & Petrilli, M. J. (2000 January). *The state of state standards.* Washington, DC: Thomas B. Fordham Foundation.

Fitch, M. E., & Malcom, P. J. (1998). *Successful school planning and restructuring: Leadership for the 21st century.* Fort Forth, TX: ISD Publishing Group.

Franklin, J. (2001). Trying too hard? How accountability and testing are affecting constructivist teaching. *Education Update, 43,* 3, 1, 4-5, 8.

Fullan, M. (1999a). *Change forces: The sequel.* Philadelphia: Falmer Press.

Fullan, M. (1999b). *Learning from the past directions for the future.* Alexandria, VA: Association for Supervision and Curriculum Development.

Fullan, M. (1993). *Change forces: Probing the depth of educational reform.* New York: Falmer Press.

Glesne, C. (1999). *Becoming qualitative researchers: An introduction* (2nd ed). New York: Longman.

Glickman, C. D. (1990). Open accountability for the '90s: Between the pillars. *Educational Leadership, 47,* 7, 38-42.

Greenlee, B. J., & Bruner, D. Y. (2001). State assessment rediscovered: Can accountability tests initiate better teaching? *Wingspan, 14,* 1, 2-5.

Greenbriar School District. (2000). Curriculum, assessment and accountability. (Online) http://www.greenbriar.district28.k12.il.us/ifisbe/antarctica/Docs/CAA.html.

Green Valley Area Education Agency 14. (2000). Curriculum core council training overview: Accountability based curriculum. (Online) http://www.ipserv2.aeal4.k12.ia.us/edserv/abc.html.

Harrington-Lueker, D. (1990). The engine of reform gathers steam: Kentucky starts from scratch. *American School Board Journal, 177,* 9, 17-21.

Hart, G. K., & Brownell, N. S. (2001). An era of educational accountability in California. *The Clearing House, 74,* 4, 184-186.

Hill, P. T., & Bonan, J. (1991). *Decentralization and accountability in public education.* Santa Monica, CA: RAND.

Hodgkinson, H. (2000/2001). Educational demographics: What teachers should know. *Educational Leadership, 58,* 4, 6-11.

Holcomb, E. L. (2001). *Asking the right questions: Techniques for collaboration and school change* (2nd ed). Thousand Oaks, CA: Corwin Press.

Ladson-Billings, G. (1995). Toward a theory of culturally relevant pedagogy. American Educational *Research Journal, 32,* 3, 465-491.

Lezotte, L. W. (1997). *Learning for all*. Okemos, MI: Effective School Products.

Lezotte, L. W. (1992). *Creating the total quality effictive school*. Okemos, MI: Effective Schools Products.

Ma, X., & MacMillan, R. B. (1999). Influences of workplace conditions on teacher's job satisfaction. *Journal of Educational Research, 93*, 1, 39-47.

McNamara, J. F., & Thompson, D. P. (1996). Teaching statistics in principal preparation programs: Part One. *International Journal of Educational Reform, 5*, 3, 381-389.

National Commission on Excellence in Education. (1983). *A nation at risk*. Washington, DC: U.S. Department of Education.

Pearson, D. P., Vyas, S., Sensale, L. M., & Kim, Y. (2001). Making our way through the assessment and accountability maze. Where do we go now? *The Clearing House, 74*, 4, 175-183.

Richardson, J. (2000). *The numbers game: Measure progress by analyzing data*. Oxford, OH: Tools for Schools. National Staff Development Council.

San Miguel, T. (1996). *The influence of the state-mandated accountability system on the school improvement process in selected Texas elementary schools*. Unpublished doctoral dissertation. The University of Texas at Austin, Austin, TX.

Schemo, D. J. (December 17, 2001). School defies odds and offers a lesson. *New York Times*.

Schmoker, M. (2001). *The results fieldbook*. Alexandria, VA: Association for Supervision and Curriculum Development.

Slavin, R. F. (2000/2001). Putting the school back in school reform. *Educational Leadership, 58*, 4, 22-27.

Smith-Maddox, R. (1998). Defining culture as a dimension of academic achievement: Implications for culturally responsive curriculum, instruction, and assessment. *Journal of Negro Education, 67*, 3, 302-317.

Texas Education Agency. (2000). *The 2000 accountability rating system for Texas public schools and school districts*. Austin, TX: Texas Education Agency.

Underwood, T. L. (2001). Reflections on assessment, accountability, and school reform. *The Clearing House, 74*, 4, 172-174.

Webster's New World Dictionary and Thesaurus. (1996). M. Agnes (ed). New York: Hungry Minds.

Wise, B. J. (1999). Vaccinating children against violence. *Principal, 79*, 1, 14-20.

Zenger, W. F., & Zenger, S. K. (1999 April). Schools and curricula for the 21st century: Predications, visions, and anticipations. *National Association of Secondary School Principals, 83*, 606, 49-60.

Internet Resources

www.cde.ca.gov/board

www.cde.ca.gov.iiusp

www.ed.gov/legislation/ESEA/sec4003.html

www.tea.state.tx.us/perfreport

www.tea.state.tx.us/perfreport/aeis/about.aeis.html

www.tea.state.tx.us/perfreport/aeis

www.cde.ca.gov/cilbranch/eltdiv/cdsmc.htm

10

학교 지도자를 위한 전문성 개발: 성찰, 성장 그리고 변화

☀ 주정부 학교 지도자 자격 컨소시엄(ISLLC) 표준

표준 2: 학교 행정가는 학습자들의 학습과 교직원들의 전문가적인 성장에 도움이 되는 학교 문화와 교육 프로그램을 홍보하고, 육성, 유지함으로써 학생들의 성공을 추구하는 교육 지도자이다.

☀ 단원 목표

이 장의 목표는 다음과 같다.
- 학교 지도자들의 지속적인 성장과 발전에 대한 요구를 논의한다.
- 학교 지도자들의 전문성 개발을 위한 다양한 접근방법을 규명하고 기술한다.
- 지도자의 요구와 이를 시현하는 다양한 모델을 논의한다.
- 개인 개발 연습지와 행동계획을 개발한다.
- 지도자 개발에서 멘토링의 중요성을 논의한다.

　이　책을 통해 모든 학생들이 성공하기 위해 지도자들은 교수학습에서 어떤 역할을 해야 하는지를 강조했다. Maxwell(19993)에 따르면, "사람들을 성장시키고 개발시키는 과제야말로 리더십의 최상의 소명이다"(p. 179). 그는 계속해서 "개인적인 발전을 지속하고 조직의 성장을 가져오는 지도자들은 그들 주변의 성공적인 팀을 발전시키고 많은 영향을 미칠 것이다"(p. 180). 학교 지도자들은 계속해서 성장, 발전하면서 다른 사람들의 효과성에도 영향을 미칠 것이다.

　학교에서의 전문성 개발은 학교 지도와 함께 시작된다. 그러나 Robore(2001)는 행정가들이 그들의 직업에 부딪히는 복합적인 도전, 특히 "… 제일선에서 그들이 가장 취약한 상태로 있을 때"에 어떻게 직면해갈 수 있는가에 의문을 가졌다(p. 181). 다른 조직의 지도자처럼 학교 지도자들도 그들의 효과성을 유지하려면 반드시 성장하고 배워야 한다. 그리고 Levine(1989)은 "그러므로 지속적인 전문가 개발 기회는 아주 절실하다"고 강조했다(p. 269). Hammond와 Foster(1987)는 교사와 학교 지도자 같은 이들의 지속적인 전문성 개발 개념을 지원했고 "… 반드시 그들의 직업에 관해 알도록 돕고 향상되기 위해 자문, 성찰, 자기평가 등을 지속해야 한다"는 것을 주장했다(p. 42). Fullan(1995)은 다음과 같이 전문가 개발을 말하면서 앞의 주장을 지원했다. "…

도덕적 목적을 통합하고… 전문가들의 직업문화에 지속적인 성장을 중심에 둔다"(p. 246). 학교에 있는 다른 사람처럼, 학교 지도자들은 전문성 개발을 통해 자신들의 리더십 역량을 지속적으로 향상시켜야 한다.

이 장의 제목에서 언급하듯이, 변화는 리더십 개발에 중요하다. Maxwell(1993)은 "지도자들은 추종자들이 하던 것처럼 변화에 저항한다"는 것을 관찰했다(p. 49). 그러나 지도자들은 자신의 전문성 개발을 계속하고자 한다면 끊임없이 여정을 밟아야 할 것이다. 학교 지도자들은 그들의 직업에 요구되는 복합성에 직면해 Vaill(1996)이 말한 '영원한 파도(permanent white water)' 같은 형태로 지속될 것이다. "우리 주위의 세상은 변해, 사실 변화라는 존재는 우리 경험에서 가장 확실한 요소인 것 같다"(Boy & Pine, 1971, p. 1). 그러나 지도자의 훌륭한 의도에도 불구하고, "교육 전통은 무엇이 행해졌고 어떤 주제로 옮겨갈 것인가를 단순히 논의하고 있다"(Costa & Kallick, 2000, p. 62). 이러한 계속적인 변화는 사회에서, 행정가들에게 그들의 상황에 대한 느낌과 관심을 평가하고 논의하고 성찰할 시간을 갖는 데 스트레스를 갖고 지도하는가는 매우 중요하다. 그들은 아무리 바쁜 스케줄 속에서도 그들의 전문성 성장과 발전을 위해 균형을 취할 시간을 가질 필요가 있다. Boy와 Pine(1971)은 이런 성장과 성찰과정을 '자아의 확장'으로 언급했다. Sparks와 Hirsch(1997)는 전문가 개발에 대한 관점으로 그들의 학교 상황과 분리된 별개의 전문가에 의한 교육이나 고립된 훈련, 분절되고 부분적인 활동을 줄이고 강조하지 않은 새로운 관점의 등장을 말했다. 전문성 개발은 조직 개발과 함께 직업과 관련된 상황에 포함된 개인의 발전과 학습 등 다양한 형태를 강조하고 증가시키는 것으로 변화했고 교내 활동과 학교 지도자의 책임하에 이루어지는 과정으로 옮겨간다.

그 어느 때보다도 학교 지도자들은 개인의 평가와 성장계획을 포함하는 다양한 활동을 통해 전문성을 개발하고 그런 존재가 되도록 격려받는다. Levine(1998)에 따르면, 성장에 대한 관점은 학교 지도자들을 지속적으로 갱신하고 있다. 예를 들면 캘리포니아 주의 파자로 밸리 통합 교육구(the Pajaro Valley Unified School District)에서는 전문성 개발 지원 모델에 따라 행정가들이 목표를 설정하고 평가하는 체제를 포함해 전문성 표준을 실현시켰다(Casey & Donaldson, 2001). 텍사스 주에서 교장이나 교감은 개인 평가 결과를 기초로 해서 전문성 개발 계획을 개발해야만 한다. 교장이나 교감의 자격증을 갱신하기 위해 5년마다 반드시 200시간 이상의 전문성 개발이 요구된다. 노스캐롤라이나 주에서 교장 행정 프로그램은 교장들이 정기적으로 만나 그들의 경험을 같이 논의하고 공유하고 있다. 이 개발과정에서 교장들은 학교에서 자신의 경험을 이해하고 고립감을 줄일 수 있도록 네트워크를 형성하게 된다(Norton, 2001).

학교 지도자가 계속 성장하고 발전하면서 교장들은 자아인식과 전문성을 증진시키는 활동에도 참여하게 된다. 전문성 개발 과정에서 학교 지도자들은 교사와 학생들의 지속적인 성장과 발전을 육성하는 모델이 된다. Boy와 Pine(1971)은 개인적 변화과정을 다음과 같이 묘사한다. "자아감의 확장은… 인간 사고의 다양한 영역을 통합시키고, 그것은 철학적·생물학적·심리학적·기술적 변화에 대해 깊은 감수성을 소유하고 있다…"(p. 104). 전문적 성장이 지속되는 중요한 이유는 "리더십은 개발되지 발견되는 것이 아니다"라는 점에서다(Maxwell, 1993, p. ix). 학교 지도자들은 계속 학습함으로써 리더십 잠재력을 확장해야 한다. 학습방법은 지도하는 것이고 지도방법은 학습하는 것이다. 지도자는 평생학습자다.

이 장은 학교 지도자들을 위한 지속적인 개발 요구를 논의하면서 시작하고 전문성 개발의 다양한 접근법과 모델을 규명해 기술한다. 이 장은 학교 지도자들이 자신의 생각을 분석하고 기록하는 성찰 저널의 성격을 묘사한다. 그러고 나서 지도자 개발에서 평가 기능을 논의하고 전문성 성장 계획을 개발 과정과 추천형식을 포함한 다양한 모델을 기술한다. 이 장은 지속적 성장을 위한 틀에서 전문성 개발의 모든 부분을 모아두는 자기진단 모델 처방으로 결론짓는다.

1. 학교 지도자의 전문성 개발

학교 지도자의 변화와 관련된 연구들은 지도자 개발의 주요 주제를 양산했다(Rebore, 2001). 이런 주제들은 교수(수업과 학습), 인간관계, 리더십과 관리, 사회(문화) 정치적 인식, 그리고 자아인식(이해)이다. 교수와 관계된 개발활동은 교수-학습과정 활동에 좀 더 효과적인 지도와 평가뿐만 아니라 교과과정과 조정에 대한 폭넓은 이해를 포함하고 개발활동도 포함한다. 리더십과 관리능력을 개발하는 활동은 학교 비전 창조를 포함하고 잠재적인 문제를 진단하고 해결방안을 일반화하고 협력할 수 있는 기술을 개발하는 것이다. 예산과 우선순위 정립, 자원분배에 대한 기술 개발이 주요 초점이다. 인간관계 활동은 모든 기관과의 커뮤니케이션 능력을 증진시키고 긍정적인 업무환경을 조성하는 것을 포함한다. 사회정치적 인식은 학교 지도자들이 학교 지역사회에서 모든 집단의 요구를 충족시킬 수 있도록 지역사회 내에 있는 다른 지도자를 규명해 참여시키는 것이다.

Bell(1998)은 전문성 성장은 세 가지 방향에서 온다고 주장했다. 내부, 외부, 위아래. 그것은 "… 내부로부터 강점과 제한점과 향상기회, 요구, 희망, 공포에 대해 신중하게 검토하는 것으로 시작한다"(p. 170). Levine(1989)은 학교 지도자들의 성장은 적극적인 경청과 지원, 인내심에 모아진다. 학교 지도자들이 내부를 훑어보기 시작할 때 다음과 같은 질문이 성장과 발전을 위한 의제로 제시될 수 있다(Heil, Parker, & Tate, 1994).

1. 지난 학기나 작년에 마음속으로 변화시키고자 한 교육의 주요 영역은 무엇인가?
2. 언제 학교와 관련된 가정들이 절대적으로 잘못되었기 때문이라고 생각하고 변화시키기 시작했는가?
3. 언제 작년에 생각한 것과 올해 생각한 것을 비교해 무엇이 다른지 비교하게 되었는가?
4. 나는 학교 지도자로서 작년에 덜 효과적이었던 내 활동에 대해 이번 학기나 올해에 무엇을 배웠는가?
5. 누가 교수와 학습에 대해 나와 다른 관점을 갖고 그들로부터 나는 무엇을 배우겠는가?
6. 나는 작년이나 지난 학기에 교장으로서 내 활동에 대해 몇 번이나 심각하게 의문을 제기하면서 시간을 보냈는가?
7. 내가 학생이나 교사 혹은 학교와 관련된 사람들로부터 가장 최근에 배운 것은 무엇인가?
8. 얼마나 오래 내가 신뢰하고 존경하는 사람과 논쟁하거나 하지 못했는가?

일단 학교 지도자가 내부를 들여다보면, 전문적 성장과 학습을 위한 중요한 영감을 제공할 수 있는 자원과 자료를 외부로부터 바라볼 수 있도록 준비된다. 좀 더 효과적이기 위해 어떤 사람이나 도구, 지원 혹은 승인이 필요한가? 어떤 자료는 교육구 순위 형식의 연 단위 검토양식으로 수집될 수 있다. 다른 영역에서 지도자들이 "다른 방식으로 위아래로 바꿔 살펴보고 발견하기 위해 틈으로 바라보기"를 요구할 것이다(Bell, 1998, p. 172). 학교 전문가가 외부를 바라볼 때, 다른 행정가를 밀착지도 또는 코치를 해주거나 새로운 관점을 제시하거나 과거에 사실이라고 믿었던 것에 의문을 제기하는 급진적 인사들과의 유대를 맺는 등의 관점에서 보는 것은 자연스러운 일이다. 학교 지도자들은 자신들의 지속적인 전문성 학습을 본보기(modeling)로 삼아 자신들의 학교를 변혁시켜 전문적 학습자의 전문적 학습자의 공동체를 만들 수 있다(Flemming, 1999).

2. 성찰 저널

학교 지도자의 전문성 개발은 "우리의 경험에 대해 사고하는 습관을 갖게 하는 데 궁극적인 목적을 갖는" 성찰을 포함한다(Costa & Kallick, 2000, p. 60). 성찰 저널은 사건의 기록, 사건과 생각을 포함하는데 이는 개인적인 관점이 도출되는 경험을 반성함으로써 이루어진다(Posner, 1996). 개인의 학습일기나 성찰 저널은 "참여자의 인지적 학습에 대한 정보를 수집하는 형식을…" 제공할 수 있다(Guskey, 2000, p. 133). 이런 형식의 활용은 중요한 개념이나 행동을 규명해 개인에게 정기적인 간격으로 반응하게 하고 그들의 개인 삶이나 전문가로서 생활에 적용하게끔 개념이나 행동의 이해를 증진시킨다. 성찰 저널을 통해 개인은 다음과 같은 기회를 갖게 된다. (1) 다른 사람의 시각이나 경험으로부터 의미를 얻는다. (2) 다른 사람에 대한 즉각적인 경험을 넘어서 그 의미를 확장한다. (3) 전략이나 행동을 수정하거나 변화시킨다. (4) 풍부한 지식기반을 공유하고 학습을 육성한다. Dickman과 Stanford-Blair(2002)는 "성찰은 신중한 고려를 통해 정보유형을 함께 조율하는 것이고… 구성된 지식을 좀 더 구체화하고 적용하고 응용하게 한다…"고 언급하고 있다(p. 95).

성찰(reflection)은 자아지식이나 내면의 목소리나 외부 목소리를 모두 듣는 것을 포함한다. 이런 듣기 능력을 향상시키는 한 가지 방법은 어떤 상황을 기술하거나 문제를 해결하는 데에 유용한 절차나 과정을 규명하거나 묘사하거나 저널에 자기 자신을 메모하거나 쓰는 것이다. 성찰의 외부 목소리는 사건이나 날짜, 문제, 상황을 다른 사람과 함께 나누는 것이다. 다른 사람과 생각을 나누면서 지도자들은 반응이나 피드백을 통해 그들의 시각에서 이점을 취한다.

성찰은 시각적, 청각적, 심령적, 눈에 보이지 않는 출처로부터 지적, 감정적 정보를 묘사하는 것을 포함한다(Costa & Kallick, 2000). 덧붙여 성찰은 최근에 일어난 결과를 기대했거나 의도했던 것과 비교하는 기회를 가지면서 이전의 학습이나 정보와 연계시킨다. 새로운 결과를 이전의 학습과 연계시킴으로써 학교 지도자들은 분석과 통합, 평가를 통해 원인 요소들간의 연관성과 효과성을 찾아낼 수 있다. **사고하는 것에 대한 사고**(thinking about thinking) 혹은 **개인의 내부 감사**(personal internal audit)를 하는 것은 경험한 것과 발견되지 않은 것을 비교함으로써 완전한 만족을 위한 행동계획의 일부가 되는 것이다. Dickman과 Stanford-Blair(2002)가 묘사한 대로 "지성의 성찰적 성격은 잠재적 관계를 인식하는 정보유형의 이면을 묶어주는 의식이다… 성찰적인 뇌는 내용이 아니고 즉각적으로 드러난 것을 받아들이고 그것을 성찰양식으로 바꾸어… 정보를 이동시켜 대안적 이미지를 만들어버린다"(p. 96).

저널은 학교 지도자들에게 딜레마나 상황을 통해 이성화하고 분석하는 기회를 제공하고, 어떤 것이 관찰되고 학습되었는가를 기록함으로써 이해를 증진시킨다. 저널은 여러 가지 형식을 갖고 있으나 개인적인 선호도에 맡기는 것이 좋다. 공책에 기록하는 것, 형식이 제시된 엮어진 책 혹은 컴퓨터 파일이다. 개인은 자신의 생각이나 아이디어, 느낌을 기록하며 문법적인 것은 중요하지 않다. 저널 쓰기에서 중요한 것은 주요한 생각이나 아이디어를 기록하는 것이다.

저널의 시작은 날짜를 기록하고 즉시 마음에 떠오르는 느낌과 생각을 성찰하는 것이다. 저널의 시작은 시간 순으로 할 것이고 매일 사건 순서를 기록하고 그 사건의 성찰과 함께 기록하는 것이다. 나눠진 형식이 도움이 될 것이다. 반쪽은 사건을 기록하고 나머지 반쪽은 반응을 기록하는 형식이다. 다음의 글상자 10.1은 매일 사건의 시간적 순서에 의한 저널 시작의 예를 보여준다. 이 예에서 보듯, 학교 지도자들은 사건에 사로잡힌 생각이나 느낌을 따라 그날의 사건을 다시 생각해보게 된다.

또 다른 형태의 저널 쓰기는 한두 개의 중요한 사건과 결정적인 상황을 묘사하고 이 사건에 대한 반응을 논의하고 사건을 설명하며 어떤 쟁점이 제기되었는지, 그리고 그 상황을 해결하기 위해 어떤 전략이 사용되었는지도 기술한다. 글상자 10.2는 결정적인 사건분석에 기초한 저널의 시작을 보여주는 예다.

이 예에서 보듯, 학교 지도자들의 성찰은 학교에서 일어난 일과 이 일에 대한 반응

◈ 글상자 10.1 성찰 저널: 시간적 순서

어떤 교감 선생님의 일주일 생활

하느님, 봄방학이 되어 감사합니다. 이번 주 우리는 등록과 지원금 제안서를 쓰느라 일에 눌려 있었습니다. 교사들이 최근 20개 기금 가운데 3개 기금을 취득하면서 다른 교사들도 이런 일에 도전하는 데 열의를 보였습니다. 이것이 바로 올해 우리가 보상받은 일이었습니다… 그들 모두 마지막 순간까지 여러 사람의 도움을 필요로 하고 있습니다. 그럼에도 불구하고 우리는 마감시간 직전에 제안서를 마치게 되었습니다.

그곳에 다굼(daggum) 정책이 다시 있었습니다. 무엇이 대단하냐! 우리는 오늘 다시 직업에 대해 이야기하고 내가 등록상담을 도울 것이라는 그들의 기대… 그러나 나는 기금 관련 일을 해야 했고 이것은 실제 내 직무의 일환이었습니다.

우리는 오늘 형성적 결과를 받았습니다. 옥! 우리는 수학에서 58%, 작문에 70%, 읽기에 72%의 합격률이었습니다. 이런 자료는 대상에 따라 혹은 소집단으로 분류될 수는 없습니다… 그래서 이 자료는 정말 초점을 두고 있는 것을 보이는 자료는 아닌 것입니다. 그럼에도 불구하고 이런 결과는 아주 우울한 통계입니다. 수학은 월요일에 있을 SBDM 회의에 화제로 끄집어내는 것을 원하지 않습니다. 그들은 이 결과가 학생들의 수행능력을 정확히 반영하고 있다고 믿지 않기 때문입니다… 그들은 기하학을 배우지 않았기 때문입니다. 그러나 SBDM은 조정과 개선을 위해서는 좋은 점과 나쁜 점 모두 알아야 하기 때문에 나는 영어 분야에서 일하고 있습니다.

◈ 글상자 10.2 성찰 저널: 주요 사건

가족수학의 밤이 지난 주에 개최되었다. 나는 가족수학의 밤 프로그램을 계획하는 수직적 수학팀의 접촉자였다. 나는 큰 행사를 준비하고 회의를 개관하고 격려하는 사람이었다. 책임의 위임 또한 아주 어려운 일이었다. 나는 모든 일을 보살피려 했고 적절히 수행되고 있다는 것도 알았다. 그러나 나는 모든 세부적인 것을 모두 관리할 수 없다는 것을 알았다. 그리고 교사들이 참여하기를 원한다는 것도 알았다. 행사가 진행됨에 따라 교사들은 참여하고 있는 행사에 주인의식을 갖기 시작했다. 그들은 학교의 중요한 기능을 했고 잘 대접되어야 한다는 것을 알기 시작했다.

지난주 내가 계획한 가족수학의 밤이 끝나고 교사들이 학부모에게 편지를 쓰고 음식을 사고 게임을 계획하는 등 많은 일을 하는 등 정말 유용한 자원으로 활용됨을 알았다. 이제 나는 교사들이 모든 것을 하도록 내버려두고 교사들을 임파워먼트하게 하고, 나도 임파워먼트하게 되었다.

과 통찰에 초점을 둔다. Costa와 Kallick(2000)은 "… 우리의 행동을 성찰해보면 우리 사고의 효율성에 대한 중요한 정보를 얻고… 지속적인 성장을 실천하는 것이다"(p. 62)고 했다.

3. 지도자 평가와 전문성 개발

학교 지도자들은 전문성 개발을 위한 자신의 계획을 구성할 방향을 제공하기 위한 다양한 평가 모델을 사용할 수 있다. 평가 모델의 활용은 주에 따라 다르고 일부 표본만 여기에 포함되었는데, 이 표본은 학교 지도자들의 전문성 개발을 위한 노력을 지원하는 평가 기회를 기술하기 위해 사용되었다.

Robore(2001)에 따르면, "학교 지도자의 전문성 개발을 개별적으로 접근하는 교육구의 수가 늘어나고 있다. 이런 유형의 프로그램은 직무수행을 돕는 기술획득과 그들의 전문성 개발 증진을 강조하고 있다"(p. 182). 이런 개별화된 접근법은 직무와 관련된 기술이나 학교 지도자의 특정한 행동에 초점을 두고 있는 평가형식으로 시작된다. 궁극적으로 이런 평가들은 학교 지도자의 전문성 개발 계획의 기초로 사용될 수 있도록 피드백을 제공하도록 설계된다.

개인의 강점과 약점을 자기평가 도구에만 의존하기보다는 직무활동과 관련된 다른 사람으로부터 객관적인 피드백을 받는다면 추가적인 자료를 생산할 수 있게 된다. 여기서 각 평가 모델이 소개되고 있는데, 그 모델은 다른 사람의 평가활동을 포함하고 직무관련 기술로 규명된 참가자의 행동에 기초해 자료가 참가자에게 제공된다.

21세기 교장의 선발과 개발(Selecting and Developing the 21st Century Principal)은 전국중고등학교교장연합회(the National Association of Secondary School Principals)에서 개발된 평가 프로그램이다. 이 모델은 학교 지도자 혹은 교장의 업무를 면밀히 비추어보고 상호연관된 시뮬레이션에 참여함으로써 특정한 학교 리더십의 강점과 실제를 평가한다. 이런 시뮬레이션을 통해 일반화된 자료는 특정 직무기술과 관련되어 있고, 참여자들의 성장계획을 발전시키도록 자신의 강점에 대한 피드백을 주며 개선해야 할 영역에 대해서도 말해준다. 지속적인 성장을 특정한 전략 역시 평가보고서의 한 부분을 차지한다.

　　전문성 개발 도구(the Professional Developmental Inventory)는 전국초등학교교장 연합회(the National Association of Elementary supervisors and Principals)에 의해 개발된 다른 평가 모델이다. 이 평가 모델은 학교현실 상황을 반영하는 12개의 시뮬레이션을 사용한다. 13개의 기술이 평가자 팀과 개인 교장이 제공한 프로파일을 컴퓨터 일반화에 의해 평가된다. 전문성 개발 도구는 강점과 동시에 개선사항을 규명하고 개별화된 전문성 개발 계획을 만들어낼 수 있는 기초자료를 제공한다.

　　학교 행정기술 평가(School Administrator Skills Assessment)는 초보학교 지도자나 이전에 평가활동에 참여한 적이 없는 사람들을 대상으로 학교 지도자(교장이나 부교장)들의 직무관련 활동에 대한 1일 발전 평가 프로그램이다. 또한 이 모델은 학교 지도자가 될 뜻을 품고 있는 사람들에게 적합하다. 평가는 하루 내 학교에서 참가자와 평가자 함께 실행하게 된다. 구조화된 피드백 요소들은 참여자들에게 보고서를 주고 평가 책임자와 면담을 하게 된다. 이 피드백은 개인적인 전문성 성장 계획을 발전시키는 데 사용된다. 피드백은 다음에 기초하고 있다. (1) 우선순위와 커뮤니케이션 기술을 사용할 수 있도록 하는 인 바스켓(in-basket) 활동, (2) 교수지도와 비전개발, 윤리적 책임과 문제 분석, 판단, 조직의 능력에 초점을 둔 문제분석과 해결활동, (3) 격려, 인간관계, 구두 커뮤니케이션, 문제분석과 조직적 활동에 대한 기술을 강조하는 집단 활동.

　　개발 평가 센터(The Developmental Assessment Center)는 전국중고등학교교장연합회에서 개발되었고 학교 지도자의 전문성 성장과 개발을 위한 투입을 제공한다. 이 모델은 참여자들은 직무에 수행해야 하는 행동을 평가할 수 있도록 몇 가지 활동을 포함하고 있다. 이 모델은 참여자가 외적으로 드러나는 행동으로 시작해 평가자의 언급과 함께 활동에 대한 참여자의 성찰까지 결합시키고 있다. 이 과정은 적절한 리더십 기술에 초점을 둔 것이 아니라, 중요한 강점이나 잠재적인 치명적 약점을 규명하는 데 집중되어 있다. 리더십 기술은 대인관계 기술(자신과 타인에 대한 리더십, 감수성, 동기)과 행정기술(문제분석, 판단, 조직 능력), 커뮤니케이션 기술(구두 혹은 문서), 그리고 자신에 대한 지식을 포함해 평가된다. 참가자는 모든 부분에 대한 능력을 통합적으로 평가한 요약 보고서를 받게 된다. 또한 참가자들은 자신의 리더십 기술을 향상시키거나 증진시킬 수 있는 발전전략에 대한 피드백을 받는다.

　　평가 모델을 선택하는 데에 있어, 학교 지도자들은 현재 직무와 연관된 기술이나 효율성의 측면에서 최적의 피드백을 받을 수 있는 것으로 택해야 한다. Monk(2002)는 다음과 같이 언급하고 있다.

> 여러 활동의 의미 있는 혼합은 다양한 점에서 기술의 수준을 평가할 수 있게끔 한다. 여러 가지 평가과정들, 말하자면 현직에서 중요한 활동, 관련된 다른 활동, 구체적인 피드백, 성장에 대한 의미 있는 조언을 통해 학교 지도자들은 능력 있는 교장으로 한 걸음 한 걸음 다가갈 수 있을 것이다(p. 21).

4. 전문성 성장 계획 개발

학교 지도자들은 전문성 성장 계획을 개발하는 데에 자신의 강점을 개발하고 약점을 관리하는 데 초점을 두어야 한다. Robore(2001)는 "개인별로 요구가 무엇이라고 규명되든지, 성공의 선결요건은 바로 참여이다. 그러므로 개인의 요구진단과 행동계획을 문서로 남기면서 개별 프로그램을 만드는 것이 도움이 될 것이다"고 말한다(p. 182). 이런 문서를 일반적으로 **전문성 성장 계획**(professional growth plan)이라고 한다.

학교 지도자들에게 전문성 성장 계획은 우선 목표를 개발하고 그것을 요구에 기초해 다른 사람과 공유하는 것이다. 만약 학교 지도자들이 멘토나 코치와 작업하고 있다면, 이런 정보를 공유하는 것이 서로간의 관계를 역동적으로 만드는 데 도움이 될 것이다. 성장 계획은 다음과 같은 다양한 출처로부터 투입이 이루어진다. (1) 성찰 저널, (2) 형식적 평가 모델, (3) 타인으로부터 다양한 형태의 피드백, (4) 학교 지도자에 대한 교육구의 개별평가. 학교 지도자들은 성장 계획을 개발하는 데에 인식된 강점을 유지, 강화하고 약점을 개선하는 데 주력해야 한다. Monk(2002)는 "목표를 개발하는 과정은 개인 지도자가 학교 행정가로서 학교에 대한 비전을 창조하는 것이다. 이 비전은 현재형으로 서술되어야 한다. 그 목표는 지속적인 참여를 유도할 수 있게끔 매력적인 것이라야 하고 개인의 요구진단과 행동계획을 포함하는 것이라야 한다"(p. 25).

전문성 성장 계획의 출발점은 학교의 최고 지도자라는 이상적 자아에 대한 비전을 설정하는 것이다. 이 비전의 진술은 이미 이상적인 자아가 존재하는 것으로 가정하고 쓰여야 한다. 지도자는 비전과 다른 자료를 사용해 실현할 수 있는 지속적인 열의와 노력을 확신할 수 있는 목표를 개발하기 시작한다. 개발 계획은 목표를 성취할 수 있

1. 당신이 말하고자 하는 영역과 관련된 ISLLC 표준이나 주정부 기준을 규명한다.
   ISLLC 표준/주의 기준: _____
   _____

2. 당신이 개발하고자 하는 적절한 기준과 연관된 행동을 규명한다.
   _____
   _____

3. 현행 수행수준을 입증하는 관련 자료의 출처와 종류를 묘사한다.
   _____
   _____

4. 당신의 목표영역을 도울 것이라 느껴지는 최소한 3가지 전략을 규명한다.
   가능한 전략/행동   이상적인 결과
   _____   _____
   _____   _____
   _____   _____

5. 당신이 규명한 요구를 진술하는 데 도움을 줄 수 있는 부가 자원을 찾는다.
   _____
   _____

6. 가능하다면 당신에게 지침과 영감을 제공할 수 있는 주 멘토와 부 멘토를 규명한다.
   주 멘토: _____
   교과과정 멘토: _____
   자원 멘토: _____
   기타 멘토: _____

7. 당신의 멘토와 함께 혹은 당신 혼자서 이상적인 목표를 달성이나 진보하는 데 장애요인을 규명하고 이를 극복하는 가능한 방법을 찾는다.
   실행의 장애요인   장애물 극복에 대한 조언
   _____   _____
   _____   _____

8. 당신이 바라는 목표 달성을 어떻게 알 수 있을 것인지 논의한다. 목표한 날에 문서자료나 측정된 결과와 당신이 기대한 결과와 서로 필적할 것을 찾는다.
   기대결과   측정/기록날짜
   _____   _____
   _____   _____
   _____   _____

9. 계획의 완성 날짜를 정한다. _____

10. 성장 계획의 완성을 입증하는 세 가지 방법을 정한다.
    A. _____
    B. _____
    C. _____

그림 10.1 전문성 성장 계획 지침

도록 완성 시간표와 함께 전략과 사람, 자원을 포함해야 한다. 그림 10.1은 학교 지도자들을 위한 전문성 성장 계획을 개발하는 데 따를 수 있는 지침의 표본을 제시한다.

전문성 성장 계획 지침에서 볼 수 있듯이, 성장 계획은 개인적인 최상의 비전 진술, 목표, 전략, 사람, 자원과 시간표를 포함할 뿐만 아니라, 예상되는 문제와 잠재적인 방책, 과업완수를 위한 벤치마킹, 문서화방식, 목표달성에 대한 축하방식도 포함해야 한다. 학교 지도자들의 전문성 성장을 위한 개인 행동과정의 결정은 다음과 같은 사항을 요구한다. (1) 일의 목적과 기능과 의미를 명료하게 한다. (2) 학교의 학습기반 관심사에 초점을 둔다. (3) 그들의 학습을 위해 적합한 목표를 규명한다. (4) 현재 수준의 이해와 기대를 평가한다. (5) 적합한 멘토와 협력 활동을 할 수 있는 사람을 찾는다. (6) 진보 정도에 대해 지속적으로 성찰한다. (7) 학습결과를 공유하고 축하한다. 자신의 전문성 성장에 최우선성을 두고 있는 학교 지도자들은 학교 개선 계획에 참여할 때 그들이 배운 것을 활용할 수 있다.

5. 학교 지도자의 자기진단 모델

학교 지도자가 전문성 개발(professional development)과 성장 발전에 참여할 때 자기진단(self-assessment)을 하게 된다. Reinhartz와 Beach(1993)는 종합적인 개발 계획을 제공하기 위해 다양한 전문가 성장 활동을 결합시켜 자기진단 모델을 제안했다. 이모델은 교수지도자들에게 "전문성개발을 다루기 위해 교사나 다른 학교인사들로부터 투여물과 도움을 활용해 그들의 성과를 반성하고 평가하는 데" 적합하다(Beach & Reinhartz, 2000, p. 287). 그림 10.2는 학교 지도자들이 개발을 맡아 수행할 때 자기진단 모델의 단계를 밝히고 있다.

자기진단 모델(self-assessment model)에서 지도자들은 전문성 프로파일을 만들기위해 개별 저널부터 시작해서 포트폴리오 등을 통해 자료수집 과정이 시작된다. 앞서저널 부분에서 언급했듯이, 저널은 유망한 지도자들에게 매우 유용한 것이다. "저널은그들의 직무를 수행하면서 수차례 경험한 특정한 상황이나 상호작용, 태도를 반성한다"(Beach & Reinhartz, 2000, p. 288). 지도자들은 이미 이 장의 앞 부분에서 언급한도구나 자신들이 고안한 도구들을 사용해 완성할 것이다. 단계 1은 지도자 자신이 인

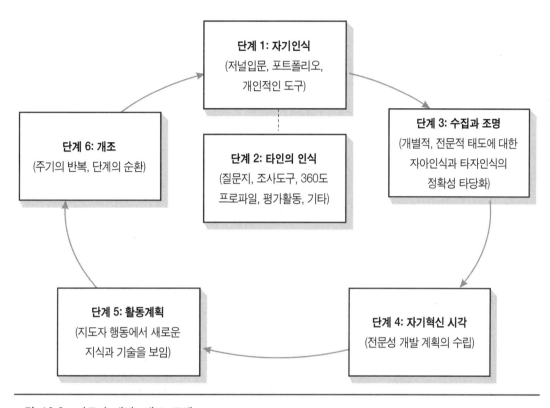

그림 10.2   지도자 개발: 개조 모델

식한 강점이나 약점에 대한 일반적 의미나 요약을 제공한다. 잠시 시간을 갖고 그림 10.3에 있는 ISLLC 표준 기술의 근거라는 자기 보고서(self-report)를 완성하고 각 영역에서 당신을 평가하라.

그림 10.2에서 단계 2는 질문지와 다면평가와 타인의 시각에서 보는 도구 사용과 관련해 다른(동료, 교사, 스탭, 학부모나 학생) 것으로부터 투입물을 찾는다. 학교 지도자들은 직무와 연관된 특정한 기술(이 장에서 규명된 평가 모델의 예를 보라)에 관한 피드백을 받기 위해 평가센터에 참여할 수 있다.

단계 3에서 지도자들은 본 것을 분석하고 평가하기 위해 모은 자료를 수집하고 조정한다. 이런 자료들을 가족 지도자들은 의식할 수 있는 수준으로 자신에 대한 더 많이 발견하게 된다. 그리고 "자신들의 행동을 객관적으로 바라보도록 배우고 자신을 비판하는 전문가가 된다"(Beach & Reinhartz, 2000, p. 288). 단계 3은 개인들이 수집한 자

교육장	_____
부교육장	_____
교장	_____
교감	_____

항목별 채점도구	0 증거 없음	1 약간의 증거	2 명백한 증거
표준 1: 학습자 중심의 비전			
연구와 최상의 실천을 통한 향상과 변화를 촉진시킨다.			
건전하고 조사에 기초한 교수전략의 실천(전문개발을 보라)을 촉진시킨다.			
교수전략과 목적을 개발하고 향상시키기 위한 정성적, 형성적 자료를 활용한다.			
표준 2: 학습자 중심의 학교 문화			
높은 기대문화를 창조한다.			
학부모와 다른 사람들이 학교 문화를 창조하는 데 중요한 요소임을 확신한다.			
동료관계와 협력을 증진시키는 전략을 사용한다.			
학교 비전을 협력적으로 개발하도록 격려한다.			
비전의 성취를 확신하기 위해 계획을 평가하고 수정하는 과정을 수립한다.			
혁신적 사화와 위기대응 노력을 지원한다.			
모든 이의 기여를 인지하고 축하한다.			
표준 3: 조직의 리더십과 관리			
의사결정을 위해 다양한 출처에서 정보를 수집한다.			
학교문제를 해결하기 위해 창의적, 분석적, 체계적으로 해결한다.			
변화과정을 개발하고 실행하고 평가한다.			
목적을 이루기 위해 기획과 시간관리 작업조직을 활용한다.			

그림 10.3 자기보고: ISLLC 표준 기술증거. 학교 지도자를 위한 ISLLC 표준을 사용한 다음 각 영역에서 당신을 평가하라.

표준 4: 커뮤니케이션/지역사회 참여			
효과적인 커뮤니케이션을 보여준다.			
모든 이해당사자들로부터 조직적으로 투입요소를 얻기 위한 전략을 실행한다.			
학교목표를 지원하는 부모와 기업, 다른 집단과 파트너십을 형성한다.			
표준 5: 가치/윤리/통합			
자신을 포함한 모든 학습자들의 지속적인 발전을 증진시키고 모델이 된다.			
모든 다양성의 쟁점에 대한 인식을 증진시킨다.			
자유민주사회에서 교육의 중요성을 알린다.			
표준 6: 학습자 중심적 정치적 상황			
기획에 부각되는 쟁점과 다양한 자료를 활용한다.			
교과과정의 기획, 실행, 모니터, 비전수정을 격려한다.			
지속적인 전문성 개발			
지속적이고 의미 있는 전문적 성장을 포함한다.			
학교목적에 맞게 스탭들의 전문적 성장을 실현하고 협력적으로 개발한다.			
총			

코멘트:

그림 10.3　자가보고: ISLLC 표준 기술증거(계속).

료나 인식의 차이를 발견하고 조정하는 결정적인 단계다. 이 단계는 개인이 자신의 자료를 거울삼아 자신의 강점을 비춰보고 전문적 성장과 개발이 가능한 영역을 바라보는 진실의 순간이 되는 것이다. 이런 자기관찰 과정은 직업과 연관된 기준이나 기술과 개발활동 방향에 초점을 결합시킨다.

단계 4에서 학교 지도자들은 이 장에서 언급한 일반적으로 전문성 성장 계획이라는 형식의 행동계획을 개발하기 시작한다. 이 전문성 성장과 개발 활동은 학습관점에서 보아야 한다. Vaill(1996)은 다음과 같이 말했다.

> 학습의 관점은 그것이 '발견'과 '인식'을 포함하기 때문에 매우 중요하다… 그것은
> 과정을 나타내는 말이기도 하다. 이것은 일하고·생각하고 느끼는 방법을 명명한다.
> 그들은 존재하는 방법으로 학습의 모든 질을 말한다. 그들은 교육 지도자들이 알아
> 야 할 지식뿐만 아니라 모든 주제를 적용하고 있다. 발견과 교화, 인식에 관해 알고
> 있는 사람들은 그들의 학습과정을 전망하고 존재하는 방식으로서의 학습에 어떻게
> 참여해야 하는지 알고 있다(pp. 191-192).

지도자들이 자신들의 전문성의 여정(professional journeys)을 지속하면서, "그들의
자신의 지침과 성장을 결정하고 협력적 방식으로 다른 지도자들과 상호작용을 할 수
있는 자유가 요구되는 한편, 새로운 아이디어를 논의하고 고립감을 탈피할 필요가 있
다"(Beach & Reinhartz, 2000, p. 288).

단계 5에서 지도자들은 전문성 성장 계획(professional growth plan)을 실행하기 시
작한다. 성장활동은 직업과 관련된 부가적 훈련을 해야 하고 멘토(mentor)를 찾고 발
견해야 하고 다른 지도자들과 함께 스터디집단에 참여하고 그들의 학교에서 학습 공
동체를 만들고 협력적 액션 리서치(제5장에서 논의한 대로)에 참여해야 한다. 단계 5
는 지도자들이 위험을 감수하고 대책 없는 상황으로 나가게 되는 활동 등을 포함한다.
단계 6은 자기진단 사이클이 다시 시작된다. 그러나 일단 현실에서 자기진단이 시작
되면 그것은 연속적이고 계속되는 과정이 되어야 한다.

지도자를 위한 전문성 개발은 평생 동안의 과정으로 시간과 노력이 요구된다.
Daresh(1986)는 지도자들은 효과적인 행정가가 되고자 한다면 개인적으로 계속 전문
성을 성장시켜야 한다고 했다. Alvarado(1998)는 "우리의 일을 생각하고 우리가 하는
것을 개선하는 것들이 전문성의 성장이다. 그래서 우리의 실천을 어떻게 그것을 개선
할 수 있는지를 이야기하라"고 했다(p. 23). Scherer(2002)는 훌륭한 전문성 개발을 다
음과 같이 언급했다:

1. 학생들이 학교에서 어떻게 배우는가를 비춰보라.
2. 동료 간의 협력 관계를 고취하라.
3. 학생의 성취도를 향상시키라.

　자기진단은 지도자 개발에 결정적으로 중요하며, 지도자 개발은 학교 지도자들이 누구이며 무엇을 하고 있고 왜 그것을 하고 있는가를 검토할 때 학교 개선에 필수적인 요소가 된다.

　Guskey(2002)는 전문성 개발 평가에 사용할 수 있는 5단계를 제시했다. 제1단계는 선호하는 것과 그렇지 않은 것과 관련된 참여자의 반응을 평가하는 것인데 이것은 유용할 것이며 그들의 시간을 선용하게 된다. 제2단계는 시뮬레이션과 시범을 통해 참여자의 학습을 평가할 것이다. 제3단계는 조직적 지원과 변화 정도를 결정하고 어떤 실행이 촉진되고 지원되었는가를 살펴본다. 평가의 제4단계는 구조적 면담과 참여자 반성, 직접 관찰을 통해 참여자들이 사용했던 새로운 지식과 기술 정도를 결정한다. 제5단계는 학생들의 기록을 살펴보거나 면담하고, 학교 자료를 분석함으로써 학습 결과물에 미친 효과를 살펴본다. 전문성 개발 평가에 대한 5단계 정보는 성공의 증거 (evidence)이지 증명(proof)은 아닌 것이다. Guskey(2002)는 "증명을 할 수 없을 때에도 당신은 전문성 개발 프로그램이 학생들이 학습을 거두는 데 공헌한 것인지의 여부에 대한 훌륭한 증거를 수집할 수 있다"고 언급했다(p. 50).

6. 사례연구

당신은 초등학교의 교감으로서 첫해를 마쳤다. 개별적인 출처에서 나온 당신에 대한 평가에 따라야 하므로, 당신이 수행한 활동평가에 기초해 다음과 같은 피드백을 받게 되었다(인 바스켓 활동, 사례연구, 역할 연기).

　당신이 쓴 성찰(reflections)은 다음과 같다. 교감으로서 나의 첫해를 반성하면 도움이 필요한 영역은 바로 인적자원 관리였다. 그 해에 나는 오로지 생존에 관심이 쏠려 있어 교사들을 지원하는 데 비효과적이었고, 특히 신임교사들의 전문성 성장을 제대로 지원하지 못했다. 교사들과 함께 논의하는 시간에는 교사들의 개발 요구에 대한 논의보다는 사소한 문제나 문제 학생들에 대한 논의를 하는데 불과했다. 내가 다시 일할 기회가 있다면 좀 더 광범위한 쟁점을 다루는 데 시간을 보낼 것이고 교사들의 입장에서 대화를 지속할 것이다. 나는 단지 필요할 때만 내가 관찰한 내용을 그 진행과정에 첨가하고자 한다.

실천과제

1. 인 바스켓 활동에 대한 당신의 반응에 기초해 다른 사람을 협력하게 해보라.
2. 사례연구에 참여를 기초로 다양한 교사집단을 지원하고 다른 학교의 행정가들의 상호작용과 리더십 유형을 관찰해 다른 학교 행정가들을 살펴보라.
3. 역할 연기의 참여를 기초로 조직적 방식으로 생각하지 않는 사람들을 인정하고 다른 사람들이 다른 관점이나 대안을 표현하도록 허용한다.

이상의 정보와 그림 10.1의 정보 활용은 당신의 전문성 성장 계획을 발전시킨다. 당신은 당신의 경력목표와 관련해 현재 어디에 있고 앞으로 3∼5년 사이에 무엇을 원하는지 생각해보라. 당신은 피드백을 얻기 위해 친구나 멘토와 함께 당신의 계획을 논의해보라.

7. 요약

이 장은 학교 지도자들의 전문성 개발과 성장에 초점을 두었다. 지도자가 성장과 발전을 지속하려면 그들의 조직에 성장과 변화를 가져와야 하고 교사와 학생들을 위한 학습모델이 되어야 한다. Dickman과 Stanford-Blair(2002)는 "… 리더십은 생각하고 학습하고 중요한 목적을 성취하기 위한 어떤 집단의 집합적 능력에 관여하는 것이다"고 언급했다(p. xviii). 학교 지도자들의 지속적인 성장은 변화하는 학교환경에 필수불가결한 것이다.

비록 지도자들도 종종 추종자들처럼 변화를 거부한다 할지라도, 그들은 바쁜 일정 가운데에서도 자기 확장(expanded the self)을 위한 시간을 기꺼이 투자하지 않으면 안 된다. 여러 주에서 학교 지도자들은 개인 평가와 성장 계획을 포함한 다양한 활동을 통해 전문성 성장과 개발을 지속하도록 요구되고 있다.

이 장은 리더십의 잠재력이 지속적인 성장이라는 측면에서 전문성 개발의 역할을 논의했다. 지도자가 그 여정을 시작할 때, 그들 자신의 학습과 행동을 지도하는 고안물을 갖고 그들에게 제기된 일련의 질문들을 성찰할 수 있다. 또한 이 장은 지도자들의 전문성 개발에서 성찰 저널의 기능을 논의했다. 성찰은 궁극적으로 개인적이고 전문성 성장과 개발의 형태로 되는데 그 이유는 그것이 지도자들로 하여금 자신의 경험과 사고, 적용, 응용 등을 검토하게 하기 때문이다. 저널 쓰기의 사례는 지도자들이 저널 쓰기를 구성할 때 활용할 수 있도록 제시되었다.

이 장은 전문성 성장 계획 개발에서 지도자의 평가기능을 논의하는 것으로 마무리 짓고 있다. 표본평가 모델이 지도자들을 위한 전문성 성장 계획 틀과 함께 자신의 계획을 개발하는 데 사용할 수 있도록 기술되었다. 이 장은 지속적인 개조 주기(renewal cycle)에서 모든 다른 전문성 개발 활동을 일으키는 자기진단 모델로 결론지었다.

참고문헌

Alvarado, A. (1998). Professional development is the job. *American Educator, 22,* 4, 18-23.

Beach, D. M., & Reinhartz, J. (2000). *Supervisory leadership: Focus on instruction.* Boston: Allyn & Bacon.

Bell, C. R. (1998). *Managers as mentors: Building partnerships for learning.* San Francisco: Berrett-Koehler Publishers.

Boy, A. V., & Pine, G. J. (1971). *Expanding the self: Personal growth for teachers.* Dubuque, IA: Wm Brown.

Casey, J., & Donaldson, C. (2001). Only the best. *Leadership, 30,* 3, 28-30.

Costa, A. L., & Kallick, B. (2000). Getting into the habit of reflection. *Educational Leadership,* 60-62.

Daresh, J. C. (1986). Principal's perceptions of the quality of administrative in service models. Paper presented at the annual meeting of the Mid-Western Educational Research Association. Chicago, IL: [Mimeographed].

Duckmann, M. H., & Stanford-Blair. (2002). *Connecting leadership to the brain.* Thousand Oaks, CA: Corwin Press.

Fleming, G. L. (1999). Principals and teachers: Continuous learners. *Issues About Change, 7,* 2, 9, ED 447565.

Fullan, M. G. (1995). The limits and potential of professional development. In T. R. Guskey & M. Huberman (eds), *Professional development in education: New paradigms and practices.* New York: Teachers College Press.

Guskey, T. R. (2002). Does it make a difference? Evaluating professional development. *Educational Leadership, 59,* 6, 45-51.

Guskey, T. R. (2000). *Evaluating professional development.* Thousand Oaks, CA: Corwin

Press.

Hammond, J., & Foster, K. (1987). Creating a professional learning partnership. *Educational Leadership, 44,* 42-44.

Heil, G., Parker, T., & Tate, R. (1994). *Leadership and the customer revolution: The messy, unpredictable and inexplicably human challenge of making the rhetoric of change a reality.* New York: Van Nostrand Reinhold.

Levine, S. (1989). *Promoting adult growth in schools: The promise of professional development.* Boston: Allyn & Bacon.

Maxwell, J. C. (1993). *Developing the leader within you.* Nashville. TN: Thomas Nelson Publishers.

Monk, B. J. (2002). *First time Texas campus administrator academy: Resource guide.* Austin, TX: Texas Principals Leadership Initiative.

Norton, J. (2001). Sharing the mystery. *Journal of Staff Development, 22,* 51-54.

Posner, G. J. (1996). *Field experience: A guide to reflective teaching* (4th de). White Plains, NY: Longman.

Reinhartz, J., & Beach, D. M. (1993). A self-assessment model for supervisors: Increasing supervisor effectiveness. *Record in Educational Administration and Supervision, 14,* 35-40.

Rebore, R. W. (2001). *Human resources administration in education* (6th ed). Boston: Allyn & Bacon.

Scherer, M. (2002). Perspectives. *Educational Leadership, 59,* 6, 5.

Sparks, D., & Hirsch, S. (1997). *A new vision for staff development.* Alexandria, VA: Association for Supervision and Curriculum Development.

Vaill, P. (1996). *Learning as a way of being.* San Francisco: Jossey-Bass.

찾아보기

역자 소개

김정일 (jikim@klei.or.kr)

현, 한국노동교육원 교수
서울대학교 및 동대학원 졸업(교육학 박사)
한국노동교육원 연구위원 역임
서울대, 아주대 강사 및 숭실대 겸임교수
한국기업교육학회 이사/편집위원
한국 성인교육학회 부회장

♣ **저서 및 논문**
- 리더십의 허상과 실상
- 21세기 공공부문 리더십(역)
- 노동조합간부의 리더십 훈련요구분석(서울대 박사학위 논문) 외

최은수 (eschoi@ssu.ac.kr)

현, 숭실대학교 평생교육학과 교수
숭실대학교 졸업
캘리포니아 주립대학 언어학/정치학 석사
University of Southern California 철학박사(교육학 전공)
Oklahoma State University 객원교수
한국 성인교육학회 회장/공동대표

♣ **저서 및 논문**
- 한국 교육행정의 현안문제
- 대학평생교육기관 경영의 리더십 제고를 위한 재정운영 모형 탐색 외

기영화 (key@ssu.ac.kr)

현, 숭실대학교 평생교육학과 교수
이화여자대학교 졸업
University of Texas at Austin, Ph.D.(평생교육 전공)
Texas A&M University 객원교수

♣ **저서 및 논문**
- 평생교육프로그램개발
- 평생교육방법론
- 성인교육의 철학적 기초(역)
- 학교를 버려라(역) 외

교육혁신 리더십: 변하는 학교 · 변하는 역할

Educational Leadership: Changing Schools, Changing Roles

초판 인쇄	2005년 5월 1일
초판 발행	2005년 5월 6일
저　　자	Judy Reinhartz · Don M. Beach 공저
역　　자	김정일 · 최은수 · 기영화 공역
발 행 인	홍진기
발 행 처	아카데미프레스

주　　소	158-840 서울시 양천구 신월4동 547-1
전　　화	(02)2694-2563
팩　　스	(02)2694-2564
전자우편	academypress@kornet.net
웹사이트	www.academypress.co.kr
등 록 일	2003. 6. 20
등록번호	제20-331호
I S B N	89-954321-5-2

정가 16,000원